LES

THÉORIES SOCIALISTES

AU XIXe SIÈCLE

LES

THÉORIES SOCIALISTES

AU XIXe SIÈCLE

DE BABEUF A PROUDHON

PAR

E. FOURNIÈRE

PARIS
FÉLIX ALCAN, ÉDITEUR
ANCIENNE LIBRAIRIE GERMER BAILLIÈRE ET Cie
108, BOULEVARD SAINT-GERMAIN, 108
—
1904
Tous droits réservés.

A LA MÉMOIRE

DE MON REGRETTÉ MAÎTRE ET AMI

BENOÎT MALON

E. F.

TABLE DES MATIÈRES

CHAPITRE IV. — PROPRIÉTÉ, RENTE ET PROFIT

CHAPITRE V. — LA CONCENTRATION CAPITALISTE

CHAPITRE VI. — DU TRAVAIL ATTRAYANT A LA LUTTE DE CLASSE

CHAPITRE VII. — ASSOCIATION ET SOCIALISATION

PRÉFACE

___

I. — J'ai pensé qu'il pouvait être utile de rechercher l'origine et de noter l'évolution des idées et des concepts par lesquels le socialisme s'exprime actuellement. C'est uniquement dans ce but que j'ai entrepris ces études sur les théories et les systèmes socialistes qui se sont produits au cours du XIXe siècle, et dont je présente aujourd'hui au lecteur la première partie, celle qui va de Babeuf à Proudhon.

Il ne s'agissait pas, après tant d'autres, amis ou adversaires, de refaire l'histoire ni même l'exposé détaillé des systèmes, mais d'en saisir les idées directrices, de les suivre dans leur développement et de constater l'action qu'elles ont eue sur la pensée socialiste de ce temps-ci. Je me suis donc permis de laisser de côté parmi ces idées celles qui se sont éteintes au cours du temps sans avoir exercé, même par répercussion, une action décisive sur les idées socialistes actuelles. De même, et à plus forte raison, m'a-t-il été possible de passer rapidement, en les mentionnant pour mémoire ou même en les omettant, sur l'enveloppe extérieure et sur les détails pittoresques de telle construction sociale, et en tout cas de ne les retenir que comme des documents concernant la psychologie du constructeur. J'évite en l'avertissant une déception au lecteur qui croirait trouver ici des détails sur les *anti-lions* de Fourier et sur les descriptions mirifiques de sa *gastrosophie*, sur les séances d'extatisme mystique des saint-simoniens, ou sur l'existence que menaient en Icarie les compagnons de Cabet.

« Que des épiciers littéraires, dit Frédéric Engels, épluchent solennellement ces fantasmagories qui, aujourd'hui, nous font sourire, qu'ils fassent valoir aux dépens de ces rêves utopiques la supériorité de leur froide raison, nous, nous mettons notre joie à rechercher les germes de pensées géniales que recouvre cette enveloppe fantastique et pour lesquels ces philistins n'ont pas d'yeux[1]. »

La citation que je viens de faire paraît indiquer que j'arrive un peu tard, et qu'un autre, plus qualifié que moi, a tiré des « utopistes » de la période prémarxiste tout ce qu'on en pouvait tirer. Si le collaborateur de Karl Marx avait, à mon sens, extrait des théories sociales qui fleurirent de 1795 à 1848 tout ce qui peut être utile à la connaissance des idées et des faits sociaux du moment et à leur développement dans l'avenir, je me serais bien gardé de refaire ce qui a été, de son point de vue, achevé de manière à n'y pas revenir.

Mais Engels a embaumé et ligoté de bandelettes les novateurs socialistes, après n'avoir retenu d'eux que les aspects par lesquels ils semblent prendre contact avec l'interprétation matérialiste de l'histoire. D'ailleurs, et précisément pour cela, il ne retient que trois d'entre eux : Saint-Simon, Fourier et Robert Owen. Ils ont surgi après la grande crise révolutionnaire française, où, selon l'expression d'Hegel, « le monde se dressait sur la tête ». Ils « ne se donnent pas comme représentants des intérêts

1. *Socialisme utopique et socialisme scientifique.*

du prolétariat ». Eux aussi participent à l'idéalisme révolutionnaire, eux aussi font de l'idée la seule réalité; pour
eux aussi, « le monde doit se dresser sur la tête », le fait
doit être une représentation de l'idée. Aussi, « comme les
philosophes du XVIIIᵉ siècle », dont ils procédaient
directement, « ils se proposèrent non d'affranchir une
classe déterminée, mais l'humanité tout entière ». La
transformation sociale serait l'œuvre de la raison, et non
le résultat de l'évolution des phénomènes économiques et
sociaux. La volonté humaine suffirait à transformer les
rapports des hommes entre eux et avec les choses, et,
pour cette transformation, « l'homme de génie surgirait
par hasard ».

Après avoir fait ces constatations sur le milieu d'idées
où se mouvaient les trois grands « utopistes », Engels
trace un tableau du milieu de faits qui se dressait en
contradiction de ces idées. « L'État rationnel avait fait
naufrage » et « le contrat social de Rousseau avait trouvé
sa réalité dans la Terreur ». « L'antagonisme des riches
et des pauvres » était devenu « plus aigu ». « Le développement de l'industrie sur une base capitaliste » avait
engendré « la pauvreté et la misère des classes ouvrières ».
Tout ce qu'on avait gagné à la Révolution, ç'avait été de
voir « l'or supplanter le sabre ». C'était la « faillite des
pompeuses promesses des philosophes [1]. »

De fait, tout armés qu'ils soient de la philosophie révolutionnaire, les novateurs socialistes de la première période
du XIXᵉ siècle réprouvent l'œuvre révolutionnaire et les
idées libérales. Fourier se répand en anathèmes contre la
Révolution et le maximum [2]; les saint-simoniens, pendant

1. *Socialisme utopique et socialisme scientifique.*

2. « Après la catastrophe de 1793, les illusions furent dissipées, les
sciences morales et politiques furent flétries et discréditées sans retour. »
(Ch. Fourier, *Théorie des quatre mouvements,* discours préliminaire.) —

les journées de juillet 1830, refusent d'intervenir entre
l'absolutisme et la liberté ¹; et, dans son *Mémoire aux
puissances*, Robert Owen invoque la nécessité de donner
satisfaction aux ouvriers pour éviter qu'ils se jettent dans
les bras des révolutionnaires ².

Mais s'ils réprouvent l'œuvre révolutionnaire, c'est
parce qu'elle n'a pas réussi, parce qu'elle n'a pas pu tenir
ses promesses. Ce n'est pas le but qu'ils incriminent,
mais le moyen. De même, lorsqu'ils se répandent en
diatribes véhémentes contre le libéralisme : ils lui en
veulent de ne s'exprimer qu'en paroles, de se contredire
en actions. Ce qu'ils reprochent en somme au libéralisme,
c'est de ne pas être le libéralisme réel. La révolution
n'ayant pas réussi et le libéralisme se gonflant uniquement du vent des mots, ils durent de toute nécessité
chercher autre chose. Mais par quel moyen, et dans
quelle direction? Les « utopistes » n'avaient d'autre instrument philosophique que celui-là même qui avait servi

---

« L'autorité doit intervenir contre l'accaparement, non pas à la manière
des jacobins qui spoliaient le possesseur en le payant avec des papillotes. »
(*Id.*, 3⁰ partie. Confirmation.)

1. Voir le manifeste « aux saint-simoniens éloignés de Paris » publié le
28 juillet 1830 par Enfantin et Bazard (ŒUVRES DE SAINT-SIMON ET D'EN-
FANTIN, t. II, p. 186), où, pour les engager à ne pas se mêler aux « désordres
qui se passent en ce moment sous leurs yeux », les signataires invoquent
l'exemple de Saint-Simon qui « traversa la crise terrible de la Révolution
française avec CE CALME divin, qui eût été lâcheté, crime pour tout autre
que lui, et qui fut la condition providentielle de notre initiation à une vie
nouvelle ». Il est vrai qu'un mois après, Enfantin et Bazard publiaient sous
ce titre : *Jugement de la doctrine de Saint-Simon sur les derniers événements*, une « déclaration solennelle » dans laquelle il était dit du résultat
des « désordres » du mois précédent : « Cette victoire est un bienfait », et
encore : « La Révolution française, enfin, a reçu sa sanction définitive ».
(*Id.*, pp. 222 à 244.)

2. « La question... est de savoir si ce changement (dans la condition des
classes ouvrières) devra s'effectuer sous la direction de la prudence et de la
sagesse (c'est-à-dire par les industriels et les gouvernants)... ou bien si ce
changement doit être abandonné à l'ignorance et aux préjugés, sous l'influence funeste du désespoir et des passions les plus violentes ». (*Examen
impartial des nouvelles vues de M. Robert Owen*, par Henry Gray Macnab,
traduit de l'anglais par Laffon de Ladébat, pp. 134-135. Paris, chez Trettel
et Würtz, 1821.)

à cette révolution manquée. Ils étaient donc condamnés
à chercher dans l'idée pure une issue à la crise causée
par l'idée elle-même. D'autant plus que les conditions
matérielles, économiques, n'avaient point pris un développement suffisant pour s'imposer comme instruments de
transformation économique et sociale. « En ce temps, la
production capitaliste et l'antagonisme de la bourgeoisie et
du prolétariat n'étaient pas encore très développés. » On
l'avait bien vu pendant la Révolution : « Les masses non
possédantes de Paris qui s'emparèrent un instant du pouvoir lors de la Terreur ne firent que démontrer les impos-
sibilités du pouvoir dans les conditions existantes[1]. »

Dans l'*Histoire socialiste*, Jaurès note très exactement le
caractère petit bourgeois, artisan, et non prolétarien, des
mouvements économiques dans la période révolutionnaire.
Les émeutes suscitées par la cherté du pain ou du savon,
les protestations contre « les accapareurs, les agioteurs,
qui s'emparent des manufactures », sont une protestation
de « toute cette fourmillante artisanerie des Gravilliers,
qui redoutait une expropriation économique[2] ».

Emporté par ses sévérités pour l'idéalisme révolutionnaire et pour la philosophie dont il procède, Engels ne fit
grâce à ceux qu'il appelait les utopistes que sur les points
où ils lui parurent s'opposer à cet idéalisme. Sa conception
matérialiste de l'histoire ne lui permit d'apercevoir en eux
et de n'accepter d'eux que les vues concordantes aux
siennes. Il commit de la sorte quelques erreurs qu'il importe de rectifier. D'abord il méconnut le réalisme profond
qui anima la philosophie du xviii⁰ siècle et la révolution qui s'ensuivit. Ainsi, il loua Saint-Simon d'avoir
« envisagé en 1802 la Révolution française comme une

1. *Socialisme utopique et socialisme scientifique.*
2. *Histoire socialiste*, t. III (La Convention II), p. 1038.

lutte entre la noblesse, la bourgeoisie et les classes non possédantes ».

Eh bien, pour émettre une semblable idée, qui contient en germe la théorie de la lutte des classes, et c'est la raison pour laquelle Engels en glorifie Saint-Simon, est-il besoin que celui-ci renonce aux principes de la philosophie et de la Révolution françaises, et qu'il ait une sorte de prescience de la dialectique hégélienne dont Marx extraira la lutte des classes, trame de l'histoire des sociétés? Non pas. Saint-Simon est armé par Condorcet de la théorie du progrès indéfini. Sa philosophie sociale est donc historique. Sa découverte n'est donc pas une invention, une anticipation sur le parti que Marx devait tirer d'une philosophie encore dans les limbes au moment où parurent les *Lettres d'un habitant de Genève.* Il n'y a pas là « une découverte de génie », mais l'expression, en passant, d'une idée que nul évidemment n'avait creusée comme la creusa Marx, que nul ne systématisa comme il le fit; on la voit apparaître au cours de la Révolution française, non comme une idée « en dehors », mais comme une application logique, réaliste, des principes proclamés par elle. Pour ne citer qu'un exemple, nous entendons à un moment Babeuf s'écrier qu'il a proposé « plus que la loi agraire » pour libérer le peuple de la « République des riches ! ». L'idée de classe est trouble et confuse partout où elle s'exprime au cours de la Révolution française ; mais est-elle plus claire et plus précise dans Saint-Simon? Bien au contraire, puisque celui-ci, nous en donnerons de surabondantes preuves, lie étroitement le sort des prolétaires et des employeurs, réunis sous le terme général de « producteurs » et fait de leur union et de leur hiérarchie

---

1. *Tribun du Peuple,* n° 36.

systématisée, étendue même ou plutôt substituée aux fonctions publiques, une des conditions essentielles de sa conception sociale de l'avenir.

D'autre part, lorsqu'il « affirma que la politique n'était que la science de la production et en prédit la fusion dans l'*Economie* », il ne fit pas davantage une découverte. Mais il eut le mérite de systématiser, c'est-à-dire de faire pour l'idée de transformation économique ce que Marx devait faire pour l'idée de classe, et de fonder tout un système social sur la prédominance de l'élément industriel. Je dis que ce ne fut pas une découverte que fit Saint-Simon, mais une application et une systématisation d'idées qu'il tenait de Condorcet et d'Adam Smith, fils eux-mêmes du sensualisme utilitaire. Condorcet, en effet, que Saint-Simon appelle quelque part son « père spirituel », se plaint que « jusqu'ici l'histoire politique » ait oublié « la masse des familles qui subsistent presque en entier de leur travail[1] ». Et, à la page même où Saint-Simon déclare que « l'économie politique est l'unique fondement de la politique », il ajoute qu' « avant Smith, l'économie politique, encore dans l'enfance, s'était présentée adroitement comme auxiliaire du gouvernement ». Mais elle n'est pas encore « à sa place véritable ». Le moment vient où « la politique s'appuiera sur elle; ou plutôt, elle sera elle seule toute la politique[2] ».

Si l'on peut et si l'on doit reconnaître à Saint-Simon le mérite d'avoir mis en valeur et formulé en théorie le caractère économique croissant des sociétés et de leur gouvernement, on doit reconnaître qu'il n'a pas fait cette découverte en écart des idées directrices de la philosophie

1. *Tableau historique des progrès de l'esprit humain.* — Neuvième époque.
2. *L'Industrie*, 8e lettre. — (Œuvres, t. XVIII, p. 185.)

française et qu'il n'a pas anticipé par une fugue géniale sur la dialectique hégélienne et le parti que Marx devait en tirer. C'est bien de la philosophie française, c'est bien du sensualisme utilitaire dont sont nés et la Révolution française, actes et principes, et tous les systèmes socialistes, de Babeuf à Proudhon, qu'est née la théorie dans laquelle Engels reconnaît avec justice une première formulation de la théorie marxiste du matérialisme économique.

Fourier, avec « sa critique des conditions existantes », emporte le suffrage d'Engels, qui lui est reconnaissant — et nous aussi — d'avoir « pris au mot la bourgeoisie, avec ses prophètes inspirés d'avant et ses flatteurs inspirés d'après les révolutions ». Et, emporté par l'admiration, Engels ajoute que Fourier « maniait la logique avec autant de puissance que son contemporain Hegel », et ce n'est pas là un mince compliment.

Au nom de quels principes Fourier a-t-il fait justice des théories sur « la perfectibilité illimitée » qu'il appelait plaisamment « perfection perfectibilisante » ? Sur quoi s'est-il fondé pour « démontrer comment l'ordre civilisé élève tout vice [produit] par la barbarie, d'un mode simple à un mode composé, à double sens, équivoque et hypocrite » ? Au nom de quelle philosophie nous a-t-il fait « voir que la civilisation se meut dans un cercle vicieux, dans des contradictions qu'elle reproduit sans cesse, sans pouvoir les résoudre ; de telle sorte qu'elle atteint toujours le contraire de ce qu'elle cherchait ou prétendait chercher ; par exemple : « *dans la civilisation, la pauvreté naît de la* « *surabondance même* [1] *?* »

Pour ce qui est de ses principes économiques, nous sommes avertis par la critique violente qu'il fait du com-

1. *Soc. ut. et soc. scient.*

merce et des nouveaux procédés industriels, notamment
des métiers mécaniques dont les produits ne tiennent pas
à l'usage, et par la prééminence qu'il accorde à l'agriculture
sur l'industrie dans l'organisation sociétaire. Fourier est
un physiocrate, le dernier des physiocrates survivant au
commencement du xixᵉ siècle. Il fait en cette qualité
« honneur » à Quesnai de la « résistance » qu'il opposa au
« Commerce », et accable les « Raynal, les Voltaire, et tout
ce qu'il y avait de plus marquant dans la philosophie » pour
être allés « s'agenouiller devant le veau d'or qu'ils mépri-
saient en secret ». Car « le Commerce, selon Quesnai, ne
joue qu'un rôle parasite » ; par conséquent, « on devrait
limiter les bénéfices et les extorsions du Commerce et
l'astreindre à des garanties envers l'Agriculture dont il est
le commis [1] ». Fourier reproche à Quesnai et à ses disciples
de ne l'avoir pas fait, et c'est pour atteindre ce but qu'il
propose l'association, dont il avoue avoir aperçu les avantages chez les paysans du Jura qui mettent en commun
le lait de leurs troupeaux et se partagent le fromage au
prorata de leur apport.

Il n'est pas une des idées, voire des boutades de Fourier
qui n'ait son origine dans la philosophie du xviiiᵉ siècle.
Il critique la perfection indéfinie, dont Saint-Simon s'est
fait l'apôtre ; il fragmente le vaste procès humain en
époques qui naissent, se développent et meurent, pour
revivre dans la suivante, non pas fortifiées et agrandies,
mais aggravées et ayant porté du simple au composé leur

---

1. *Publication des manuscrits,* t. III, pp. 81 à 88. — Je trouve cet extrait
dans le *Socialisme sociétaire,* de la Société nouvelle de librairie et d'édition,
où M. Hubert Bourgin a rassemblé en une substantielle brochure les
passages les plus caractéristiques de l'œuvre de Fourier. M'étant documenté
sur les éditions originales des œuvres de Fourier, je n'avais pas eu
connaissance de cette *Publication des manuscrits.* C'est également pour
m'être documenté à ces sources que j'ai préféré ne pas paginer mes extraits
de Fourier, plutôt que de perdre le lecteur dans la bizarre pagination
suivie par lui dans toute son œuvre.

malfaisance. A première vue, cette théorie pessimiste de
l'histoire ne semble pas se rattacher à la philosophie française; et pourtant elle est très directement inspirée par
Jean-Jacques Rousseau. L' « Edénisme » de Fourier se
motive expressément en ces termes, qui décèlent en même
temps son origine philosophique : « La société primitive
ou Eden... était le régime des séries passionnelles, qui fut
praticable par circonstance et découvert par instinct, aux
premiers âges du monde. Ainsi, dit Rousseau, tout était
bien sortant des mains de l'auteur de toutes choses ; tout
dégénéra entre les mains de l'homme. » Et, modestement,
Fourier ajoute : « Le génie devait retrouver les voies de
ce bonheur primitif et l'appliquer à la grande industrie [1]. »

Voilà bien le sensualisme naturaliste qu'Helvétius tient
de Hobbes et sur lequel Rousseau fonde ses théories. Seulement Fourier, au lieu de l'accepter clarifié par Helvétius,
comme fit Saint-Simon, le reçut tel quel. Helvétius avait
reçu l'idée du contrat social des mains de Hobbes, mais il
l'avait animée de la notion du progrès, alors courante au
temps où il écrivait. Hobbes fonde le contrat sur l'aliénation
de tous les droits. Sa conception de l'ordre est purement
statique. Selon lui, le contrat n'a pas pour objet le bonheur
de ceux qui, de gré ou de force, le signent, mais l'ordre,
la tranquillité publique. L'homme étant un loup pour
l'homme, le contrat est l'instrument de la sécurité de chacun, et le bâton du tyran est la sanction. Rousseau reçut,
sans la modifier fondamentalement, la notion de Hobbes
sur le contrat. Et Fourier approuva « Hobbes et Jean-
Jacques Rousseau, qui entrevoyaient dans la civilisation
un renversement des vues de la nature, un développement
méthodique de tous les vices [2]. »

1. *Théorie de l'unité universelle*. Chap. III.
2. *Théorie des quatre mouvements*. 3ᵉ partie. Epilogue.

Fourier fait donc justice des théories sur la perfectibilité illimitée en se servant d'un instrument philosophique inférieur à celui qu'il critique. Pour inférieur que soit cet instrument, il n'en fait pas moins partie du bagage à nous légué par le xviiie siècle français. Quand Fourier critique la révolution et fouaille le libéralisme verbal, c'est encore la philosophie et la Révolution française exerçant par sa bouche leur propre critique, se confrontant, actes et principes, non pour s'abîmer en une irréductible contradiction interne, mais en réalité pour se féconder et se fortifier par un plus complet rapprochement, une plus intime communion de l'idée et du fait.

Il y a, d'ailleurs, deux choses qu'il faut bien voir et bien distinguer dans la théorie de Fourier sur l'histoire humaine. D'abord, une conception immobiliste, née de l'ultra-naturalisme de Hobbes. Selon cette conception, tous les efforts que, volontairement ou non, l'homme fait pour s'éloigner de l'état de nature ont pour résultat d'aggraver sa misère et ses vices. Pour Fourier, c'est un châtiment que la nature inflige aux hommes, et ce châtiment ils le subiront jusqu'à ce qu'ils aient écouté l'homme de génie, — c'est lui, Fourier, — qui, en réhabilitant les passions, rendra chacun à sa spontanéité naturelle et, de cette gamme harmonique des passions, fera surgir le bonheur pour tous. Ce n'est pas de cette conception qu'Engels félicite Fourier, mais de la conséquence qu'il en a tirée. Et cette conséquence est que la civilisation, faute d'harmonie entre les intérêts, se meut dans un cercle vicieux, se contredit et se détruit.

Il fallait toute l'admirable bonne volonté d'Engels pour apercevoir, dans cette vue pessimiste de Fourier, une prescience de la théorie que Marx a tirée de la dialectique hégélienne. Fourier, dit Engels, a « démontré que toute

phase historique a sa période ascendante et descendante ».
Soit, mais sa démonstration n'a pas la valeur de celle que
fit Auguste Comte en développement du plan tracé par
Condorcet. Car il y a dans celle-ci une vertu d'évolution,
un optimisme social conforme à la réalité générale des
choses qui ne se trouve pas dans celle de Fourier, qui est
en effet sombrement pessimiste. Le genre humain naît
heureux, nous dit Fourier; il se dégrade à mesure qu'il
s'organise socialement et qu'il avance dans la connaissance
des choses; seul, le surgissement d'un génie, d'un Newton
social est venu le sauver au moment où il périssait dans
les incohérences et les contradictions du régime civilisé.

Qu'est-ce donc qui a séduit Engels là-dedans? Devons-
nous le prendre au mot quand il nous dit que, « depuis
Fourier, la science historique ne peut plus ignorer la destruction future de l'humanité »? Outre que nous n'avions
pas besoin de Fourier pour nous annoncer cette fin de
l'humanité, conséquence à peu près certaine de l'inévitable
fin de notre globe, il nous l'a si peu annoncée, ou plutôt il
a si bien tenu à nous rassurer sur les conséquences
qu'aurait pour le genre humain la destruction de notre
planète, qu'il nous apprend, en termes exprès, « que les
âmes, après cette vie, se rejoignent encore à la matière,
sans jamais s'isoler des voluptés matérielles... » Voilà « le
sort qui est réservé à nos âmes dans les divers mondes
qu'elles parcourront pendant l'éternité [1] ».

J'ai trop de respect pour la haute et pure mémoire
scientifique d'Engels pour admettre un seul instant qu'il
ait été mystifié par une vue trop sommaire de la doctrine
fouriériste, et encore moins qu'il ait eu l'intention de
mystifier le public. D'ailleurs, quand il loue Fourier d'avoir

---

1. *Théorie de l'unité universelle.*

« déversé son sarcasme sur le fiasco irrémédiable de la phrase », il nous livre du même coup le secret de son admiration pour le pessimisme historique du philosophe socialiste. Pour Engels, en effet, le monde social n'est pas un développement continu de l'idée, s'exprimant en actes et en institutions. Il y a plus d'un demi-siècle, il affirmait déjà « une parfaite indépendance critique devant les phrases et les chimères qui proviennent de la tradition révolutionnaire [1] ».

Il existe, certes, une grande ressemblance entre la conception que se fait Fourier de l'histoire et celle que Marx et Engels formulèrent dans le *Manifeste communiste*. Fourier examine le monde social en économiste et comme tel il note les antagonismes, les contradictions qui ont été les principales caractéristiques des premiers temps de la formation du régime capitaliste. Tout aussi informé sur ce point que Saint-Simon, il sait que « le mécanisme industriel est le pivot des sociétés humaines [2] ». C'est, il le dit lui-même, l'étude des problèmes politiques *et industriels* qui l'achemina à sa découverte de l'attraction universelle et de la mécanique passionnelle. Avec quelle éloquence, sans cesse renouvelée, il attaque le régime du mercantilisme, cause de la misère croissante des masses, nous en aurons une idée au cours de ce travail. Ce grand réaliste remet la pyramide sur sa base, et le monde, qui jusque-là marchait sur la tête, se replace dans une position normale. La liberté n'est qu'un mot, lorsque l'individu n'en possède pas les moyens matériels, les sanctions économiques.

Fourier est donc ici un précurseur du matérialisme

1. Karl Marx et Frédéric Engels, *Manifeste communiste*, traduction Ch. Andler, t. I, p. 72.
2. *Théorie des quatre mouvements*. Discours préliminaire.

économique de Marx et Engels, et l'on conçoit que celui-ci lui en fasse un mérite. Nous ne pouvons que nous associer à l'hommage que, sur ce point, Engels rend à Fourier. Abuser de l'idéal pour le vider de réalité est le plus grand outrage et le pire dommage qui puisse être infligé à l'idée.

Mais revenons au point essentiel. C'est surtout d'avoir constaté les contradictions internes du régime capitaliste à son aurore qu'Engels est reconnaissant à Fourier. Et, en considération du résultat, Engels ne chicane pas sur la méthode employée. Dans Fourier, les périodes naissent, se développent, disparaissent, sans que l'humanité reçoive un bienfait du passage de l'une à l'autre de ces périodes, au contraire. Et, pour nous sauver, il n'est qu'un moyen : le surgissement de l'homme providentiel. En quoi cela ressemble-t-il à la dialectique économique de Marx? En ceci que la notion d'évolution progressive générale de l'humanité paraît absente de la théorie de Marx, autant qu'elle l'est de celle de Fourier.

En effet, « toute l'histoire de la société humaine jusqu'à ce jour, disent Marx et Engels, est l'histoire des luttes de classes... La société moderne, la société bourgeoise, née de l'écroulement de la société féodale, n'a pas aboli les antagonismes de classes. Elle *n'a fait que* substituer des classes nouvelles, de nouvelles possibilités d'oppression, de nouvelles formes de la lutte à celles d'autrefois[1] ». On le voit, pour Marx et Engels le prolétaire est au bourgeois

---

1. *Le Manifeste communiste*, t. I, pp. 20-21. — Et, plus loin, p. 23 : « La bourgeoisie... a détruit toutes les conditions féodales, patriarcales, idylliques, de l'existence sociale... et elle n'a voulu qu'il subsistât entre les hommes d'autre lien que l'intérêt tout nu, où le sentiment n'a point de part ». En détruisant les rapports sociaux, familiaux, moraux d'autrefois, et même ceux d'aujourd'hui, « usés sans même avoir eu le temps de s'ossifier solidement », la bourgeoisie prépare la révolution prolétarienne que les anciens rapports « féodaux, patriarcaux, idylliques » n'eussent pas rendue possible. C'est toujours la théorie de la catastrophe. Chez Fourier, c'est

ce que le serf fut au seigneur, ce que l'esclave antique fut
à son propriétaire. Les classes évoluent tout le long de
l'histoire, les régimes se succèdent, — et l'oppression des
travailleurs demeure. Mais le capitalisme rompra le charme
cent fois séculaire par le surgissement du socialisme
contenu dans ses flancs, tout régime économique et social
étant la matrice du régime qui le renversera et lui succédera. On pourrait poursuivre mentalement l'opération
dialectique et nous faire assister, par anticipation, à la
mort du socialisme et à la naissance de la forme économique et sociale que, lorsqu'il sera né, il contiendra dans
ses flancs et dont il devra mourir. Voilà, je crois, un des
plus grands inconvénients qu'il y a de faire reposer le
monde social uniquement sur la dialectique économique.
On ne s'en peut alors tirer qu'en tombant dans le millé-
narisme et en déclarant closes les évolutions ultérieures
dans l'ordre économique et social. Or, comme l'a dit si
justement Jaurès, « rien n'est éternel, si ce n'est la loi de
la dialectique elle-même [1] ».

Certes, l'idée du progrès général n'est pas étrangère à
Marx. Bien au contraire. Mais il la considère plutôt comme
gênante pour la conception économique de l'histoire. Il
semble redouter que les travailleurs ne s'endorment dans
un quiétisme béat, s'il leur apprend qu'ils sont tout de
même moins malheureux qu'au temps où, sous le fouet,
leurs ancêtres en corvée édifiaient les pyramides. Le pessimisme social de Fourier devait donc plaire à l'un des
créateurs du matérialisme économique.

l'homme de génie qui la détermine par sa découverte; chez Marx et Engels,
c'est le prolétariat, par son action révolutionnaire. Il est juste d'ajouter que
l'action du prolétariat, chez Marx, est « nécessitée », tandis que la décou
verte du génie, chez Fourier, ne l'est pas. Ici éclate une fois la supériorité à la fois
dialectique et scientifique de la conception de Marx sur celle de Fourier.

1. Les origines du socialisme allemand. *Revue socialiste* du 15 août 1892,
p. 160.

D'autre part, en constatant que, dans le monde constitué sur le régime de l'échange, la concurrence amène la surproduction et les crises, Fourier se tient dans le sens d'une des prophéties de Marx et de son collaborateur. La société bourgeoise, disent-ils, « c'est le sorcier impuissant à maîtriser les puissances souterraines qu'il a évoquées ». Ils ajoutent que « l'histoire de l'industrie n'est plus autre chose que l'histoire de la révolte des forces productives modernes contre le régime moderne de la production [1] ». Or, nous constatons aujourd'hui que les crises se sont raréfiées à mesure que, se constituant par grandes associations, les détenteurs du capital ont acquis une connaissance plus exacte du marché et de ses besoins. A la suite de Fourier, Marx a pris les crises de croissance et les incohérences juvéniles du capitalisme pour les signes précurseurs de sa destruction. L'erreur était admissible en leur temps. Elle serait impardonnable dans le nôtre, alors que nous voyons aux États-Unis se constituer, par les trusts, un capitalisme organique que ne détruira pas une contradiction interne inexistante, mais une notion idéologique trop négligée de Marx, empruntée aujourd'hui par le socialisme à la pensée philosophique et révolutionnaire du xviiiᵉ siècle, — la notion de la justice.

II. — Consciemment ou à leur insu, la pensée de notre xviiiᵉ siècle domine la pensée des Saint-Simon et des Fourier, des Owen et des Cabet. Le socialisme est né de la philosophie de la nécessité. Or, reconnaissons-le, la philosophie de la nécessité, en donnant naissance à la morale de l'utilité, a eu un caractère dynamique, en matière sociale, qu'en dépit des apparences la théorie du libre

1. *Manifeste communiste*, t. I, p. 29.

arbitre n'eût jamais pu procurer, car pratiquement elle
laisse partout l'homme sous la loi de l'hérédité, sous
l'empire de la tradition, sous la servitude de la coutume.

Certes, la morale de l'utilité n'explique pas les mouvements .de l'individu, encore moins ceux de la société.
Nous sommes, en effet, bien plutôt déterminés par l'hérédité et la coutume, en somme par l'instinctif et le
réflexe, que par la délibération, éclairée ou non, de notre
intérêt [1]. L'utilitarisme est donc une vue rationnelle,
intellectualiste au premier chef, de nos actions et réactions réciproques. Il est une première et provisoire interprétation de la nécessité par la raison pure; et c'est grâce
à lui que la nécessité n'a pas laissé tomber ses partisans dans un inerte pessimisme social. La nécessité ainsi
interprétée a possédé une puissance modificatrice que le
libre arbitre n'eut point, tout acte de libre arbitre étant
considéré comme une infraction à la volonté divine, et
frappé en conséquence. Evidemment la nécessité interprétée par la raison pure n'a point dévoilé ses ressorts
essentiels. Mais de cette interprétation à surgi le problème
social [2]. L'utilité ne pouvait le résoudre, cela est certain.
Le concept utilitaire ayant imaginé un homme artificiel,
ou plutôt n'ayant discerné que quelques-uns des mobiles
des actions humaines, ne put construire qu'un abri social
inconsistant, œuvre de la raison pure plus que de la nécessité, d'autant moins habitable qu'il serait plus approchant
de la perfection. De là l'échec, tout au moins dans leur
temps et dans leur milieu, des constructeurs socialistes.

1. L'intérêt personnel, comme force motrice économique, ne présente pas
dans l'histoire, hormis sous ses formes élémentaires, l'universalité et la
puissance qui l'assimileraient à une cause *physique*, et feraient de l'ordre de
ses manifestations, une loi physique. Tout le surplus est la lente acquisition
du *temps*. (Hector Denis, *Les systèmes économiques et socialistes*. REVUE
SOCIALISTE de juin 1890, pp. 649-650.)

2. Guyau. *La morale d'Epicure*, p. 233. (Paris, F. Alcan).

Le grand mérite, disons la gloire, de Marx est précisément d'avoir substitué une méthode scientifique aux constructions idéologiques. Il ne s'agit pas ci des résultats donnés par la méthode, mais des principes et des moyens nouveaux qu'elle introduisait. Il ne faut pas conclure de cela que le rationalisme pur ne fut pas un moment nécessaire. Le caractère intellectualiste revêtu nécessairement par le sensualisme, en l'état des sciences biologiques et historiques à cette période critique de l'histoire des idées, a donné l'essor au rationalisme moderne. Pour procéder à une aussi vigoureuse expulsion des concepts vieillis et animer de mouvement les idées et les choses dont l'immobilité semblait être la loi, il fallait que l'idée de nécessité engendrât l'idée de la toute-puissance de la raison comme agent déterminant, tout aussi bien au point de vue social qu'au point de vue individuel. Emancipé de l'impératif traditionnel, l'esprit humain assuma la mission de refaire le monde sur le plan de la raison. Ce fut un beau mouvement d'impatience de l'idée, ce fut un beau moment où les idées devinrent des actes. Car, en somme, le rationalisme fut si fécond, non seulement en critique nécessaire, mais en créations incessantes, que les mystiques de la tradition seraient malvenus, invoquant la science et ses disciplines sévères, à opposer leur réalisme à cet idéalisme, eux qui voient se dessécher leur idéal jusqu'à la racine et se dissiper dans un devenir continu les réalités auxquelles ils sont attachés. Seuls peuvent agir, seuls peuvent donner naissance à des phénomènes nouveaux ceux-là qui n'ont pas blasphémé contre la raison, qui ont voulu lui mettre en main le flambeau de la science et non l'aveugler au nom des fatalités de la science, faute d'avoir pu le faire au nom de l'arbitraire, de la grâce et de la foi.

III. — Dès cet ouvrage-ci, et sans attendre le second
où seront analysés et confrontés avec l'histoire sociale
de ces cinquante dernières années le marxisme et l'anarchie de Proudhon, refondue et développée par Bakounine,
Elisée Reclus et Kropotkine, nous pouvons tirer une
conclusion partielle, mais définitive. Ou plutôt plusieurs
conclusions dont la première est que les systèmes socialistes d'ensemble ont eu la très grande utilité de tenir lieu
de méthode à une époque où l'investigation scientifique
n'était pas encore pourvue des moyens qu'elle possède
aujourd'hui; la seconde, que si l'instrument purement
rationaliste a moins duré que les résultats obtenus par
son moyen, ces résultats n'en demeurent pas moins acquis;
la troisième, que le temps des prophéties, fondées sur
l'observation des fatalités mécaniques des phénomènes
sociaux, est passé et ne reviendra plus, la part d'action
réfléchie des organisations humaines dans le déterminisme
social étant désormais assez grande pour substituer la
volonté à la fatalité, la loi positive à la loi naturelle, ou
plutôt pour que celles-ci ne commandent plus aveuglement
celles-là, mais soient utilisées par elles aux meilleures fins
sociales.

La première de ces conclusions peut être contestée par
ceux qui pensent que les novateurs socialistes sont aussi
étrangers à la naissance qu'au développement ultérieur
des concepts socialistes sur la morale, la famille, l'Etat,
la propriété, le travail, l'association. Il est certain qu'à
proprement parler, aucun d'eux, ni Fourier, ni Saint-
Simon, ni Cabet, ni Proudhon, n'a rien inventé, sinon son
système économique et social d'ensemble qui précisément
n'était pas viable, et de fait ne vécut que dans la pensée
d'adeptes plus ou moins nombreux et dont né se retrouvent
plus aujourd'hui que quelques rares survivants. Mais ces

concepts, grâce à la construction d'ensemble, ont pris une
telle précision, leur possibilité d'exister et de se développer
a été si minutieusement étudiée par les novateurs qui les
incorporaient à leur système, qu'on peut bien dire que
c'est des novateurs socialistes que nous les tenons aujour-
d'hui. Ainsi, par exemple, il est certain que l'idée d'un
tribunal amphictyonique européen n'est pas née dans le
cerveau de Saint-Simon, non plus que celle de s'associer
pour acheter en commun les denrées nécessaires à la
consommation du ménage n'appartient en propre à Fourier.
Le premier savait que l'abbé de Saint-Pierre avait existé [1].
Le second avouait Cadet de Vaux pour précurseur [2] et il
invoquait l'exemple des coopératives fromagères du Jura ;
de plus il n'ignorait pas les efforts d'Owen, lequel pour sa
part reportait le mérite de ses théories à John Bellers qui
en demandait « l'adoption avec énergie en 1696 [3] ». Mais
lorsque Saint-Simon travaille à établir la paix européenne,
ce n'est plus à la manière purement sentimentale, idéaliste, chrétienne du bon abbé de Saint-Pierre. L'industrie
vivant surtout de paix et de sécurité, c'est à développer
l'industrie qu'il s'attachera, convaincu que le régime
industriel élimine les idées et les mœurs guerrières. Je
suis donc fondé à conclure que les novateurs socialistes,
n'ayant pas « répété » purement et simplement, mais modifié, transformé, transporté sur un autre plan social les
rêves des utopistes et des philanthropes du passé, ont fait
proprement œuvre de création, de novation.

La seconde conclusion est dans ce fait que ces créations

---

1. *Lettres d'un habitant de Genève à ses contemporains*, p. 17.

2. V. notamment : *Fausse industrie ; l'Association domestique agricole*,
avant-propos ; le *Nouveau monde industriel*, confirmations tirées des Saintes-
Ecritures, etc., etc.

3. *Examen impartial*, etc. Extraits des nouvelles vues insérées dans les
papiers anglais des 30 juillet, 9 et 11 août 1817.

de leur esprit appliqué sur les faits présents et à venir
sont nombreuses. Le monde social en est peuplé, et on
les voit lutter pour l'existence contre les forces économiques et sociales héréditaires, contre les notions et les
concepts d'autrefois. Dans leur avant-dernier congrès
national tenu à Tours en 1902, les socialistes français ont
substitué aux principes purement marxistes, formulés dans
le programme du Havre en 1880, cette notion « que le
socialisme procède tout ensemble du mouvement de la
démocratie et des formes nouvelles de la production ».
Les novateurs de la période prémarxiste disaient ou sous-
entendaient que la Révolution française se complétait ou
se refaisait par leur système; Marx faisait naître le socialisme uniquement des formes nouvelles de la production.
Par cette phrase initiale de la déclaration qui figure en
tête du programme de Tours, on aperçoit que justice est
enfin rendue aux précurseurs théoriques et pratiques du
socialisme, et que ses tenants n'entendent pas plus renoncer à leur héritage que l'accepter en ignorant les mains qui
le leur ont transmis. C'est, dit ce programme, « pour étendre
à tous les citoyens les garanties inscrites dans la Déclaration des Droits que notre grand Babeuf a demandé la
propriété commune, garantie du bonheur commun ».

Il est à peine besoin de faire remarquer que les socialistes ont de l'homme et de la société une conception
morale et juridique très différente de la conception héréditaire, même modifiée par les idées et les faits de la
Révolution française. Cette conception, ils la tiennent des
novateurs : de Fourier ils ont hérité l'individualisme
moral où risquent de disparaître les disciplines sans
lesquelles il n'est plus de sociabilité, mais grâce auquel
les disciplines extérieures à l'individu peuvent être si
efficacement combattues; de Proudhon, ils acceptent les

disciplines intérieures destinées à suppléer les extérieures;
de tous ils ont acquis le sens de la solidarité sociale, qui
est au fond même de tout système socialiste. Par le sévère
tien et *mien* auquel Proudhon s'attacha avec tant de force,
il est rappelé aux socialistes qui l'ignoreraient que le
socialisme, s'il veut être une réalité sociale, devra revêtir
une expression juridique, et surtout ne pas abolir l'individu
dans une fraternelle promiscuité dont profiteraient seuls
les membres les moins utiles, moralement et économiquement, de l'humanité. Sur ce point, il faut bien avouer
que l'avertissement donné par le rude philosophe de la
Justice n'a pas encore été entendu. Mais ses efforts ont été
décisifs pour la fixation, en matière sociale et économique,
du juste et de l'injuste. Par définition le socialisme ne
pouvait évidemment considérer comme « juste » l'acquisition de la richesse par héritage, spéculation financière,
exploitation industrielle. Cependant, avant Proudhon, la
justice disparaissait dans la fraternité avec les communistes,
et en même temps que la liberté de l'individu sa responsabilité et jusqu'au sentiment de sa valeur propre; ou bien
elle était incomplète avec Fourier, qui donnait au capital
part avec le travail et le talent dans le produit de l'association; ou faussée et arbitraire avec Saint-Simon et surtout ses disciples, puisqu'ils soumettaient l'individu à la
volonté toute-puissante des chefs de la hiérarchie.

Le socialisme est si bien un individualisme d'extrème-
gauche, ainsi que je l'ai démontré ailleurs [1], qu'un des
principaux traits des novateurs socialistes, sauf Proudhon
et dans une certaine mesure les communistes démocrates,
consiste à faire de la femme un individu social autonome

---

1. V. l'*Essai sur l'individualisme*. Ch. vii, pp. 138 à 179. (Paris,
F. Alcan.) — V. aussi Espinas, la *Philosophie sociale du XVIIIᵉ siècle et la
Révolution*, pp. 1 et suiv. (Paris, F. Alcan.)

et complet. Le socialisme actuel a recueilli la tradition de
l'égalité des sexes et s'efforce de lui faire produire toutes
ses conséquences. De même pour ce qui concerne les
droits de l'enfant, dont on verra se former la notion dans
la pensée de Fourier. Le novateur allait si loin à cet
égard que, se fondant il est vrai sur sa théorie du travail
attrayant, il faisait de la capacité productive de l'enfant le
fondement de son indépendance économique. Heureusement, l'enfance a de nos jours d'autres titres à faire valoir
que les produits actuels de son travail. Mais il faut se
rappeler que Fourier écrivait au temps où l'on épuisait,
où l'on tuait dans les manufactures des enfants de six ans
par un travail quotidien de quatorze heures. De cette idée,
mise au jour par les communistes démocrates, que les
enfants appartiennent à la cité et non à leurs parents, ont
surgi ces propositions aujourd'hui passées en force de loi et
qui ôtent aux parents indignes la tutelle de leurs enfants,
et qui obligatoirement assurent à ceux-ci l'enseignement
primaire gratuit. L'accès de tous les enfants à l'enseignement secondaire et supérieur, dans la mesure où ils sont
« aptes à poursuivre utilement leurs études », a passé du
système de tous les novateurs dans tous les programmes
socialistes de ce temps. De même l'instruction des enfants
à la charge de la communauté et la généralisation de
l'enseignement professionnel, spécialement demandées par
Pecqueur et par Proudhon.

Le droit au travail, réclamé par tous les socialistes
d'avant 1848, l'a-t-il été aussi vainement que le prétendent
les esprits « scientifiques » qui n'ont que haussements
d'épaules devant la naïveté des conceptions sociales de
l'utopisme? Le droit au travail, qu'est-ce donc, en somme,
sinon l'intervention des pouvoirs publics en faveur des
travailleurs? Or, ce droit se constitue à mesure par une

législation protectrice que les novateurs, par leurs critiques, leurs conseils, leurs exhortations, ont puissamment
contribué à faire accepter èt considérer comme nécessaire
par l'opinion publique et les gouvernements. Certes,
l'intervention de l'Etat pour le salaire, la durée et l'hygiène
du travail, pour l'hygiène publique et sociale de la cité, de
l'habitation et de l'individu, n'est pas encore aussi active
ni aussi étendue que l'ont demandée les Fourier, les
Proudhon et les Pecqueur ; mais c'est bien dans la direction
qu'ils ont indiquée que se poursuivent dans tous pays les
efforts de la classe ouvrière organisée et des partis qui la
représentent.

En même temps que décroissent les fonctions oppressives
et compressives de l'Etat et que se développent, en confirmation des prévisions de Saint-Simon, les fonctions utiles
au public, les théories qui font du crime un produit social
et du criminel un malheureux se répandent à mesure
que la science leur apporte d'éclatantes vérifications. Est-il
besoin de rappeler que sur ce point encore les socialistes
ont été des précurseurs ? L'internationalisme qui caractérise les socialistes du monde entier est, qui l'ignore ? bien
antérieur au congrès de 1864 d'où sortit l'Association
internationale des travailleurs. Il est tout entier dans tous
les novateurs, de Saint-Simon à Pecqueur, de Fourier à
Cabet. Le cadre national où se meut le socialisme français
est encore centralisé selon le système de la Convention et
de Napoléon. Mais déjà ce cadre est débordé par les grou-
-pements ouvriers, économiques et politiques du socialisme,
qui, vérifiant les géniales prévisions de Proudhon, s'expriment et se manifestent et se communiquent en fédérations
non seulement de lieu, mais de catégorie.

Ce serait une erreur de croire que l'action concertée des
travailleurs pour leur émancipation date de l'appel de Karl

Marx aux travailleurs de tous les pays. Marx a systématisé
cette action, il l'a éclairée sur ses fins et sur ses moyens,
cela est incontestable. Il en a fait à la fois une arme et un
drapeau sous le vocable de la lutte de classe, et grâce à lui
les associations pour la lutte se sont substituées aux
minuscules centres sociaux rêvés par les novateurs; les
icaries et les phalanstères ont fait place aux syndicats et
aux partis de classe organisés. Mais, avant lui, Babeuf,
Buonarotti et Blanqui avaient créé cette tradition d'un prolétariat révolutionnaire; tandis que Flora Tristan s'en allait
en Angleterre chercher l'exemple d'un prolétariat utilisant
la politique aux fins de son émancipation. Ferons-nous à
Marx le reproche dont nous avons voulu tout à l'heure
justifier ses aînés? Et de ce que nous trouvons toutes les
propositions, qui, réunies constituent son bien propre et
sa très grande originalité, à l'état dispersé chez tous les
socialistes qui l'ont précédé, irons-nous prétendre que
Marx n'a rien créé? Et si nous lui trouvons des précurseurs, aurons-nous nié son génie? J'estime que ce n'est
pas amoindrir un écrivain, un novateur, que de lui découvrir des précurseurs, et que de retrouver les sources où
sa pensée s'abreuva, mais au contraire lui restituer ses
ancêtres, ajouter la noblesse de son origine à sa noblesse
personnelle. Mais il ne se sauve du plagiat qu'en transformant les idées qu'il a reçues de ses devanciers, en y
ajoutant tout ce que son temps et son milieu comportent,
et que ne connurent pas d'autres milieux et des temps
antérieurs. Or il est incontestable que, par l'emploi qu'il a
fait de la lutte de classe, Marx a fait sien en propre ce
concept dont Saint-Simon et notamment Pecqueur s'étaient
refusé l'emploi.

Mais les socialistes avaient placé la lutte sur le terrain
véritablement trop étroit de la politique. Au fur et à-

mesure que la nécessité les contraignait à élargir ce terrain
d'action, ou plutôt à en sortir, ils trouvaient les créations
des « utopistes » et s'employaient à les développer. Et en
organisant des coopératives, ils rapprenaient les noms de
Fourier et d'Owen, auxquels il serait injuste de ne pas associer celui de Buchez ; et en développant l'interventionnisme
pour assurer une action autonome plus importante à la
classe ouvrière, en demandant la création d'un ministère
du travail, il leur était impossible de ne pas évoquer la
pensée de Louis Blanc. Pour tous les socialistes du siècle
passé, Fourier excepté, l'État peut et doit être un agent
de crédit aux entreprises économiques, aux associations
de producteurs. Les disciples de Babeuf eux-mêmes sentent
bien qu'ils ne pourront, même sous la plus impérieuse
dictature révolutionnaire, transformer d'un coup les rapports des hommes et des choses, et ils décident que les
transitions de l'individualisme au communisme seront
organisées par les associations de producteurs et facilitées
par le crédit de l'État. C'est sur ce plan que les communistes modérés et plus spécialement évolutionnistes indi-
queront le moyen de passer de l'état présent à l'état futur :
Owen, par la création de ses bons de, travail ; Vidal, en
recommandant l'organisation du crédit aux ateliers de travail ; Louis Blanc, par la transformation de la Banque de
France en Banque d'État. On sait que les socialistes
sont unanimes à demander encore aujourd'hui la nationalisation du crédit. Saint-Simon, et plus particulièrement
ses disciples et successeurs, organise, lui aussi, le
crédit, mais par les banques unifiées. Or, quand on sait
quel rôle prépondérant les banquiers jouent dans la hiérarchie politico-économique saint-simonienne, on ne peut
que conclure qu'il s'agit de la socialisation virtuelle, sinon
de fait, du crédit.

En étudiant la critique sociale de Fourier, des disciples de Saint-Simon, de Vidal, de Pierre Leroux, de Proudhon, etc., sur la condition des travailleurs et sur la transformation du monde industriel, nous retrouverons toute la critique sociale actuelle : la concentration capitaliste, le machinisme coupeur de bras, la loi des salaires et la paupérisation des travailleurs. Pecqueur au contraire, en bon élève de Saint-Simon, bien plus que des économistes, a conservé intacte la théorie de Condorcet sur le progrès, et nous l'entendrons affirmer que l'évolution industrielle n'est pas seulement, comme dira Marx, la condition de l'émancipation finale des travailleurs, mais qu'elle constitue en outre un moyen d'amélioration immédiate de leur sort [1].

Le marxisme a retenu des novateurs leur interprétation pessimiste des phénomènes économiques sous la pression du développement industriel. Ceux-ci étaient fort excusables : d'une part il leur fallait exagérer dans leur polémique sociale les mauvais côtés du monde actuel afin de faire mieux ressortir les avantages du monde futur contenu dans leur système respectif ; d'autre part, il faut bien dire que la période de formation de la grande industrie fut

---

1. « Nous avons à montrer... que les améliorations matérielles tendent d'ailleurs finalement à la satisfaction des besoins d'un nombre d'individus de plus en plus grand ; qu'elles seules rendent possible l'accroissement successif et indéfini du nombre d'hommes sur la terre ; qu'elles contribuent singulièrement à une distribution plus équitable des richesses et des autres avantages sociaux... Nous avons eu tout récemment en France un exemple de ce genre dans la propagation de la culture de la betterave et la fabrication simultanée du sucre indigène. Cette double industrie a opéré une véritable amélioration matérielle. Partout où elle a été introduite avec succès et naturalisée, les moyens de travail se sont multipliés pour les ouvriers agricoles. Dans les communes à proximité des fabriques, tous les bras ont été occupés, les salaires augmentés et la *mendicité anéantie!* » (C. Pecqueur. *Des améliorations matérielles*, pp. 47-50.) Pecqueur, ici, voit plus clair que Fourier, qui avait lancé l'anathème à la betterave « illustrée dans le monde mercantile à qui elle a fait cadeau du faux sucre qui fait couler et gâter les confitures au bout de 6 mois... Contre-sucre fade, sans mordant, et qui, à double dose sucre moins que celui de canne. » (*Nouveau monde industriel*. Synthèse du mouvement.)

signalée par des crises si violentes qu'elle amena véritablement une régression matérielle, morale et sociale de la
classe ouvrière. Il faut vraiment se rappeler l'origine
saint-simonienne de Pecqueur, son but nettement socialiste, ses sentiments profondément démocratiques, ses
constatations émouvantes de la misère des travailleurs
pour ne pas se laisser aller à croire qu'il fut imprégné de
l'insensibilité optimiste des économistes orthodoxes lorsqu'il
sut discerner les voies obscures du progrès économique et
social, et même les moyens de l'émancipation des travailleurs, dans les désolants phénomènes dont son époque fut
le témoin. Et quand on a constaté la loyauté des motifs
de son optimisme, on reconnaît à Pecqueur une netteté
de vision qui manqua à l'auteur du *Manifeste communiste*.

Car il est reconnu inexact aujourd'hui que le prolétariat
doive sombrer en paupérisme à mesure que se développera et se perfectionnera le système capitaliste; que
l'équilibre capitaliste ne se maintienne que par les oscillations croissantes et intensifiées des périodes de surtravail
et des crises de surproduction; que la classe moyenne
disparaisse à mesure, refoulée dans le prolétariat par
l'expropriation capitaliste; que toute réforme économique
et sociale doive, en régime de salariat, se retourner finalement contre les salariés. Déjà la déclaration du congrès
de Tours reconnaît cette faillite d'un prophétisme fataliste
qui, pour ses auteurs, n'aboutit plus nécessairement à la
catastrophe née d'une crise économique plus insoluble que
les précédentes : « Le capitalisme lui-même, dit cette
déclaration, avoue le désordre du régime actuel de la
production, puisqu'il essaie de la régler à son profit, par
les syndicats capitalistes, par les trusts. Même s'il parvenait à discipliner (nous n'en sommes plus à Marx, qui
les déclare indisciplinables : « c'est le sorcier impuissant à

maîtriser les forces qu'il a déchaînées ») toutes les forces
dè production, ce ne serait qu'en portant au plus haut
degré la domination du capital. »

' Enfin, et c'est notre troisième conclusion, le socialisme
se guérit de ce culte mystique pour la fatalité, pour le
simplisme évolutionniste, qui abolit toute volonté, toute
initiative individuelle et collective. Il ne lui suffit plus à
présent qu'une tendance se manifeste dans le mouvement
des faits pour qu'il attende d'elle le bien ou le mal qu'elle
renferme, sans un geste pour écarter le mal ou hâter le
bien. Il se fait un rapprochement constant entre le socialisme et l'économie politique. Ce rapprochement signalé
il y a une dizaine d'années par M. Hector Denis, était inévitable[1]. A mesure qu'éclairés par les faits, les économistes
se libéraient des servitudes du fatalisme optimiste, de leur
côté les socialistes secouaient le joug du fatalisme pessimiste qui les acculait à la révolution violente et à la dictature révolutionnaire. Si bien qu'il y a aujourd'hui des
économistes qui sont socialistes, et des socialistes qui
n'ignorent pas l'économie politique. Ayant, les uns et les
autres, ouvert les yeux sur les mêmes faits, ils ont aperçu
que l'intervention sociale pour limiter la concurrence et
en atténuer les effets meurtriers, loin de briser les ressorts
de l'activité humaine, se trouve être précisément le plus
développée dans les pays où l'industrie est le plus en progrès. Ils ont encore aperçu que l'association des produc-

1. Les historiens contemporains les plus philosophes des doctrines économiques et socialistes, comme Ingram, Scheel, Dürhing (même préoccupation chez des écrivains décidément socialistes, comme M. Malon, *Hist. crit.
de l'éc. pol.*) s'accordent à penser, et je pense avec eux, que la phase critique
contemporaine, avec l'ardeur de ses controverses, prépare une phase organique de la science, une synthèse où se résoudra graduellement la lutte
moderne du socialisme et de l'économie politique, où se coordonneront les
progrès accomplis; elle recevra justement le nom de constitution de la
sociologie économique. « H. Denis. *Les systèmes économiques et socialistes.*»
(*Revue socialiste* du 15 août 1890, p. 166.)

teurs, premier et dernier mot du socialisme, peut être
servie, et l'est puissamment par les inventions et le machinisme, mais qu'elle sera surtout un acte de volonté déli-
bérée. Certes, cet acte ne pouvait s'accomplir que dans
une société où toutes les fonctions de la production sont
de plus en plus solidarisées par la division à l'infini du
travail social, des spécialisations professionnelles, et par
la facilité et la rapidité des moyens d'information et de
communication. Mais ces conditions matérielles, indispensables à la réalisation du socialisme, ne rendent pas automatiquement le socialisme indispensable. Il y faut donc la
volonté collective.

Le socialisme « scientifique » prophétisait, se faisait le
truchement passif de la fatalité. En remontant à ses origines, le socialisme idéaliste va-t-il retomber dans l'utopisme, faire du monde en devenir une œuvre de la raison
raisonnante? Non, le temps est passé où un cerveau refaisait le monde selon son propre sentiment de la justice, ou
de la liberté, ou de l'égalité. En face des faits, de la connaissance que nous en donne la science, nous devons être
aussi éloignés de nous asservir à eux et à leur devenir
automatique, que de les tenir pour négligeables. D'ailleurs,
nul utopiste ne les tint jamais pour négligeables, et tous
ont prétendu parler au nom de la science. Et c'est parce
que leur prétention ne fut pas vaine, c'est parce qu'ils
introduisirent dans leurs systèmes tout ce que leur suggé-
rait une connaissance aussi étendue que possible de leur
milieu qu'ils purent créer des concepts et faire surgir des
institutions que nous utilisons encore aujourd'hui. Mais,
répétons-le, aux systèmes ont succédé les méthodes. Et
c'est un grave péché que de prophétiser, surtout quand on
se réclame d'une méthode scientifique. Cessons, quant à
nous, de prophétiser ou de faire interpréter notre désir par

les faits. Ne nous exposons plus à leurs démentis; en ce temps d'examen ouvert et de libre critique, cela ne vaudrait rien à nos idées. Ne disons plus : L'avenir sera tel parce que l'évolution le veut. Ayons le courage de dire : L'avenir sera ce que nous voudrons qu'il soit, si nous haussons notre savoir à la hauteur de notre vouloir.

Après tout, l'Encyclopédie n'a pas été pensée par une machine à écrire, et ce n'est pas un mull-jenny qui a fait la Révolution française.

LES THÉORIES SOCIALISTES

AU XIXe SIÈCLE

CHAPITRE PREMIER

LA SOCIALISATION DE LA MORALE

I. La morale de l'utilité et les novateurs socialistes. — II. La morale et la religion unies à la science. — III. Identité de Dieu et de la nature chez les novateurs. — IV. Déterminisme social et rationalisme idéaliste. — V. La sympathie reconnue comme agent d'obligation morale. — VI. Elle ne se substitue pas à l'intérêt, mais s'y ajoute. — VII. Prédominance de la sympathie sur l'intérêt. — VIII. Les fondements réels du déterminisme moral. — IX. Identité des droits et des devoirs de la société vis-à-vis de l'individu. — X. Origine et caractères de l'individualisme moral. — XI. Caractères par lesquels le socialisme est une morale.

I

La philosophie du xviiie siècle a commis, selon M. Brunetière, une erreur dont nous portons le poids encore aujourd'hui. Cette « erreur du xviiie siècle », pour employer son expression, « consiste essentiellement à croire que la question morale est une question sociale [1] ». C'est là, en effet, la caractéristique de la philosophie sensualiste. Par elle, la morale n'emprunte plus ses obligations à l'impératif divin, mais à l'utilité. Et comme l'homme n'est pas seul, qu'il est nécessairement un être sociable, ce n'est pas l'utilité de l'homme opposée à l'utilité de ses semblables que la philosophie peut invoquer et sur laquelle la morale peut se fonder. Le but pratique de la philosophie devient donc la recherche des moyens d'accorder l'intérêt de l'individu et l'intérêt social. Elle se confond ainsi avec la morale et avec

1. *Revue des Deux Mondes*, 1er août 1902.

la politique. L'idée de contrat se substitue ainsi, en politique,
à l'idée d'hérédité, aux autorités traditionnelles. La justice, dès
lors, n'est plus une émanation de la divinité, ni le pouvoir une
de ses représentations sur terre. Tout se rapporte désormais à
l'homme : la morale exprime ses rapports avec ses semblables ;
c'est dans ces rapports mêmes que se trouveront à présent les
conditions de sa vie morale, obligations et sanctions. Le déterminisme qui est au fond de la philosophie sensualiste se
retrouve dans la politique du contrat et dans la morale de l'utilité. La critique philosophique devient une critique sociale, et
il apparaît avec évidence que, l'homme étant un produit social,
il suffit de modifier la société pour modifier l'homme. Si donc
l'homme est mauvais, ce n'est pas sa faute, et il n'est tenu pour
responsable ni devant son créateur ni devant la société. C'est la
société qui l'a produit tel, c'est à elle que revient la responsabilité ; par conséquent, à elle aussi le devoir de se refondre de
manière à ne plus produire de tels hommes.

Tout le socialisme est contenu dans cette philosophie et cette
morale, comme la Révolution française y était contenue elle-
même. C'est là le point de départ nécessaire : tout désormais se
rapporte à l'homme, qui n'est plus un moyen pour Dieu, mais
devient son propre but. Ce n'est plus l'impératif divin qui règle
ses actions, mais la raison. Elle lui dit de chercher le bonheur
dans le monde réel dont il fait partie, et elle lui apprend qu'il
ne peut le trouver que dans l'accord avec ses semblables, accord
qui lui permettra de refaire le monde moral et social de manière
à assurer le bonheur de chacun. On voit que, sous une telle
inspiration, non seulement la question morale peut devenir
une question sociale, mais qu'elle devient la question sociale
elle-même ; la morale étant ainsi socialisée dans ses origines.

Aussi Saint-Simon avoue-t-il très nettement l'origine utilitaire, sociale, de la morale. « La seule digue que les propriétaires puissent opposer aux prolétaires, dit-il, c'est un système
de morale. » Et voilà précisément ce qu'il vient leur offrir :
« l'organisation d'un système de morale terrestre » opposé à ce

qu'il appelle « la morale théologique [1] ». On verra par la suite
de ce travail que Saint-Simon ne fait pas seulement reposer sa
morale sur l'intérêt, et quelle part il fait à la sociabilité organique de l'individu, part que recueillera Auguste Comte et que
développeront Stuart Mill et Herbert Spencer pour en tirer,
en développement de l'utilitarisme, les principes essentiels de
la morale évolutionniste.

Mais, tout précurseur qu'il soit de l'évolutionnisme, ou plutôt en sa qualité de précurseur, Saint-Simon se rattache à l'utilitarisme par le fait qu'il travaille, en transformant l'ordre
social, à donner à la morale des fondements « terrestres » et
non plus « théologiques ». C'est ainsi qu'il proteste contre « les
idées religieuses », par lesquelles « le travail était imposé
comme un devoir [2]. »

C'est ainsi également qu'il demande que l'on crée « une chaire
de morale, où l'on enseignera comment chaque individu, dans
quelque position sociale qu'il se trouve, peut combiner son
intérêt particulier avec le bien général ». Nous le voyons ici se
plonger en plein dans le courant utilitaire, et l'on croirait
même entendre un économiste plutôt qu'un socialiste, lorsqu'il
ajoute que l'homme « s'élève au plus haut degré de jouissance
auquel il puisse atteindre, quand il travaille à l'amélioration
de son sort personnel dans une direction qu'il sent clairement
être utile à la majorité [3] ». Mais c'est bien un socialiste qui
parle : un socialiste qui a fréquenté les économistes, puisqu'il
veut que l'homme réalise volontairement l'harmonie sociale
que l'optimisme économique prétend existante, en dépit des
apparences contraires. Après Saint-Simon, son disciple Bazard
ne sera pas moins précis sur le caractère fondamentalement
utilitaire et social de la morale. Quand il nous parlera des
mots : « vice, vertu », il nous dira « que leur signification est
déterminée nécessairement, non par l'opinion que tel ou tel

1. *L'Industrie.* (ŒUVRES DE SAINT-SIMON ET D'ENFANTIN. t. XVIII, pp. 218-
221.)
2. *Id.*, p. 204.
3. *Catéchisme des industriels.* 4ᵉ cahier. (ŒUVRES, t. XXXIX, p. 14.)

individu peut s'en former en consultant sa conscience (s'appe-
lât-il Locke, Reid, Condillac ou Kant), mais par les *besoins généraux de l'humanité*, suivant l'état de sa civilisation [1] » ;
nous trouvons ici étroitement unies les notions d'utilité et
d'évolution, celle-ci en développement naturel de celle-là.

II

La philosophie du xviiiᵉ siècle détermine les créateurs de
systèmes sociaux à ne pas considérer seulement un aspect de
la société, mais à la prendre dans son ensemble et à agir sur
toutes ses parties, dans l'espace et parfois, — comme avec Saint-
Simon, chez qui l'idée de progrès est si vive et l'idée d'évolution
si près de jaillir, — dans le temps. Aussi chacun d'eux a-t-il
une philosophie et une morale, dont il est tout naturel
qu'elles trouvent leurs fondements dans le sensualisme et
dans l'utilitarisme. Avec quelle verve Saint-Simon proteste
contre l'absence de philosophie qui caractérise les « brutiers,
infinitésimaires, algébristes et arithméticiens » de son temps,
et de quel ton il leur demande quels sont leurs « droits pour
occuper en ce moment le poste d'avant-garde scientifique » !
Comme il leur crie : « La connaissance de l'homme est la seule
qui puisse conduire à la découverte des moyens de concilier
l'intérêt des peuples, et vous n'étudiez pas cette science » ! Et
combien il donne de force à son reproche lorsqu'il dit aux
savants sans philosophie — ni morale : « L'espèce humaine se
trouve engagée dans une des plus fortes crises qu'elle ait
essuyées depuis l'origine de son existence. Quels efforts faites-
vous pour arrêter cette boucherie? Rien. Que dis-je? C'est
vous qui perfectionnez les moyens de destruction [2] ! »

Ainsi, on le voit, Saint-Simon ne solidarise pas seulement la
morale et la politique, il leur associe encore la science. Comment, dès lors, peut-on le voir en posture de fondateur de
religion ? Et comment les autres novateurs sociaux, — qui

---

1. *Doctrine de Saint-Simon*, 1ʳᵉ année, p. 216.
2. *Mémoire sur la science de l'homme* (1813).

autant que lui fondent leur philosophie sur le sensualisme, leur
morale sur l'utilité et leur politique sur le contrat, — peu-
vent-ils recourir encore à la notion du divin sans s'exposer
au reproche de contradiction? Il n'y a pas de contradiction
et c'est ici, précisément, que se manifeste le caractère réaliste
des novateurs, et principalement de ceux qui, comme Saint-
Simon et ses successeurs, ont substitué à l'utilité l'impératif
divin. Quand je dis qu'ils ont substitué l'impératif divin à l'utilité, je sens que j'emploie une expression impropre : ils ont en
réalité identifié l'impératif divin et l'utilité. En effet, pour eux,
le bien social, c'est la volonté même de Dieu. Le sensualisme
critique devait les conduire à cette étape. L'étude des lois de la
nature, la constatation de leur immutabilité, la notion de
nécessité qui en découlait devaient amener les novateurs
sociaux, à la suite même des philosophes du siècle précédent,
à tenir pour volontés de Dieu les lois de la nature. Mais elles
devaient aussi les amener à emprisonner Dieu dans le réseau
même des lois naturelles, à le dépersonnaliser finalement et le
réduire à son nom, devenu lui-même un pseudonyme de la
nature.

En dehors d'Auguste Comte, qui est plutôt un philosophe et
un sociologue qu'un constructeur social, un seul novateur
dédaigna de recouvrir la nature de son pseudonyme divin, et
fonda son système uniquement sur la morale. Et ce fut précisément dans le pays où la religion vit de la vie la plus active
en l'individu. Aussi, quand on interroge Robert Owen sur ce
chapitre épineux, quand, dans une réunion publique, à Londres,
en août 1819, son protecteur, le duc de Kent, frère du roi, lui
pose une question sur l'état actuel du culte religieux à New-
Lanark, il répond prudemment, car il y va de la vie de sa chère
institution, du développement de ses chères idées sur l'amélioration de l'homme par l'éducation et son émancipation par la
communauté économique : « Toutes les fois qu'on s'est adressé
à moi sur un point de religion, j'ai toujours tâché de faire de
tels arrangements que chacun eût l'entière liberté d'adorer
Dieu à sa manière. Je déclarerai, de plus, que ma propre maison

est une maison de prière journalière. » Mais, après cette déclaration, sa conscience lui en impose une autre, concernant son
athéisme personnel : « Ne me permettez pas de vous induire en
erreur, dit-il à son auditoire. Je possède une science qui n'est
pas entendue, et qui ainsi ne peut être appréciée; cette science
m'a induit à adopter des principes particuliers ; mais si quelqu'un peut me convaincre que je suis dans l'erreur, je recon-
naîtrai cette erreur et je l'avouerai franchement [1]. »

III

Pour Fourier, qui procède si directement de Jean-Jacques,
l'identité de la nature et de Dieu est tellement complète, que,
lorsqu'il oppose la nature et la civilisation, à l'imitation de
l'auteur du *Contrat social*, c'est en ces termes qu'il incrimine
les « philosophes » : « Ils se sont ralliés à une opinion bâtarde,
dit-il, celle de l'athéisme, qui, supposant l'absence d'un Dieu,
dispense les savants de rechercher ses vues ». Ce qu'il leur
reproche, c'est d'avoir « préféré nier l'existence de Dieu et
vanter comme perfection cet ordre civilisé qu'ils abhorrent en
secret [2] ». Pecqueur, afin de mieux prouver l'identité de Dieu
et de la nature, oppose assez adroitement un sensualisme
chrétien à l'ascétisme catholique. Il s'élève contre « la croyance »
générale « que la religion chrétienne était ennemie des richesses ». Ç'a été là une « grande erreur », une « étrange déviation
de l'esprit évangélique », une « superstition ». Pour le prouver,
il met dans son jeu Jésus-Christ, dont toute la vie « est une
éclatante et continuelle protestation contre la misère et le mal
corporel du plus grand nombre ». Et il demande ce qu'autrement compris, pourraient signifier les récits de l'Evangile sur
« ces guérisons subites, extraordinaires », et ces « mémorables
multiplications des pains [3] ». Puis, se rappelant qu'il est un
compatriote de Voltaire et de Rabelais, à ces preuves il ajoute

---

1. *Examen impartial*, etc.
2. *Théorie des quatre mouvements*. Discours préliminaire.
3. *Des améliorations matérielles*, pp. 8-9.

celle-ci en souriant malicieusement : Si Dieu était l'ennemi
de la jouissance, le clergé européen rechercherait-il autant les
richesses, et verrait-on « le luxe et la pompe de la cour de
Rome » s'imposer aux regards des fidèles[1]. Pecqueur a d'ailleurs
emprunté le procédé à Fourier. « En toute circonstance, dit
celui-ci, le Messie nous excite à vivre dans l'insouciance, pourvu
que nous cherchions le royaume de Dieu, où sera l'abondance
de tous biens ». Et il invoque le miracle des noces de Cana et
celui des pains et des poissons multipliés. Fourier va même
jusqu'à affirmer que Jésus-Christ « se plaint de ne pas posséder les biens de ce monde ». Il rappelle l'épisode de Marie-
Magdeleine répandant des parfums sur les pieds de Jésus et il
conclut ainsi : « On voit, par ces paroles de l'Écriture, que le
divin maître ne se montre jamais ennemi des richesses ni des
plaisirs ; il exige seulement qu'à la jouissance de ces biens on
joigne une foi vive, parce que c'est la foi qui doit nous
conduire à la découverte du régime sociétaire, *du royaume
de justice où tous ces biens nous seront donnés par surcroît* [2] ». Car, naturellement, Dieu a voulu de toute éternité le
régime sociétaire, et le Christ ne fut que le précurseur de Fourier. « Le titre de Messie, employé par M. de Lamartine, dit-il
dans un de ses accès de furieux orgueil qui étaient à la fois le
résultat et le remède de son isolement, est inconvenant pour le
révélateur qu'annonce Jésus. Jean-Baptiste a été le prophète *précurseur* de Jésus, j'en suis le prophète post-curseur, annoncé
par lui et complétant son œuvre dans la réhabilitation des
hommes, dans la partie industrielle seulement [3] », conclut-il
avec une modestie aussi exquise que tardive. Cette conception
antiascétique de la religion, nous pouvons en chercher les origines par delà la révolution et la philosophie du xviiie siècle :
elle plonge en effet ses racines en pleine Renaissance, à l'époque où l'on opposait Dieu au prêtre, où l'humanité retrouvait
à la fois ses titres intellectuels dans l'antiquité grecque et ses

1, *Des améliorations matérielles*, pp. 30-31.
2. *Nouveau monde industriel.* Confirmations tirées des Saintes Écritures.
3. *Fausse industrie.*

titres moraux dans la Bible et l'Evangile, où le communisme
des premiers chrétiens inspirait les révoltes des paysans allemands qui tentaient d'installer sur la terre le règne de Dieu,
un règne de joie et d'abondance, en solide et plantureuse réalité. On trouve les Droits de l'Homme dans les Douze articles,
auxquels, selon Zimmermann, Thomas Munzer collabora.
L'Evangile, qui inspira les Douze articles, inspira également le
communisme que, sous le nom de *régime chrétien*, Munzer
organisa et fit durer quelques mois. Il n'est donc pas étonnant
que le rationalisme des novateurs sociaux du siècle dernier soit
remonté à cette source commune, et que, selon l'expression de
François Vidal, ils aient voulu « réaliser l'utopie] chrétienne
de la fraternité ». Car « il est admis enfin aujourd'hui, dit-il, qu'on
peut vivre saintement, tout en se procurant les douceurs, les agréments de la vie : nos prélats et nos spiritualistes professeurs
de morale nous le prouvent tous les jours. Ah ! plût à Dieu que
le peuple de France, que chacun de nos semblables, pût vivre
dans cent ans comme vivent aujourd'hui les moralistes les plus
scrupuleux, les théoriciens de la résignation et du mépris des
richesses. Puisque Dieu a donné à l'homme des besoins, il a dû
nécessairement lui donner les moyens de les satisfaire. Puisque
Dieu a donné à l'homme des facultés, il a dû nécessairement
lui donner les moyens d'en tirer parti et de les développer[1]. »

C'est dans cette pensée que Louis Blanc identifie à la fois
l'individu, l'humanité et Dieu, et fait de la cause de l'individu
celle de Dieu même. « Celui-là ne saurait faire acte d'égoïsme
qui se raidit contre l'iniquité, dit-il, fût-il seul au monde à en
souffrir », car en embrassant « la cause de l'être humain, on
salue le Créateur dans son œuvre [2] ». Aussi on pense bien que,
compris ainsi, Dieu n'a plus aucune volonté qui ne soit celle
des hommes. Pour bien nous en avertir, et par conséquent
nous rassurer, les saint-simoniens, dès qu'ils se seront mis
en tête de reconstituer l'ordre religieux, ne cesseront de répéter que « Dieu est tout ce qui est »; aussi est-ce avec une cer-

---

1. *Répartition des richesses*, p. 24.
2. *Organisation du travail*. Introduction, VIII.

taine mollesse qu'ils se défendront de l'accusation de pan-
théisme et de fatalisme [1]. Et quand un novateur social nous
informe des volontés de Dieu, il se trouve que cette volonté
réside dans l'accord des hommes et de la nature; et si les
interprètes officiels de Dieu prétendent le contraire, ils ont
tort. « Que le christianisme ait frappé la chair d'anathème,
nous dit Louis Blanc, c'est vrai. Mais cet anathème fut une
réaction nécessaire contre la grossièreté des mœurs païennes. »
Seulement « le christianisme ne vint pas rétablir l'équilibre »,
il laissa séparé « ce qu'il a plu à Dieu de rendre, dans l'être
humain, si absolument inséparable »; il opposa l'âme au corps
alors qu'il ne faut jamais les considérer isolément : « Quand
le corps est frappé, n'est-ce point l'âme qui gémit? » Conséquemment, « la formule du progrès est double dans son unité : amélioration morale et matérielle du sort de tous [2]. »

Il se conçoit qu'une telle divinité, à la fois si proche et si
lointaine, si familière et si impersonnelle, n'agisse pas par
elle-même. Elle approuve et sanctionne ce qui se fait, tel un
monarque constitutionnel, et son ministre sera la société, ou
plutôt, c'est la société qui devra, vis-à-vis de l'individu, revêtir
les caractères providentiels dévolus à Dieu jusque-là. C'est le
drame révolutionnaire se jouant dans les cieux en même temps
qu'il se joue sur la terre. Et, comme les novateurs sociaux se
manifestent au beau moment de la monarchie constitutionnelle,
c'est un Dieu également constitutionnel qu'ils installent dans
les cieux. On sait quelles familiarités Béranger se permettra,
dans le même temps, envers ce Dieu humanisé, désarmé de la
foudre, le « Dieu des bonnes gens. »

Si la société assume une charge aussi grande que celle du
bonheur humain, c'est que nul individu ne peut seul en venir
à bout. Comme, d'autre part, Dieu et la nature s'accordent
pour vouloir le bonheur humain, la société ne peut se dérober
à ce devoir. Le bonheur humain sera donc une fonction
sociale. Sur ce point, déistes ou non, les novateurs sociaux

1. *Doctrine de Saint-Simon*, 7e et 8e séances, 2e année.
2. *Organisation du travail*. Introduction, IX-XII.

s'accordent. « Puisqu'aucun individu n'est le maître de former
son propre caractère, lequel est influencé par toutes les circonstances qui l'entourent, mais surtout par celles de son
enfance, il serait facile à toute communauté investie d'un
certain pouvoir de replacer la société sur des bases plus conformes au bonheur de ses membres en changeant les circonstances qui entourent chaque individu, et surtout en fondant
l'éducation sur des principes plus rationnels [1] ». Toute la philosophie morale, politique et sociale du xviiiᵉ siècle est dans
cette phrase où l'on trouve affirmés, en un raccourci des plus
expressifs, le caractère social de l'individu, le déterminisme de
ses actes, le devoir de la société de refaire l'homme et de se
refaire elle-même sur les bases de la raison par l'éducation et
par la politique. En bon disciple de Rousseau, Cabet s'inspira
de cette philosophie pour affirmer que, non seulement « la
nature a fait les hommes *égaux en force* », mais qu' « elle les a
faits même égaux en intelligence. » Pour lui, comme pour
Rousseau, l'inégalité vient de la société; ramener l'égalité,
c'est donc revenir à ce que la nature a fait, à ce que Dieu a
voulu. « La Raison, s'écrie-t-il, ne suffit-elle pas pour organiser la société?... La Raison est une providence secondaire qui
peut créer l'égalité en tout [2]. »

IV

Verrons-nous une contradiction entre le déterminisme
biologique, et une affirmation aussi catégorique du pouvoir
de la raison? D'abord, s'il y avait contradiction, elle ne serait
pas aussi grave que tenteraient de le faire croire certains
esprits qui opposent volontiers la science, aperçue sous un
aspect réduit et particulier, à la raison, à ses hâtives générali-
sations philosophiques et à ses non moins hâtives applica-

---

1. *Lettres sur le système de la coopération mutuelle et la communauté
de tous les biens*, d'après le plan de M. Owen, par Joseph Rey, de Grenoble.
Paris, 1828. — Les deux premières de ces lettres ont paru dans le *Producteur*, en septembre et octobre 1826.

2. *Voyage en Icarie*, pp. 384 et suiv.

tions morales et politiques. Le réalisme conservateur se refuse à une synthèse philosophique des sciences parce qu'il ne lui serait plus permis d'utiliser leurs résultats partiels au gré de son horreur de tout mouvement. Il lui est plus agréable de justifier la tradition par la théorie de l'hérédité, la concurrence économique et sociale par la théorie de la lutte pour l'existence, et ainsi de suite, que de reconnaître l'évolution sociale et la puissance créatrice des idées. Par crainte du véritable réalisme philosophique, qui accorde le mouvement des idées au mouvement des choses, il exagère son amour des réalités mortes et son matérialisme inerte! Certes, les novateurs sociaux ont cru exagérément au pouvoir de la raison; de même ceux qui ont fait la Révolution française. Mais il n'en demeure pas moins que, pour ceux-là comme pour ceux-ci, l'idée a été un puissant propulseur. Elle a projeté une vive lumière sur les faits, elle a révélé leur relation et leur mutuelle dépendance, elle a mis au jour leur histoire et permis d'augurer leur devenir. Les utopistes ont erré, dira-t-on, dans les Salentes et les Icaries que leur verbe généreux édifiait, et ils nous ont égarés à leur suite. Soit, mais nous ne sommes pas revenus les mains vides de cette exploration à travers les possibilités futures. Si nous étions demeurés accroupis dans l'aveugle tâtonnement des faits, dans l'inintelligente constatation de leur réalité du moment, nous les eussions moins connus, finalement, qu'à nous être élevés en compagnie de ceux qui les ont dominés par une philosophie, en somme, plus incomplète qu'erronée.

D'ailleurs, il n'y a pas contradiction fondamentale entre le déterminisme biologique et le rationalisme idéaliste. La raison est un fait, elle aussi. Son action a été observée, sous forme d'éducation notamment. Aussi Cabet ne s'écarte-t-il pas absolument des données de l'expérience quand il nous dit que les pauvres « *auraient les mêmes qualités que les riches* s'ils avaient la même éducation, parce que tous leurs vices sont la faute et le crime de la société[1] ». Inversement, Colins, malgré

1. *Voyage en Icarie*, p. 391.

toute sa métaphysique d'ultra-intellectualisme, pousse le
déterminisme social jusqu'au matérialisme économique lorsqu'il déclare qu' « il suffit de ne pouvoir être exploité pour
pouvoir examiner ». « Or, ajoute-t-il, partout où il y a pouvoir d'examiner, il y a certitude d'examen. Car l'examen
n'est autre que le raisonnement sur son propre intérêt [1] ».
Nous savons aujourd'hui que l'éducation n'est pas tout, et
que l'hérédité a sa part dans la formation de l'homme ; mais
si, par la connaissance de l'action simultanée de l'hérédité et
de l'éducation, ou adaptation au milieu, nous sommes devenus plus capables de nous déterminer socialement, et aussi
individuellement, il tombe sous le sens : 1° qu'à choisir entre
les deux parties de la connaissance alors divisées aux mains
des conservateurs et des théocrates d'une part, et des novateurs
et des philosophes d'autre part, il vaut mieux que la victoire
soit demeurée à ceux-ci, c'est-à-dire, en une crise aussi profonde où la société devait se transformer ou périr, à l'élément
dynamique sur l'élément statique de la connaissance ; 2° qu'aujourd'hui encore, et avec autant de force qu'il y a un siècle, on
peut et on doit opposer la raison à l'instinct ; les notions
acquises aux notions reçues, les innovations aux traditions,
tout en tenant plus compte qu'alors de la réalité de l'instinct et
de la puissance des préjugés, non pour les servir, mais afin de
les vaincre plus sûrement. Faire le procès de la raison dans
l'emploi qu'en firent les philosophes du xviiie siècle, les novateurs politiques de la Révolution française, les novateurs
sociaux de la période utopique, c'est proprement faire le procès de la science du temps ; car ce fut toujours à la science
que la raison demanda ses moyens d'action sur l'individu comme
sur la société. Or la science ne put lui donner que ce qu'elle
avait. Voici, au surplus, qui tranche tout : c'est au rationalisme que nous sommes redevables de la notion de progrès, où
était nécessairement incluse celle d'évolution. Et voilà ce que
le traditionalisme théologique n'eût jamais trouvé, puisqu'au-

1. *Science sociale*, t. V, p. 298.

jourd'hui encore, si l'évidence et le respect humain le forcent à avouer théoriquement l'existence de l'évolution progressive, pratiquement il en combat toutes les manifestations avec la dernière énergie. Nous savons de plus aujourd'hui quelque chose qui justifie singulièrement le rationalisme du xviiie siècle d'avoir attribué une importance capitale à l'éducation et d'avoir cru au pouvoir social de la raison : c'est que, si l'hérédité physiologique est un fait dont la science sociale doit tenir compte, car les lois positives qui iraient à l'encontre des facultés physiques de l'être humain seraient nécessairement désobéies, son importance comme facteur du déterminisme social va décroissant à mesure que s'accroît la socialité générale. M. Durkheim a clairement indiqué que l'on voit diminuer l'influence sociale de l'hérédité en même temps que s'accroît son importance scientifique. « Il est démontré, dit-il, que l'intelligence et l'instinct varient toujours en sens inverse l'un de l'autre. » L'intelligence étant un phénomène de sociabilité et l'instinct un phénomène d'hérédité, nécessairement « l'hérédité a perdu du terrain au cours de l'évolution humaine [1]. » Donc, tout ce que le déterminisme biologique a perdu sur le terrain social, c'est le déterminisme social qui l'a gagné. En s'appuyant sur la débâcle scientifique des théoriciens de la race, — et de l'anthropologie criminelle évoluée heureusement en sociologie criminelle par l'effort de la jeune école italienne, — M. Draghicesco a montré récemment la réalité du déterminisme social, corrélatif à la plus complète socialité consciente et volontaire. « En tant que raisonnable et réfléchie, dit-il excellemment, la volonté de l'homme s'identifie avec le déterminisme social, et peut prescrire des formules efficaces à la réalité sociale. C'est à lui d'appliquer la raison aux choses sociales pour en *décréter des lois raisonnables auxquelles tous les hommes réfléchis obéiront volontairement* [2] ». Ces conclusions sont conformes à celles que j'avais tirées moi-même lorsque je parlai du « désir de connaître », et reconnu à ce désir la faculté de créer en

1. *Division du travail social*, pp. 296, 340-341, 310 (Paris. F. Alcan).
2. *Le problème du déterminisme social*, p. 98.

l'homme, perpétuellement, « une puissance de détermination
par laquelle il échappe aux déterminations trop exclusives du
milieu etmème de l'hérédité, et prend même action sur elles[1] ».
Aussi ne puis-je que me réjouir de voir les sociologues sortir du
terrain de l'anthropologie et de la biologie, et faire de la société
un « milieu » spécifique où le conscient et le volontaire prennent
toute leur valeur sans risquer de se volatiliser dans l'arbitraire
métaphysique.

Les novateurs socialistes, étant unanimes à reconnaître le
caractère, social de l'individu, le déterminisme de ses actes, la
toute-puissance de la raison, et par conséquent le devoir
pour la société de se transformer par la politique et de transformer l'individu par l'éducation, comment vont-ils indiquer
aux hommes les voies de moralité sans laquelle nulle société
n'est concevable? sur quels principes vont-ils asseoir leur
morale et par quelles sanctions vont-ils la préserver de toute
atteinte? quelle part feront-ils à l'action et aux droits de l'individu, et quelle part à ceux de la société?

Nous savons que tous les novateurs socialistes fondent la
morale sur l'utilité sociale, et que, pour tous également, l'utilité sociale ne se sépare pas de l'utilité de chacun des membres
de la société. C'est même pour réaliser cet accord qu'ils cons-
truisent leurs systèmes sociaux, ayant observé que, dans la
société telle quelle est, l'intérêt individuel s'oppose fréquemment à l'intérêt social. Mais si les novateurs sont unanimes sur
la nécessité d'accorder l'intérêt individuel et l'intérêt social, afin
que nul individu n'ait plus intérêt à être immoral, c'est-à-dire
à causer un dommage à ses semblables, ils ne sont pas unanimes à fonder leur morale uniquement sur l'utilité. J'ai déjà
indiqué que Saint-Simon n'est pas simplement, étroitement,
utilitaire. C'est ici le lieu de préciser cette indication et de surprendre à ses origines la morale évolutionniste que développeront Auguste Comte et Herbert Spencer.

Tout d'abord il nous faut constater que Saint-Simon est

1. *Idéalisme social*, p. 305.

peut-être le plus contradictoire des novateurs socialistes. Cela tient à ce qu'il communiquait ses pensées au public sitôt formées, et que son esprit fut en perpétuel mouvement. Or, mouvement ne veut pas toujours dire développement. Ainsi, nous le voyons, lui qui écrira quelques années plus tard le *Nouveau christia-nisme*, déclarer que « l'esprit humain a marché depuis l'éta-blissement de la morale chrétienne », que « les idées surnatu-relles sont détruites presque partout », que « le temps de la théologie est passé sans retour ». Que si l'on objecte que ces passages sont d'Auguste Comte, alors son élève, cela ne change rien à la question. Lorsque Saint-Simon n'adhérait pas aux idées exprimées par les écrivains auxquels il confiait l'expres-sion de sa pensée, il savait le dire. Ainsi fit-il pour le troisième cahier du *Catéchisme des industriels*, où Auguste Comte, bien qu'il eût signé ce travail, se vit reprocher de n'avoir pas rempli le plan qui lui avait été tracé [1].

Eh bien, au temps où Saint-Simon avait de telles idées sur la théologie, il disait, dans la même page : « On ne peut plus donner à la morale positive d'autres motifs que des intérêts palpables, certains et présents [2] ». Voilà bien l'utilitarisme pur et simple. Comment concilier ces passages nettement sen-sualistes, utilitaires, antithéologiques, avec celui où il dira que « Dieu révéla aux habitants de la Judée le principe de morale qui devait servir de base à toutes les relations sociales », prin-cipe qui se formule ainsi : « Tous les hommes doivent se regar-der comme des frères : ils doivent s'aimer et se secourir les uns les autres [3]. »

V

Mais laissons-là les contradictions de Saint-Simon. Je n'en aurais pas parlé si elles n'avaient été un témoignage de la

---

1. *OEuvres de Saint-Simon et d'Enfantin*, t. XXXVIII, pp. 3-5.

2. *De l'Industrie*. 3ᵉ considération. Sur la morale, t. III. (OEuvres, t. XIX, pp. 37-38.)

3. *Système industriel*, t. II. Adresse aux philanthropes. (OEuvres, t. XXII, pp. 103-104.)

force des deux courants à l'époque où il écrivait : car le naturalisme utilitaire s'exprimait à la fois en déisme, c'est-à-dire en
christianisme selon le *Vicaire savoyard*, et, plus rarement,
en rationalisme pur. La distinction n'a pas grande importance,
puisque nous sommes avertis de l'identité de Dieu avec la
nature, de la fatalité et de la souveraineté des lois naturelles
dans l'ordre universel, de la puissance de la raison dans l'ordre
humain, enfin du caractère d'utilité sociale que revêt la
morale. Mais le déisme de Saint-Simon lui permet de développer en largeur son utilitarisme, et ce n'est plus sur l'intérêt
personnel qu'il le fondera désormais. Il tirera de la fraternité
évangélique un principe, conforme sans doute à l'utilité
sociale, mais qui ne se réclamera plus de l'intérêt de l'individu, car c'est à ses sentiments de fraternité qu'il fait appel.
Tandis qu'Auguste Comte développera cette notion d'altruisme,
les disciples directs de Saint-Simon, de leur côté, l'opposeront
même à l'utilitarisme dont en somme elle est née, puisqu'elle
se fonde sur l'utilité sociale. C'est ainsi que Bazard, dès 1829,
ira jusqu'à affirmer que « le système de la morale de *l'intérêt
bien entendu* est la négation de toute morale sociale, puisqu'il
suppose que l'homme ne peut et ne doit être déterminé que par
des considérations ou des inspirations purement *individuelles*,
jamais par l'impulsion des sympathies *sociales* [1]. »

Les saint-simoniens tireront toute leur force, toute leur
action sociale, de cette théorie de la sympathie empruntée par
leur maître à l'évangélisme. Ils en tireront un impératif qui
trahira son origine utilitaire en s'exprimant ainsi : « L'AMOUR
sous son double aspect *concentrique* et *excentrique*, l'amour
de soi et l'amour des autres, voilà, messieurs, la base de la
hiérarchie, la raison de l'autorité et de l'obéissance que nous
désirons et que nous ANNONÇONS [2] ». Ils en tireront une obligation pour la société, c'est-à-dire pour l'ensemble des individus, de secourir ceux de ses membres qui sont en proie à la
misère matérielle, intellectuelle et morale. Et cet impératif

1. *Doctrine de Saint-Simon*, 1ʳᵉ année, p. 177.
2. *Id.*, 2ᵉ année, 12ᵉ séance.

est désormais organique. Il ne vient pas du dehors ; c'est la société elle-même, c'est chacun de ses membres qui trouve sa satisfaction à obéir à la sympathie. « Que l'on fasse abstraction dans l'homme, dira Bazard, de la sympathie, de la faculté dont il est doué de souffrir des douleurs de ses semblables, de jouir de leurs joies, en un mot de vivre de leur vie, *il ne sera plus possible de lui concevoir d'existence collective* [1]. »

Dès lors, « l'amélioration du sort matériel, intellectuel et moral de la classe la plus nombreuse et la plus pauvre » devient pour chacun un devoir, un joyeux devoir, puisqu'il s'agit pour ceux qui l'entreprendront de donner satisfaction à l'un des plus impérieux besoins de la nature humaine. Dans ces conditions, l'homme moral, l'homme social n'agit plus pour obéir à Dieu, son père, ni même pour secourir son frère. Il agit pour se donner la joie profonde d'exercer la divine faculté de sympathie, pour pleurer avec celui qui pleure et se réjouir avec celui qui est dans la joie. « La vie la plus riche, dit Guyau, se trouve être aussi la plus portée à se prodiguer, à se sacrifier dans une certaine mesure, à se partager aux autres. D'où il suit que l'organisme le plus parfait sera aussi le plus sociable, et que l'idéal de la vie individuelle, c'est la vie en commun [2] ». Colins ne pense pas autrement lorsque, parlant de la liberté de tester qui, selon lui, aboutira à créer une socialité plus grande, il dit : « Une fois qu'il sera universellement admis que le sol, pour le bonheur de tous, doit entrer à la propriété collective ; lorsque ce principe sera inculqué par l'éducation... combien de propriétaires..., consacreront une partie de leur fortune à l'émancipation du peuple ! A-t-on oublié tout ce qu'il y a de puissance dans une conviction religieuse [3] » ! Il y a dans ce sentiment, qui à la fois donne à l'individu une responsabilité personnelle et rattache ses propres destinées à l'ensemble des destinées humaines, un moteur moral, un facteur d'enthousiasme dont la valeur n'a pas été dépassée depuis, et que

1. *Doctrine de Saint-Simon*, 2e année, 10e séance.
2. *Morale sans obligation ni sanction*, p. 132. (Paris, F. Alcan.)
3. *Science sociale*, t. III, pp. 297-299.

l'école évolutionniste ne fera que systématiser et préciser.

Puissance de l'idée, comparée aux suggestions de l'intérêt ou même à celles de la raison! A la voix ardente des saint-simoniens, à ces appels à la sympathie et à l'amour que chacun tenait en réserve avec la pudeur de les exposer aux railleries du siècle, des hommes et des femmes se lèvent ; ils sont riches, ils sont intelligents, ils sont heureux, et ils apportent leurs trésors et les mettent en commun : non seulement leurs richesses matérielles, mais leur intelligence et leur bonté. Et à ceux qui ne sentent pas encore la solidarité qui lie les souffrants aux heureux, Barrault crie de sa voix véhémente : « Chez les Hébreux, lorsque sur le bord de la route était trouvé un cadavre, les habitants de la cité voisine, la main étendue sur le corps inanimé, juraient qu'ils n'avaient point trempé dans cet homicide. Eh bien, je vous adjure ici de m'entendre. A la vue de ce peuple entier que vous voyez dans la fange de vos rues et de vos places, sur de misérables grabats, au milieu de l'air fétide des caves et des greniers, dans des hôpitaux encombrés, dans des bagnes hideux, se mouvoir, pâle de faim et de privations, exténué par un rude travail, à moitié couvert de haillons, livré à des agitations convulsives, degoûtant d'immoralité, meurtri de chaines, vivant à peine, je vous adjure tous, enfants des classes privilégiées, levez-vous, et, la main appuyée sur ces plaies putrides et saignantes, enfants des classes privilégiées, qui vous engraissez de la sueur de cette classe misérable exploitée à votre profit, jurez que vous n'avez aucune part à ses souffrances, à ses douleurs, à son agonie. Jurez ! Vous ne l'oseriez pas. Ah ! que faites-vous du moins pour guérir ses blessures et pour le rendre à la vie ? Que faites-vous ? Rien... rien encore que de nous écouter[1]. »

Dès lors l'impulsion est donnée, le mysticisme de l'époque aidant, l'utilitarisme des novateurs sociaux qui viendront après Saint-Simon se reportera à la société, et le néo-christianisme

---

1. Discours prononcé à la salle Taitbout le 9 juillet 1831. (Œuvres, t. III, pp. 231-232.)

ou le déisme sera le point d'accord, théorique et pratique, de l'individu et de la société.

C'est, en somme, la tradition, l'inconscient héréditaire, qui, à la faveur de la réaction philosophique et sociale des trente premières années du dix-neuvième siècle, s'incorpore au concept utilitaire et le complète. Il se fait ainsi empiriquement, dans la pensée des novateurs sociaux, de Saint-Simon à Pierre Leroux, à Cabet, à Pecqueur, à Vidal, la même association que volontairement Auguste Comte opérait dans son vaste et puissant cerveau entre les acquisitions de la raison et les impulsions de l'instinct et de l'hérédité. Cabet déclarera l'homme « essentiellement sociable, par conséquent sympathique et affectueux [1] ». Il fera tenir sa « science », son « principe », sa « doctrine », sa « théorie », son « système » dans ce seul mot : « fraternité [2] ». De son côté, François Vidal, faisant de la justice le caractère essentiel de la morale, s'écrie que « ce n'est pas en vain que Dieu a gravé dans nos cœurs le sentiment de la justice [3] ». Enfin Pierre Leroux remontant au platonisme, et « rapportant son idéal à Dieu comme à la source éternelle du beau et du vrai » fait dire à l'homme : « Puisque, malgré ma faiblesse, je conçois un monde où règne l'égalité, ce monde a dû être le monde voulu de Dieu [4] ».

VI

Qu'on le remarque bien : si cette substitution, ou plutôt cette addition, de l'amour et de la sympathie à l'intérêt comme fondement individuel de la morale, est bien obtenue au moyen du déisme ou du néo-christianisme, ce concept mystique est en réalité aussi naturaliste que le sensualisme pur. Pour Saint-Simon et pour tous ceux qui, à son exemple, juxtaposeront une religion à leur morale et à leur philosophie, Dieu, répé-

1. *Voyage en Icarie.* Préface, p. i.
2. *Ibid.*, p. 567.
3. *Voies et moyens de réformes sociales.*
4. *De l'égalité*, p. 5.

tons-le, n'est plus le maître, ni même le père, en dépit des habitudes verbales héréditaires ; il devient la raison mystique de l'univers, et comme la nature auquel tout l'identifie il est soumis aux lois qu'il est censé avoir créées. Aussi, quoi qu'ils en disent et quoi qu'ils en pensent, lorsqu'ils nous demandent de fraterniser avec tous les êtres humains, les novateurs ont beau nous le demander pour l'amour de Dieu : en réalité, c'est pour l'amour de l'humanité qu'ils nous demandent d'aimer l'humanité. Les sanctions du bien et du mal ne sont ni divines, ni extra-terrestres, mais naturelles, humaines et présentes, c'est-à-dire sociales. « Tu crois à Satan autant qu'à Jésus-Christ, écrit Enfantin à une de ses parentes... Tu crois aux menaces autant qu'aux promesses... tu es encore sous la loi de CRAINTE et D'ESPÉRANCE... tu ne crois pas à la RÉALISATION *de la loi* D'AMOUR, au règne de Dieu sur la terre, préparé par Jésus, attendu par toute l'humanité, réalisé par Saint-Simon [1]. »

Chose étrange ! les novateurs sociaux n'utilisent pas le sentiment de sympathie pour demander à leurs adhérents les suprêmes sacrifices qui fondent les grandes institutions. Ils sont tellement persuadés de l'identité que leurs systèmes respectifs établiront entre l'intérêt et le plaisir de chacun, ils sont tellement sûrs de l'accord que ces systèmes établiront entre l'individu, la société et l'univers, qu'ils semblent n'avoir découvert la sympathie que pour la laisser sans emploi.

Chose plus étrange encore ! lorsque nous rencontrons une exception à cette règle ultra-optimiste, c'est Fourier qui nous la présente. Il est vrai que cet utilitaire forcené, ce sensualiste d'extrême gauche, entend tout utiliser, les répulsions comme les attractions : la sympathie, chez lui, s'appelle attraction passionnelle, et c'est, selon lui, la grande découverte qui l'égale à Newton, l'attraction passionnelle étant la loi du mouvement social au même titre que l'attraction des corps est la loi du mouvement cosmique. Eh bien, dans le

---

1. *Lettre à Thérèse*, janvier 1830. (ŒUVRES, t. II, p. 133.)

clavier des passions, dans cette gamme qui doit, selon lui,
réaliser « l'harmonie », il fait une place au « sacrifice ».
« Les groupes réguliers ou harmoniques », dit-il, doivent
remplir trois conditions ; et la troisième de ces conditions
est ainsi qualifiée : « Dévouement sans bornes aux intérêts du
groupe ; disposition à des sacrifices pour le soutien de la
passion commune [1]. »

Le naturalisme de Fourier est si violemment exaspéré, qu'il
se manifeste à chaque page de son œuvre par de véhémentes
apostrophes à la raison, à la philosophie et à la morale :
« Trois mille ans, s'écrie-t-il, ont été sottement perdus à produire des essais de théories répressives ; il est temps de faire
volte-face et de reconnaître que le créateur des passions en
savait sur cette matière plus que Platon et Caton : que *Dieu
fit bien tout ce qu'il fit* [2] ». « En voulant étouffer l'Attraction
ou impulsion divine », dit-il ailleurs, la philosophie « la remplace par une Raison qui sanctionne tous les actes de tyrannie,
pourvu qu'ils soient fardés de beau verbiage ». Mais attendez
et ne le prenez pas au mot si vite.

Il n'est pas pour les « systèmes civilisés » qui sont « toujours engagés dans l'un ou l'autre excès » et dont les uns
prétendent « que la raison doit régner exclusivement » et les
autres « que tout mouvement vient de Dieu ». Il répudie
ces « assertions de simplisme » et veut « que la raison,
que l'industrie humaine intervienne de concert avec Dieu ».
Il ne rejette pas la raison, pourvu cependant que ses « options »
et ses « décisions » ne soient « qu'une capitulation avec l'Attraction ». Alors l' « exercice de la raison humaine » entrera
« en concurrence avec l'impulsion divine pour raffiner nos
plaisirs et nous laisser l'honneur de partager avec Dieu la
direction de notre individu et de nos sociétés [3] ». En somme,
Dieu, on le voit, fait bien ce qu'il fait, à condition que
l'homme, par son industrie, refasse l'œuvre de Dieu. Bien

1. *Traité de l'association domestique agricole.* Groupes et séries.
2. *Id.*, Association composée.
3. *Théorie de l'unité universelle.* Le libre arbitre.

mieux : tels les prêtres qui font du dieu l'interprète de leur propre pensée, Fourier donne à la sienne un caractère divin. « Si nos destins étaient bornés à la triste civilisation, dit-il, Dieu nous aurait donné des passions flasques et apathiques, comme la philosophie les conseille, des passions convenables à la misérable existence que nous traînons depuis cinq mille ans [1] ». On aperçoit ici comment Fourier va fonder un règne de liberté individuelle et passionnelle sur la volonté de Dieu, c'est-à-dire en réalité, sur la conformité aux lois de la nature.

VII

Qu'est-ce que Proudhon a ajouté à cette juxtaposition, ou plutôt à cette identification de l'utilité et de la sympathie considérées comme agents moraux ? Utilitaire, il l'est, non pas implicitement et du fait même qu'il institue un système social où l'homme ne sera plus autant que dans l'état présent nécessité à être immoral. Il l'est explicitement aussi lorsqu'il dit : « Ce que nous mettons à la place de la police, c'est l'identité des intérêts [2] ». Il l'est non moins explicitement quand il fait de « l'homme », de « la conscience humaine, le sujet-objet de la loi morale ou, pour parler comme les légistes... le législateur [3] ». Et ne croyez pas qu'il s'agisse de la conscience collective, c'est-à-dire des concepts d'un individu hors d'état de dégager sa pensée propre, sa conscience à lui, de la pensée et de la conscience collectives dans le temps et dans le milieu. Non, c'est d'un individu conscient que parle Proudhon, et en qui l'idée de justice agit d'une manière absolument autonome. C'est d'un individu opposant au besoin sa conscience réfléchie et active à la conscience héréditaire et passive du troupeau, et sa justice à l'injustice collective. Et, naturellement, c'est dans la raison que se trouvent les fondements de la conscience individuelle. « L'homme, dit-il, ne reconnaît en dernière

1. *Théorie des quatre mouvements*. Exposition.
2. *Idée générale de la Révolution*, p. 259.
3. *De la justice dans la Révolution et dans l'Église*, t. III. p. 499.

analyse d'autre loi que celle avouée par sa raison et sa conscience ; toute obéissance, de sa part, fondée sur d'autres considérations, est un commencement d'immoralité [1]. »

Voilà précisément ce que Proudhon a ajouté à la morale utilitaire ; ou plutôt, pourrait-on dire : voilà ce qu'il en a extrait. L'individualisme moral le plus exaspéré trouve ici ses titres d'origine, et on doit ajouter : ses titres de noblesse. Qu'il cherche ailleurs ensuite : dans la métaphysique de Max Stirner ou dans la littérature d'Ibsen, il ne les trouvera ni aussi purs ni aussi complets. On essaierait en vain de tirer de ce viril individualisme, qui couronne une construction économique destinée à solidariser tous les intérêts, une morale de l'égoïsme. Bien que l'individu, dans la doctrine de Proudhon, ne doive reconnaître d'autres impératifs que ceux que sa raison découvre et que sa conscience accepte, la notion de justice — notion utilitaire, soit — y est si vivante qu'elle peut bien obliger l'homme au sacrifice, mais qu'elle est incapable de le pousser à sacrifier autrui ou simplement à se désintéresser de lui. Car ce que sa raison découvre et que sa conscience accepte, c'est la solidarité qui le lie avec la société et qui ne l'oblige envers elle qu'autant qu'elle s'oblige envers lui : la société manque-t-elle à la justice, soit envers lui, soit envers tout autre, il ne lui doit plus rien, que de la combattre au nom de la justice, c'est-à-dire d'un contrat de réciprocité accordant tous les hommes et exprimant réellement ce que Proudhon appelle le « communisme juridique », la « solidarité de conscience [2]. »

L'utilité est certainement à la base de la conception éthique de la justice selon Proudhon, mais il a si bien trouvé moyen de tirer de cette morale une doctrine et un moyen de progrès humain qu'il en arrive à renier indirectement en ces termes les origines utilitaires de sa pensée : « La théorie de Hobbes est fausse : notre mobile suprême n'est pas l'égoïsme ; ce n'est pas la conservation de notre corps et de nos membres, ce n'est

1. *De la justice*, t. III, p. 497.
2. *Id.*, p. 531.

pas notre intérêt bien ou mal entendu. S'il est pour nous un
fait avéré, c'est que la justice est positivement autre chose que
l'intérêt [1] ». Lòrsqu'il montre l'individu « partie intégrante
d'une existence collective », lorsqu'il nous affirme que cet
individu porte dans son cœur le principe d'une moralité « qui
lui est supérieure » à lui individu, Proudhon touche peut-être
au secret moteur du développement moral, que l'on a tant
cherché, et que l'on cherche plus que jamais dès qu'on prétend
l'avoir découvert. La socialité consciente est, en effet, seule
capable d'exalter l'individu, de le grandir en le projetant hors
de lui-même, de l'égaler à la mesure même de sa participation
au devenir des autres individus. On ne s'étonnera donc pas que
la logique extrême qui caractérise Proudhon l'ait amené, par le
prolongement nécessaire de sa pensée, à formuler un ascétisme
individuel et social qui rejoint, tant les extrêmes se touchent,
le naturalisme de Jean-Jacques. « La destinée de l'homme sur
la terre est toute spirituelle et morale, déclare-t-il ; le régime
que cette destinée lui impose est un régime de frugalité. Réla-
tivement à sa puissance de consommation, à l'infini de ses
désirs, aux splendeurs de son idéal, les ressources matérielles
de « l'humanité » sont fort bornées ; elle est pauvre, et il faut
qu'elle soit pauvre, puisque sans cela elle retombe, par l'illusion des sens et la séduction de l'esprit, dans l'animalité,
qu'elle se corrompt d'âme et de corps, et perd, par la jouissance même, les trésors de sa vertu et de son génie. Telle est
la loi que nous impose notre condition terrestre, et qui se
démontre à la fois par l'économie politique, par la statistique,
par l'histoire et par la morale. Les nations qui poursuivent,
comme bien suprême, la richesse matérielle et les voluptés
qu'elle procure, sont des nations qui déclinent. Le progrès ou
perfectionnement de notre espèce est tout entier dans la justice
et la philosophie... Si nous vivions, comme l'Evangile le recommande, dans un esprit de pauvreté joyeuse, l'ordre le plus
parfait régnerait sur la terre... Sorti de l'abondance du premier

---

1. *Guerre et paix*, t. II, p. 388.

âge, obligé de travailler... l'homme a été saisi par la fièvre des
richesses : c'était, dès le premier pas, se fourvoyer dans sa
route... Les écoles socialistes se sont signalées à l'envi dans
cette orgie du sensualisme [1]. »

A l'aurore de sa vie intellectuelle, Proudhon affirme déjà
l'idéalisme que toute son œuvre manifestera. Dès 1841, en effet,.
il écrit, dans une lettre aux membres de l'académie de Besançon :
« Pour moi, je sais une chose : les peuples vivent d'idées
absolues, non de conceptions approximatives et partielles ;
donc il faut des écrivains qui définissent les principes ou qui,
du moins, les épurent au feu de la controverse. Telle est la
règle : l'idée d'abord, l'idée pure, l'intelligence des lois de
Dieu, la théorie ; la pratique suit à pas lents, circonspecte,
attentive à la succession des événements et fidèle à saisir, sur
le méridien éternel, les indications de la Raison suprême [2] ».

Pierre Leroux avait été également amené par son idéalisme,
sinon à l'ascétisme de Proudhon, du moins à cette affirmation
que le socialisme ne doit pas avoir pour objet la recherche du
bonheur. Et il en tira une notion de progrès que Proudhon ne
devait asseoir définitivement que sur l'état de guerre et de concurrence, lorsque les échos de la pensée darwinienne furent
parvenus à ses oreilles, dans les derniers jours de sa vie.
Ecoutez la résignation idéaliste de Pierre Leroux faire écho à
l'ascétisme idéaliste de Proudhon. Le bonheur, dit-il, n'est
« qu'une sorte de mirage moral qui nous égarerait incontesta-
blement, et nous ferait marcher de déception en déception, si
nous ne prenions notre parti de ne pas y croire. Si le bonheur
n'existe pas, le commencement de toute sagesse est de ne pas
croire au bonheur ». Il vaut mieux que le bonheur n'existe pas,
car si « nous entendons par bonheur un état qui serait tel que
nous en désirassions la durée sans changement », et on
ne peut le définir autrement, être heureux équivaudrait
à l'arrêt de tout mouvement social. Pour que le bonheur
se réalisât, « il faudrait, dit Pierre Leroux, que le monde exté-

1. *Guerre et paix*, t. II. pp. 145 à 148.
2. *Correspondance*, t. I, p. 281.

rieur s'arrêtât et s'immobilisât. Mais alors nous n'aurions plus
de désirs, puisque nous n'aurions plus aucune raison pour
modifier le monde, dont le repos nous satisferait et nous rem-
plirait. Nous n'aurions plus, par conséquent, ni activité, ni
personnalité. Ce serait donc le repos, l'inertie, la mort, pour
nous, comme pour le monde ». Donc, le mal est un moyen
d'activité, un instrument de progrès pour l'humanité ; « le mal
est la condition même de notre personnalité et de notre existence [1] ».

Au contraire de Proudhon, — qui, ainsi que nous l'avons vu,
exprime un sentiment hautement intellectualiste, nettement
antinaturaliste, du devenir humain, de la moralité, de la
socialité, et des combinaisons de la moralité et de la socialité
dans le devenir individuel et collectif, — Fourier place les
motifs moraux, individuels et collectifs, dans la nature même
de l'individu, dans ses instincts exprimés en passions, dans la
combinaison des attractions et répulsions passionnelles de tous
les individus. Plus tard, lorsque Guyau, étudiant la transformation de l'utilitarisme en évolutionnisme, abordera ce qu'il a
appelé si expressivement « le second secret », ce sera dans l'œuvre d'un naturaliste qu'il en apercevra les premières affirmations. Darwin, en effet, nous prouve que nos actions morales ont
un autre moteur que l'utilité, lorsqu'il nous raconte l'aventure
du vieux babouin affrontant toute une meute pour sauver un
jeune de sa tribu. L'espèce parle haut dans l'individu, et c'est
elle qui crée ce « second secret, » la sympathie [2]. Or, non seulement Guyau me semble souverainement injuste envers Darwin
en lui déniant le mérite d'avoir découvert le principe de la
sympathie active, mais encore il n'a pas assez clairement
aperçu que, l'un aidant l'autre, et le second s'aidant aussi et
surtout d'Auguste Comte, Darwin et Herbert Spencer ont

1. *De l'humanité*. Introduction, t. I, p. 19.

2. Chacun a deux secrets : le premier, c'est que toutes ses actions sont
intéressées par quelque côté ; le second, c'est que toutes, par un autre côté,
tendent plus ou moins au désintéressement ; Helvétius, après La Roche-
foucauld, n'a dit que le premier de ces secrets ; il n'a point pénétré le
second, qui a aussi son importance, car c'est peut-être le secret de l'avenir.
— Guyau. *Morale d'Épicure*, p. 267.

constitué la morale évolutionniste en réduisant à sa part
légitime l'utilité, qui, avant eux, était la seule règle morale
qu'eût produite la philosophie sensualiste [1].

D'autre part, et par le fait qu'il traitait, dans ses deux
ouvrages, de l'épicurisme, et des modifications que lui avaient
fait subir les philosophes anglais du XIXᵉ siècle pour le
transformer d'utilitarisme pur en évolutionnisme, Guyau ne
pouvait pas plus écarter les additions et impulsions françaises
au cours du XIXᵉ siècle qu'il n'avait, pour les siècles
précédents, écarté celles qui vinrent de Gassendi, de La Roche-
foucauld, d'Helvétius, et des autres utilitaires français. Or, il
n'a pas écarté Fourier seulement, Fourier dont nous venons de
voir qu'il eut une notion très expresse et très « naturaliste »
du « second secret », mais aussi Auguste Comte. Il est vrai
que, pour celui-ci, l'exclusion se conçoit dans une certaine
mesure : son influence intervient bien pour modifier l'utilitarisme de J. Stuart-Mill, et pour créer l'évolutionnisme
d'Herbert Spencer, mais il est absolument hors du courant
utilitaire. Sensualiste, pourtant, il l'est : le positivisme peut-il
être autre chose ? Et précisément à cause de cela, il eût été
intéressant et juste, que Guyau constatât que le sensualisme
n'a pas produit seulement la morale utilitaire, mais aussi la
morale altruiste, fondée sur le sentiment de sympathie.

D'autant plus que, chez Auguste Comte, la sympathie n'est
pas réfléchie, contractuelle, de source purement intellectualiste, comme chez Proudhon. Elle est organique, spontanée, et
Auguste Comte la définit ainsi : « un penchant instinctif à la
vie commune, indépendamment de tout calcul personnel ». Et
pour bien marquer le caractère impérieux de l'instinct, du geste
hérité d'une longue succession d'ancêtres, il ne craint pas de
déclarer que la vie associée « exige plus de sacrifices qu'elle
ne procure de bénéfices » la société étant « un état continu de
sacrifice ». Donc, ce n'est pas le contrat, même tacite, et conséquemment l'utilité, qui est à l'origine des sociétés, mais l'habi-

---

1. Guyau. *La morale anglaise contemporaine*, p. 151 et suir. (Paris, F. Alcan.)

tude héréditaire et toutes ses contraintes. On voit comme il eût
été intéressant que Guyau restituât à Auguste Comte la place
qui lui revient ; et j'avais d'autant plus à cœur d'adresser à
l'auteur de l'*Essai de morale sans obligation ni sanction* ce
reproche, — hélas ! posthume — que j'avais participé à son
injustice lorsque j'examinai la part immense prise par lui à la
constitution de la morale sociale[1]. Je dois ajouter que, tout au
moins, j'avais défendu Fourier des injustes dédains de Guyau,
et qui témoignent non contre celui-ci, dont la conscience intellectuelle fut si scrupuleuse et si haute, mais de l'oubli où était
tombé alors l'auteur de l'attraction passionnelle. Et c'est bien
parce que Fourier était tombé dans un tel oubli, que Guyau dut
découvrir et reconstruire sur un plan d'ailleurs élargi et doué
de mouvement cette admirable théorie morale où se confondent
dans une identité absolue le droit et le devoir, devenus des
fonctions organiques accomplies dans la joie la plus pure et
l'exaltation la plus noble de l'individualité humaine.

VIII

Qu'ils s'en tiennent à la morale de l'utilité ou qu'ils y aient
ajouté celle de la sympathie ou fraternité, qu'ils soient déistes
comme Saint-Simon ou athées comme Robert Owen, natura-
listes comme Fourier ou mystiques comme Pierre Leroux, tous
les novateurs socialistes sont résolument déterministes. Et, je
le répète, c'est précisément sur ce déterminisme qu'ils fondent
la nécessité de substituer un ordre social selon la raison à
l'organisation défectueuse qu'ils ont sous les yeux. De là aussi
vient le très grand prix qu'ils attachent à l'éducation. « Puisqu'aucun individu n'est le maître de former son caractère », dit
Robert Owen, il serait déraisonnable de « s'irriter contre des
êtres qu'on considérerait comme impérieusement entraînés par
les circonstances qu'ils ne peuvent anéantir eux-mêmes[2] ». Ce

1. *Questions de morale*, leçons professées au collège-libre des sciences
sociales, pp. 252 et suiv. (Paris. F. Alcan.)
2. *Lettres sur le système de M. Owen*, pp. 71-72.

principe ne conduit pas Owen à l'indifférence morale que Guyau reproche à Helvétius, à « cette indulgence et cette bienfaisance sans amour » que l'auteur de l'*Esprit* « s'efforçait de pratiquer lui-même [1] ». A constater l'irresponsabilité de l'homme, Owen était amené d'abord à conclure à la responsabilité de la société; ensuite à agir sur la société en la replaçant « sur des bases plus conformes au bonheur de ses membres » ; enfin, (et c'est ici qu'il échappe au reproche que Guyau, avec justice, adresse à Helvétius), à nous pénétrer tous « de la plus vive indulgence en répandant une charité universelle, en adoucissant ainsi tous les froissements d'idées ou d'intérêts, et en centuplant toutes les jouissances morales et intellectuelles ». En parlant ainsi, Owen ne s'aventurait pas à la légère, il ne formulait pas un axiome *a priori*, il exprimait une vérité qui, pour lui, était d'expérience. Lorsqu'il prit possession de l'établissement de New-Lanark, la population ouvrière y était dans un état moral on ne peut plus inférieur : « le vol s'étendait sur presque toutes les ramifications de la communauté, et le recèlement des objets volés sur toute la contrée environnante ». Cependant, Owen parvint à transformer cette population, et il n'y parvint pas seulement en transformant le milieu économique. Il ajouta, à la réforme économique qui émancipait ses salariés, « des moyens de surveillance et des règlements pour prévenir les délits ». Il voulut agir sur le milieu de manière qu'il ne fût plus en état de produire des délinquants. D'autre part, « aucune punition légale ne fut infligée ». Il fut donc fait appel surtout aux agents moraux. « Un exposé court, mais évident et simple, de l'avantage immédiat, que cette population retirerait d'une conduite différente, leur fut insinué par quelques individus que l'on instruisit et dont les raisonnements pouvaient avoir le plus d'empire sur eux... L'ivrognerie fut combattue de la même manière... Les effets funestes et pernicieux furent représentés au moment même où l'individu souffrait encore des effets de ses excès [2]. »

1. *Morale d'Épicure*, p. 244. (Paris, F. Alcan.)
2. *Examen impartial*, etc.

Owen, ici, a fort justement observé que le bien-être matériel, s'il en est le fondement nécessaire, n'est pas l'unique moyen du déterminisme moral. Ventre affamé n'a point d'oreilles, soit; mais ventre repu peut tout aussi bien avoir la même infirmité. Proudhon fera la même observation, quarante ans plus tard, lorsque, parlant des crocheteurs de Lyon, il les montrera recevant « un salaire supérieur à ceux des professeurs de faculté et des chefs de bureau des ministères ». Et il s'écriera douloureusement : « Quelle condition favorable au développement de l'intelligence, tant pour les enfants que pour les pères, si, par elle-même et par les loisirs qu'elle procure, la richesse était un principe moralisateur ! Mais il n'en est rien : les crocheteurs de Lyon sont aujourd'hui ce qu'ils furent toujours, ivrognes, crapuleux, brutaux, insolents, égoïstes et lâches. » Cependant, après avoir constaté que les journées de 1831 et 1834 avaient trouvé les crocheteurs « plutôt hostiles » à la cause des travailleurs, Proudhon ajoute « à leur décharge que, depuis quelque temps, les nécessités de la concurrence ayant fait brèche aux tarifs, des sentiments plus sociables ont commencé à s'éveiller chez ces natures massives. » On voit que, finalement, Proudhon, tout de même que Robert Owen, indique la sociabilité comme un élément de déterminisme moral. Et pour qu'on ne se méprenne pas, il conclut en déclarant qu' « il est impossible, contradictoire que, dans le système actuel des sociétés, (c'est-à-dire à la faveur du « plus grossier individualisme ») le prolétariat arrive au bien-être par l'éducation, ni à l'éducation par le bien-être[1] ». Laissons de côté, pour la reprendre plus tard, la première proposition, inspirée du pessimisme social dont Fourier a tiré sa règle « d'écart absolu » et dont Karl Marx tirera sa nécessité de la « catastrophe » ; elle n'est d'ailleurs point le corollaire de la seconde, sinon par la symétrie oratoire. La seconde, à savoir qu'il est impossible au prolétariat d'arriver à l'éducation par le bien-être, fait de la morale et de l'éducation, non un phénomène de

---

1. *Système des contradictions économiques*, t. I, pp. 131-132.

situation économique, mais un phénomène de sociabilité [1].

Dans le *Nouveau christianisme*, qui est sa dernière œuvre, Saint-Simon recouvre sa pensée déterministe du voile mystique ; néanmoins, on la discerne et l'on discerne en même temps l'importance qu'il accorde au facteur éducatif lorsqu'il dit : « le principe régénéré sera présenté de la manière suivante : La religion doit diriger la société sur le grand but de l'amélioration la plus rapide possible du sort de la classe la plus pauvre ». La religion est pour lui un agent moral, et l'on en trouve la preuve dans ces lignes où il fait si bon marché du dogme : « La théologie ne saurait avoir une grande importance pour un clergé vraiment chrétien, qui doit ne considérer le culte et le dogme que comme des *accessoires religieux*, ne présenter *que la morale* comme *véritable doctrine religieuse* [2] ». On le voit clairement ici : Saint-Simon a enflé sa voile de la brise religieuse, qui souffla si fort à l'époque où il fonda sa doctrine morale et sociale. Il veut faire accepter de tous le principe de la sociabilité, source de toute moralité ; et, pour atteindre son but, il emploie les arguments auxquels ses contemporains sont le plus particulièrement sensibles.

Son disciple dissident, Pierre Leroux, a beau s'enfoncer plus avant que Saint-Simon dans la métaphysique et le mysticisme ; il ne perd pas pour cela le fil conducteur : son platonisme, précisé d'hégélianisme, ne l'isole pas du réel, ne le sépare pas du grand courant sensualiste ; et c'est à l'homme en société que se rapportent ses plus hautes spéculations. Toujours l'idée le conduit au fait, toujours le phénomène doit tendre à s'identifier par un continuel devenir à la notion idéale que l'esprit s'en forme. « Nous avons proclamé l'égalité dans la sphère de

1. Au commencement du siècle dernier, dit Villermé, le travail de l'horlogerie étant devenu une grande ressource pour les habitants du Locle et de Chaux-de-Fonds, dans les montagnes du Jura neuchâtelois, la désignation d'horloger y devint immédiatement un titre de déconsidération à cause de l'inconduite des ouvriers de cette profession, qui ne trouvaient dans un salaire plus considérable qu'un moyen d'immoralité et de débauche. (*Tableau de l'état physique et moral des ouvriers*, etc., t. II, p. 48.)

2. *Saint-Simon, son premier écrit, sa parabole politique, le nouveau christianisme*, publiés par Olinde Rodrigues. son disciple, chef de la religion saint-simonntenne, p. 114. (Paris 1832.)

l'activité, s'écrie-t-il, et nous n'avons pas organisé le monde de
l'activité suivant ce principe : de là une dualité, le droit et le
fait, qui engendre notre supplice [1] ». Les rapports moraux,
affectifs, civiques, sociaux de l'homme sont déterminés par les
conditions matérielles de ces rapports. Le déterminisme moral
et social de Pierre Leroux est de même nature, finalement, que
celui de Robert Owen, l'utilitaire matérialiste et athée. « La
famille, la patrie, la propriété, dira-t-il, sont les trois modes
nécessaires de la communion de l'homme avec ses semblables
et avec la nature ». Et il tirera cette conséquence, que « la
famille, la patrie, la propriété, doivent être organisées de manière à servir la communion indéfinie de l'homme avec ses
semblables et avec l'univers [2]. »

A plus forte raison allons-nous voir le robuste et joyeux sensualisme de Fourier fonder la morale sur des bases purement
matérielles, des bases économiques et sociales. « Le canut de
Lyon et le carabot de Rouen, dit-il, obligés de s'ennuyer seize
heures par jour à passer la navette, ne peuvent pas, comme le
beau monde, goûter chaque jour des jouissances variées pour
les sens et l'âme ;... les sybarites passent leurs journées à ce
délassement ; le peuple, arrivé au dimanche, veut à son tour
tâter de la composite : à défaut de superbes équipages, l'ouvrier se transporte en omnibus avec sa Margotton ; l'on va se
gaudir à la Courtille, manger du fricot, boire du vin ou façon
de vin, danser au son du chalumeau. Là, on oublie toutes les
misères de la semaine ; tout l'argent y reste. Sur ce, les moralistes disent à l'ouvrier : « Haïssez les plaisirs de la Courtille,
« haïssez le vin, le fricot et le chalumeau... et placez votre gain
« de la semaine à la caisse d'épargne. C'est le chemin de la
« vertu ». Non, c'est vertu subversive, répugnante par les privations qu'elle impose ; la vertu naturelle doit donner double
plaisir : un aux sens, un à l'âme. Dans l'ordre combiné, Lucas
et sa Margot n'auront pas besoin de se délasser le dimanche,

1. De l'égalité, p. 55.
2. De l'humanité, t. I, pp. 168-173.

car la semaine aura été pour eux comme pour les gens riches [1]. »

Fourier a constaté la contradiction entre les préceptes de la morale et les conditions mêmes de la vie économique et sociale, et il a vu qu'elle ne se résolvait que par des hypocrisies répugnantes. Il a constaté que ceux qui possèdent la richesse peuvent se donner de la joie sans que la morale courante vienne les reprendre. Et c'est à la morale courante qu'il en a, la seule qu'on prêche au peuple et aux classes moyennes. Somme toute, c'est contre la résignation que se révolte Fourier. Et quand il entend dire : « Il faut aimer et pratiquer la vertu », il répond, bousculant les hypocrisies, par le cri qui est au fond du cœur de tous les êtres : « Il faut aimer les richesses, ne rechercher que les richesses », c'est-à-dire il faut aimer la vie. C'est donc sur la satisfaction des besoins, des désirs, des caprices, qu'il fondera sa morale. Aimer les richesses, dit-il, « grande monstruosité selon nos rigoristes ! Mais, en régime sociétaire, elle devient bien préférable au dogme d'aimer et pratiquer la vertu ; car l'état sociétaire fonde son équilibre politique sur la richesse unie à la vertu ; et comme, dans cet état, on ne peut arriver à la richesse que par la pratique de la vertu, comme elles y sont intimement liées, il convient que le précepte porte sur l'objet le plus attrayant, sur la richesse : plus on l'aimera, plus on sera entraîné à la pratique de la vertu, voie exclusive de richesse [2]. »

Très justement il oppose aux moralistes qui crient : « Bornez vos désirs »! les économistes qui poussent à la production et au luxe. Seulement, tandis que les économistes formulent leurs préceptes sans s'occuper de multiplier le nombre des ayants droit aux biens produits et surproduits, Fourier fonde l'ordre — et la morale — sur l'abondance mise à la portée de tous par l'effort associé et combiné de tous.

Et pour bien prouver que l'ordre moral autant que matériel ne peut naître que de l'abondance, il établit « une comparaison qui fera toucher du doigt le ridicule de nos doctrines sur la modération et la fausse direction de nos idées en équilibre

1. *Fausse industrie.*
2. *Traité de l'association domestique agricole.* Avant-propos.

d'ambition. Chacun, soit dans les sièges et les armées, soit en voyage ou ailleurs, a pu se trouver à des repas où l'on manquait de l'abondance et même du nécessaire. En pareil cas, la politesse est bientôt oubliée ; chacun songe à se pourvoir, et ne voit que deux êtres dangereux dans ses deux voisins. Supposez les mêmes individus attablés le lendemain avec une chère décuple, un repas surabondant, magnifique, vous verrez renaître la confiance et la civilité ; chacun offrira les mets à son voisin, et les convives seront, selon le vœu de la morale, une famille de frères ; ce sera un vrai ralliement d'amitié. A quoi aura tenu cette métamorphose ? A décupler la proie, à l'élever fort au-dessus de la dose désirée par l'assemblée. Dans un tel festin, on n'entendra pas l'amphitryon dire aux convives : « Modérez votre appétit : la faim, la soif sont vos dangereux « ennemis, défiez-vous de la nature qui vous excite à manger de « bons morceaux. » (Discours équivalant au dogme moral qui nous dit : « Modérez votre ambition ; l'amour des richesses et « des grandeurs est votre dangereux ennemi ; défiez-vous de la « nature qui vous excite à solliciter les bonnes sinécures. ».)

Il n'est pas un novateur socialiste qui fasse exception à cette règle de fonder la morale sur la satisfaction complète des besoins matériels. Seulement, comme nous l'avons vu plus haut, certains ne la fondent pas uniquement sur cette base économique. Colins fait-il exception, comme on pourrait le croire à première vue, lorsqu'il affirme que « le paupérisme matériel disparaîtra avec le paupérisme moral qui l'engendra ? » Il est persuadé que, si les hommes ont mal organisé la société, cela tient à leur « ignorance sur la réalité du droit [2] » ; car Colins est un rationaliste dont l'ultra-idéalisme n'hésite jamais à présenter le fait comme une image de l'idée et la société comme un acte de la volonté humaine. Donc, il fait bien découler la misère matérielle de la misère intellectuelle et morale ; mais qui ne voit que, précisément, la misère morale est, pour Colins, un produit de l'ignorance qui laisse subsister une organisation

---

1. *Traité de l'association domestique agricole.* Association composée.
2. *De l'économie politique, cause des révolutions.*

sociale défectueuse. Que l'on institue « la collectivité de la terre » et l'on verra disparaître le paupérisme matériel et moral. Aujourd'hui, certaines gens, qui « sont à la hauteur de la science matérialiste », « ne craignent pas de voler le peuple quand il n'y a rien à craindre des bourreaux ».

Mais, ajoute Colins, « sous la société future quiconque n'est pas un fou n'est pas un voleur », puisqu'il n'est plus déterminé au vol par le paupérisme matériel ou par le paupérisme moral. Et Colins fait si bien de la moralité privée un phénomène social, il la conditionne et la limite si bien par l'action sociale que, parlant des « braves gens » qui doutent que l'État puisse, « dans la société future », faire crédit au travail sans péril, il s'écrie : « Ils oublient, ou plutôt ils ne savent pas encore qu'à cette époque le gouvernement ne prête pas aux fous, mais a pitié d'eux et cherche à les guérir [1]. » Et ailleurs, il dit, avec plus de précision encore : « Il suffit de ne pouvoir être exploité pour pouvoir examiner. Or, partout où il y a pouvoir d'examiner, il y a certitude d'examen. Car l'examen n'est autre que le raisonnement sur son propre intérêt [2] ». C'est pourquoi, selon Vidal, « il n'y a ni dignité, ni moralité, ni indépendance possibles, pour l'homme qui n'a pas l'existence garantie, qui n'est pas assuré de pouvoir toujours gagner par son travail de quoi suffire aux besoins de la vie ; il n'y a point de culture intellectuelle, point de jouissances artistiques ou morales, pour celui que ronge la misère [3] ». Pour Louis Blanc, « la misère retient l'intelligence de l'homme dans la nuit, conseille incessamment le sacrifice de la dignité personnelle, et presque toujours le commande,... change en fiel ce qu'on porte de générosité dans le sang,... elle engendre aussi le crime.., elle fait la plupart des voleurs, des assassins, des prostituées [4] ». Selon Pecqueur, « la plupart des questions *les plus spirituelles* et les plus *politiques* en apparence viennent se résou-

1. *Science sociale*, t. V, p. 347.
2. *Id.*, p. 298.
3. *De la répartition des richesses*, p. 28.
4. *Organisation du travail.* Introduction, p. IX.

dre à un haut degré dans une question d'améliorations matérielles, ou mieux, dans une question *d'augmentation* et de *distribution de richesse* [1] ». Et c'est pour cela que Vidal s'écrie :
« Les socialistes entendent encore aujourd'hui l'économie
comme l'entendait Quesnay. Les économistes, au contraire,
suivant humblement la route frayée par Ad. Smith, séparent
complètement l'économie de la morale et de la politique...
Nous croyons sincèrement aux bonnes intentions des économistes ; nous croyons, de plus, que cette science est appelée à
jouer un grand rôle dans un avenir prochain. Mais il faut absolument que les économistes élargissent le cadre de leurs spéculations, s'ils veulent ne pas être condamnés à l'impuissance ;
il faut qu'ils rattachent au plus vite l'économie à la morale, à
la philosophie, à la politique ; il faut qu'ils la considèrent
comme une branche de la science sociale, au lieu d'en faire une
science à part, complètement isolée, sans liens et sans rapports
avec les autres ramifications de la science générale du bonheur
de l'espèce humaine ; il faut enfin qu'ils cessent de faire abstraction de l'homme, dans l'étude d'une science qui a pour but
le bonheur de l'homme, et pour objet les moyens de bonheur
ou la richesse ; car ce n'est que par rapport à l'homme que le
mot richesse peut avoir un sens quelconque, une valeur [2] ».
Proudhon, enfin, établit en ces termes le déterminisme moral,
et conséquemment les obligations matérielles et éducatives de
la société envers l'individu : « En vertu de la solidarité morale
qui unit les hommes, il est rare qu'un acte de prévarication
soit tout à fait isolé, et que le prévaricateur n'ait pas pour
complice, direct ou indirect, la société et ses institutions [3]. »

IX

La responsabilité sociale, reconnue et définie par tous les
novateurs socialistes, les conduit nécessairement à imposer

1. *Des améliorations matérielles*, p. 45.
2. *Répartition des richesses*, pp. 37-38.
3. *De la justice*, t. III, p. 523.

des devoirs très étroits et très précis à la société. Et, non moins nécessairement, les droits de la société s'accroissent à la mesure de l'augmentation de ses devoirs, non chez tous les novateurs, mais chez la plupart d'entre eux. Ou plutôt, les droits et devoirs sociaux, pour ceux-ci, se confondent, deviennent identiques, indiscernables. Lorsque, dans l'Icarie de Cabet, la loi interdit l'usage du tabac, la société qui promulgue cet arrêt croit beaucoup plus accomplir un devoir qu'exercer un droit. Dans la communauté icarienne, en effet, il y a identité entre l'individuel et le social : celui-ci a bien absorbé celui-là, mais le social n'existe en réalité que pour satisfaire plus pleinement l'individuel. Car il faut bien remarquer que toutes les formations communistes, qu'elles émanent de Babeuf, de Cabet ou de Louis Blanc, ont le contrat à leur base. Or, nulle théorie sociale n'est aussi individualiste que celle du contrat. C'est donc bien à tort qu'on assimile, dans les discussions, les communautés socialistes aux communautés religieuses. L'adhésion individuelle, le contrat par conséquent, est bien à l'origine de la communauté religieuse, mais l'objet du contrat est essentiellement différent dans la communauté religieuse et dans la communauté socialiste. Celle-ci se propose un objet temporel ; celle-là un objet spirituel. Celle-ci est un tout moral, social et économique complet, se suffisant à lui-même ; celle-là est fonction sociale ou corps parasite, selon les temps et les lieux, mais non une société. Celle-ci offre à ses associés des avantages immédiats et permanents ; celle-là les leur promet comme récompense, et seulement lorsqu'ils quitteront la communauté temporelle pour entrer dans la communauté divine.

Ces différences font que, dans le contrat communautaire religieux, l'individu renonce à tous biens, à tous avantages temporels, en un mot s'anéantit dans la communauté comme être pensant et sentant, pour revivre hors de la communauté. La communauté est un passage et une épreuve, non un état définitif. Dans le contrat communautaire socialiste, l'individu ne renonce qu'à l'indépendance de son isolement : si draconiens que soient les règlements qu'il subit, il se les impose à lui-même, puisqu'il a voix délibérante ; de plus, il ne se les impose pas en vue d'un bien futur, mais d'un bien immédiat. Ainsi, Cabet peut décréter « la loi du couvre-feu » ; « cette loi qui parais- sait si tyrannique » aux bonnes gens de l'ancien régime, sera supportée allègrement par ses Icariens. Pourquoi ? Parce que, nous dit Cabet, « adoptée par le peuple entier » elle n'est plus « l'intolérable vexation » qui, autrefois, était « imposée par le tyran ». Le peuple, ajoute-il, l'a adoptée « dans l'intérêt de sa santé et du bon ordre dans le travail » ; et l'ayant considérée comme « la loi la plus raisonnable, la plus utile », il s'y sou- met et, malgré son caractère archaïque, c'est « la mieux exé- cutée [1] ».

On aperçoit tout de suite l'erreur des communistes : ils con- sidèrent la société comme un produit du contrat, et ses institu- tions comme des œuvres de la raison. Pour Cabet, comme pour son précurseur Babeuf, l'homme n'a pas de nerfs, pas de sang, pas de muscles, pas de passions, pas de tempérament, pas de caractère ; il n'a qu'un cerveau, ou plutôt il n'est qu'un cer- veau. Plus de spontanéité dans l'individu, mais un calcul des valeurs opéré selon les bonnes méthodes utilitaires. Même lors- que la communauté repose sur des fondations morales et spé- cifiquement religieuses, comme chez les saint-simoniens ; même lorsque chez ces saint-simoniens elle proclame, théoriquement, la réhabilitation de la chair et la liberté morale, elle ne donne pas assez de part à là spontanéité naturelle. Aussi l'inévitable finit-il par se produire. La communauté a trop considéré l'homme comme un être rationnel et abstrait, et le lien com- munautaire ne tarde pas à se dissoudre.

Louis Blanc comme les autres communistes, renforce l'appât utilitaire de la communauté par un impératif dicté par la nature ou par Dieu, ce qui est tout un, comme nous l'avons vu. « L'homme, dit-il, a reçu de la nature certaines facultés d'aimer, de connaître et d'agir. *Mais elles ne lui ont pas été données pour qu'il les exerce solitairement* ; elles sont *donc*

---

1. *Voyage en Icarie*, p. 108.

l'indication suprême de ce que chacun *doit* à la société. Si vous êtes deux fois plus fort que votre voisin, c'est une preuve que la nature vous a destiné à porter un fardeau double... De là l'axiome : *De chacun selon ses facultés*. Là est le devoir. » Mais Louis Blanc ne paraît pas compter sur la force de cet impératif naturel. Aussi revient-il vite sur le terrain rationnel et utilitaire, qui, dans sa pensée sinon dans les faits, apparaît comme plus solide en ce qu'il promet des sanctions matérielles susceptibles de donner quelque valeur à l'impératif naturel. C'est pourquoi il ajoute que, « avec des facultés, l'homme a reçu de la nature des besoins... D'où, dans les limites des ressources communes et en prenant le mot besoins dans sa plus noble acception, cet axiome qui correspond au premier : *A chacun selon ses besoins*[1] ».

C'est le cas de le dire : Louis Blanc a connu le second secret, mais il en a méconnu la valeur, ou plutôt n'a pas su l'utiliser. Et pourquoi Louis Blanc et les communistes fraternitaires et chrétiens doivent-ils tous se replier sur l'utilité ? Parce que leur communauté est une conception de l'esprit, et non une institution sociale amenée par l'évolution des faits et des idées. Or, quiconque voudra fonder le monde sur la raison pure devra donner le pas à l'utilité sur la sympathie ; l'utilité étant le produit de la raison, au même titre que la sympathie est le produit de l'instinct.

X

L'individualisme social et surtout moral, que la propagation des œuvres de Nietzsche et l'exhumation du livre de Max Stirner ont mis en si grande vogue ces temps-ci, a, comme on le sait, ses origines dans une interprétation logique jusqu'à l'extrême du sensualisme utilitaire du xviiie siècle. C'est à la même source que nous pouvons faire remonter le libertarisme de Fourier. Fidèle à sa règle « d'écart absolu », en prenant le contrepied de

---

1. *Histoire de la Révolution de 1848*, t. Ier, p. 147.

la morale verbale d'un moment historique hypocrite entre tous,
la Restauration, Fourier va naturellement, et sans s'en douter,
car il a peu lu, retrouver la morale du Diderot du *Voyage de
Bougainville*, la morale de La Mettrie et d'Holbach. Écoutez en
quels termes il constate la faillite des moralistes : « Combien
n'ont-ils pas déclamé pendant deux mille ans, pour modérer et
changer les cinq appétits sensuels, pour nous persuader que le
diamant est une vile pierre, l'or un vil métal, que le sucre et
les aromates sont de viles productions dignes de mépris, que
les chaumières, que la simple et grossière nature sont préféra-
bles au palais des rois ? C'est ainsi que les moralistes voulaient
éteindre les passions sensuelles, et ils n'épargnaient pas davantage les passions de l'âme. Combien ont-ils vociféré contre
l'Ambition ? A les entendre, il ne faut désirer que des places
médiocres et peu lucratives ; si un emploi donne un revenu de
cent mille livres, il n'en faut accepter que dix mille pour com-
plaire à la morale. Ils sont bien plus ridicules dans leurs opinions sur l'Amour ; ils veulent y faire régner la constance et la
fidélité, si incompatibles avec le vœu de la nature et si fatigan-
tes aux deux sexes, que nul être ne s'y soumet quand il jouit
d'une pleine liberté [1]. »

Qu'arriverait-il si tout le monde se conformait aux préceptes
de la morale ? se demande Fourier. Et, pour répondre à sa
question, il suppose « un roi des Français épris d'un beau zèle
pour les doctrines de Fénelon et résolu à pratiquer les préceptes
moraux de Télémaque ». Ce roi « voudra, comme les Crétois :
*mettre son courage à fouler aux pieds les trop grandes
richesses. Il voudra imiter le roi Idoménée, bonne pâte de roi...
ordonnera de fermer les magasins de modistes, tailleurs et éta-*

---

1. *Théorie des quatre mouvements.* Exposition.
Diderot avait dit, parlant de l'homme : « Si vous vous proposez d'en
être le tyran, civilisez-le, empoisonnez-le de votre mieux d'une morale
contraire à la nature... éternisez la guerre dans la caverne et que l'homme
naturel y soit toujours enchaîné sous les pieds de l'homme moral. » De son
côté, un autre écrivain du XVIIIᵉ siècle, que certainement Fourier a aussi
profondément ignoré qu'il a ignoré Diderot, Morelly dit, dans son *Code de
la nature*, parlant des moralistes et des législateurs : « Ces guides, aussi
aveugles que ceux qu'ils prétendaient conduire, ont éteint tous les motifs
d'affection qui devaient nécessairement faire le lien des forces de l'humanité.»

lagistes... qui vendent des étoffes façonnées, broderies, bijou-
teries... de fermer les ateliers de beaux meubles et glaces...
les salles d'opéra... Il enverra dans les provinces une ordon-
nance conçue en ces termes : « ... Arrachez toutes vos vignes,
«n'en gardez *que pour les sacrifices*, que de quoi dire la messe...»
Dans Paris le roi moral fera démolir les façades somptueuses...
comme on a démoli l'hôtel Thellusson, pour faire des façades
bourgeoises et morales... » Fourier se demande ensuite ce que
« dirait la France en voyant le roi transporté d'un aussi beau
zèle moral ». Naturellement il déclare que « chacun opinerait
que le roi est devenu fou ». Il tire alors sa conclusion : « La
morale est donc un ramas de visions impraticables et très dangereuses [1]. »

Est-ce à dire que cet abbé de Thélème soit un précepteur
d'immoralité et qu'il ne veuille libérer l'homme des servitudes
sociales et morales que pour l'asservir à ses passions ? Certes,
il dira bien avec La Mettrie, qu'il ne paraît d'ailleurs point avoir
connu : « Si la nature t'a fait pourceau, vautre-toi dans la
fange, comme les pourceaux ». Mais avec La Mettrie également
il ajoutera aussitôt : « Car tu es incapable de jouir d'un bonheur
plus élevé ». Et à ceux qui envient le bonheur du pourceau, et
à ceux qui veulent jouir d'un bonheur plus élevé, Fourier indique impartialement, sans préférence apparente, les moyens de
réaliser leur rêve, sans contrainte extérieure ni intérieure. La
vertu qu'il place à la base de tout son système moral, c'est la
sincérité. Le grand reproche qu'il adresse à la morale, c'est
d'être impraticable et de contraindre les gens à l'hypocrisie. Il
ne perd pas son temps à blâmer les menteurs et les hypocrites,
et il constate qu'ils ne peuvent être autres dans une civilisation
dont les préceptes et les pratiques sont totalement en discordance.
Il montre la civilisation se développant grâce au déchaînement
des ambitions et des appétits. Et il a beau jeu, alors, pour
lancer aux moralistes de l'abstinence cette apostrophe : « Vous
vous annoncez pour interprètes de la raison. Gardez donc le

1. *Fausse industrie.*

silence tant que durera l'Ordre civilisé ; car il est incompatible avec la raison si elle recommande la modération et la vérité. En quels lieux la civilisation a-t-elle fait des progrès? Ç'a été dans Athènes, Paris, Londres, etc., où les hommes n'ont été nullement amis de la modération ni de la vérité, mais fortement esclaves de leurs passions et adonnés aux intrigues et au luxe[1]. »

C'est parce que le mensonge est de nécessité en civilisation, nous dit Fourier, que l'on voit « la morale jouir d'un étrange privilège que n'ont pas les trois autres sciences philosophiques». Pourtant, si elle « rêve en théorie de bonnes mœurs impraticables », on la voit, en pratique, organiser « le progrès des mauvaises mœurs, fourberie, cupidité dévorante ». D'où vient alors qu'on la révère? De ce fait, précisément, déclare Fourier, « qu'elle est un manteau précieux qu'adoptent tous les tartufes, Un politique trafiquant de son vote, un financier qui met des zéros de trop, ces Janus trouvent dans le verbiage moral un masque commode, que ne fourniraient pas les autres sciences[2]». Va-t-on dire que Fourier est contradictoire lorsqu'il s'écrie d'une part que « l'amour des richesses est légitime » et d'autre part que « la cupidité dévorante » est un mal ? Non, il n'est pas contradictoire : il ne blâme la cupidité que parce qu'elle est dévorante, que parce qu'elle emploie la passion d'intrigue à nuire à autrui au lieu d'être un moyen d'enrichissement. N'oublions pas que Fourier est un moraliste parce qu'il est un socialiste : je veux dire parce qu'il veut résoudre les contradictions sociales et économiques dont l'absurdité et la cruauté ont soulevé ses protestations dès son entrée dans la vie. Rappelons-nous le serment d'Annibal qu'il fit, enfant, contre « le commerce mensonger »; rappelons-nous encore qu'il dut faire « un jour, jeter à la mer 20.000 quintaux de riz, qu'on aurait pu vendre avant leur corruption avec un honnête bénéfice si le détenteur avait été moins avide de gain », s'il n'avait pas « attendu trop longtemps une hausse[3] ». D'avoir été témoin

1. *Théorie des quatre mouvements.* 2e partie. Épilogue.
2. *Fausse industrie.*
3. *Théorie des quatre mouvements.* 3e partie. Confirmation.

de ces « infâmes opérations », d'y avoir « présidé, en qualité de commis », Fourier a conservé une puissante et généreuse indignation, et lorsqu'il libère nos passions, c'est pour que les bons ne soient plus victimes des méchants, les véridiques dupes des astucieux ; mais que, toutes passions s'opposant, s'équilibrant, se compensant, se pénétrant et finalement réalisant l'harmonie, le mensonge et la fraude deviennent absolument impossibles.

« Dans les dix-huit sociétés d'Ordre combiné, nous dit-il, la qualité la plus essentielle pour le triomphe de la vérité, *c'est l'amour des richesses*. Celui qui s'abandonne en Civilisation à toutes les fourberies imaginables sera le plus véridique dans l'Ordre combiné ; car cet homme n'est pas fourbe pour le plaisir de tromper, mais seulement pour arriver à la fortune ; montrez-lui, dans une affaire, mille écus de bénéfice sur un mensonge et trois mille écus sur une vérité, il préférera la vérité, quelque fourbe qu'il soit. C'est pour cette raison que les hommes les plus astucieux deviendront bientôt les plus chauds amis de la vérité, dans un Ordre où elle conduira à des bénéfices rapides, tandis que l'exercice du mensonge ne conduira qu'à une ruine inévitable [1] ». Remarquons que Fourier transpose dans le monde moral une théorie économique. Lui qui, dans le passage de son œuvre où il dénonce la criminelle spéculation sur les 20.000 quintaux de riz, proteste contre « le principe philosophique : *laissez faire les marchands* », c'est du « laissez faire, laissez passer » moral qu'il attend une restauration de la morale. Y a-t-il inconséquence ? Non, car Fourier donne précisément à sa morale une base économique, et c'est en ceci qu'éclate son génie réaliste : lorsque les gens n'auront plus intérêt, ou ne seront plus nécessités par misère à être menteurs, fourbes, voleurs et le reste, ils deviendront moraux. Fourier, ici, se replonge dans le grand courant utilitaire : avec une force incomparable, il affirme le caractère social de l'individu, et que la satisfaction des besoins matériels est la condition essentielle,

1. *Théorie des quatre mouvements.* Exposition.

nécessaire, de sa moralité et de sa liberté. En libérant les individus des contraintes morales, il ne proclame donc pas leur
droit à se nuire à eux-mêmes et réciproquement ; il proclame
seulement qu'ils ne le pourront plus, et c'est bien assez : il lui
devient indifférent, en effet, qu'ils aient ou non le droit de mal
faire, puisque, dans sa pensée, ils n'auront pas même l'idée
d'user de ce droit inutile.

Car, il faut y insister : c'est la liberté qui, dans la pensée de
Fourier, sera la règle et la limite de la liberté. Il reconnaît
toutes les passions, donne droit de cité à l'inconstance amoureuse et même aux aberrations sexuelles. Mais, du fait même
qu'il les utilise au bien commun et au bien individuel, il entend
les modérer par leur équilibration dans la société et dans l'individu. Aussi l'accuse-t-on de glorifier la gourmandise par son
invention de la gastrosophie, et de mériter ainsi l'épithète drô-
latique de « Mahomet de cuisine » que lui décochera un jour
Louis Veuillot. Il répond que sa morale « crée les bonnes
mœurs par emploi des passions que proscrit la morale ». De
même qu'il « prévient la fainéantise » par les intrigues, il prévient la gourmandise par ce qu'il appelle « la gastronomie
greffée », c'est-à-dire combinée avec d'autres plaisirs, et étant
elle-même une combinaison de plaisirs, de concurrences, de
passions et d'intrigues. Et il compare la sobriété de ses gastro-
sophes à la gourmandise « où tombent les moralistes, avec
leurs quarante toasts en un dîné de congrès moral, et dans
leurs festins d'Apicius, dont ils disent : « C'était bien joli, hier,
« aux francs-maçons : nous avons resté *six heures à table* [1] ».

Nous trouvons, dans cette vue de Fourier, ce qu'on me permettra d'appeler la psychologie du matérialisme économique.
En faisant dépendre, en effet, la morale publique et privée de
nos rapports économiques, Fourier a fait de la philosophie
sensualiste la seule application pratique qu'elle pût raisonna-
blement comporter. Et, par surcroît, il préserve les esprits de
la tentation de demander au « bon tyran » une meilleure orga-

---

1. *Fausse industrie.*

nisation des rapports sociaux : c'est la nécessité même, c'est
l'individu glorifié dans ses besoins les plus humbles et dans
ses caprices les plus divergents, qui deviennent, par la raison
éclairée, les mobiles et les agents de la réorganisation sociale.
Fourier n'a individualisé la morale qu'en la socialisant ; c'est
parce qu'il lui a donné des fondements économiques qu'il a pu
l'individualiser avec une logique vigoureuse, aiguë, mais par
conséquent unilatérale et insuffisante.

XI

Si les formules n'avaient pas toujours et nécessairement
quelque chose d'incomplet, et si par conséquent elles ne pré-
paraient pas toujours quelque déception pour qui les exprime
ou les accepte, j'oserais ainsi qualifier les trois derniers siècles
écoulés : le xviie a été celui de la morale individuelle et divine ;
le xviiie a été celui de la morale sociale et humaine ; le xixe a
fait du socialisme une morale. Retenons néammoins ceci : que le
socialisme est une morale. On a souvent recherché les caractères
par lesquels le socialisme peut être assimilé à une religion. Ainsi,
M. Vilfredo Pareto, par ailleurs si peu tendre pour le socialisme,
n'hésite pourtant point à l'élever à la fonction religieuse ; il lui
donne de ce fait une haute valeur sociale. « La religion, dit-il,
entendue dans le sens le plus large, est bien réellement le ciment
indispensable de toute société. Il importe peu, d'ailleurs, sous
certains rapports, que l'on tisse le peplum pour Athéna, qu'on
sacrifie à *Juppiter optimus maximus*, ou que, dans un état plus
avancé de l'évolution, l'on remplace ces dieux par des abstrac-
tions, telles que « l'Humanité » ou le « progrès socialiste » ; le but
est atteint si les hommes sont entraînés à une action commune
par ces moyens. Il ne faut pourtant pas en abuser[1] ». Et il reconnaît si bien au socialisme la fonction religieuse, qu'il va jusqu'à
faire du socialiste un religionnaire ; et, à l'imitation de M. G. Le
Bon, il lui donne les fureurs des religionnaires. C'est ainsi que,

1. *Les systèmes socialistes*, t. I, pp. 302-303.

parlant des partis socialistes contemporains, il dira « que si
les membres de ces partis avaient vécu au moyen âge, ils
auraient pris probablement place parmi les amis de l'Inquisition[1] ». Il est vrai que M. V. Pareto donne à cette hypothèse
une base absolument imprévue : les socialistes auraient été
pour l'Inquisition parce que l'Inquisition « était une institution essentiellement démocratique ». M. G. Le Bon, du moins,
se donne la peine de noter comment les caractères religieux du
socialisme s'expriment en fanatisme chez certains socialistes,
et lorsqu'il assimile ceux-ci aux inquisiteurs ce n'est point par
les caractères d'une propension commune à la « confiscation »
du bien « des-riches et des puissants ». Il les montre sectaires
parce que religionnaires, et veut bien leur accorder au moins le
mérite du désintéressement, c'est-à-dire en somme une valeur
morale. « Qu'il y ait parmi les propagateurs de la nouvelle foi
quelques criminels, dit M. G. Le Bon, cela n'est pas douteux,
mais la plupart des criminels qui se qualifient de socialistes
anarchistes ne le font que pour rehausser d'un vernis politique
les crimes de droit commun. Les véritables apôtres peuvent commettre des actes justement qualifiés crimes par le Code, mais
qui n'ont rien de criminel au point de vue psychologique[2]. »

M. Brunetière voit surtout dans le socialisme une morale, et
il le loue de s'être élevé contre « le plat utilitarisme du xviiiᵉ siècle ». Nous avons vu en effet que les novateurs socialistes, et
notamment Saint-Simon et Proudhon, ont singulièrement transformé la morale de l'utilité ; en tout cas, aucun d'eux n'a
manqué de travailler à faire du socialisme ce que M. Brunetière
appelle « une protestation de l'éternelle morale[3] ». Cependant,
tout comme ceux de M. V. Pareto, n'acceptons que sous bénéfice d'inventaire les compliments que M. Brunetière décerne au
socialisme. Certainement le socialisme a une morale, est une
morale, et c'est bien « un sentiment de la justice », tout au moins
dans les concepts des novateurs socialistes qui ont précédé Karl

1. *Les systèmes socialistes*, t. I, p. 238.
2. *Psychologie du socialisme*, p. 113. (Paris, F. Alcan.)
3. *Revue des Deux Mondes*, 1ᵉʳ août 1902.

Marx, qui le pousse à « compenser ou réparer l'inégalité des conditions ». Mais nous avons vu que cette conception morale est inséparable de la conception de l'utilité sociale. Or, dans son désir d'anéantir le rationalisme du xviiie siècle et les pratiques politiques et sociales qui en sont dérivées, M. Brunetière confond ensemble « l'utilité sociale », qui, selon nous, conduit nécessairement au socialisme théorique et pratique, et « le plat utilitarisme », qui est non seulement du xviiie siècle, mais pratiquement de tous les siècles de l'histoire humaine et n'est qu'une forme pseudo-philosophique de l'égoïsme inintelligent. Nous ne pouvons admettre cette confusion, car elle ne tend rien moins qu'à séparer le socialisme théorique qui est « une protestation de l'éternelle morale » du socialisme en action qui serait une œuvre de « plat utilitarisme ». Nous avons tout lieu de soupçonner M. Brunetière, entre tous les socialismes qui sollicitent son attention, de donner la préférence à celui qui serait si hautement idéaliste, si flagramment irréalisable, que l'on pût le recommander comme substitut des religions aux personnes qui ont cessé de croire, et néammoins veulent à tout prix une illusion pour chloroformiser leur douleur de vivre dans un monde d'où le mal est inexpugnable.

Non, le mérite du socialisme n'est pas là. Il est d'être une morale en action, il est de travailler à une justice réelle, selon un plan idéal, mais développé dans le sens de ce que l'on connaît de l'homme, de sa structure mentale, de son pouvoir sur les choses. Voilà le mérite que nous voudrions qu'on reconnût au socialisme, et la justice qu'il demande à ceux qui veulent parler de lui avec impartialité. Si M. Brunetière voulait faire au socialisme cette justice, il verrait disparaître alors tout péril des théories d'irresponsabilité, que l'on transpose d'ailleurs arbitrairement, car il y a, entre le déterminisme universel et le déterminisme social et individuel, la différence de l'absolu au relatif. Au temps où l'on n'aspirait ni à l'égalité ni à la justice sociales, les fortes disciplines morales fondées sur l'impératif religieux et sur les promesses d'éternité n'étaient que rarement enfreintes. Aujourd'hui, et surtout demain, par quoi se gouver-

neront moralement les hommes qui ne trouvent plus ni frein
ni sanction dans une religion que leur raison rejette? Par la
vitesse acquise des morales religieuses? Il viendra un moment
où elles n'auront plus aucune efficacité. Par la morale pure?
Où sont ses bases? Le socialisme vient à point, avec ses justices,
ses réparations réelles, donner à l'utilité sociale toute sa force
moralisante, non en paroles et en préceptes, mais en action.

Et alors il devient sans péril pour la société comme pour
l'individu que la notion de responsabilité n'ait plus le caractère individualiste qu'elle eut au xviiᵉ siècle et que M. Brunetière regrette de voir se perdre. C'est de l'utilité sociale qu'en
dernière analyse Auguste Comte a tiré le « vivre pour autrui »,
et ce serait douter du socialisme, de sa faculté d'élargir les
cœurs et les cerveaux, que de ne pas voir en lui le grand facteur
d'altruisme qui portera les plus conscients, les plus responsables, à agrandir leurs devoirs à la mesure même de leur
connaissance et de leur amour de l'humanité. Même il n'est
pas téméraire de prévoir un temps où l'individu sentira vivre
suffisamment en lui l'espèce pour que toute notion de droit, de
devoir, et conséquemment de morale contraignante, se fonde
en un sentiment très simple et très harmonieux, et qui° sera
l'expression exacte d'un besoin inconnu encore aujourd'hui de
l'immense majorité des faibles et des égoïstes: le besoin d'agir,
de se dépenser, d'aimer.

Il est certain, après cela, que lorsque nous disons : le socialisme et la morale sont identiques, nous ne songeons pas à tels
préceptes et actes moraux qui sont du temps et du milieu présents. Il y a deux éléments dans la morale : il y a ses conditions, ses préceptes et ses actes généraux, négatifs et positifs,
qui sont de tous les siècles et de tous les pays : ne pas nuire à
soi-même ni à autrui ; faire à celui-ci tout le bien qu'on peut,
tout le bien qu'on se veut à soi-même. Le socialisme déclare
être conforme à ces préceptes et à ces actes généraux de moralité. Et non seulement il s'y déclare conforme, mais encore il
s'y prétend plus conforme que le régime social auquel il aspire
à succéder, puisqu'il veut constituer un milieu dans lequel l'in-

dividu ne soit plus aussi violemment incité à sacrifier l'intérêt
d'autrui au sien propre. Pour ce qui est de la morale d'un
milieu et d'un moment donnés, si l'on se place dans notre
époque et dans notre pays, par exemple, il est certain que nous
verrons la morale et le socialisme se contredire violemment.
Ainsi, le socialisme considère comme une iniquité l'accumulation des richesses aux mains d'une catégorie d'individus, et
comme un droit inique le droit d'héritage qui transmet ces
richesses à des individus qui n'ont fait nul effort pour les amasser. Au regard de la morale courante, s'efforcer de constituer
une autre répartition des richesses que celle qui existe, c'est
tenter une spoliation, donc commettre un acte immoral ; modifier les lois réglant l'héritage, c'est attenter à la famille, c'est-
à-dire à la morale.

Que le socialisme soit en désaccord avec certaines d'entre les
parties de la morale qui sont d'aujourd'hui et d'ici, cela ne nous
trouble pas. L'essentiel est, d'abord, qu'il ne s'écarte pas des
conditions générales de la morale de toujours et de partout. Il
affirme qu'il ne s'en écarte pas, et on ne peut le contredire. En
effet, au point de vue négatif, il ne propose ni ne tolère qu'un
seul individu tire son propre bien du mal de son semblable.
Et au point de vue positif, il fait mieux que prêcher : il agit
pour que chaque individu trouve son bien dans le bien de ses
semblables. Il n'est donc pas seulement une morale théorique,
qui s'enseigne dans l'école et qui se dément dans la vie : il est,
proprement et par définition, une morale en action. Il ne s'an-
nexe ni à un peuple ni à une religion, il n'est pas pour le
moment présent : il est pour l'unanimité des êtres humains, et
il aspire à être le moyen et l'expression de leurs rapports harmoniques sur tout le globe, dans le présent et dans les temps à
venir.

Du moment que, par la critique philosophique, la morale s'hu-
manisait, elle devait finir par se socialiser. Le besoin de se
constituer des obligations et des sanctions l'y amenait inévitablement. La terre n'étant plus le creuset où un dieu éprouve et
épure ses créatures, mais l'habitation définitive de l'humanité,

il fallait de toute rigueur qu'elle devînt habitable pour tous.
Un gîte d'étape peut être mauvais ; le voyageur en sourit, songeant au terme de son voyage et aux commodités qui l'attendent. Peut-être même trouvera-t-il, dans les incommodités du
gîte d'étape, un moyen d'apprécier mieux les agréments qui
l'attendent au gîte définitif.

Il ne s'agit plus, d'autre part, d'aimer Dieu à travers ses
créatures, d'aimer son semblable pour l'amour de Dieu. On
aimera donc son semblable pour l'amour de soi-même, et
comme on se veut à soi-même beaucoup de bien, on en voudra
tout autant à son semblable afin d'obtenir de lui la réciproque.
On s'accordera donc avec lui, on passera un contrat, le contrat
social, on fondera la justice sur l'égalité, sur la réciprocité
parfaites : et on sera amené à refaire le monde social sur le plan
de la raison.

C'est alors que surgiront nécessairement les novateurs socialistes. Sans hésitation, avec Fourier proclamant l'attraction
passionnelle, avec Saint-Simon transposant dans l'humain la
loi d'amour formulée par l'impératif divin, ils découvriront et
proclameront que la sympathie, autant et plus que l'intérêt,
est au fond de nos actes de relation. Ils n'en auront pas moins
recours à l'utilité, et c'est sur la réorganisation de l'économie
industrielle qu'ils fonderont la morale. Ils dégageront ainsi la
sympathie des liens où la misère et l'ignorance, l'opposition et
la lutte des intérêts mal entendus la tenaient prisonnière et
impuissante. Fonder l'ordre social sur la justice pratique, sur
. accord des intérêts matériels, c'était, en effet, donner l'essor à
la sympathie, à l'amour, vulgariser et socialiser le second
secret, demeuré jusqu'à présent le douloureux et délicieux
privilège de quelques âmes d'élite.

Voilà l'œuvre accomplie par les novateurs socialistes. Cette
« socialisation de la morale », que Guyau demandait dans son
Esquisse d'une morale sans obligation ni sanction, seule la
socialisation économique la peut réaliser, car on ne peut la
concevoir comme possible que lorsque l'humanité se sera construit un habitat où soient unis, jusqu'à se confondre, l'intérêt

individuel et l'intérêt social. La morale de Guyau ne pourra
s'épanouir que dans un milieu socialiste ; ou, pour parler plus
exactement, le milieu socialiste, c'est, en réalité et en action,
la morale sans obligation ni sanction.

Mais pourquoi parler de morale ! Viennent les réalités du
socialisme, et, quand nos antagonismes individuels et collectifs se seront résolus en solidarité, la morale disparaîtra, se
perdra dans l'océan de nos sentiments et de nos actes, présente en chacun d'eux, organique comme eux, et passant finalement à l'état d'acte réflexe par une glorieuse incorporation à
l'instinct. Saluons avec confiance cette forme supérieure de
l'idéal moral : la disparition de la morale par la suppression de
l'immoralité, devenue aussi inconvenable qu'impossible. Le
droit devenu identique au devoir, l'homme plus individuel que
jamais et incorporant en soi toute l'humanité, le mien et le tien
disparaissant de la langue même, voilà la fraternité supérieure
à la justice que nous promet l'évolution progressive de notre
espèce. La concevoir dans le présent, c'est la rendre possible
dans l'avenir.

CHAPITRE II

LA FEMME ÉMANCIPÉE

I

Avant d'examiner la part prise par les novateurs socialistes dans la formation du féminisme tel qu'il s'exprime aujourd'hui en idées et en faits, il peut être intéressant de relever une antique erreur d'expression, commune à tous les écrivains qui ont abordé la question avec un préjugé antisocialiste. Qu'ils parlent de la république de Platon ou du phalanstère de Fourier, ils sont unanimes à prétendre que les utopistes ont voulu la « communauté des femmes ». Certainement, ils savent bien ce qu'ils veulent dire : pour eux, communauté des femmes signifie promiscuité des sexes, et non subordination de toutes les femmes à tous les hommes. Mais il n'en subsiste pas moins une équivoque qui ne se fût point produite si ces écrivains n'avaient pas été profondément imbus du principe de la subordination féminine. Notre vocabulaire est toujours déterminé par nos sentiments.

C'est ainsi que, parlant de Platon et de sa *République*, M. Vilfredo Pareto dira : « Les guerriers ne pourront rien pos-

séder en propre ; les femmes mêmes seront communes [1] ».
Cinquante ans avant lui, Sudre avait affirmé que Campanella
« ne recule pas devant la communauté des femmes [2] ». Même
un écrivain socialiste, il est vrai que ce fut Proudhon, tomba
dans une semblable erreur. Parlant des « constitutions des
saints-simoniens, fouriéristes et autres prostitués », il s'écriait :
« La communauté des femmes ! c'est l'organisation de la
peste [3]. »

Est-ce à dire que dans les constructions des utopistes, et
notamment celles de Platon et de Campanella, il n'y ait pas eu
« communauté des femmes » ? Non, mais que s'il y a eu communauté des femmes, ce n'est pas au sens ordinairement attaché à cette expression. On parle couramment, en effet, de la
communauté des biens et des femmes. En sorte que, dans
l'esprit des auditeurs déjà prévenus par leur sentiment héréditaire de la subordination féminine, l'expression « communauté
des femmes » signifie que, les femmes étant des choses, des
objets de jouissance, des « biens » comme les autres biens,
elles sont mises à la disposition des citoyens. D'un côté l'humanité mâle, de l'autre le bétail femelle.

A présent, il est certain que si Platon a voulu assimiler la
femme aux autres « biens » qui sont à la disposition des
citoyens dans sa république, nous aurons mauvaise grâce à le
considérer comme un des précurseurs du féminisme. Eh bien,
en dépit des apparences, Platon est bien un précurseur du féminisme, puisqu'il ne considère pas la femme comme subordonnée à
l'homme. Il a beau faire demander à Socrate, par Glaucon, de lui
dire sa pensée « sur la manière dont se fera cette communauté des
femmes et des enfants entre nos guerriers [4] », les réponses
mêmes de Socrate établissent avec une précision suffisante
qu'il s'agit non de la communauté des femmes seulement,
mais de la communauté des hommes et des femmes.

1. *Les systèmes socialistes*, t. II, p. 5.
2. *Histoire du communisme*, p. 177.
3. *Contradictions économiques*, t. II, p. 278.
4. *OEuvres complètes de Platon*. Trad. Dacier et Greu, t. VII, p. 239.

Platon détruit la famille et organise la promiscuité, cela est certain, mais il ne subordonne pas la femme à l'homme. « La nature de la femme est aussi propre à la garde d'un État que celle de l'homme, nous dit-il ; il n'y a de différence en cela que du plus au moins[1] ». Elle est contrainte à épouser pour un an l'homme que les magistrats lui ont choisi, et c'est une servitude assurément ; mais l'homme est de même contraint à l'épouser, et autant qu'elle il est asservi, les convenances de la République passant avant les convenances personnelles. Si l'on me demande de protester contre un tel mépris de la personnalité humaine et de ses sentiments les plus intimes et les plus précieux, je n'y apporterai ni hésitation, ni retard. D'autre part, je ne rêve pas pour l'avenir la promiscuité libre, non plus que la promiscuité réglementée. Mais la question n'est pas là pour le moment, et il ne s'agit ici que de fixer avec précision la place que la femme occupe dans les utopies communautaires. Or, ni dans celle de Platon, ni dans celle de Campanella, la femme n'est subordonnée à l'homme ; elle n'y est pas un des objets de propriété commune dont l'homme dispose à son gré unique ; elle est commune à l'homme comme l'homme lui est commun, et selon les réglementations imaginées par l'utopiste. Chez Campanella comme chez Platon, tous les arts mécaniques et spéculatifs sont communs aux deux sexes, qui sont égaux, sinon libres.

Il paraît certain, comme le dit M. Pareto, que Platon et Aristophane — et l'on peut y ajouter Protagoras — ont également « puisé dans un certain fond populaire ce qui a rapport à la communauté des biens et des femmes[2] ». Ces « doctrines vulgaires » n'avaient pas eu un long trajet à faire dans le temps comme dans l'espace, pour arriver aux Athéniens du vᵉ siècle. Les lois de Minos, survivantes en Crète sous forme de repas publics, et de Lycurgue, survivantes à Sparte dans les institutions militaires, voilà le fond où s'alimentèrent également l'utopie de Platon et l'ironie d'Aristophane. Or, dans ce « fond

1. *Œuvres complètes de Platon*, pp. 248-249.
2. *Syst. soc.*, t. II, p. 7.

populaire », il y a, je le répète, autant de féminisme que de
communisme. Aristophane l'a bien compris puisque, dans son
Assemblée des femmes, la révolution communiste est faite par
des femmes et qu'il leur constitue les mêmes droits et leur
attribue les mêmes fonctions qu'aux hommes. Déjà, dans
Lysistrata, il avait mis à la scène une conspiration féminine
organisée pour terminer la guerre. « Que je sois née femme, dit
le chœur aux Athéniens, qu'importe, si je sais remédier à vos
malheurs. Je paie ma part de l'impôt en donnant des hommes
à l'État [1] ». Le profond amour de la paix qui caractérise Aristophane, et qu'il exprima dans les *Acharniens*, la *Paix*, *Lysistrata*, lui fait rendre ici justice à l'action pacificatrice que
pourraient exercer les femmes. De même, dans l'*Assemblée
des femmes*, où il raille si ingénieusement et si vertement la
communauté des biens et la promiscuité des individus, son
ironie arrête un instant ses traits : « Remettons aux femmes le
pouvoir, dit Praxagora, en songeant qu'elles sont mères, et
ménageront le sang de nos soldats [2]. »

Si, dans son *Utopie*, Thomas Morus s'en tient strictement à
la monogamie, je ne crois pas, comme le pense M. V. Pareto,
que ce soit par amour du contraste, et pour critiquer la « monogamie nominale » des hautes classes et la polygamie de ce
Barbe-Bleue d'Henry VIII [3]. Si l'auteur d'*Utopie* avait été l'esprit paradoxal que croit M. V. Pareto, s'il avait voulu faire une
critique des mœurs de son souverain, il n'eût pas admis, dans
les institutions de sa cité, le divorce pour incompatibilité.
L'auteur des *Systèmes socialistes* oublie qu'Henry VIII rendit,
somme toute, hommage à la « monogamie nominale », en
n'épousant ses femmes que successivement, après divorce, ou
plutôt répudiation, — et non simultanément. Mais laissons ce
point de détail, et constatons que le féminisme du chancelier
d'Henry VIII, pur de toute promiscuité, est singulièrement en
avance sur celui que consacrent nos lois positives, puisque l'in-

1. *Aristophane.* Trad. C. Poyard, p. 325.
2. *Id.*, p. 450.
3. *Syst. soc.*, t. II, p. 253.

compatibilité ne figure pas encore parmi les motifs de divorce inscrits dans le Code civil, et que ceux qui y sont inscrits sont tous empruntés au Code pénal.

II

Est-il besoin d'insister sur cette vérité que le féminisme est un des cas particuliers de l'individualisme ? Certainement, puisque trop de personnes encore ignorent que le socialisme est lui-même une conséquence de l'individualisme constitué et développé par la philosophie et la Révolution françaises. Brisant les vieux cadres sociaux, la philosophie, qui fut une révolution en pensée, et la Révolution, qui fut une philosophie en action, placèrent l'individu en face de la société, comme la Réforme avait placé l'homme en face de Dieu, sans intermédiaires. La théorie du contrat social est éminemment individualiste : elle présuppose le consentement de chaque individu ; les droits de l'homme ne le sont pas moins : n'y eût-il qu'un individu opprimé, son droit à l'insurrection est reconnu.

La Révolution française a beau conserver le cadre familial, le maintenir à l'état de réalité économique et morale : en instituant le partage égal et en promulguant la loi du divorce, elle accroît l'individualité de la femme, préparée désormais à une vie plus autonome et à des destins plus vastes que ceux qu'elle connut dans la famille fermée des temps disparus. Aussi Condorcet obéit-il à la logique intime de la philosophie sensualiste, rationaliste, individualiste, lorsqu'il écrit, aux premiers jours de la Révolution : « N'est-ce pas en qualité d'êtres sensibles, capables de raison, ayant des idées morales, que les hommes ont des droits ? Les femmes doivent donc avoir absolument les mêmes.» Le disciple de Voltaire est un intrépide logicien. Il ne s'agit pas pour lui d'émanciper, d'individualiser à demi. Puisque la Révolution émancipe et individualise ; puisque, contre toutes les hérédités et contre toutes les traditions, elle élève les œuvres de la raison, il faut raisonner

jusqu'au bout et émanciper, individualiser la femme tout
comme on a fait de l'homme. Et le philosophe appelle
à son secours le polémiste, et celui-ci opposera leur propre
droit aux conservateurs sociaux qui refusent d'accepter le droit
nouveau. « Plusieurs de nos députés nobles, dira-t-il en 1790,
doivent à des dames l'honneur de siéger parmi les représentants de la Nation. Pourquoi, au lieu d'ôter ce droit aux propriétaires de fiefs, ne pas l'étendre à toutes celles qui ont des
propriétés ? » Condorcet nous apparaît ici sous les apparences
d'un républicain censitaire ; son cas ne fut pas isolé à cette
époque de transformation sociale, et il nous montre que l'idéalisme révolutionnaire s'inspirait très exactement des réalités.
Il n'y a, en effet, que le propriétaire qui s'intéresse au maintien de l'ordre social. En éliminant du pouvoir les non-propriétaires, d'ailleurs, les révolutionnaires comme Condorcet
n'entendaient pas faire de ceux-ci une classe éternellement
subordonnée : ils leur offraient, au contraire, les droits civiques
comme une récompense de l'effort qu'ils feraient pour conquérir la propriété. Et, dans la pensée des révolutionnaires,
cet effort ne devait pas être au-dessus des forces humaines : la
grande industrie et le machinisme n'étaient pas nés, personne
ne prévoyait alors leur développement ultérieur. Nul obstacle
donc, mais plutôt des stimulants entre l'homme et les conditions économiques et civiques de sa personnalité autonome et
souveraine.

N'oublions pas que Condorcet considère « l'égalité de fait »
comme « dernier but de l'art social ». Il ne participe donc nullement de l'hypocrisie que certains socialistes imputent aux
révolutionnaires « bourgeois ». D'autant qu'il est un des fondateurs de la théorie évolutionniste. Pour lui, l'homme ne naît
pas libre, mais le devient à mesure de ses acquisitions intellectuelles, de ses progrès industriels, de sa conquête du globe.
Et il en est de même, dans sa pensée, pour l'individu féminin.
Dans son *Esquisse des progrès de l'esprit humain*, il note d'un
trait, au passage, le développement continu de la personnalité
féminine. « La faiblesse des femmes, nous dit-il, (*Première*

époque) qui les excluait des chasses éloignées et de la guerre,. objets ordinaires de ces délibérations, les en fit éloigner. » Ces temps de lutte et de rudesse étant passés, « l'esclavage des femmes eut moins de dureté, et celles des riches cessèrent d'être condamnées à des travaux pénibles ». (*Deuxième époque.*) Bientôt, enfin, « l'habitude d'une vie plus sédentaire » établit « entre les deux sexes une plus grande égalité ». (*Troisième époque.*)

Chose remarquable, Fourier, qui avait si peu le sens du progrès, sinon celui de l'évolution, — car ses périodes d'évolution étaient autonomes et ne se transmettaient pas les progrès acquis, — ne craint pas de se contredire quand il aborde la théorie de l'émancipation féminine. Ici, l'observation des faits l'emporte en lui sur les théories, et il nous dit avec Condorcet : « En thèse générale : les progrès sociaux et changements de période s'opèrent en raison du progrès des femmes vers la liberté. » Il est vrai que Fourier se reprend aussitôt et revenant à sa théorie des régressions suivant les progressions (au fond de laquelle, en somme, on sent bien une *âme de vérité*), il ajoute : « Les décadences d'ordre social s'opèrent en raison du décroissement de la liberté des femmes. » Mais cette seconde assertion, loin de contredire la première, en est, en quelque sorte, la preuve logique. Peu nous importe, après cela, que, prenant l'effet pour la cause, il nous dise que « l'extension des privilèges des femmes est le principe général de tous les progrès sociaux [1] ». Il ne nous en aura pas moins dit l'essentiel, à savoir : que la femme voit grandir son individualité à la mesure des progrès accomplis par la société.

III

Parmi les novateurs socialistes, il n'en est qu'un seul qui ne soit pas féministe : Proudhon. Sur le chapitre de la famille, en effet, celui-ci se montre aussi résolument conservateur qu'Au-

---

1. *Théorie des quatre mouvements.* 2e partie. Description.

guste Comte, lequel voyait dans l'œuvre de Fourier et des
saint-simoniens « un symptôme effrayant de désorganisation
sociale ». Il est intéressant de constater que le furieux individualisme de Proudhon s'arrête et se dissout devant le groupe
familial. Pour lui, tout autant que pour Auguste Comte, la
famille est la véritable « unité sociale », dont l'homme, le père,
est le chef naturel. Nous avons vu plus haut de quels anathèmes
il charge « les constitutions des saints-simoniens, fouriéristes
et autres prostitués ».

Proudhon, rappelons-le, fonde ses anathèmes et les doctrines
qu'ils expriment sur l'infériorité de la femme au triple point
de vue physique, intellectuel et moral. Avec une dureté voulue
d'économiste pesant les valeurs humaines, il ira même, afin de
les déprécier, jusqu'à faire état de l'incapacité relative des
femmes à débattre le prix de leurs services : « Quant à la femme
dira-t-il, le calcul fondé sur sa capacité productrice est tout ce
qu'il y a de plus faux. » Elle est un « mauvais associé qui coûte
en moyenne beaucoup plus qu'il ne rapporte, et dont l'existence
ne repose que sur le sacrifice perpétuel de l'homme [1] ». Comment Proudhon peut-il prétendre que la femme coûte plus
qu'elle ne rapporte ? N'a-t-il pas vu de son temps la femme
chasser l'homme de l'atelier et se substituer à lui ? Était-ce
donc pour obéir à la loi du « sacrifice perpétuel de l'homme »
que le patronat remplaçait les ouvriers par des ouvrières dans
ses manufactures ? Et n'était-ce pas plutôt parce que, pour un
produit égal, le patronat pouvait donner à la femme un salaire
moins élevé que celui exigé par l'homme ! Il est vrai, que,
dans ces conditions, l'existence de l'ouvrière repose sur le
sacrifice de l'ouvrier, mais ce n'est pas parce qu'elle coûte plus
qu'elle ne rapporte ; c'est parce qu'entre elle et son produit se
trouve le patronat. Et à celui-ci elle ne coûte pas ; au contraire,
elle rapporte plus que l'ouvrier, et c'est pour cela qu'elle lui
est préférée.

L'infériorité économique, la dépréciation de la femme, tient

---

1. *De la justice*, t. III, p. 209.

à son état d'infériorité sociale. Mais il s'agit d'examiner si cet
état d'infériorité sociale est une manifestation, comme le croit
Proudhon, de sa triple infériorité physique, intellectuelle et
morale. Pour ce qui est de l'infériorité physique, elle est
causée, nous dit Proudhon, par la « fonction maternelle » à
laquelle la femme est « sacrifiée ». « En elle-même, ajoute-t-il,
je parle toujours du physique, la femme n'a pas de raison
d'être : c'est un instrument de reproduction qu'il a plu à la nature
de choisir de préférence à tout autre moyen, mais qui serait de
sa part une erreur, si la femme ne devait retrouver d'une autre
manière sa personnalité et sa fin. Or, quelle que soit cette fin,
à quelque dignité que doive s'élever un jour la personne, la
femme n'en reste pas moins, de ce premier chef de la constitution physique et jusqu'à plus ample informé, inférieure devant
l'homme, une sorte de moyen terme entre lui et le reste du
règne animal [1]. »

Cette opinion renouvelée du concile de Mâcon, où fut agitée
la question de savoir si la femme avait une âme, Proudhon la
fonde exclusivement sur la fonction de maternité dévolue à la
femme par la nature. Mais, comme il a observé qu'en dépit de
la maternité, cet animal intermédiaire qu'est la femme possède
une valeur économique, il est bien forcé d'estimer cette valeur.
Partant donc de ce fait qu' « en moyenne la force physique de
l'homme est à celle de la femme comme 3 est à 2 », il admet
que le produit soit « dans la même proportion » si « chacun,
soit dans la famille, soit dans l'atelier, fonctionne et travaille
selon la puissance dont il est doué [2] ». Cependant, cette concession à la réalité le tracasse. Comme il a fondé son statut
social sur le contrat économique, il est embarrassé de cette valeur qui est à celle de l'homme comme 2 est à 3 ; il est encore
plus embarrassé de cette valeur qui ne s'évalue pas ; la mise au
monde, l'allaitement, l'éducation des enfants. Et alors il la nie :
« Comment celle qui ne travaille pas, dit-il, qui subsiste du
travail d'autrui, gouvernerait-elle, dans ses couches et ses

1. *De la justice*, t. III, pp. 339-340.
2. *Id.* pp. 340-341.

grossesses continuelles, le travail ? Réglez comme vous l'entendrez les rapports des sexes et l'éducation des enfants ; faites-en l'objet d'une communauté, à la façon de Platon, ou d'une assurance, comme le demande M. de Girardin ; maintenez, si vous aimez mieux, le couple monogamique et la famille : toujours vous arrivez à ce résultat, que la femme, par sa faiblesse organique et la *position intéressante* où elle ne manquera pas de tomber, pour peu que l'homme s'y prête, est fatalement et juridiquement exclue de toute direction politique, administrative, doctrinale, industrielle [1]. »

Comment ce « petit bourgeois » de Proudhon a-t-il pu ainsi fermer les yeux à l'évidence ? Comment, dans ce Paris empli de boutiques où la femme, souvent plus que l'homme, est l'artisan de la prospérité familiale, Proudhon a-t-il pu nier ainsi la valeur économique de la femme ? Socialement et même réellement, elle est moindre que celle de l'homme, cela est incontestable. Mais il est un fait constant, c'est que « celle qui ne travaille pas », comme la qualifie Proudhon, a peut-être travaillé avant l'homme. Chez les primitifs, chez les barbares, la femme est l'ouvrier domestique ; l'homme est le chef, le maître, chasseur ou guerrier, oisif entre temps, tandis que pour la femme il n'est jamais une heure de loisir. Un autre fait dont il importe de tenir compte, c'est qu'au fur et à mesure des progrès du machinisme, dans l'industrie, la force musculaire perd de plus en plus de sa valeur primitive. Les professions qui exigent une grande dépense de force physique, sont, de notre temps, moins rétribuées que celles qui demandent des connaissances et une habileté techniques, et elles le seront de moins en moins à mesure des progrès industriels. Voilà donc qui annule les inconvénients du rapport de 2 à 3 par lequel Proudhon exprime la force respective de la femme et de l'homme. Mais, comme la force intellectuelle de la femme est également, selon Proudhon, au regard de la force intellectuelle masculine comme 2 est à 3, il se trouvera donc que la femme n'aura rien gagné à

1. *De la justice*, t. III, p. 343.

cette dépréciation économique et sociale de la force musculaire.

Et il n'y a aucun remède à cela, car, nous dit Proudhon, « non seulement l'infériorité intellectuelle de la femme est avérée, avouée ; cette infériorité est organique et fatale ». Il est certain que, lorsqu'il nous dit que « l'humanité ne doit aux femmes aucune idée morale, politique, philosophique » et qu' « elle a marché dans la science sans leur inspiration », il n'exagère pas beaucoup. Dans le passé, en effet, « l'homme a traîné sa compagne, marchant le premier comme Orphée lorsqu'il ramène des enfers son Eurydice [1] ». Mais l'avenir n'est pas forcément construit sur le plan du passé. Le présent actuel ne ressemble déjà plus au passé récent qui fut le présent de Proudhon. Nous pouvons sourire aujourd'hui lorsqu'il nous dit : « L'homme invente, perfectionne, travaille, produit, nourrit la femme ; ... elle n'a pas même inventé son fuseau et sa quenouille ». Et nous ne le trouvons plus au point lorsqu'il ajoute : « Depuis le 1ᵉʳ juillet 1791, époque où la loi sur les brevets d'invention fut mise en vigueur, jusqu'au 1ᵉʳ octobre 1856, il a été décerné par le gouvernement 54 108 brevets tant d'inventions que de perfectionnements. Sur ce nombre, CINQ ou SIX ont été pris par des femmes pour articles de *modes* et nouveautés [2]... »

En ce temps où l'Amérique produit des architectes féminins et même des constructeurs de navires du sexe abhorré par Proudhon, c'est dans ce pays qu'on peut le mieux saisir sur le fait le démenti à ses affirmations. Nous y puiserons, incurables faiseurs de prophéties que nous sommes, une leçon de prudence, en tout cas de modestie. Au temps où Proudhon écrivait (1858) les femmes inventaient peu, même en Amérique : « Les statistiques font voir qu'avant 1860 on n'avait délivré aux États-Unis qu'une douzaine et même moins de brevets à des femmes, tandis que depuis vingt ans l'Office (le *Patent Office*) en a enregistré plusieurs centaines [3] ». Sans que les

---

1. *De la justice*, t. III, p. 360.

2. *Id.*, même page.

3. Dʳ A. de Neuville, *Le génie de l'invention chez les femmes*. — *Revue des revues* du 15 janvier 1900.

choses soient aussi avancées chez nous, il n'en demeure pas moins qu'il a été pris quarante-sept brevets par des femmes en 1894, environ autant en 1897, vingt-trois, rien que du commencement de janvier à la fin de février 1898 et près de soixante-dix du 1er mai au 31 août 1899 [1].

La femme, même aux États-Unis, invente cependant moins que l'homme, cela est incontestable. Et en dépit de quelques glorieuses unités, elle ne fournit encore qu'un faible contingent au personnel des hautes sphères de la science et de l'art. Est-ce parce qu'elle est femme? Non, c'est parce qu'elle n'a pas pris encore toute sa valeur sociale. Ce contingent est faible dans notre civilisation européo-américaine, où la femme commence seulement à acquérir les éléments de son individualité sociale et à ne plus être exclusivement une dépendance de la famille. Il n'est plus seulement faible, mais absolument nul en Orient, où la femme ne compte pas en tant qu'unité sociale. « Tous les découvreurs de vérités, tous les inventeurs d'utilités, ont été dans l'antiquité des hommes libres ; les esclaves n'inventaient rien [2] ». Y avait-il une race supérieure, celle des maîtres, et une race inférieure, celle des esclaves? Non, « les esclaves dans l'antiquité étaient absolument de même race que les maîtres. Tout citoyen devenu prisonnier de guerre ou capturé par les pirates pouvait être vendu comme esclave [3] ». Et pourquoi l'esclave n'invente-t-il rien? Parce que, selon la saisissante expression antique, en perdant la liberté il a perdu la moitié de son âme. En conquérant la liberté, la femme conquiert son âme à mesure. Elle n'est pas d'une race inférieure à l'homme. Il n'y a pas de races sexuelles. Mais on peut dire qu'il y a des situations sexuelles. Et même : des situations, tout court. La preuve en est dans l'énorme distance qui sépare une femme riche et instruite d'un homme enlisé dans la misère et l'ignorance. Et si Éros aveugle les réunit en couple, n'est-ce

1. Dr A. de Neuville. *Le génie de l'invention chez les femmes.* — *Revue des revues* du 15 janvier 1900.

2. Tarde. *Psychologie économique*, t. I, p. 350. (Paris, F. Alcan.)

3. Novicow. *L'affranchissement de la femme*, p. 65. (Paris, F. Alcan.)

pas la femme qui sera le chef, le guide, de cette communauté, en dépit des droits juridiques que la société donne à l'époux ?

M. Novicow nous dit que si la production intellectuelle de la femme « a été inférieure jusqu'à nos jours, cela tient aux désavantages de sa situation ». Et, pour nous démontrer qu'on a tort de parler de l'infériorité mentale de la femme, il invoque « les tragédies innombrables qui se passent dans la société par suite des différences d'idées et de croyances religieuses entre personnes qui ont même parfois le plus grand attrait physique les unes pour les autres. Si la femme était un être aussi léger, aussi superficiel et aussi nul qu'on veut bien le dire, ces tragédies et ces ruptures douloureuses ne se produiraient jamais [1] ». Je ne vois pas dans ce fait un argument contre la thèse de l'infériorité mentale, et bien plutôt les partisans de cette thèse pourraient le retourner contre M. Novicow. Ne sont-ce pas, en effet, les individus du type mental le moins élevé qu'on voit le plus attachés aux idées, traditions, superstitions, croyances qu'ils ont reçues sans examen et qu'ils entendent transmettre intactes à leurs descendants? Le phénomène que signale M. Novicow, et qui est très réel, accuse le caractère conservateur de la généralité des femmes, bien plus que leur amour des idées générales; et, s'il établit une supériorité en leur faveur, ou plutôt s'il les relève de quelque infériorité, ce n'est pas dans l'ordre intellectuel, mais dans l'ordre moral.

Or, Proudhon, pour qui la valeur physique de la femme est à celle de l'homme comme 2 est à 3, et la valeur intellectuelle respective de la femme et de l'homme dans le même rapport, soit $2 \times 2 = 4$ pour la femme et $3 \times 3 = 9$ pour l'homme, affirme par surcroît l'infériorité morale de la femme. En sorte que, tandis que l'homme vaut : $3 \times 3 \times 3 = 27$, la femme ne vaut que $2 \times 2 \times 2 = 8$. Et encore le peu de moralité que Proudhon reconnaît à la femme, c'est à l'homme qu'elle le doit: c'est lui, notamment, qui lui a enseigné la pudeur. Il est vrai qu'après avoir déprécié la valeur morale de la femme, il la

1. Novicow. *L'affranchissement de la femme*, p. 65. (Paris, F. Alcan.)

reconstitue et l'exalte, par un de ces artifices où se complait
sa virtuosité dialectique. « Si, dit-il, par le travail, le génie et
la justice, l'homme est à la femme comme 27 est à 8, la femme
à son tour, par les grâces de la figure et de l'esprit, par l'aménité du caractère et la tendresse du cœur, est à l'homme comme
27 est à 8. » Voilà donc « l'équivalence » établie, une « certaine
équivalence provenant de la comparaison de leurs natures respectives, au double point de vue de la force et de la beauté ». Eh bien,
non, vous n'y êtes pas. Pour Proudhon, l'utilitaire, la « beauté »,
la grâce de la figure et de l'esprit, « l'aménité du caractère »
et même « la tendresse du cœur », n'ont aucune valeur sociale
et ne sont pas mesurables. Cet homme pratique, qui veut que
les roses se mangent en salade, selon le mot si plaisamment
expressif d'Émile Zola[1], ne pouvant faire entrer ces impondé-
rables dans ses calculs, n'accusera pas l'insuffisance de son
concept juridique, et de l'utilité sur laquelle il le fonde. Non,
pour un esprit systématique, ce n'est jamais le système qui a
tort ; ce sont les faits. Et Proudhon, esprit systématique, dresse
en ces termes leur procès à tout un groupe de faits. « Quoiqu'en
aient dit les économistes, aucun contrat de vente, d'échange ou
de prêt, n'est ici possible : les qualités de l'homme et de la
femme sont des valeurs incommensurables ; les apprécier les
unes par les autres, c'est les réduire également à rien. Or,
comme toute question de prépondérance dans le gouvernement
de la vie humaine ressortit soit de l'ordre économique, soit de
l'ordre philosophique ou juridique, il est évident que la suprématie de la beauté, même intellectuelle et morale, ne peut créer
une compensation à la femme, dont la condition reste ainsi
fatalement subordonnée[2] ». Pour consoler la femme de cet
arrêt, Proudhon adapte ensuite les litanies de la Vierge au récit
de ses perfections[3], et, dans la « religion de la famille », s'il
fait de l'époux et du père « le prêtre », il élève la femme au
rang d' « idole[4] ». La voilà pourvue d'un bon billet !

1. *Mes haines*, 1866, édition primitive, p. 269.
2. *De la justice*, t. III, p. 445.
3. *Id.*, pp. 447 à 450.
4. *Id.*, p. 475.

Nous prenons ici sur le fait l'infirmité de l'utilitarime en sociologie. C'est pourquoi j'ai tant insisté sur la théorie de Proudhon, ou plutôt sur ce qui lui advient quand il la met en contact avec les phénomènes sociaux. Une seule chose pouvait le sauver, c'était de faire comme Fourier : en renonçant à établir l'égalité, Proudhon pouvait assurer des droits à la femme sans violer la justice ni la raison. Mais il est certain que, d'une part en présence de l'infériorité sociale trop réelle où Proudhon a vu la femme, et d'autre part étant donné qu'il ne croyait pas à la possibilité d'élever la femme au plan physique (ou plutôt économique), intellectuel et moral de l'homme, il n'y avait qu'une chose à faire : subordonner la femme, la mettre hors du droit. De cette manière, les hommes pouvaient, dans sa pensée, établir entre eux l'égalité. Mais qui ne voit que Proudhon établit l'égalité entre les hommes par des artifices : il est obligé en effet de présupposer leur équivalence économique, mentale et morale. Pourquoi donc a-t-il mis la femme, c'est-à-dire la moitié de l'humanité, hors de sa présupposition ? Cela lui a coûté plus de travail assurément que si, logique jusqu'au bout dans son utilitarisme, il avait estimé toutes les valeurs et constitué à chaque être humain un droit adéquat à sa valeur économique, intellectuelle et morale.

IV

Chose assez curieuse, les communistes, qui résolvent le problème des valeurs humaines en le niant, n'ont pas constitué à la femme la personnalité complètement autonome que Proudhon lui dénie, parce qu'il n'ose pousser jusqu'au bout sa logique utilitaire. A cette personnalité, Fourier, lui, sacrifie nettement l'égalité. Rien à ses yeux ne vaut la liberté. Et si la diversité, qui est la conséquence de la liberté, rend les hommes inégaux, eh bien ! tant mieux. Pour Fourier, si peu que vaillent les moins favorisés, l'association leur permettra de tirer de leur valeur un produit suffisant pour assurer la satisfaction de leurs besoins, bien au delà de ce qui est actuellement assuré aux plus favorisés. Il peut donc, dans son système, reconnaître aux femmes la même liberté qu'aux hommes. Moins ingénieux, les communistes accordent bien à la femme une personnalité, conséquemment une valeur économique ; mais cette valeur n'est pas appréciée, fondue qu'elle est dans l'apport commun de toutes les valeurs. Ce serait là une condition excellente pour donner à la femme la plus complète autonomie, hormis l'autonomie économique impossible en régime communautaire. La famille n'est plus nécessaire en effet, puisque sa fonction est remplie par la communauté économique et par l'entretien et l'éducation en commun des enfants. Eh bien, dans ces communautés qui sont des républiques démocratiques, comme l'Icarie de Cabet, la femme possède bien une personnalité morale, mais sa personnalité civique est raillée en ces termes : « Vous voulez peut-être, monsieur le galant, que ce soit le mari qui *obéisse* à la femme? — Non, monsieur le plaisant, je vous trouverais ridicule alors, et je suis sûr que votre femme est trop raisonnable et connaît trop bien son véritable intérêt pour désirer que son mari se ridiculise ; mais je voudrais que la loi proclamât, comme en Icarie, l'*égalité entre les époux,* en rendant seulement la voix du mari prépondérante, et en faisant d'ailleurs tout ce que la loi fait ici pour que les époux soient toujours d'accord et heureux[1]. »

Cabet proclame bien l'égalité entre les époux. Mais dans la famille icarienne il ne peut guère en être autrement. Sur quels points en effet l'homme affirmerait-il son autorité dans le ménage? La famille n'est plus une unité économique : en communauté, l'unité économique n'est ni la famille, ni même l'individu, mais l'Etat. Elle n'est plus qu'une unité morale réduite, puisque l'éducation des enfants est une des charges de l'État. Cependant, elle reste une unité civique, puisque, dans la cité icarienne, « la voix du mari » est « prépondérante ». Ajoutons que, cependant, la famille icarienne n'est pas une unité religieuse, et sous ce rapport la femme a l'autonomie la

1. *Voyage en Icarie*, p. 299.

plus complète : « Nous avons, dit Cabet, des *prêtresses* pour les
femmes comme des prêtres pour les hommes. Ce que je vais te
dire des prêtres doit s'appliquer aux prêtresses[1] ». Dans la
communauté, la femme reste donc en réalité subordonnée dans
la famille et dans la cité. Mais comme, dans la famille telle
que la conçoivent les communistes, il ne subsiste plus que des
rapports et des liens d'affection, on peut dire qu'en réalité la
femme n'y est pas subordonnée à l'homme. Ceci ne s'entend
pas seulement de Cabet, mais de tous les communistes, de
Babeuf à Louis Blanc : ils reconnaissent tous à la femme une
personnalité, ou plutôt une valeur économique, civile, morale,
équivalente à celle de l'homme. On peut dire qu'ils accordent à
la femme les bénéfices des droits de l'homme, mais qu'ils lui
refusent ceux du citoyen. Cette inconséquence tient assurément
au caractère belliqueux, insurrectionnel, de l'extrême démocratie, qui, de 1795 à 1848, s'est exprimée en communisme. Il
faut pourtant remarquer que Babeuf, dans son plan d'éducation
égalitaire, n'accorde même pas aux filles l'enseignement strictement primaire qu'il veut faire distribuer également à tous les
garçons. « Pour qu'elles puissent donner à l'Etat des citoyens
robustes et laborieux, dit-il, elles doivent être elles-mêmes en-
durcies à la fatigue par le travail et l'occupation qui, avec l'absence de la propriété et des distinctions, doivent concourir à
affaiblir le penchant de la coquetterie.—Les filles doivent donc
se livrer aux travaux pénibles, parce que le travail, qui est une
dette commune, est aussi le frein des passions, le besoin et le
charme de la vie domestique ; elles seront pudiques, elles aime-
ront la patrie pour qu'elles la fassent aimer aux hommes ; elles
étudieront les lois, apprendront les chants patriotiques, et
prendront part aux jeux des garçons sous les yeux du peuple[2] ».
C'est l'idéal spartiate, tel que Rousseau et Mably l'avaient présenté aux esprits à la veille de la Révolution. Babeuf conduisait
à la vertu par la contrainte, et, précurseur de Guizot, voyait

---

1. *Voyage en Icarie*, p. 172.

2 *Système politique et social des égaux*, extrait du livre de Ph. Buonarotti,
pp. 49-50, Paris 1842.

dans le travail un frein contre les passions. Seulement, alors
que Guizot criait à la bourgeoisie : Enrichissez-vous! Babeuf,
comme nous le verrons plus loin, criait volontiers aux prolétaires : Appauvrissez-vous ! c'est-à-dire : Si vous voulez être
égaux, bornez vos désirs au strict nécessaire. Mais c'est là un
sujet que nous aborderons dans un autre chapitre.

V

Autre fait digne de remarque : Saint-Simon, fils spirituel de
Condorcet, ne mérite pas, comme celui-ci, d'être placé parmi
les précurseurs du féminisme. Rien, dans son œuvre, qui puisse
nous éclairer sur ses sentiments touchant la situation personnelle et sociale de la femme. Rien qu'une citation vague faite
par son disciple, Olinde Rodrigues, c'est-à-dire un document de
seconde main, et dont la brièveté et le vague permettront à la
verve imaginative d'Enfantin d'en tirer une doctrine de « promiscuité religieuse ». Saint-Simon, nous dit Olinde Rodrigues,
a déclaré que « l'individu social, c'est l'homme et la femme ».
Cependant la doctrine d'Enfantin, qui amena tant de déchirements parmi les disciples de Saint-Simon, et finalement fut
cause de la dissolution de la communauté saint-simonienne, ne
se présenta pas d'emblée au public et aux adhérents. C'est ainsi
qu'en 1830, un discours de Mauguin à la Chambre des députés
ayant mis en cause les saint-simoniens, Enfantin et Bazard,
comme chefs de la religion saint-simonienne, répondirent avec
vivacité à l'accusation d'enseigner la communauté des biens, et
même, « selon une expression qu'il est impossible de reproduire sans répugnance, LA COMMUNAUTÉ DES FEMMES[1] ». Deux ans
après, Olinde Rodrigues devait reprendre contre Enfantin l'accusation portée par le député libéral[2]. Mais, en 1830, les saint-

1. *OEuvres de Saint-Simon et d'Enfantin*, t. IV, pp. 119-120.
2. J'ai affirmé que dans la famille saint-simonienne tout enfant devrait
pouvoir connaître son père. Enfantin a exprimé le vœu que la femme fût
seule appelée à s'expliquer sur cette grave question. Il a donc admis des cas
de promiscuité religieuse... des *faits moraux* dans la *communauté des
femmes*. Je les ai classés au nombre des *cas immoraux*. — *Saint-Simon,
son premier écrit*, etc., pp. 191-192.

simoniens sont à la fois pour l'indissolubilité du mariage et pour l'égalité de l'homme et de la femme[1]. Enfantin et Bazard font, à ce moment, les déclarations les plus formelles. Parlant des femmes, ils affirment que « les saint-simoniens viennent annoncer leur affranchissement définitif, leur complète émancipation, mais sans prétendre pour cela abolir la sainte loi du mariage proclamée par le christianisme; ils viennent, au contraire, pour *accomplir cette loi,* pour lui donner une nouvelle sanction, pour ajouter à la puissance et à l'inviolabilité de l'union qu'elle consacre. Ils demandent, comme les chrétiens, qu'un seul homme soit uni à une seule femme, mais ils enseignent que l'épouse doit devenir l'égale de l'époux ; et que, selon la grâce que Dieu a dévolue à son sexe, elle lui soit associée dans l'exercice de la triple fonction du temple, de l'État et de la famille : de manière à ce que l'*individu social* qui, jusqu'à ce jour, a été l'*homme* seulement, soit désormais l'*homme* et la *femme* [2]. »

On le voit, dans le saint-simonisme première manière, il n'est pas même question du divorce. Ce sera seulement en 1831 que, sous la pression d'Enfantin, le divorce apparaîtra dans la doctrine. Enfantin est logique, reconnaissons-le. Il tire les conséquences du double principe posé par Saint-Simon, concernant la réhabilitation de la chair et l'abolition de l'héritage. Tout esprit qui opérera dans l'abstrait et selon les lois de la logique pure, aboutira nécessairement à de semblables aberrations. Plus il sera logique et plus il s'écartera de la réalité. Cette introduction du divorce dans la doctrine saint-simonienne ne donne pas, on s'en doute bien, complète satisfaction à Enfantin ; il ne la considère que comme une solution transactionnelle entre la déclaration de 1830 sur le mariage indissoluble et la liberté amoureuse qu'il rêve d'instituer. Il voit « toujours, dans

1. La formule du mariage que célébrait le Père était ainsi conçue : « Vous sentez donc que Dieu a mis en nous puissance de lier et de délier... Vous voulez obéir à la loi que Saint-Simon nous a révélée... Par le *lien de l'égalité*, vous ÊTES MARIÉS. (*OEuvres de Saint-Simon et d'Enfantin*. Notice historique. Enfantin, t. IV, p. 112.)

2. *Id.*, p. 123.

l'espèce humaine, deux natures, l'une constante, invariable, dans les affections naturelles de l'homme et de la femme; et l'autre, au contraire, *mobile* ». On peut donc conserver « le mariage définitif des chrétiens pour les époux de la première catégorie »; mais « le changement » doit « être licite pour les conjoints de la seconde [1] ».

Enfantin, on le sait, ne s'est pas arrêté à cette transaction. Il a institué un couple prêtre en faveur duquel il a rétabli le droit du seigneur. Mais ces choses n'ont aucun rapport avec l'émancipation de la femme. Du moment en effet où, par l'établissement d'un régime théocratique, Enfantin abolit toute liberté non seulement matérielle, mais surtout morale, puisque le prêtre, le Père, devient, selon sa propre expression, « la loi vivante », il n'y a plus émancipation de la femme, mais égal asservissement de l'homme et de la femme au prêtre. Et que ce prêtre soit masculin ou bi-sexué, cela ne change rien. Il n'y a pas émancipation de la femme, puisque la femme n'existe que lorsqu'elle s'est complétée par l'homme pour former ensemble « l'individu social ». Dans la conception d'Enfantin, la femme comme l'homme n'est qu'une moitié d'individu. Et de vouloir que le prêtre ne soit lui-même complet que lorsqu'il est constitué à l'état de couple, cela ne change rien à la question. Aussi, Enfantin a beau se défendre contre Proudhon d'avoir jamais dit « que le prêtre dût être l'homme de l'amour et de la synthèse, ni qu'il fût le juge de la capacité de la fonction, de la rétribution, ni quoi que ce soit »; il a beau lui affirmer qu'il a dit, « au contraire, que le gouvernement, dans la famille, dans les fonctions de la cité... ne comporte jamais *l'homme seul*, mais le couple *homme et femme* [2] », il n'en demeure pas moins que le saint-simonisme, sous la direction d'Enfantin, a méconnu l'autonomie de la personne humaine.

Cet alliage de sensualité et de mysticisme, qui caractérise le saint-simonisme tel qu'il est devenu aux mains d'Enfantin, est beaucoup plus oriental qu'européen. Il n'est pas né en Orient,

1. *OEuvres de Saint-Simon et d'Enfantin*, t. IV, p. 135.
2. *Id.*, t. XXXVI, pp. 29-30.

mais il y est allé mourir, après avoir fait retentir vainement les échos des déserts arabiques de « l'appel à la femme ». Mais, disons-le bien vite, les saint-simoniens ne pratiquèrent pas l'aventureuse doctrine érotique du Père Enfantin, qui demeura toujours pour eux à l'état de spéculation philosophique. Et lorsqu'ils lancèrent à tous les échos l'appel à la femme qui devait s'unir au Père et compléter le couple-prêtre, ils surent placer à une telle altitude morale la fonction dévolue à cette prêtresse éventuelle, que nulle aventurière ne fut tentée de se hisser à la place vacante, bien que la communauté saint-simonienne disposât alors d'avantages matériels suffisants pour éveiller les convoitises de déclassées intelligentes et sans scrupules.

En réaction du saint-simonisme, Pierre Leroux devait proclamer que « la loi d'amour est la constance, malgré les défauts et les imperfections, » et n'accepter le divorce que comme « une règle exceptionnelle et temporaire », car « il est contraire à l'idéal ». Il alla jusqu'à dire, avec une noble intransigeance : « La cessation de l'amour, la séparation et le divorce équivalent à la mort avant la mort[1]. » C'était revenir au pur saint-simonisme d'Olinde Rodrigues, à l'égalité de l'homme et de la femme dans le mariage moralement indissoluble.

VI

Fourier, lui, repousse l'égalité, il ne la conçoit que dans un commun asservissement ; aussi la comba-t-il de toute l'énergie que lui donne son amour de l'autonomie individuelle. Il ne veut donc pas que la femme soit l'égale de l'homme, mais qu'elle soit comme lui un individu autonome, supérieure à l'homme si elle vaut plus que lui, inférieure si elle vaut moins, la valeur individuelle, et non le sexe, établissant les degrés où se placeront des individus inégaux. Or, le grand obstacle à la réalisation de la femme comme individu, c'est la famille : plus que

1. *Doctrine de l'humanité.* Aphorismes.

l'homme, en effet, la femme est un individu familial ; elle n'a pas ainsi que lui de multiples contacts avec le monde extérieur. Tandis que l'homme est un membre de la cité, la femme est un membre de la famille. Pour libérer la femme et faire d'elle un membre de la cité, Fourier n'hésite pas à s'attaquer à la famille. Et, de verve, il montera « les gammes de disgrâce conjugale, » non tant pour dégoûter les époux de l'état de mariage, que pour les persuader qu'il ne peut être de sécurité dans le mariage que par le régime sociétaire. Il ne tarit pas en gauloiseries répétées dans toute son œuvre, et tel de ses chapitres est une copieuse amplification des questions anxieuses de Panurge en mal d'épousailles. Et c'est « le gendre floué sur la dot » ; puis c'est une « messaline » qu'on épouse ; puis le risque, moindre, « d'épouser une mauvaise ménagère » ; puis « la dépense » ; puis la « monotonie » du pot au feu conjugal, etc., etc.

Le patriarcat est la forme la plus ancienne et la plus complète de la famille : les peuples qui sont fondés économiquement et socialement sur le patriarcat éveillent donc l'indignation de Fourier. C'est ainsi qu'il fait de la Chine, où les institutions patriarcales constituent l'élément social essentiel, « l'égout moral et politique du globe ». Le premier grief de Fourier contre le patriarcat est, on le pense bien, que ce régime est un régime de tyrannie. « Abraham et Jacob, tels qu'on nous les dépeint, n'étaient point des « hommes vertueux », nous dit-il ; c'étaient des « tyranneaux » bien pétris de méchanceté et d'injustice, ayant des sérails et des esclaves, selon l'usage barbare[1] ». Ce n'est plus ici, appliquée aux mœurs bibliques, la critique voltairienne pure. Fourier trace des patriarches un portrait que Renan viendra, un demi-siècle plus tard, achever dans son *Histoire du peuple d'Israël*. Le plan de ce travail ne comporte pas un examen des raisons qui firent de Fourier un des précurseurs de l'antisémitisme ; mais il tombe sous le sens que Fourier, ennemi du patriarcat et du mercanti-

1. *Théorie des quatre mouvements*. Exposition.

lisme, devait ne pas aimer les juifs, « fidèles aux mœurs
patriarcales » et voués au commerce du fait même de leur situation d'étrangers parmi les peuples chrétiens.

Mais ce n'est pas seulement dans sa forme patriarcale que la
famille soulève les critiques de Fourier. Si la famille patriarcale
fait des peuples qui l'ont conservée « les plus fourbes et les
plus vicieux du globe », si « l'esprit patriarcal » est « le germe
des passions viles », la famille moderne ne vaut pas beaucoup
mieux aux yeux de Fourier. Selon lui, la famille est un élément
de discorde sociale, les membres de chaque famille étant ligués
contre le reste de la société. « Le laboureur qui déplace les
bornes du voisin, nous dit-il, le marchand qui vend de fausses
qualités, le procureur qui dupe ses clients, sont en plein repos
de conscience quand ils ont dit : « Il faut que je nourrisse ma
femme et mes enfants[1] ». Aussi tandis que « la corporation
travaille pour un avenir séculaire, avec unité d'action », car
« elle n'est pas pressée de jouir, elle fera des avances pendant
un siècle avant de recueillir », la famille au contraire « est
impatiente de consommer, réaliser ; elle est obérée, contradictoire en plans ; les héritiers morcellent, bouleversent,
dégradent[2] ». On aperçoit tout de suite le procédé critique :
Fourier constate que, dans le désordre social, chacun lutte à
armes déloyales contre le voisin afin de s'assurer de quoi vivre.
Celui qui a charge de famille sera donc plus âpre à la lutte que
celui qui n'a que ses propres besoins à satisfaire[3].

Sa critique contre la famille ne porte donc en réalité que
contre l'organisation mercantile de la société, organisation qui
oblige chacun à lutter, et fait de celui qui a assumé des devoirs

1. *Traité de l'association domestique agricole.* Cislégomènes. 2ᵉ partie.

2. *Fausse industrie.*

3. Proudhon fera à la famille un mérite de ce qui, selon Fourier, est un
vice ; il opposera en ces termes l'égoïsme nécessaire de la famille à l'envahissement de la société, de l'autorité, et il approuvera cet égoïsme familial
protecteur de l'individu dans la lutte pour l'existence. « Avec la famille,
dira-t-il, que tout nous montre comme l'élément organique des sociétés, la
personnalité de l'homme prend son caractère définitif, acquiert toute son
énergie, et tourne de plus en plus à l'égoïsme... L'homme qui fait souche
devient aussitôt, par la paternité même, concentré et féroce : il est ennemi
de l'univers ; ses semblables lui paraissent tous étrangers, *hostes*. Le ma-

familiaux un concurrent plus actif et moins scrupuleux dans le
champ de la lutte pour l'existence. Ce que Fourier appelle donc
le « molinisme conjugal » ou « conscience accommodante et
morale de circonstance fondée sur le besoin de subvenir aux
frais du ménage et des enfants » n'est donc pas une cause,
mais un effet intensifié de l'état de lutte. Quand donc il critique de ce chef la famille, Fourier nous prouve simplement son
désir ardent de nous faire partager sa conviction, et non que la
famille crée l'état de lutte entre les individus.

Mais il est bien vrai, d'autre part, que la famille ne songera
pas, ne pourra pas songer à entreprendre ces œuvres de longue
haleine qui demandent « des avancés pendant un siècle ».
Pourtant, on aperçoit vite que ce n'est pas un vice inhérent à
la famille en soi, mais à l'état de morcellement des efforts et
des propriétés. D'ailleurs, dans le but d'attirer à soi tous les
intérêts, et aussi de noter les contradictions où tombe « l'état
civilisé », Fourier, après avoir jeté l'anathème à la famille et à
l'esprit familial, s'en prend à la société qui ne fait pas son
devoir envers les pères de famille et n'oblige pas les célibataires à contribuer pour l'entretien des familles nombreuses.
« Est-il de classe, s'écrie-t-il, qui ait plus de droits aux secours
solidaires que celle des pères de famille nécessiteux? La philosophie les représente comme les colonnes du système social ;
elle ne voit de vrai citoyen que dans le père de famille. En
effet, c'est l'homme essentiellement intéressé au bonheur de
l'État et au maintien de l'ordre [1] ».

Les coups que Fourier porte à la famille sont-ils plus dangereux lorsqu'il lui reproche le favoritisme, qui avantage tel

---

riage et la paternité, qui semblaient devoir augmenter en l'homme l'affection
du prochain, ne font qu'animer sa jalousie, sa méfiance et sa haine. Le père
de famille est plus âpre au gain, plus impitoyable, plus insociable que le
célibataire : pareil à ces dévots qui, à force d'aimer Dieu, en viennent à
détester les hommes. C'est qu'il n'y avait pas trop de cette énergie de
vouloir et d'égoïsme chez le père de famille pour protéger l'enfance de ceux
qui devaient lui succéder un jour, et continuer après lui la série des générations. Un jour ne suffit pas pour former un homme : il faut des années,
de pénibles travaux, de longues épargnes. L'homme est en lutte pour sa
subsistance avec la nature, et pour l'avenir de ses enfants avec la société
tout entière. (*Contradictions économiques*, t. II, pp. 278-279.)

1. *Traité de l'association domestique agricole.* Cislég. 2e partie.

enfant et sacrifie tel autre au caprice du père ou de la mère ?
« Adam et Ève, nous dit-il, prétendent que Caïn doit être le
valet d'Abel ; Caïn s'indigne et un meurtre jette la désolation
dans la famille. Jacob veut que ses dix fils soient valets des
deux favoris ; les fils dédaignés se vengent sur le préféré et
Jacob est plongé dans la douleur. On ne voit partout qu'injustice des pères, depuis les saints personnages des temps primitifs comme Abraham, qui envoie son fils Ismaël mourir de faim
dans le désert avec sa mère, jusqu'aux profanes modernes,
comme les lords anglais qui appauvrissent tous leurs enfants
pour enrichir un aîné ; les bourgeois, pour satisfaire cet orgueil,
ensevelissent leurs filles dans les couvents [1] ». On aperçoit
immédiatement que le principal de sa critique s'adresse à un
état disparu, tout au moins en France. D'ailleurs, le droit
d'aînesse n'est pas un phénomène de favoritisme familial, il
n'a pas les caractères arbitraires du favoritisme : il est une
règle sociale indépendante des caprices individuels. La critique
saint-simonienne de l'héritage et non pas seulement du droit
d'aînesse est donc bien supérieure à la superficielle critique de
Fourier concernant le favoritisme familial. Mais pourquoi Fourier, qui place le favoritisme au nombre des passions qu'il
utilisera dans son système, fait-il grief au familisme de ce qui
n'est pas une règle, mais une déviation, un abus, un caprice
individualistes dans le sentiment collectif familial ? Tout simplement parce que, fidèle à sa théorie du mécanisme passionnel, Fourier entend nous montrer que nos passions sont, dans l'état civilisé, nuisibles, soit à nous-mêmes, soit à autrui, et qu'elles se
transformeront en utilités dans le régime harmonique qu'il veut
établir. C'est ainsi que le favoritisme, honni dans la famille
actuelle, trouvera place dans et hors la famille selon Fourier,
puisque la liberté de tester la plus absolue y est reconnue
même au père de famille ; et cette liberté, c'est celle de déshé-
riter ses enfants. Mais comme ces enfants déshérités se seront,
dès l'âge de trois ans, assuré leur subsistance par leur travail,

---

1. *Fausse industrie.*

et que d'autre part ils pourront être les favoris et les héritiers d'autres que leurs parents, le favoritisme harmonien
n'aura pas les inconvénients du favoritisme familial actuel.
Tout cela, on le voit, est plus ingénieux que solide.

Où Fourier reprend tous ses avantages, c'est lorsqu'il montre
que le groupe familial comprime et opprime l'individu féminin,
comme d'ailleurs tous les individus qui le composent. Il ouvre
la voie à toute une littérature de révolte et de sincérité qui
prend son essor avec George Sand et franchit les limites du
siècle avec Ibsen. La femme asservie et contrainte se venge par
le mensonge. « Tout père, dit Fourier, élève ses filles à manifester un penchant de ménagère, lors même qu'elles ne le res-
sentent pas ; toute fille à marier vous dira qu'elle n'aime que
le papa et la maman, le Bon Dieu et la Sainte Vierge, le pot et
l'écumoire. De là vient que les deux tiers des maris sont attrapés en
mariage[1] ». Pour avoir traité la question dans la manière triviale
où se joue le plus aisément sa verve, Fourier n'en a pas moins
aperçu avec une clairvoyance géniale que la famille n'est plus,
ne peut plus être un groupe se suffisant à lui-même et isolant
du reste de l'univers les individus qui en font partie. « Dans la
vie journalière, nous dit-il, les membres de la famille ne
cherchent qu'à se fuir. L'enfant veut aller jouer avec les petits
gamins du quartier ; le jeune homme veut aller au spectacle,
au café, contre l'intention du père économe. La jeune fille voudrait aller au bal, de préférence au sermon. La tendre mère
voudrait négliger le pot et l'écumoire pour s'entremettre dans
les cancans du quartier, et faire des connaissances dangereuses
pour l'honneur conjugal ; enfin le tendre père qui veut sauver
le peuple dans les clubs, les cafés et réunions cabalistiques
pour lesquelles il néglige son triste ménage[2] ». Le besoin d'autonomie individuelle n'est pas seulement en jeu ici. Avec une
profonde sagacité, Fourier constate l'attrait que leurs semblables exercent sur chacun des membres de la famille, différents par l'âge et par le sexe. Aussi ne veut-il pas que les pères

1. *Fausse industrie.*
2. *Id.*

soient les éducateurs de leurs enfants. Il a observé la propension
qu'ont les enfants à imiter leurs aînés, c'est donc aux grands
que sera confiée l'éducation des moyens, et à ceux-ci l'éducation
des petits. Et aux préceptes de la « philosophie » qui « veut
que le père soit instituteur de son enfant, et que le père ne gâte
pas son enfant, » il opposera l'opinion contraire : « que le père
ne soit pas instituteur de son enfant, et que le père se livre au
plaisir de gâter son enfant[1] ». Il a constaté le premier non la
division sociale des fonctions du travail, à laquelle la famille
est d'ailleurs un obstacle, mais la division sociale des affections, des plaisirs, à laquelle la famille n'est pas un moindre
obstacle. L'individu ne fuit pas la famille pour s'enfermer dans
le cercle étroit d'une impossible autonomie, mais pour s'agré-
ger volontairement à des groupes affectifs, moraux, intellectuels, formés par la libre élection et qui, bien plus complètement que la famille, qui parfois les réprime, donnent satisfaction
aux mille besoins innés et acquis de l'esprit et du cœur. « La
famille, nous dira Fourier avec infiniment de raison, est donc
un groupe qui a besoin d'échapper à lui-même. » En réalité,
Fourier ne supprime pas la famille : à la famille par le sang il
ajoute autant de familles d'élection que le cœur humain possède
de sentiments, et, ces familles, il les fait « se croiser en tous
sens, en relations sociales comme en relations matérielles de
reproduction ».

VII

« La moralité humaine a-t-elle été augmentée par la proclamation de l'égalité en amour »? se demande Pierre Leroux.
« Je n'en fais aucun doute, ajoute-t-il ; mais je dis qu'il en est
résulté provisoirement un grand mal. Hélas ! le progrès ne
s'accomplit qu'avec des souffrances ! Oui, c'est un progrès immense dans les destinées humaines que d'avoir proclamé le
droit de tous et de toutes au libre développement de leur sym-

---

1. *Traité de l'association domestique agricole.* Association composée.

pathie... Mais, jusqu'à ce que l'homme ait fait un pas correspondant dans la connaissance, c'est-à-dire jusqu'à ce que la
notion de la véritable égalité en amour, ou, ce qui est la même
chose, du véritable amour, soit acquise, tout se réduit à une
insurrection sans règle, à une dévastation brutale de la plus
belle des facultés humaines [1] ». Pierre Leroux aperçoit nettement ici le piège où se sont pris les saint-simoniens qui ont
suivi la direction d'Enfantin. Non, encore une fois, que leur
tenue morale se soit jamais relâchée et qu'ils aient émancipé la
chair autrement qu'en théorie. Mais cette théorie même de
l'émancipation de la chair dans le régime théocratique du saint-
simonisme suffisait à ne retenir dans les liens de la communauté saint-simonienne que des individus exaltés par le mysticisme et projetés par leur exaltation hors des conditions normales de toute vie personnelle et sociale. Émancipation de la
chair et dérèglement des passions sont deux choses distinctes ;
la liberté des mœurs n'est pas nécessairement la suppression
des mœurs. Mais il va de soi que, dès que les barrières qui con-
tenaient et refrénaient les appétits et les instincts sont abais-
sées, il faut que l'individu social conscient de sa noblesse con-
struise sa règle et s'applique à lui-même le frein. Conquérir la
liberté, dans l'ordre moral comme dans tout autre, avant de
s'être rendu capable d'en jouir, c'est s'exposer à la laisser
échapper ou à la détruire. Mais il vaut mieux, après tout, courir ces périls de « l'insurrection sans règle », acheter le progrès au prix de la souffrance, que renoncer lâchement à la noblesse de la liberté morale.

En somme, le problème de la liberté morale risque d'é-
chouer devant le même sophisme que celui de la liberté politique et sociale. Pour une certaine école, celle qui, précisément,
se déclare libérale, la liberté est un absolu qui ne trouve ses
limites qu'en soi-même ; elle est de plus la propriété de l'individu, et il suffit, pour qu'elle soit dans sa plénitude, de la délivrer des entraves légales restritives et prohibitives. En sorte

1. *De l'égalité*, p. 37.

que les libertés sociales, selon cette conception métaphysique, peuvent se neutraliser ou s'abolir mutuellement sans que la liberté en soi y perde rien. Ainsi, la liberté du riche peut confisquer celle du pauvre, il y aura un homme libre de moins ; mais la liberté n'aura subi aucune atteinte, puisque le riche sera plus libre que s'il n'avait pas confisqué la liberté du pauvre. Si, au contraire, et comme il est juste de le faire, on considère la liberté comme un bienfait social que la loi crée et garantit, on s'apercevra que, plus les lois seront faites par et pour tous les membres de la société, et plus la liberté de chacun s'accroîtra d'autant. Il y aura alors liberté réelle et non plus verbale; liberté pour tous et non plus seulement pour quelques-uns.

Il en est de même pour la liberté morale que pour la liberté politique et sociale. La placer en dehors de toute loi et de toute règle, c'est la faire sombrer dans l'arbitraire social ou passionnel. Pierre Leroux la place, pour la femme, sous la loi du mariage. « Voilà, s'écrie-t-il, la vérité qu'il faut dire aux hommes et aux femmes. Mais c'est fausser cette vérité et la transformer en erreur que de dire aux femmes : Vous êtes un sexe à part, un sexe en possession de l'amour. Émancipez-vous, c'est-à-dire usez et abusez de l'amour. La femme ainsi transformée en Vénus impudique perd à la fois sa dignité comme personne humaine, et sa dignité comme femme, c'est-à-dire comme être capable de former un couple humain sous la sainte loi de l'amour[1] ». D'autre part, déclarer la femme libre de son corps et n'attacher plus aucune valeur morale aux actes sexuels, sera-ce lui donner la liberté morale si, pour vivre, cette femme est obligée de vendre son corps? Que si l'on objecte qu'en régime socialiste cette nécessité n'existe plus pour la femme, on oublie deux choses: on oublie d'abord que la liberté morale de l'individu ne consiste pas dans l'asservissement à l'instinct, mais au contraire dans la domination de l'instinct par la raison, et dans la subordination du plaisir de l'individu à la con-

1. *De l'égalité*, p. 47.

servation de la société. Ce fut là, toujours, le double point de
vue auquel se plaça Saint-Simon qui, on le sait, avait hérité de
Condorcet la notion du progrès indéfini de l'espèce humaine,
et dont l'utilitarisme était beaucoup plus social qu'individuel,
puisque Auguste Comte y puisa sa théorie de l'altruisme. Aussi
la protestation d'Olinde Rodrigues, rapportée par G. Hubbard,
est-elle absolument légitime : « Il ne faut pas, dit-il, que les
aberrations provenant d'une influence étrangère puissent être
considérées comme des conséquences rigoureuses du principe
de Saint-Simon, de ce philosophe qui n'a jamais vu le progrès
que dans le développement des facultés, dans la distinction de
plus en plus grande de l'homme et de l'animal [1] ». On oublie
ensuite qu'il est dangereux de prêcher une morale éventuelle
et dont l'application est subordonnée à une transformation
économique et sociale à venir. En effet, malgré les recomman-
dations des théoriciens, certains individus sont disposés à appliquer immédiatement de la théorie ce qui flatte leurs instincts.
Et Fourier a beau s'évertuer à donner un « démenti aux détracteurs qui prétendent qu'il propose d'établir des libertés en
amour dès le début de l'harmonie [2] », il n'en reste pas moins
que des individus enclins à la « papillonne » eussent pu s'autoriser de son enseignement. Mais, je ne cesserai de répéter, ces
écoles émancipatrices de la chair, comme la saint-simonienne,
libératrices de l'amour, comme la fouriériste, ont toujours été
dans tous leurs membres, des plus connus aux plus modestes,
d'une tenue morale inattaquable. Tant il est vrai que le meilleur frein moral est encore, contre les sollicitations de l'instinct, de vivre pour une idée.

VIII

Tous les novateurs socialistes se sont posé la question de
morale sexuelle, et tous ils l'ont résolue selon la méthode utilitaire, comme nous verrons plus loin qu'ils ont résolu la ques-

1. *Saint-Simon, sa vie et ses travaux*, p. 3.
2. *Nouveau monde industriel*. Educ. harm.

tion de criminalité. Du moment que la société sera bien cons-
truite, nul ne sera incité à nuire à son semblable, puisque nul
n'aura plus intérêt à le faire. On sait, pour ne parler que du
point de vue moral, combien cette thèse est sujette à caution.
Proudhon, pour sa part, ne l'acceptait pas, puisqu'il constatait
que les crocheteurs lyonnais, qui recevaient pourtant « un salaire supérieur à ceux des professeurs de faculté », n'en étaient
pas moins « ivrognes, crapuleux, brutaux, insolents, égoïstes
et lâches[1] ». Pour Cabet, dont nous avons déjà pu apprécier
l'imperturbable optimisme, la question de morale sexuelle est
on ne peut plus simple. Les époux d'Icarie qui ne trouveront
pas le bonheur dans leur union seront le « petit nombre », et
ils seront « assez raisonnables pour ne jamais manquer à leurs
engagements et à leurs devoirs envers la République, qui leur
offre le divorce quand leurs familles le jugent indispensable et
qui leur permet de chercher dans une nouvelle association conjugale le bonheur que leur refusait la première[2] ». Cabet, en
réalité, décrète la vertu. Il se fie d'ailleurs si peu à la vertu
organique du « petit nombre », qu'il fait la famille, et non les
conjoints, juge de l'opportunité du divorce. Et à cette barrière
matérielle opposée au divorce, à la liberté absolue des conjoints, il ajoute une barrière morale, et « le prêtre ou la prêtresse vient quelquefois joindre l'autorité de sa parole aux
tendres exhortations de la famille pour encourager les époux
à chercher leur bonheur ou du moins la paix dans la vertu[3] ».
Donc, fût-ce pour un « petit nombre », il se peut que le bonheur ne soit pas, il se peut que la satisfaction absolue des besoins matériels et l'organisation sociale la plus parfaite laissent un « petit nombre », si réduit soit-il, en dehors du bonheur. C'est ici l'expérience de la vie, de l'éternelle humanité si
semblable sous la diversité des civilisations collectives et des
éducations individuelles, qui s'impose à l'optimisme de Cabet.
Si bien que, pour assurer le règne de la vertu dans la cité ica-

1. V. plus haut, p. 29.
2. *Voyage en Icarie*, pp. 141-142.
3. *Id.*, p, 141.

rienne, il en appelle à la force, — force de l'opinion, mais ce
n'en est pas moins la force, — et il dit : « La République a tout
disposé pour que le concubinage et l'adultère fussent matériel-
lement *impossibles ;* car, avec la vie de famille et la composi-
tion des villes, où l'adultère pourrait-il trouver un asile[1] ? »

Fourier, si gaillardement partisan de l'indépendance morale
la plus absolue, est-il donc partisan de l'immoralité, tout au
moins pour l'époque où son système fonctionnera en plein ?
Nous avons vu les réserves qu'il fait, et comme il se défend de
prêcher la liberté amoureuse dans un milieu social que l'application de ses théories sur l'équilibrement et l'engrènement
des passions n'a pas encore transformé. Et, comme toute théorie est l'opposition d'une construction logique aux contradictions et aux incohérences de la réalité, il a beau jeu en opposant l'un à l'autre l'art et la morale : « La scène et le roman,
dit-il, donnent gain de cause à ceux qui se sont aimés en dépit
des autorités. On légitime l'affaire par un mariage placé au
bout du livre ou au dernier acte ; mais pendant les neuf dixièmes de la pièce, pendant quatre 3/4 actes (*sic*) on a stylé
la jeunesse à désobéir aux impulsions de ses supérieurs[2] ».
Fourier sera tellement pris du désir de moraliser ses contemporains qu'il ira jusqu'à approuver sans réserves les méthodes
d'éducation les plus conservatrices, et il dira en termes exprès : « Je ne prétends pas faire ici la critique de l'éducation
civilisée, ni insinuer qu'on doive inspirer aux femmes un esprit
de liberté. » Il déclarera même, lui l'ennemi juré de toute
hypocrisie autant que de toute contrainte, qu' « il faut que chaque période sociale façonne la jeunesse à révérer les ridicules
dominants[3] ». Ces protestations ne le satisfont pas encore :
après avoir proclamé son respect des conventions morales de
son temps, il partira en guerre contre leurs contempteurs.
« Tous ces nouveaux régénérateurs, dira-t-il, Owen, Saint-Simon et autres, inclinent fort à spéculer sur l'émancipation des

1. *Voyage en Icarie,* p. 142.
2. *Fausse industrie.*
3. *Théorie des quatre mouvements.* 2ᵉ partie. Description.

femmes ; ils ignorent qu'avant de rien changer au système
établi en relations d'amour, il faudra bien des années pour
créer plusieurs garanties qui n'existent pas [1]. »

Pour protester si haut, Fourier doit se sentir sur un terrain
solide. A son point de vue, en effet, le terrain est solide. La
liberté amoureuse ne doit pas, dans le régime d'harmonie,
avoir pour conséquence l'immoralité érigée en règle. Parlant
des vices actuels, il dit : « L'orgie amoureuse est à la série
amoureuse ce que la chenille est au papillon. » Il proteste contre « la secte Owen » qui « hasarde de s'engager dans ce cloa-
que de vices, par ses tentatives de liberté confuse, sans connaissance des contrepoids naturels. » Et il affirme qu' « elle n'arriverait qu'à l'orgie corporative, résultat inévitable, tant qu'on
ne pourra pas former la série des âges et fonctions en amour [2] ».
Tout cela est bel et bien, mais il n'en subsiste pas moins que
Fourier met sur le même plan moral, en leur donnant les
mêmes satisfactions de tout ordre, et ceux qui sont les fidèles
servants de l'amour dans ses caractères les plus élevés, et ceux
qui, sous l'influence de la *papillonne*, renoncent à une part
capitale de leur noblesse morale pour retomber aux servitudes
de l'instinct. Puisque, dans le phalanstère, la « favorite » peut
acquérir des richesses par une prostitution désormais honorée,
puisque ceux qui éprouvent un chagrin d'amour y trouvent une
consolation dans les satisfactions physiques mises à leur disposition par les « bayadères », on peut dire que Fourier n'a eu
qu'une notion très approximative de l'ennoblissement moral de
notre espèce. Ses « contrepoids naturels » ne sont finalement
que des précautions hygiéniques.

IX

Les novateurs socialistes reprennent tous leurs avantages
quand ils subordonnent la liberté sociale de la femme à sa li-

1. *Théorie des quatre mouvements.* Pièges et charlataneries des deux sectes
Saint-Simon et Owen. (Cité dans l'avertissement des éditeurs sur la 2e partie.)
2. *Nouveau monde industriel.* Éduc. harm.

berté économique. Pour les communistes, et notamment pour
Cabet, la chose va de soi : l'égalité des sexes étant décrétée, ils
sont de fait égaux devant le devoir industriel, devant toutes les
charges de la société. Il y a même, en Icarie, des prêtres des
deux sexes. Or, on sait que certaines sectes américaines ont des
pastoresses et des prédicantes. Le certain est que, sur un point
au moins, Cabet a cause gagnée ou peu s'en faut : « Les Icariens, nous dit-il, ont établi qu'il y aurait autant de *femmes*
que d'hommes parmi les médecins et les chirurgiens, et que
des femmes seules visiteraient, accoucheraient, opéreraient et
traiteraient les femmes, tandis que les hommes seraient exclusivement réservés pour les hommes [1] ». Les choses ne se passent pas avec la rigide symétrie que Cabet organisait (il est si
facile de tracer des lignes sur le papier !) ; mais il n'en subsiste
pas moins que l'institution des femmes médecins a dès à présent pris droit de cité, non seulement dans les pays anglo-
saxons et germaniques, mais en France, et même, et surtout,
en Russie.

Mais comment la femme sera-t-elle médecin, ouvrière, administrateur, s'il lui faut en même temps remplir sa fonction
nourricière et maternelle? C'est là, on le sait, la grande objection et la grande critique contre l'émancipation féminine. Il est
d'ailleurs à noter que cette critique n'oppose nulle objection
au régime industriel qui, depuis un siècle, a fait de la ménagère
une ouvrière et l'a enfermée dans la manufacture et dans l'usine.
Qui donc, en revanche, a répondu pratiquement, par un acte,
aux objections tirées des devoirs maternels de la femme? Robert Owen, qui « fut le premier inventeur des crèches, qu'il
introduisit à New-Lanark [2] ». Afin d'assurer à la femme sa liberté sociale, Owen lui donne sa liberté économique en faisant
d'elle un producteur ; et, afin que sa fonction de maternité ne
soit pas un obstacle à la fonction économique qu'elle doit remplir, il organise l'élevage collectif des enfants du premier âge
au moyen de la crèche, institution qui s'est développée depuis,

1. *Voyage en Icarie*, p. 115.
2. Engels, *Socialisme utopique et socialisme scientifique*.

combinant les avantages de l'élevage collectif avec la satisfaction des sentiments affectifs. De la crèche, les enfants passent à l'école. « Il est entendu, dit Owen dans son *Mémoire aux puissances,* que les enfants au-dessus de l'âge de trois ans doivent suivre l'école, manger dans les réfectoires et dormir dans les dortoirs, les parents ayant d'ailleurs la permission de les voir et de leur parler pendant le repas et à tout autre moment... On propose d'employer les femmes, d'abord, à prendre soin de leurs enfants et à tenir leurs demeures dans le meilleur ordre possible ; en second lieu, à la culture des jardins pour recueillir les végétaux nécessaires à la cuisine publique ; troisièmement, à être employées aux diverses branches de manufactures que les femmes peuvent aisément entreprendre ; quatrièmement, à servir à tour de rôle, dans la cuisine publique, dans les réfectoires et dans les dortoirs ; et, lorsqu'elles seront bien instruites, à surveiller quelques parties de l'éducation des enfants dans les écoles [1] ». Owen ira encore plus loin : non content de combiner la vie économique et la vie affective de la femme, il voudra que l'ouvrière puisse vivre de la vie esthétique large et complète qui est censée être celle des classes aisées. C'est ainsi que nous verrons, dans sa colonie américaine de New-Harmony, les « jeunes femmes quitter leur piano pour aller traire les vaches, faire la cuisine, etc. [2] ». Que l'on ne sourie pas : l'essai tenté à New-Harmony n'anticipait pas, en somme, beaucoup sur les temps : si, d'une part, des ouvrières donnent aujourd'hui leurs loisirs à des arts d'agrément et s'intéressent à des questions d'esthétique, de littérature et de morale, dans nos universités populaires, dans l'œuvre de Mimi-Pinson, etc., d'autre part, les jeunes filles des classes privilégiées apprennent à faire la cuisine, à tenir un ménage ; en outre de la broderie, du dessin, des arts manuels et d'agrément qui peuvent leur devenir une ressource en cas de détresse.

Fourier, on le sait, veut assurer à la femme l'indépendance personnelle la plus absolue : son réalisme fondera donc tout

1. *Examen impartial,* etc., pp. 142-143.
2. *Lettres sur le système Owen.*

naturellement cette indépendance sur le solide terrain économique. Il nous a dit que le degré de civilisation d'un peuple se
mesure au degré de liberté qu'il accorde aux femmes. Il ajoutera que « c'est sur les femmes que pèse la civilisation ». Conséquemment, c'est « aux femmes à l'attaquer », car « quelle est
aujourd'hui leur existence[1] ? » Il serait à souhaiter, nous dit-
il, « que toutes les femmes eussent du goût pour le ménage,
car elles sont toutes destinées à être mariées et à tenir un ménage incohérent ; cependant, si vous étudiez les goûts des jeunes filles, vous reconnaîtrez qu'il s'en trouve à peine un quart
de bonnes ménagères, et que les trois quarts n'ont aucun goût
pour ce genre de travail, mais beaucoup pour la parure, la galanterie et la dissipation ; vous en conclurez que les trois quarts
des jeunes filles sont vicieuses, et c'est votre mécanisme social
qui est vicieux[2]. » « Aussi, ajoute-t-il, avec sa verve un peu
grosse de « sergent de boutique », ami des bons plats, les neuf
dixièmes des ménagères et cuisinières sont-elles le déshonneur
du pot, le fléau de la soupe et du bouilli[3]. »

Arrêtons-nous un instant et reconnaissons ici l'origine d'un
sophisme, ou plutôt d'une idée fausse, que le socialisme actuel
tient de Fourier. Quand, en effet, les socialistes d'aujourd'hui
considèrent les aspects moraux de la question sociale, ils disent
couramment : Il n'y a pas de paresseux, mais d'une part des
malades, d'autre part des gens qui, n'étant pas à leur place,
dans l'emploi de leur goût, ne sont pas incités à développer les
énergies qui sont en eux. Et ils partent de là pour accuser la
défectueuse organisation sociale qui ne permet pas à chacun le
meilleur emploi de ses facultés. Raisonner ainsi, c'est, je le
répète, raisonner comme Fourier, qui s'imaginait que les trois
quarts des jeunes filles sont « vicieuses » et ont plus de goût
pour « la parure, la galanterie et la dissipation » que pour la
tenue du ménage, parce que la société est mal organisée,
parce qu'elle ne sait pas utiliser le goût des jeunes filles pour

1. *Théorie des quatre mouvements*. 2º partie. Description. .
2. *Id.* Exposition.
3. *Fausse industrie*.

la parure, la galanterie et la dissipation. Pour que cette thèse
fût vraie, il faudrait qu'il y eût identité absolue entre le mouvement et l'action, ainsi que le croit Fourier. Le sauvage se
remuera, se fatiguera dix fois plus à danser que le civilisé
à produire de quoi se sustenter. Mais placez devant la même
tâche modérée et facile le sauvage et le civilisé. Celui-ci la
fera aisément et celui-là la trouvera très au-dessus de ses
forces, ou pour mieux dire de ses facultés. Car l'activité réglée,
la faculté de travailler, est un héritage de civilisation. Il y a
des paresseux et des laborieux, il ne faut pas le contester. Fourier, qui ne peut être considéré comme un des précurseurs de
l'évolutionnisme, est fort excusable d'avoir pris l'effet pour la
cause. Mais les socialistes ne le seraient pas s'ils conservaient
un préjugé aussi funeste que celui-là. Disons-nous donc bien
qu'il y a des paresseux, c'est-à-dire des individus qui ne sont
pas au même plan de civilisation, de socialité, de volonté réfléchie, d'activité réglée, que la moyenne des autres individus
du même milieu social. De même qu'il y a des individus paresseux dans les peuples civilisés, il y a des peuples paresseux et
des peuples laborieux, ceux-ci plus civilisés, plus instruits,
plus riches, plus libres que ceux-là.

A présent, il est certain que l'organisation sociale réfléchie
peut tirer de la paresse originelle où ils se complaisent les
arriérés que nous avons dans la société actuelle. Car il est non
moins certain que, s'il transforme des paresseux en laborieux
en les obligeant au travail sous le fouet du besoin, le régime
capitaliste ne s'inquiète des individus, de leurs aptitudes et de
leurs vocations que dans la mesure où ces aptitudes et vocations lui procureront du profit. Une organisation sociale
réfléchie, volontaire, — possible à présent, tandis qu'elle ne
l'était pas à l'aurore du capitalisme, d'ailleurs, — tenant mieux
compte de ces aptitudes et vocations, empêcherait des êtres
laborieux de se rebuter des tâches qui actuellement leur sont
imposées par la nécessité, et de retomber dans la catégorie
des paresseux, des inadaptés.

Mais revenons à Fourier que nous avons laissé élevant sa

protestation contre la civilisation qui n'emploie pas les facultés industrielles des femmes. Et quand elle les emploie, ajoutera-t-il, elle les emploie à contresens. Les femmes « ne vivent que de privations, même dans l'industrie, où l'homme a tout envahi, jusqu'aux minutieuses occupations de la couture et de la plume, tandis qu'on voit des femmes s'exténuer aux pénibles travaux de la campagne[1] ». On aperçoit tout de suite que la critique de Fourier porte sa date ; c'est de l'enfance du régime industriel qu'il parle, et on le reconnaît à ce trait : l'homme occupé aux tâches « minutieuses » qui conviendraient mieux aux femmes. Fourier va même jusqu'à accuser les hommes d'avoir « envahi » le domaine industriel jusque-là réservé aux femmes. Le mouvement contraire s'est produit dès que s'est développé le régime industriel à l'aurore duquel Fourier assistait et dont il méconnaît ici la direction. Lui qui montrera tant de clairvoyance sur les conséquences économiques et sociales de la forme mercantile de l'industrie, ainsi que nous pourrons l'observer plus loin, il est ici dominé par le désir de prouver sa thèse : il fait œuvre de polémiste. Écoutez, par exemple, comme il travaille à dégoûter de son état la fille à marier : « Si elle chôme dix ans sans époux, elle est en butte au persiflage public ; dès qu'elle atteint vingt-cinq ans, on commence à gloser sur sa virginité comme denrée suspecte ; et, pour prix d'une jeunesse perdue dans les privations, elle recueille, à mesure qu'elle avance en âge, une moisson de quolibets dont toute vieille fille est criblée. » Se marie-t-elle ? C'est bien pis ! « Et quand on garantirait à la fille décente un mariage pour prix de sa chasteté, sera-ce une récompense ? » Nous savons déjà ce que Fourier pense du mariage en « civilisation ». Voici de nouveaux traits : Elle risque fort de rencontrer « un mari brutal, grincheux, joueur, débauché ; une honnête fille a rarement assez de finesse pour discerner les hypocrisies de ses prétendants, leur délicatesse fardée, dont une femme un peu manégée ne serait pas dupe. » La « fille décente » l'aura-

1. *Théorie des quatre mouvements*. 2ᵉ partie. Description.

t-elle, au moins, ce mari? Voire! « S'il y a un bon parti en homme, lui dit-il impitoyablement, il sera enlevé par quelque intrigante exercée à l'art d'ensorceler des amants[1] ». Le lecteur saisit, par ce nouveau trait, que Fourier entasse de parti pris tous les inconvénients d'un état donné dans le milieu social actuel. Cette mauvaise posture lui est habituelle, dans sa critique sociale. Aussi, à l'inverse des écrivains conservateurs, qui plaignent la femme d'être contrainte de quitter la famille et d'entrer dans l'atelier et l'usine pour y supplanter l'homme, Fourier la plaint d'être rejetée dans la famille par la concurrence industrielle de l'homme. C'est qu'il s'agit pour lui de réaliser l'autonomie économique de la femme, de la soustraire à l'agglomérat familial, de la rendre indépendante du nourricier ou chef de travail que fut jusque-là le père ou l'époux. Pour atteindre ce but, que son réalisme social lui montre comme la condition nécessaire de la libération féminine, de la promotion de la femme à l'état d'individu social complet, il pousse celle-ci à quitter le labeur domestique « le pot et l'écumoire », pour entrer dans le domaine de la production directement qualifiée. C'est pourquoi il proposera de « réserver aux femmes une moitié d'emploi dans les branches lucratives ». D'autre part, ajoutera-t-il, « on devra éviter de les reléguer comme parmi nous aux fonctions ingrates, aux rôles serviles que leur assigne la philosophie qui prétend qu'une femme n'est faite que pour écumer le pot et ressarcir les vieilles culottes. Les femmes, en association, reprendront bien vite le rôle que la nature leur assigne, le rôle de rivales, et non pas sujettes, du sexe masculin[2]. »

Voilà de quoi faire bondir Proudhon, pour qui la famille est un organisme économique complet dont l'homme est le chef. Aussi, pour dissiper la « triste illusion d'un socialisme abject, dernier rêve de la crapule en délire », affirmera-t-il que « quant aux femmes, c'est une vérité vulgaire qu'elles n'aspirent à se marier que pour devenir souveraines d'un petit État qu'elles

---

1. *Nouveau monde industriel.* Educ. harm.
2. *Id.* Disposition de la phalange d'essai.

appellent leur ménage ». Et, ajoute-t-il, « ôtez à la femme son ménage, objet de son administration pacifique, point de départ de ses excursions conquérantes ; dès ce moment elle n'a plus de raison de vous rester fidèle, elle cesse de vous appartenir [1]». Quand nous examinerons les institutions nées de la pensée fouriériste, nous aurons occasion d'observer que Proudhon exprimait une vérité d'expérience en attribuant à la femme de telles idées et de tels sentiments réfractaires à la vie commune ou même aux « ménages combinés » de Fourier. Mais il n'en demeure pas moins que la femme conquiert son émancipation sociale par le moyen du travail, en devenant une ouvrière, un producteur. Cela, Fourier l'a nettement aperçu, et Pecqueur sera dans le droit sens de l'évolution des phénomènes sociaux et de la tendance des esprits, lorsqu'il dira plus tard : « Dans une société qui se constitue pour le travail et pour une grande création de richesses, le préjugé ou les mœurs qui consacrent les femmes (la moitié de la population !) à une quasi oisiveté et les condamnent à la réclusion, sont impossibles et doivent tomber en désuétude... Cette *émancipation* des femmes croît tous les jours... Désormais, elles sont chargées de leurs destinées : à elles de se fortifier contre les tentations quotidiennes de la vie publique ! à elles de se donner de l'aisance, de *faire leur chemin !...* » Et Pecqueur rappelle qu'en tout cas, pour les femmes, la liberté sociale ne doit pas être l'asservissement à l'instinct ; elle « n'est compatible, dit-il, pour leur bonheur même, qu'avec une plus grande rigidité de conduite et avec la retenue la plus vraie [2] ».

X

Nous croyons avoir démontré qu'à travers des exagérations et des déviations inhérentes à l'esprit de système, les novateurs socialistes ont, à l'exception du seul Proudhon, agi dans le sens de l'émancipation économique, civile et civique, donc

1. *Contradictions économiques*, t. II, pp. 278-279,
2. *Des intérêts du commerce*, t, I, pp. 377 à 389.

finalement sociale, de la femme. Certainement, la liberté amoureuse que légitime la conception passionnelle du fouriérisme
ne sera jamais qu'un postulat théorique. Et, dans ce sens, cette
idée de liberté amoureuse n'aura pas été inutile, puisqu'elle
aura éveillé dans l'individu féminin le sentiment de l'indépendance, et que ce sentiment ne se soutient que lorsqu'il est
contreforté par celui de la dignité morale. Le contrepoids le
plus sûr et le plus utile de la liberté théoriquement absolue,
c'est le sentiment de la responsabilité morale. L'individu n'est
pas émancipé lorsqu'il ne s'est débarrassé des contraintes
sociales que pour retomber sous le joug de l'instinct pur. Il n'acquiert véritablement la liberté que lorsqu'il se débarrasse des contraintes sociales, non pas tant parce qu'elles sont gênantes pour
l'exercice de sa liberté que parce qu'elles sont devenues inutiles
et qu'il trouve en lui-même la force nécessaire à la domination et
à l'emploi volontaire et réfléchi de l'instinct. Le lecteur sait
combien Fourier pèche sous ce rapport, et pourquoi il a si peu
souci du développement moral de l'individu féminin. Il n'en a
pas moins, et avec plus de précision que l'école saint-simonienne, et plus de force que les écoles communistes, posé deux
principes essentiels, et qui dominent encore le problème de
l'émancipation féminine. Le premier de ces principes, que Fourier n'a sans doute pas formulé explicitement, mais que l'on
peut dégager avec facilité si l'on est tant soit peu familiarisé
avec sa pensée, c'est que la liberté est un acte permanent de
relation sociale volontairement réfléchi par l'individu et con-
certé avec l'ensemble des individus. Pour Fourier, en effet,
plus clairement, plus apparemment que pour les autres novateurs socialistes et pour tous les théoriciens politiques, sans
excepter les philosophes du XVIIIᵉ siècle, la liberté de
l'individu est déterminée, sinon produite, et conditionnée par
le contrat économique et social. Que les hommes veuillent seulement, sachent vouloir signer ce contrat d'association, et leur
liberté sera.

Fourier fait si bien de l'association harmonique et volontaire
une fabrique de liberté individuelle, qu'il oublie, en matière

de population, sa thèse de conformité à la nature et à ses
volontés. Il ne veut pas que « l'homme social se ravale au
niveau des insectes », et pullule pour la satisfaction des maîtres
de ce monde. « L'*économisme* prouve qu'une fourmilière de
populace est l'enseigne de la sagesse administrative. Le gouvernement adhère à ces fausses doctrines qui légitiment les
spéculations ambitieuses d'un conquérant sur l'affluence de
soldats. » Les maîtres économiques veulent des bras à bon
marché, les maîtres politiques veulent de la chair à canon.
Sous ce rapport, la critique socialiste n'a rien ajouté à Fourier.
Le régime d'harmonie ne sera pas le régime de la soumission
passive à l'instinct qui « conspire à jeter le père dans un piège,
celui de la fourmilière d'enfants. » L'homme et la femme
n'obéiront plus à une volonté extérieure, fût-elle divine, aux
« dogmes religieux, plus sévères que dans l'antiquité [1] ! » Leur
volonté réfléchie, leur liberté s'exercera en matière de population comme dans tous les autres domaines de leur activité.
Ici l'individu humain exerce sa liberté et sa volonté non seulement dans l'espace, mais encore dans le temps. Il règle à son
gré le croit de la population. Certes, l'humanité civilisée n'a
pas les sujets de crainte qui dictèrent à Malthus sa théorie,
mais elle n'en agit pas moins d'une manière volontaire et
réfléchie pour limiter la population. Et c'est seulement dans
les milieux les plus développés industriellement et socialement,
c'est-à-dire qui se rapprochent le plus de l'ordre combiné
imaginé par Fourier, que se constate le mouvement de dépopulation dont s'alarment les philosophes de la sélection par la
guerre et la famine, et les politiciens routiniers qui expriment
cette philosophie en propositions législatives.

Les novateurs socialistes, et plus particulièrement Fourier,
ont posé un second principe, qui domine également le problème de l'émancipation féminine. Ce principe est que nulle
liberté sociale et morale n'est possible pour l'individu qui ne
possède pas sa liberté économique, qui attend son pain quoti-

---

1. *Traité de l'association domestique agricole.* Cislég. 2e partie.

dien de la volonté d'un autre individu, ou qui est attaché à un milieu social mal organisé. « Peut-on concevoir, dit Fourier, l'affranchissement des femmes avant celui des pères et des enfants ? Tant que le père aura des marmots à soigner et un pot à écumer, il sera obligé de tenir la femme à l'attache, la reléguer dans l'arrière-boutique, de par la morale et la charte. Délivrez donc l'homme du ménage... surtout ne perdez pas de vue que si Dieu veut la liberté, il la veut pour l'ensemble du genre humain, et non pour quelques parcelles. Affranchissez donc d'un même coup les nations et les individus, les grands et les prolétaires, les hommes et les femmes, les enfants comme les pères [1] ». Fourier a indiqué ici d'une manière saisissante la solidarité des problèmes sociaux. Donner à la femme l'indépendance économique, ou plutôt lui constituer une·personnalité économique distincte, prenant sa valeur grâce à l'association, et par l'association enlevée à l'indivision économique familiale, voilà ce qu'ont rêvé les novateurs socialistes, et voilà le rêve dont le présent fait de plus en plus une réalité. Mais par quel rude chemin la femme marche à sa libération, on ne le sait que trop...

Le salaire de la femme est considéré encore comme un appoint au salaire d'un père, d'un mari, ou d'un amant présumé ; mais c'est en gravissant ce calvaire douloureux, parfois humiliant, qu'elle acquerra toute sa valeur sociale et morale. Sait-on, en effet, si elle est vertueuse, si elle a conscience de la haute dignité de l'individu humain et des magnifiques destins qui l'attendent, la femme qui n'a jamais eu occasion de faillir, contenue par la famille et par elle préservée de la faim ? En créant l'association économique, en y donnant à la femme une place égale à celle de l'homme, les novateurs socialistes ont voulu assurer à la moralité générale une base solide. Tout, dans le présent, nous crie qu'ils ne se sont pas trompés et que la moralité est un phénomène social autant qu'individuel. Certainement, il ne suffit pas qu'un individu soit à l'abri du

----

1. *Fausse industrie.*

besoin pour qu'il soit meilleur. Mais il est certain que l'individu en proie aux suggestions de la faim n'aura pas souci de
conquérir, par la volonté, sur l'instinct, de nouveaux territoires. Il songera, tout simplement, à s'assurer sa pitance
misérable au jour le jour. Aussi, l'épreuve que traversent
depuis un siècle les femmes arrachées à la famille et jetéee
dans l'atelier et dans la manufacture n'aurait-elle fait que les
soustraire aux servitudes familiales pour les plier aux doubles
servitudes du capitalisme et de leurs propres instincts déchaî-
nés, si le socialisme n'intervenait pour les libérer en les arra-
chant à la domination extérieure du capital et à la domination
intérieure de l'ignorance. Cette intervention nécessaire,
les Fourier, les Saint-Simon et les Cabet l'ont annoncée et
préparée.

CHAPITRE III

L'INDIVIDU ET L'ÉTAT

I

Les novateurs socialistes conçoivent l'État comme l'ont conçu la philosophie du xviiie siècle et la Révolution qui s'en est suivie. Pour eux, l'État est l'expression agissante de la société : pas plus que l'État, la société n'est uniquement un fait naturel ; l'un et l'autre doivent être considérés comme des actes de volonté accomplis par les hommes, tacitement ou délibérément ; le contrat est donc au fond de leur conception de l'État. Même lorsque, comme Proudhon, ils refusent de prendre à la lettre le rationalisme de Jean-Jacques Rousseau, le contrat social est la base sur laquelle ils établissent les institutions publiques. Aussi, Proudhon a beau dire du contrat social que c'est une « fiction de légiste », dont le but était de « ramener à une loi de raison ce qui jusque-là avait été considéré comme

une appartenance de la loi de nature et de la religion », sa
critique ne porte que sur le passé hypothétique du contrat.
Selon lui, le contrat n'a pas existé, mais il existera lorsque les
hommes, au lieu de continuer à subir passivement « la loi de
nature et de la religion », se décideront à établir entre eux
« la loi de raison ». « Dans le système fédératif, dit-il, le contrat
social est plus qu'une fiction ; c'est un pacte positif, qui a été
réellement proposé, discuté, voté, adopté, et qui se modifie
régulièrement à la volonté des contractants. Entre le contrat
fédératif et celui de Rousseau et de 93, il y a toute la distance
de la réalité à l'hypothèse [1] ». Selon Proudhon, — et avec grande
raison il proteste ici contre ce que Fourier appelait si expressivement le « simplisme » et il donne au droit politique et
social un solide fondement économique, — « Rousseau n'a vu
que les rapports politiques, c'est-à-dire qu'il a supprimé les
points fondamentaux du contrat, pour ne s'occuper que des
secondaires... Quant au mode d'acquisition et de transmission
des biens, quant au travail, à l'échange, à la valeur et au prix
des produits, à l'éducation, à cette foule de rapports qui, bon
gré mal gré, constituent l'homme en société perpétuelle avec
ses semblables, Rousseau ne dit mot. » Et, dans son exaspéra-
tion contre ce simplisme démocratique, Proudhon va jusqu'à
s'écrier que « le contrat social, d'après Rousseau, n'est autre
chose que l'alliance offensive et défensive de ceux qui possèdent
contre ceux qui ne possèdent pas [2] ». Mais Proudhon ne pourrait adresser le même reproche à Cabet, bien que celui-ci
déclare procéder du contrat social. Il ne le pourrait, attendu
que Cabet n'inscrit pas seulement des stipulations politiques au
contrat, mais encore et surtout des stipulations économiques,
et qu'il fait de celles-ci les conditions et les garantes de celles-
là. « Qu'est-ce qu'une véritable société ? dit-il. — C'est une
réunion d'hommes qui, *librement* et *volontairement*, convien-
nent de s'associer dans leur intérêt commun. » Ces hommes
n'associent pas telle ou telle faculté de leur être, mais leur

1. *Du principe fédératif*, pp. 67-68.
2. *Idée générale de la Révolution*, pp. 116 à 120.

être tout entier, afin que « l'égalité sociale et politique »
devienne « la confirmation et le perfectionnement de l'égalité
naturelle [1] ». Proudhon, alors, trouvera que le contrat de
Cabet associe trop de choses et ne laisse plus rien à l'individu,
et nous savons qu'il ne se fera pas faute de protester ; mais,
en tout cas, il ne pourra accuser l'école de Jean-Jacques Rousseau, qu'il s'agisse de Louis Blanc ou de Cabet, de n'avoir pas
introduit au pacte social les rapports que Jean-Jacques avait
omis, puisqu'à son estime, et je suis de son avis, ils y en ont
trop introduit. Pour Jean-Jacques Rousseau, en effet, toutes les
clauses du contrat se réduisent à une seule : « l'aliénation
totale de chaque associé avec tous ses droits à toute la communauté... Si donc, ajoute-t-il, on écarte du pacte social tout ce
qui n'est pas de son essence, on trouvera qu'il se réduit aux
termes suivants : chacun de nous met en commun sa personne
et toute sa puissance sous la suprême direction de la volonté
générale ; et nous recevons encore chaque membre comme
partie indivisible du tout [2] ». Aussi Babeuf et les communistes
de la première moitié du XIX° siècle, n'ont eu garde de manquer
à revendiquer la théorie du contrat social, dans la forme même
où Jean-Jacques l'a formulée. C'est sur elle que Babeuf se
fonde lorsqu'il dit : « Je défie qu'on me dispute que les hommes,
en se réunissant en association, aient pu avoir d'autre but,
d'autre volonté que celle d'être tous heureux. Je défie qu'on me
soutienne qu'ils auraient consenti à cette réunion si on les eût
prévenus qu'il serait formé des institutions dont le résultat
dût être que bientôt le plus grand nombre porterait toute la
peine du travail, suerait sang et eau et mourrait de faim pour
entretenir dans les délices et l'inaction une poignée de citoyens
privilégiés. Mais quand cela s'est cependant opéré, comme les
droits éternels ne se prescrivent point, j'ai le droit, par ma qualité
d'homme, de revendiquer en tout temps l'exécution du premier
pacte, qui, fût-il vrai qu'il eût été tacite, se retrouve écrit par

---

1. *Voyage en Icarie*, pp. 551-555.
2. *Contrat social*, liv. I, chap. 6.

la nature en caractères ineffaçables au fond de tous les cœurs[1] ».
On pouvait si bien tout mettre, dans le pacte tel que le conçut
Jean-Jacques Rousseau, que Babeuf et ses continuateurs y mettront le communisme le plus sévèrement égalitaire, et qu'à
l'imitation de l'auteur du *Contrat social*, ils banniront de la
cité quiconque refusera de signer le pacte. Si, en effet, la conjuration des Egaux avait donné le pouvoir à Babeuf, ce n'est
pas d'une adhésion virtuelle, mais d'une signature formelle
qu'il se fût agi, et les jeunes gens, après la période consacrée
au service militaire, « seraient venus demander solennellement
à l'assemblée des citoyens leur inscription sur le registre. Après
la délibération de cette assemblée, on aurait expliqué la nature
du pacte social, les droits et les devoirs des candidats, qui
eussent été interpellés de déclarer s'ils consentaient à faire
partie de la société aux conditions qu'ils venaient d'entendre
et dont ils avaient été instruits. Ceux qui s'y seraient refusés
eussent été bannis de la République et accompagnés aux
frontières, pourvus des choses nécessaires à la vie pour un certain temps. Quant aux autres, il serait intervenu entre eux et
le souverain un pacte solennel[2]. »

Remarquons que, pour Proudhon, « l'idée de contrat est
exclusive du gouvernement » ; c'est pour cela qu'il repousse
le contrat en bloc des communistes. Mais s'il ne croit pas à la
réalité du contrat pour le passé, — Cabet, d'ailleurs, n'y croyait
pas davantage[3], — il trouve bon qu'on y ait cru. « Cette théorie
empruntée aux calvinistes, dit-il, était en 1764 un progrès. » Il
a raison. Les hommes courbés sous « la loi de nature et de la
religion », soumis au double impératif intérieur et extérieur
de l'hérédité et de la divinité, n'eussent jamais pu s'émanciper
des sujétions politiques et sociales dont les libérèrent les décla-

1. Défense générale de Babeuf devant la Haute-Cour de Vendôme:
— V. Advielle, *Histoire de Gracchus Babeuf et du babouvisme*, t. II,
pp. 34-35.

2. *Syst. pol. et soc. des Égaux*, p. 31.

3. Les nations n'ont pas été formées par une convention expresse. (*Voyage
en Icarie*, p. 555). — On vient de voir que Babeuf semblait prendre à la lettre
la formation des sociétés d'après un pacte débattu et délibéré préalablement
à toute association.

rations des droits extraites des versets républicains, ou plutôt
théocratiques, de la Bible. J'ai dit plus haut de quelle utilité
avait été le rationalisme du xviiⁱᵉ siècle dans l'œuvre du progrès
humain, et comme cette œuvre eût été impossible si les
hommes étaient demeurés sous « la loi de nature et de la
religion » exclusivement. Proudhon, en faisant cette constatation, se conformait à la théorie évolutionniste qui, depuis,
avec Herbert Spencer, nous a montré l'humanité allant du
réflexe au volontaire, de la servitude à la liberté, de la tradition à l'innovation, de l'hérédité au contrat [1].

Il va de soi que Saint-Simon et ses disciples, qui furent si
directement inspirés par un des créateurs de l'évolutionnisme,
Condorcet, n'ont pas cru davantage au contrat originel, même
tacite. Ils le repoussent donc dans le passé, même comme hypothèse, et se montrent ainsi les précurseurs de l'organicisme
d'Auguste Comte et d'Herbert Spencer. Bazard, chargé de développer la pensée de Saint-Simon, montrera, dès 1829, que le
pacte social est l'expression juridique d'un fait ou d'un ordre
de faits sociaux préexistant à tout contrat, et non un acte de
volonté, et il dira : « Nous aussi, nous répéterons, si l'on veut,
que la propriété est la base de l'ordre politique, mais la propriété est un fait social, soumis, comme tous les autres faits
sociaux, à la loi du progrès ; elle peut donc, à diverses époques,
être entendue, définie, réglée de diverses manières [2] ». On voit
que le strict déterminisme phénoménal qui inspire la pensée
saint-simonienne n'est pas l'oreiller sur lequel pourront reposer les paresses conservatrices. Les faits se modifient : il faut

---

1. Dès son premier grand ouvrage, Proudhon avait rendu justice à l'idéalisme révolutionnaire. « Lorsque, sans études préliminaires et sans méthode,
disait-il, les hommes de la Révolution abordèrent les problèmes les plus
élevés de la science, ils durent manquer le but et s'égarer dans des géné-
ralités ontologiques, nous le reconnaissons de bonne foi, et nous-même
l'avons plus d'une fois constaté. Mais en proclamant la liberté, l'égalité et
la fraternité ; en distinguant les pouvoirs et donnant pour sanction à la loi
le consentement du peuple ; en cherchant, enfin, dans la réforme politique
la formule de l'organisation du travail et le principe du bonheur commun,
ces hommes obéissaient à l'instigation de la Providence, et devançaient,
dans l'impétuosité de leur génie, les temps marqués par elle » (*Création de
l'ordre*, p. 554):

2. *Doctrine de Saint-Simon*. Exposition, p. 108.

bien que les hommes s'adaptent aux modifications des faits, et
fassent des arrangements sociaux en conséquence. Croit-on
que, pour formuler cette conclusion et attribuer au saint-simonisme le mérite d'avoir devancé la science sociale moderne
dans une de ses conclusions capitales, j'ai sollicité les textes ?
Qu'on veuille bien, en ce cas, se rappeler que toute la révolution saint-simonienne consiste à substituer l'administration
des choses au gouvernement des hommes. Et pourquoi cette
substitution ? Est-ce parce que les hommes ont plus à gagner
à la paix qu'à la guerre, à la liberté qu'à la servitude? Oui,
évidemment ; mais surtout parce que les institutions économiques ont pris le pas sur les institutions militaires, et que,
conserver à celles-ci la prédominance, c'est agir contre la
nature même des phénomènes, c'est s'opposer au déterminisme
phénoménal.

Est-ce, néanmoins, la soumission aveugle de l'esprit au fait,
de la volonté au phénomène ? Conformité et non soumission,
voilà la règle dont s'inspire le déterminisme phénoménal de
Saint-Simon et de son école. Les faits évoluent, mais l'intelligence humaine évolue aussi. Et à mesure qu'elle se développe,
elle se rend apte à les comprendre, à s'adapter à eux et même
à agir sur eux. Le pacte social interviendra donc pour utiliser
toutes les valeurs et pour écarter toutes les nuisances contenues dans les phénomènes. Dans un opuscule dont le titre est
à lui seul un programme : *De la physiologie appliquée à l'amélioration des institutions sociales*, Saint-Simon nous dira
« que la force d'un peuple gît bien plus dans le pacte social
qui associe toutes les capacités pour l'accomplissement de
travaux d'une utilité commune, que dans la multiplicité des
éléments de richesse et de pouvoir dont aucun esprit philan-
thropique ne combine la valeur [1] ». On voit ici Saint-Simon
combiner le passé et l'avenir et se montrer le véritable maître
d'Auguste Comte : au sommet du déterminisme phénoménal
il place les actes de volonté collective qui résident dans le con-

1. *Œuvres de Saint-Simon et d'Enfantin*, t. XXXIX, p. 185.

trat, et qui se manifestent bien réellement à mesure que l'homme connaît davantage son pouvoir sur lui-même et sur les choses qui l'entourent. C'est ainsi que le déterminisme phénoménal appelé naguère : coutume, volonté de Dieu, etc., se complète et, sans disparaître, s'additionne et se recouvre du déterminisme social dont les démocraties de l'Europe occidentale et de l'Amérique du Nord sont aujourd'hui l'expression la plus achevée en fait, sinon en pensée.

I I

Comme nous venons de le voir, Cabet reste dans la notion du contrat de « Rousseau et de 93 », au point d'asservir l'homme tout entier à la souveraineté du peuple. Cabet présente certains postulats, nous propose certains idéaux, et confie à la souveraineté populaire le soin de « créer l'égalité sociale et politique, l'égalité de bonheur et de droit, l'égalité universelle et absolue ». Le monde social est pour lui un acte de volonté ; aussi fait-il appel à la « volonté unanime » pour régler les destinées humaines selon le meilleur plan : « éducation, nourriture, vêtement, habitation, ameublement, travail, plaisir, droit d'élection ou d'éligibilité et de délibération ». La communauté peut et par conséquent doit arranger tout cela en bloc, d'un seul geste et sur un même plan, selon « l'égalité universelle et absolue », car, dit-il, « tout est le même pour chacun de nous[1] ». On aperçoit tout de suite la différence des méthodes entre Saint-Simon et Cabet. Celui-ci dirige sa pensée en plein arbitraire, tandis que celui-là tente de la modeler sur les phénomènes que son regard embrasse. Le premier élargit son cerveau pour le mettre à même de comprendre l'univers. Le second rapetisse et mutile l'univers, ou plutôt la société, qui est une portion infime de l'univers, et tente de l'emprisonner dans son cerveau. Le premier, esprit objectif, épouse les faits et tente de les féconder. Le second, esprit subjectif, substitue la volonté aux faits, et sa volonté à la volonté.

1. *Voyage en Icarie*, pp. 38-39.

Et pourtant, à leur insù, Saint-Simon et Cabet conduisent à des résultats inattendus. La doctrine du premier, dès qu'elle entre en application, se formule en théocratie par son succes- seur Enfantin, et en féodalité financière par ses disciples du premier degré. La doctrine politique du second, au contraire, n'a entravé aucun progrès des libertés publiques, et c'est fina- lement son démocratisme qui est là règle politique de tous les pays où le peuple est, de droit sinon de fait, souverain. Il n'est plus personne aujourd'hui, en effet, qui conteste cet axiome sur lequel Cabet a construit sa communauté idéale : « Les lois sont l'expression de la *volonté générale* dans toute la vérité du mot[1] ». Le suffrage universel, par lequel s'exprime la souverai- neté populaire, peut, théoriquement et pratiquement, rendre tel décret qu'il lui plait, faire telles lois que lui dictera son bon plaisir. Il n'existe aucun obstacle juridique et de fait à l'expression de sa volonté. Mais faire la loi n'est pas tout : il reste à l'appliquer. Et ici la volonté de la majorité, ni même celle de l'unanimité, ne suffit pas. Les adversaires de la sou- veraineté populaire triomphent alors. Le plaisant souverain, disent-ils, dont les décrets peuvent n'être pas obéis! Ils oublient qu'il en serait tout comme des décrets du Sultan ou de l'empereur de Chine, si ces monarques absolus s'avisaient de contraindre leurs sujets à marcher dorénavant sur les mains. Et c'est parce que, comme tant d'autres novateurs socialistes d'ailleurs, Cabet a voulu créer un monde à l'image de sa pensée, que ce monde rebelle lui a désobéi, et dans l'Icarie réelle qu'il fonda en Amérique, et dans l'Icarie idéale qu'il fit vivre un instant dans les cerveaux de la fin du règne de Louis-

---

1. *Voyage en Icarie*, p. 559. — De son côté, Buonarotti, parlant de la Révolution tentée par Babeuf et du régime qui la suivrait, disait qu' « il y avait dans cette République : 1° *une institution de l'État*, savoir : l'égalité rigoureuse; 2° une *Constitution de l'autorité*, savoir : la souveraineté po- pulaire. L'inviolabilité de ces deux dogmes eut été solennellement reconnue par la loi, qui devait autoriser la condamnation de ceux qui tenteraient de les violer, et l'insurrection dans le cas où une partie des citoyens les méconnaîtraient. » Il ajoutait que « le magistrat doit être fort de toute la puissance nationale pour faire respecter la volonté du peuple, mais il ne doit rencontrer qu'obstacles quand il s'en écarte ». (*Syst. pol. et soc. des Egaux*, pp. 41-42.)

Philippe. Les conséquences que Cabet tira de la souveraineté populaire furent certainement fausses et abusives, mais le principe survécut aux applications qu'on en avait voulu faire. Les principes, heureusement, sont des outils que la main du plus maladroit ouvrier ne parvient jamais à ébrécher, ni à mettre hors d'usage.

Tandis que Saint-Simon ignorait si complètement la souveraineté populaire et que Cabet lui attribuait une puissance illimitée, Fourier n'y voyait qu'un « égarement de l'esprit humain », et en parlait comme plus tard M. Brunetière devait parler du rationalisme, qui fut « l'erreur du xviiiᵉ siècle », et de la science, qui fit « faillite » au xixᵉ. « Après la catastrophe de 1793, dit-il, les illusions furent dissipées, les sciences morales et politiques furent flétries et discréditées sans retour[1]. » Aussi n'a-t-il que des sarcasmes pour le peuple ignorant qui prétend participer au pouvoir et pour les « philosophes » qui soutiennent cette prétention. Il faut l'entendre dire leur fait aux « chimères de liberté et d'égalité, bien usées[2] », aux « deux chimères antipathiques avec la liberté réelle », c'est-à-dire, pour emprunter son langage : surcomposée. Ces chimères de « l'égalité et de la fraternité » sont « admissibles chez les sauvages, mais nullement chez les nations civilisées ». Il se demande quels résultats on obtient chez nous de ce « monstrueux amalgame » et il répond en qualifiant ainsi les « chimères » politiques : « Une fraternité dont les coryphées s'envoient tour à tour à l'échafaud ; une égalité où le peuple qu'on décore du nom de souverain n'a ni travail, ni pain, vend sa vie à cinq sous par jour, est traîné à la boucherie la chaîne au cou [3]. »

---

1. *Théorie des quatre mouvements.* Disc. prélim.
2. *Nouveau monde industriel.* Confirmations tirées des Saintes Écritures.
3. *Traité de l'association domestique agricole.* Prolégomènes. — De son côté, Colins constatera que « M. Blanqui (l'aîné) ne veut pas du privilège électoral, qui, dit-il du reste avec raison, garantit tous les autres. Il est donc partisan du vote universel au sein de masses nécessairement ignorantes... nécessairement irréligieuses... nécessairement corrompues... qui, nécessairement, seront livrées à l'éloquence démagogique. » (*Science sociale*, t. II, p. 369.)

Les droits de l'homme, la souveraineté populaire, tout cela n'a pas donné à l'homme la liberté « surcomposée », c'est-à-dire la liberté de manger, d'aller et de venir à son gré sans aucune dépendance. Voilà pourquoi le réalisme économique et social de Fourier répudie les principes politiques. Il n'a pas vu qu'ils pouvaient être des moyens sociaux, il les a vus avorter d'une part, et, ce qui est pis, d'autre part être proclamés par ceux qui n'affirmaient la liberté idéale que pour mieux confisquer la liberté réelle des non possédants. Voilà pourquoi il se moquera du père de famille « qui veut sauver le peuple dans les clubs, les cafés et réunions cabalistiques ». Voilà pourquoi, fidèle à son réalisme économique et social, qui ne conçoit pas la liberté en dehors des moyens matériels de la liberté, il mettra ses adhérents en garde contre « les divagateurs en politique » qui « nous parlent d'émanciper le peuple et les femmes ». Opérer la transformation politique sans toucher aux institutions économiques, « c'est vouloir le fruit avant la feuille, vouloir l'effet avant la cause[1]. »

Ce réalisme, dont on aperçoit, sans qu'il soit besoin d'insister, autrement, l'étroitesse et l'unilatéralité, inspire encore aujourd'hui nombre de socialistes qui subordonnent tous les progrès politiques, moraux, intellectuels et esthétiques à une révolution économique totale, sans apercevoir que tous ces progrès, additionnés aux progrès et transformations économiques, constituent précisément la transformation sociale objet de leurs vœux. Fourier tombe dans l'excès de réalisme, de positivité, dont se vantent à tout propos les conservateurs et qu'ils opposent à l'idéalisme des partisans du progrès. Ecoutez-le accuser les philosophes d'avoir « trahi de tout temps » le peuple « en lui concédant des droits dérisoires de souveraineté et lui déniant son droit réel, celui du *minimum* » (le minimum de subsistances assuré à tout être humain comme sanction de son droit à la vie). « Ils ne repaissent le peuple que d'illusions mercantiles, ajoute-t-il, propres à favoriser le trafic des livres :

1. *Fausse industrie.*

telle est la prétention d'instruire le bas peuple, en former une
populace d'ergoteurs politiques [1] ». Nous entendons ici le son
initial auquel devaient faire écho, à l'aube du siècle suivant, les
paroles de Jules Guesde opposant aux sentiments démocratiques
et libres penseurs des socialistes qui échappaient à sa direction
intellectuelle, l'indifférence doctrinale et pratique vis-à-vis des
questions de vie ou de mort dont la société française était à ce
moment et est encore aujourd'hui bouleversée. « Qu'importe
un Guillaume ou un Loubet », disait Jules Guesde ; c'est-à-dire,
qu'importe la République ou la monarchie. « Qu'importe la foi
ou la non-foi », c'est-à-dire qu'importe la domination politique de
l'Église ou le triomphe de l'esprit laïque. Évidemment Guesde,
comme naguère Fourier, est pour la démocratie laïque et non
pour le césarisme clérical ; mais, pour lui comme pour Fourier,
courir aux pompes lorsque la maison brûle, combattre les
effets en même temps que saper les causes, et non se vouer
uniquement à saper les causes, « c'est vouloir le fruit avant la
feuille, vouloir l'effet avant la cause ». Qui n'aperçoit cependant que ce n'est pas au milieu de l'incendie que l'on doit
procéder à un nouvel aménagement de la maison jugée incom-
mode ?

III

Considérant a bien aperçu l'erreur commise par son maître,
et il s'est ingénié à l'excuser. « Fourier, nous dit-il, bien qu'il
fût sans doute, comme tout homme de sens et ouvert, pénétré
de la raison de son siècle, était, nous devons en convenir, en
réaction violente contre la Révolution et contre la Philosophie.
Il n'avait vu que des erreurs dans l'une, que des horreurs dans
l'autre. Il est certain que son esprit positif et réalisateur tenait
en égal mépris toutes les querelles de la politique, de la philosophie et de la théologie. » L'excuse ne nous paraît pas avoir
grande valeur. Elle n'en aurait une que si « l'esprit positif »

1. *Théorie de l'unité universelle*, art. 12, final.

de Fourier avait véritablement « réalisé » quelque chose. Et
l'on sait que toutes les tentatives phalanstériennes pures, toutes
les « réalisations positives » ont échoué. Et cela est d'un mauvais augure pour la « dictature de classe » qui, au lendemain
de la catastrophe révolutionnaire, réalisera, au dire de Jules
Guesde, la démocratie laïque, qui ne peut naître que de la transformation économique. Considérant nous prouve d'un mot que
l'esprit polémique animait Fourier, bien plutôt que l'esprit
scientifique : « Il donnait, ajoute-t-il, volontiers raison à ce que
dans chaque camp les uns reprochaient aux autres[1] ». S'il suffisait de réunir les « âmes de vérité » qui sont contenues dans
chacune des erreurs dont se composent les théories et les systèmes, évidemment Fourier eût eu chance, en pratiquant cet
éclectisme supérieur, de construire une doctrine définitive.
Mais des « âmes de vérité » additionnées n'ont jamais plus fait
une vérité que des fragments parfaits de diverses statues ne
seraient capables de réaliser la statue idéale. Et encore ici ne
s'agirait-il que d'opérer sur du marbre. Or, c'est en pleine chair
vivante d'humanité que doivent opérer les novateurs sociaux.
De là l'échec des combinaisons et découvertes purement rationnelles. On peut même dire que plus elles sont parfaites, c'est-à-
dire purement rationnelles, et moins elles sont applicables à
l'incessant mouvement humain.

Mais, reconnaissons-le, Considérant, qui fut sincèrement un
démocrate, motiva plus fortement que Fourier son opposition
à la réalisation immédiate de la démocratie. « La loi sortie du
suffrage universel, recueillie dans la société actuelle, ne serait
pas plus légitime que celle du monopole électoral, comme vous
dites, » fait-il en s'adressant aux démocrates non socialistes de
son temps. « Non, ajoute-t-il, pas plus légitime en réalité, car
les dix-neuf vingtièmes des populations qui voteraient aujour-
d'hui seraient incapables de donner le moindre mandat en connaissance de cause ; elles ne comprendraient seulement pas la
valeur de leur droit ; elles ne sauraient pas ce qu'elles feraient

1. *Le socialisme devant le vieux monde.*

en votant ». Remarquez la différence entre Considérant et
Fourier : pour celui-ci, les droits politiques sont secondaires,
en tout cas ils ne peuvent être qu'une conséquence de l'émancipation économique ; pour Considérant, c'est parce que les
prolétaires ne sauraient ou ne pourraient exercer les droits
politiques qu'il n'est pas d'avis qu'on les leur donne. « Oui,
s'écrie-t-il, nos populations en sont là, qu'elles sont incapables
de contracter : elles sont frappées d'imbécillité politique ! et qui
plus est, elles vous donneraient la plus belle collection de droits
politiques possibles pour un sac de pommes de terre ou une
paire de sabots[1]. » Si les prolétaires savaient ou pouvaient
exercer les droits politiques, nulle raison de principe ne pourrait leur être objectée. « Certainement, déclare Considérant, le
principe de l'élection est en soi bon et juste. » Voilà une déclaration que l'on ne trouvera jamais sous la plume de Fourier.
Et pourtant, Fourier, dont on connaît les anathèmes contre la
démocratie et contre l'élection populaire, fonde tout son système sur l'option, sur l'élection, sur le caprice des foules et des
individus. Si bien qu'il déclare à la fois l'élection incapable de
fournir de bon choix politiques, et qu'il la place à la base
même du complexe mécanisme social constitué par les phalanstères et leur fédération hiérarchisée. On surprend encore
ici le procédé favori de Fourier, qui consiste à déclarer vicieux
tous les moyens employés dans le régime « civilisé » et à les
transformer en instruments excellents et parfaits par cela
même qu'ils auront été transportés en régime d'harmonie.
Aussi Considérant, avant d'en venir à reconnaître la bonté et
la justice du principe de l'élection, se croit tenu à des précautions. Écoutez de quelle manière il amadoue, sur ce point, les
mânes de son irritable maître :

« Et l'élection républicaine ?... Ici, grand Dieu ! c'est tout le
monde qui est appelé. Portefaix, charbonniers, forts de la
halle, rustres, ivrognes... Tout malotru *français* enfin va donner sa voix et choisir législateurs, hommes d'État, chefs de

1. *Destinée sociale.*

gouvernement !!!... Ici, il ne faut plus parler de réfutation, mais de guérison. Nous sommes dans les eaux du docteur Esquirol. » Cette précaution une fois prise, Considérant ne fait nulle difficulté de reconnaître que « certainement il est de raison, d'évidence, de droit incontestable que les intérêts des populations soient traités comme ces populations l'entendent [1]». Afin de prouver que son opposition à la démocratie n'est pas de principe et qu'il ne faut pas la confondre avec celle des conservateurs, il ajoute : « Je vous fais bon marché de tous les pouvoirs *par la grâce de Dieu*, de toutes les impostures monarchiques ou religieuses sous lesquelles l'humanité a courbé et courbe encore les reins. Il n'y a de pouvoir *légitime*, en système absolu, que celui qui vient de *l'élection* ou du *consentement*. » Ce n'est donc pas au principe qu'il en a, mais à l'application. Ce n'est pas nier l'utilité du couteau, que de l'ôter des mains d'un enfant maladroit qui va se blesser. Nous verrons plus loin que les saint-simoniens, pour éviter que les rustres et les ivrognes d'une part, les portefaix et les charbonniers d'autre part, soient appelés à gouverner la société, repoussent l'élection et se fondent sur le *consentement*. Mais poursuivons avec Considérant : « Oui, l'élection est bonne et juste, dit-il ; oui, vous avez raison en principe, vous qui en voulez l'usage dans les affaires actives de l'humanité ; mais l'absurde, c'est de vouloir forcer l'application d'un principe juste à un ordre essentiellement faux. Aucun principe juste n'est applicable dans une société organisée à contre-sens de la justice [2] ». Que la phalange soit, et l'élection deviendra un moyen excellent. On a, par ce passage, la preuve qu'en traduisant Fourier, Considérant ne l'a pas trahi, ni même modifié, mais élucidé.

A l'époque même où écrivait Fourier, le mouvement démocratique en vue de la réforme électorale en Angleterre n'était pas jugé plus favorablement par Robert Owen. « Rien n'est plus sensé, dit-il, que la persévérance dans le refus... d'une mesure nommée *réforme*... Les promoteurs de cette mesure,

1. *Destinée sociale.*
2. *Id.*

quelque bien intentionnés et dévoués à la patrie que plusieurs
d'entre eux le soient en effet, ne peuvent indiquer aucun bon
résultat pratique qu'on puisse attendre de leurs systèmes dans
l'état actuel d'ignorance où la masse de la population britannique a été élevée jusqu'à présent. » Pour Owen, « il ne peut
y avoir qu'une réforme praticable » et, à cette réforme, « les
hommes de tous les partis peuvent concourir : c'est une réforme
dans l'éducation et l'administration des pauvres, des ignorants,
des hommes sans instruction et sans éducation, ou mal instruits
et mal élevés, dans toute la masse de la population britannique[1] ». On remarque, chez Owen, comme chez Fourier, la
préoccupation d'attirer à soi « les hommes de tous les partis ».
Mais il saute aux yeux que le novateur anglais ne voit, comme
obstacle à la réforme électorale, que « l'ignorance » de la
masse ; et c'est pour faire disparaître l'obstacle qu'il veut
réformer « l'éducation et l'administration des pauvres, des
ignorants ». Owen est donc beaucoup plus près de Considérant
que de Fourier : il est vrai que l'éducation politique de l'Angleterre avait sur celle de la France une avance assez considérable pour que nous soit expliquée la différence d'attitude entre
les deux novateurs contemporains.

                              IV

Dès 1802, Saint-Simon a opposé au dogme de la souveraineté du peuple un raisonnement identique à celui de Robert
Owen. Il s'adresse en ces termes à la troisième classe de la
société, celle des prolétaires : « Vous dites : *Nous sommes dix
fois, vingt fois, cent fois plus nombreux que les propriétaires,
et cependant les propriétaires exercent sur nous une domination bien plus grande que celle que nous exerçons sur eux.* Je
conçois, mes amis, que vous soyez très contrariés ; mais
remarquez que les propriétaires, quoique inférieurs en nombre,
possèdent plus de lumières que vous, et que, pour le bien géné-

_____
1. *Examen impartial*, etc.

ral, la domination doit être répartie dans la proportion des lumières. » Et, appuyant son argument, l'illustrant d'un exemple, il ajoute : « Regardez ce qui est arrivé en France pendant le temps que vos camarades y ont dominé, ils y ont fait naître la famine[1] ». Pas plus que Robert Owen, Saint-Simon n'est délibérément hostile à la démocratie, ou tout au moins aux principes dont elle se réclame. « *La déclaration des droits de l'homme*, dira-t-il, qu'on a regardée comme la solution de la *liberté sociale*, n'en était véritablement que l'énoncé[2] ». Il lui faut donc emplir de réalité cette proclamation verbale. Pour cela, il ne s'agit pas de décréter l'égalité politique, mais de mettre chacun à la place où il est le plus propre et de réaliser ainsi le bien-être pour tous. « En Angleterre, dit-il, il y a beaucoup de savants. Les Anglais instruits ont plus de respect pour les savants que pour les rois ; tout le monde sait lire, écrire et compter, en Angleterre ; eh bien ! mes amis, dans ce pays, les ouvriers des villes, et même ceux des campagnes, mangent de la viande tous les jours. » Il oppose à l'Angleterre la Russie où, « quand un savant déplaît à l'empereur, on lui coupe le nez et les oreilles, et on l'envoie en Sibérie ». Dans ce pays, « les paysans sont aussi ignorants que leurs chevaux » ; faut-il s'étonner qu'ils soient « mal nourris, mal vêtus », et qu'ils reçoivent « force coups de bâton par dessus le marché[3]. »

Admirons avec quelle force expressive Saint-Simon établit la relation étroite qui existe entre le bien-être matériel et les libertés publiques. Après nous avoir montré que les peuples bien nourris ne se laissent pas donner de coups de bâton, il donne aux prolétaires français le conseil que voici : « Jusqu'à présent, les gens riches n'ont guère eu d'autres occupations que celles de vous commander ; forcez-les à s'éclairer et à vous instruire ; ils font travailler vos bras pour eux, faites travailler leurs têtes pour vous ; rendez-leur le service de les décharger du pesant fardeau de l'ennui[4]. » Il semblerait, après cela, que

1. *Lettres d'un habitant de Genève*, 2e lettre.
2. *L'Industrie*, 2e partie. Moyens, etc. (Œuvres, t. XIX, p. 84.)
3. *Lettres d'un habitant de Genève*, 2e lettre.
4. *Id.*

Saint-Simon n'eût plus qu'à adhérer aux principes démocratiques. Comment, en effet, les classes populaires forceront-elles
les classes riches, en possession du pouvoir « à s'éclairer et à
les instruire? » Eh bien, non. Certainement, on ne peut pas le
déclarer indifférent aux formes politiques, comme l'est Fourier.
Quand il nous dit, en effet, que « l'époque n'est pas encore
venue de se passer de l'institution royale »; quand il ajoute
qu'en « considérant la monarchie représentative comme un
régime transitoire, indispensable à notre époque... il est impossible aujourd'hui (en 1819) de supprimer entièrement l'arbitraire »; quand, enfin, il nous montre la monarchie représentative comme le « régime qui convient le mieux actuellement,
comme étant celui qui est nécessaire pour opérer la transition
du régime entièrement arbitraire qui a existé au régime tout à
fait libéral qui existera plus tard[1] », Saint-Simon affirme d'une
manière suffisamment claire ses principes libéraux et sa filiation philosophique et révolutionnaire.

Mais si Saint-Simon est libéral, il n'est pas démocrate. Il
n'est pas pour la forme simpliste de gouvernement qui puise à
la fois son pouvoir et son autorité dans l'investiture populaire.
Son sens de l'organisation est choqué de l'arbitraire que contient le dogme de la souveraineté du peuple, ce dogme qui est
censé conférer la capacité en même temps qu'il confère la puissance à ceux que le peuple souverain a désignés. Parlant de la
crise révolutionnaire, il dit que si, « dès le commencement,
dès 1789, la nation avait admis pour principe général qu'elle
devait adopter l'organisation la plus favorable au progrès des
connaissances positives, Robespierre n'aurait jamais pu faire
gouverner la France par les sans-culottes». Il est persuadé que
si son principe avait été admis, « le simple bon sens aurait
prouvé à la nation que la classe la plus ignorante n'était pas
capable de diriger les travaux des savants, des artistes et des
artisans ». De même, « Bonaparte n'aurait pas pu établir un
gouvernement militaire, parce qu'il aurait été évident que les

1. *L'Industrie*, art. 6⁰. (Œuvres, t. XIX, pp. 20-21.)

militaires, qui sont des consommateurs, ne sont nullement propres à diriger les travaux de l'industrie [1] ». Que si l'on eût répondu à Saint-Simon que, dans la conception césarienne pas plus que dans la conception démocratique de l'époque, il ne fut jamais question de faire du pouvoir l'organe de direction des travaux de la science, de l'art et de l'industrie, le novateur n'eût pas été pris de court, puisqu'il faisait un grief à l'État de son abstention dans ces matières essentielles. N'oublions pas qu'il a en vue « une société organisée pour le but positif de travailler à sa prospérité par les sciences, les beaux arts et les arts et métiers [2] ». Aussi, lorsqu'il repousse le dogme de la démocratie, c'est qu'il veut confier à l'autorité publique une fonction d'organe de la société infiniment plus étendue que celle qui fut assumée jusque-là par l'État. Il ne voit, en conséquence, dans la « souveraineté du peuple » qu'un pendant à la « souveraineté par la grâce de Dieu ». Puisque, dans l'un et l'autre cas, la nature et les attributions du pouvoir ne sont pas modifiées, il ne voit plus dans le dogme nouveau « qu'une critique de l'idée *par la grâce de Dieu*, laquelle ne signifie réellement que l'indépendance du consentement du peuple. Ces deux dogmes antagonistes n'ont donc qu'une existence réciproque [3]. »

Saint-Simon, qui tient plus à la souveraineté réelle qu'à la souveraineté nominale, et en conséquence tend à substituer l'administration des choses au gouvernement des hommes, — ou plutôt à faire de l'administration des choses la matière essentielle du gouvernement, — Saint-Simon ne voit dans les deux dogmes opposés que des moyens de continuer le gouvernement des hommes et le laisser aller de l'administration publique au regard de l'administration des choses. Il a, de plus, aperçu que, lorsque le pouvoir issu de la souveraineté du peuple a touché au domaine de la production et de l'échange,

---

1. *L'Organisateur*. Troisième lettre. (Œuvres, t. XX, p. 43.)

2. *Id*. Onzième lettre. (Œuvres, t. XX, p. 197.)

3. *Le Système industriel*. Lettres sur les Bourbons. Première au Roi. (Œuvres, t. XXI, pp. 209-211.)

des crises s'en sont suivies. Et, sans tenir compte du moment
révolutionnaire, de la guerre civile que compliquait et aggra-
vait la situation créée par la guerre étrangère, Saint-Simon
attribue tout le mal à l'incompétence des élus de la souveraineté populaire, incompétente elle-même lorsqu'elle s'exerce en
bloc, d'une manière générale, simple et absolue. Dans une
société organisée selon les règles de la raison, il n'en irait
pas ainsi. La société pourrait exercer sa souveraineté, car
Saint-Simon est plutôt contre l'interprétation simpliste du dogme
de la souveraineté du peuple que contre le dogme lui-même.
Seulement, au lieu de confier aux hommes investis des fonctions sociales (Saint-Simon entend ici les fonctionnaires et les
hommes politiques) « l'acte politique le plus important, celui
qui consiste à fixer la direction dans laquelle la société doit
marcher », il faudrait que ce soin fût rempli « par le corps
social lui-même [1] ». Or, nous savons, ce qui, pour Saint-Simon,
constitue le corps social ; ce sont les individus socialement
utiles : les savants, les artistes et les industriels, tous autres
étant considérés comme parasites, fussent-ils issus de la cuisse
de Henri IV. Qu'on se rappelle sa fameuse *Parabole* : Supposons,
d'une part, dit-il, que la France perde les cinquante premiers
de toutes les fonctions sociales utiles dans les sciences, les arts
et l'industrie, soit « des Français les plus essentiellement producteurs » ; et, d'autre part, que « conservant tous les hommes
de génie qu'elle possède dans les sciences, dans les beaux-arts
et dans les arts et métiers », la France ait le malheur de perdre,
le même jour, « Monsieur, frère du roi », et tous les nobles,
grands officiers de la couronne, fonctionnaires « et, en sus de
cela, les dix mille propriétaires les plus riches parmi ceux qui
vivent noblement ». Dans la première hypothèse, cette disparition des « trois mille premiers savants, artistes et artisans de
France » ferait de la nation « un corps sans âme », et « elle
tomberait immédiatement dans un état d'infériorité vis-à-vis
des nations dont elle est aujourd'hui la rivale ». Dans la

---

1. *L'Organisateur.* Onzième lettre. (ŒUVRES, t. XX, pp. 197-198).

seconde, « cette perte des trente mille individus réputés les plus importants de l'État ne leur causerait (aux Français) de chagrin que sous le rapport sentimental, car il n'en résulterait aucun mal politique pour l'État[1] ». Si l'on admet avec lui que la société, c'est l'ensemble des individus utiles, Saint-Simon ne fait nulle difficulté pour déclarer que « la société, prise collectivement, peut exercer la souveraineté ». Car cette souveraineté « ne consiste point alors dans une opinion arbitraire érigée en loi par la masse, mais dans un principe dérivé de la nature même des choses et dont les hommes n'ont fait que reconnaître la justesse et proclamer la nécessité[2] ». On aperçoit bien le chemin suivi par la pensée de Saint-Simon. Il est né dans le libéralisme économique. Nous avons vu, dans la préface, en quels termes admiratifs il juge l'œuvre d'Adam Smith, et comme il fait de l'économie politique « l'unique fondement de la politique », puis, finalement, substitue la fonction économique à la fonction politique. Tandis que les économistes se fient aux forces naturelles, c'est-à-dire à l'arbitraire des chefs de l'industrie protégé par les lois, pour assurer le progrès économique et social, et qu'ils agissent en vue de réduire l'État à sa plus simple expression, au rôle de producteur de sécurité, Saint-Simon substitue l'administration des industriels au pouvoir des hommes et des classes politiques. Et pour avoir voulu substituer une œuvre de la raison au mouvement organique de la démocratie, pour avoir substitué la perfection théorique du « système industriel » aux mouvements chaotiques, mais vivants et réels de la souveraineté populaire enfantée dans les convulsions politiques et sociales, il est arrivé à Saint-Simon cette double mésaventure : que ses disciples n'ont échappé à la théocratie que pour se réfugier finalement dans la féodalité financière, et tomber de Charybde-Enfantin en Scylla-Pereire.

1. *Saint-Simon, son premier écrit*, etc., pp. 71 à 80.
2. *L'Organisateur*. Onzième lettre, etc.

V

Dans la théorie, ou plutôt dans le dogme de la souveraineté populaire, tel que l'acceptent les novateurs socialistes qui se tiennent dans la tradition de Rousseau et de 93, le souverain tient une grande place, mais cette fraction du souverain qu'est l'individu s'en trouve diminuée d'autant. Louis Blanc, pourtant, nous affirme que « c'est pour le compte de la liberté » qu'il demande la réhabilitation du principe d'autorité. Il veut « un gouvernement fort parce que, dans le régime d'inégalité où nous végétons encore, il y a des faibles qui ont besoin d'une force sociale qui les protège ». Son réalisme économique et social, tout aussi net que celui de Fourier, lui montre dans l'État l'instrument de libération économique que Fourier soustrait à l'action de l'Etat, et il dit : « Nous voulons un gouvernement qui intervienne dans l'industrie, parce que là où l'on ne prête qu'aux riches, il faut un banquier social qui prête aux pauvres. En un mot, nous évoquons l'idée de pouvoir, parce que la liberté d'aujourd'hui est un mensonge, et que la liberté de l'avenir doit être une réalité[1] ». Vidal dit également : « C'est au nom de la liberté que nous voulons l'organisation ». Nous verrons plus loin combien sa notion de la liberté se rapproche de celle de Pecqueur. Remarquons pour l'instant que, comme Louis Blanc, Vidal affirme le devoir, pour « les véritables amis de la démocratie » de « réhabiliter l'idée de pouvoir, dans l'intérêt du peuple, dans l'intérêt de l'ordre et de la liberté ». Il ajoute qu' « en désarmant le pouvoir, en le réduisant à l'impuissance, on croyait arriver à la liberté la plus complète, et l'on a abouti à l'excès de l'imprévoyance et de l'égoïsme, au triomphe de la force sur la raison et sur le droit, à la domination de quelques intérêts particuliers, des intérêts de la minorité, enfin à l'anarchie universelle[2] ». On aperçoit tout de suite le grave inconvénient qu'il y aurait à s'accorder, entre

1. *Organisation du travail.* Introduction, pp. xxiv-xxv.
2. *Répartition des richesses*, p. 40.

économistes et socialistes, sur une définition négative de la
liberté. Tandis que les premiers proclament une liberté qui,
par son exercice même, peut supprimer de fait la liberté, ce
qui est une contradiction, les seconds proclament que l'autorité
peut restreindre et même supprimer la liberté pour créer la
liberté, ce qui est une contradiction pire encore. Mais, répétons-le, Vidal, pas plus que Pecqueur, n'a jamais opposé la
liberté à la société : ils ont tous deux, au contraire, fait de
celle-ci la condition nécessaire de celle-là.

Pour Fourier, la notion de liberté est très simple et très
claire ; elle réside dans le pouvoir d'agir. « L'ouvrier réduit à
travailler sous peine de mourir de faim » ne possède « de liberté
corporelle » qu'un jour par semaine ; quant à sa « liberté
sociale », mieux vaut n'en point parler. Fourier, cependant, se
gardera bien du pessimisme affecté par certains socialistes ;
certes il regrettera qu'on ait donné la « liberté corporelle » aux
esclaves de Saint-Domingue et que faute de leur avoir donné la
« liberté surcomposée », c'est-à-dire l'émancipation économique
par l'association, on ait abouti à faire de cette île « une arène
de carnage, sous le prétexte banal de liberté [1]. » Mais il ne dira
pas avec Colins qu'il ne faut « point s'étonner si, dans les derniers temps de l'esclavage domestique en France, la comparaison que les esclaves faisaient de leur sort avec la malheu-
reuse situation des prolétaires, esclaves politiques prétendus
libres, leur ait fait préférer le servage à une prétendue liberté [2]. »
Comparez ce langage, auquel fait encore aujourd'hui écho le
pessimisme social de certains socialistes pour qui, au regard
de la servitude ouvrière d'aujourd'hui, la vie du travailleur du
moyen âge fut une idylle, comparez ce langage à celui de Fourier, qui déclare l'ouvrier « déjà moins malheureux qui n'a de
liberté corporelle ni en actif ni en passif, » Fourier eût pu
ajouter : et qui n'a pas la liberté politique pour instrument de
sa liberté économique et sociale. Mais on sait qu'il croyait à la
seule vertu de l'association ; d'autre part, nous l'avons entendu

1. *Traité de l'association domestique agricole.* Prolégomènes.
2. *Science sociale*, t. II, p. 259.

exprimer son sentiment sur la « catastrophe de 93 » qui, pour lui, est toute la Révolution, toute la démocratie. Pour comprendre Fourier, on doit ne pas oublier qu'il écrivit la plus grande partie de son œuvre dans le pire moment de notre histoire sociale, pendant l'Empire et la Restauration, c'est-à-dire à une époque où les principes de liberté de la Révolution française ne pouvaient profiter qu'à ceux qui possédaient la richesse et le savoir, une époque où ceux d'entre ces principes qui eussent pu profiter aux masses populaires étaient niés ou combattus par la bourgeoisie et ses doctrinaires politiques et économiques. Mais Fourier, tout autant que Saint-Simon, sinon aussi clairement et aussi explicitement, a néanmoins constaté que la Révolution était incomplète, avortée même, mais conforme dans ses principes et dans ses intentions au mouvement général d'émancipation humaine ; et c'est en somme plutôt à la compléter qu'à la combattre que ces deux novateurs se sont attachés.

Mais revenons à Louis Blanc. Il est certain que lorsqu'il fait de l'Etat le « banquier social », le créateur des moyens de liberté pour l'immense majorité des individus qui, selon l'expression de Fourier, n'ont de liberté corporelle qu'un jour sur sept, cette conception de l'Etat et de son pouvoir n'a rien qui diminue réellement et fondamentalement le pouvoir et la liberté réels de l'individu, c'est-à-dire de l'immense majorité des individus. Mais Louis Blanc, pas plus que les autres constructeurs socialistes de la tradition de Rousseau et de 93, n'entend enfermer l'Etat dans le rôle économique qu'il lui assigne. Dans sa pensée, la contrainte pour le bien de l'individu devient volontiers légitime, et au pouvoir économique s'ajoute volontiers le pouvoir moral. Ecoutez-le parler de Buonarotti, écoutez cet écho si fidèle de la pensée absolutiste de Jean-Jacques Rousseau, et vous vous demanderez ce que Louis Blanc eût laissé de liberté matérielle et surtout morale à l'individu, s'il avait été le maître de l'Etat : « Son austérité même était d'une douceur infinie... Quant à ses opinions, elles étaient d'origine céleste, puisqu'elles tendaient à ramener parmi les hommes le culte de la fraternité évangélique ; mais elles devaient être difficilement comprises dans un siècle abruti par l'excès de la corruption[1]. »

Mais écoutez parler Buonarotti lui-même, le survivant de la conspiration organisée par Babeuf pour l'égalité et la communauté. Après nous avoir dit que « l'imprimerie est le meilleur rempart contre l'usurpation », qu'elle « instruit et améliore », il nous apprend que le « comité insurrecteur » de 1795 avait résolu de « tirer de la presse tous les services qu'elle peut rendre, sans risquer de mettre de nouveau en question la justice, l'égalité et les droits du peuple ; on examina à cet effet les articles suivants : 1° nul ne peut émettre des opinions directement contraires aux principes sacrés de l'égalité et de la souveraineté du peuple ; 2° tout écrit sur la forme du gouvernement et son administration doit être envoyé à toutes les bibliothèques ; 3° aucun écrit sur une prétendue révélation quelconque ne peut être publié ; 4° tout écrit jugé utile par les conservateurs de la volonté nationale sera imprimé et distribué[2]. » La liberté de conscience n'est pas mieux traitée que la liberté de la presse. Jean-Jacques Rousseau avait prononcé le bannissement contre quiconque n'accepterait pas « les dogmes positifs » de la « religion civile », c'est-à-dire : « l'existence de la Divinité puissante et intelligente, bienfaisante, prévoyante et pourvoyante ; la vie à venir, le bonheur des justes, le châtiment des méchants, la sainteté du contrat social et des lois[3]. » Buonarotti nous apprend qu'en dépit de l'athéisme personnel de Babeuf, le comité « eût proclamé l'immortalité de l'âme et de l'Etre suprême. » Il a beau ajouter ensuite que « le seul culte eût été le respect au pacte social et à la défense de l'égalité », et que « toutes les prétendues révélations eussent été reléguées, par les lois, parmi les maladies dont il fallait extirper graduellement les semences[4] », on ne se sent pas rassuré sur la liberté que ce régime eût laissé aux consciences, surtout lorsqu'on se

1. *Histoire de dix ans.* Edit. illust., p. 684.
2. *Syst. pol. et soc. des Egaux*, pp. 50-51.
3. *Contrat social*, liv. IV, chap. VIII.
4. *Syst pol. et soc. des Egaux*, p. 36.

souvient que le refus de signer au pacte social eût entraîné l'expulsion de la cité, et que l'adhésion au dogme de l'Etre suprême et de l'immortalité de l'âme était inscrite dans les articles fondamentaux de ce pacte.

Mais le souffle de liberté de la Révolution française est si puissant, il a si formellement dégagé l'individu des servitudes de tout ordre qui l'empêchaient de se constituer à l'état d'être personnel et autonome, que Cabet, en qui se montre une expression du jacobinisme et de l'étatisme aussi aiguë qu'en Buonarotti lui-même, doit protester hautement de son amour et de son respect pour la liberté de l'individu. Car il sent bien que « la plus grave peut-être de toutes les accusations contre la Communauté, c'est d'être incompatible avec la *Liberté* ». Il reconnaît que, « sans doute, la Communauté impose nécessairement des gênes et des entraves ; car sa principale mission est de *produire* la richesse et le bonheur ; et pour qu'elle puisse éviter les doubles emplois et les pertes, économiser et décupler la production agricole et industrielle, il faut de toute nécessité que la société concentre, dispose et dirige tout ; il faut qu'elle soumette toutes les volontés et toutes les actions à sa règle, à son ordre et à sa discipline[1] ». Certes, mais on ne voit pas là-dedans la liberté de l'individu. Que le sacrifice de la liberté de l'individu soit nécessaire à son bien-être propre, c'est possible. Mais là n'est pas le point. Cabet me promet la liberté, à moi individu ; et il ne me la donne pas, puisque mes volontés et mes actions seront soumises à la société qui concentre, dispose et dirige tout. A la rigueur, si la souveraineté de la société est une administration d'ordre économique, il est certain que je ne serai pas plus opprimé dans l'atelier social, moins même, que dans le système capitaliste où la cloche m'appelle au travail, et où les amendes, les mises à pied et le renvoi sanctionnent le pouvoir du patron sur ma personne. Or si le patron ne tient que ma personne économique, — et j'avoue que c'est tenir un bon morceau et empiéter sur tous les autres caractères de ma personne, — l'État de Cabet, comme celui de Louis Blanc, ne tient

1. *Voyage en Icarie.* p. 403.

pas seulement ma personne économique : il me tient et me
subordonne tout entier. Cabet s'en aperçoit bien, puisque, lorsqu'il a fini d'exposer les rapports de la communauté et de
l'individu, et, s'apercevant qu'il a supprimé la liberté de celui-ci,
il se réfugie dans la comparaison de la liberté qu'il lui promet
dans « le système de la Communauté » à celle qu'il a « dans le
système de la Propriété [1] ». Mais attendons, ne condamnons pas
trop vite Cabet. Nous allons le voir nous démontrer que, la
liberté n'étant pas dans la nature, il n'y a pas de raison pour
qu'elle soit dans la société, et conclure du déterminisme naturel au déterminisme social. « L'homme, nous dira-t-il, est partout sous la dépendance de la Nature et de ses éléments (de
l'air et du vent, de la pluie et de la tempête, du chaud et du
froid) comme le citoyen est partout dans la dépendance de la
société, de ses lois, de ses mœurs, de ses usages et de l'opinion
publique, qui sont aussi des lois. La liberté n'est donc que le
droit de faire tout ce qui n'est pas défendu par la *Nature*, la
Raison et la *Société*, et de s'abstenir de tout ce qui n'est pas
ordonné par elles ; elle est soumise aux innombrables lois de
la Nature, de la Raison et de la Société [2] ». On sait pourquoi
je ne puis souscrire à cette définition, ayant toujours considéré
la liberté comme une création de la loi [3]. Dominé par la métaphysique du temps, Cabet limite la liberté par la loi ; avec Montes-
quieu et Hegel, je crois que la liberté n'existe pas sans la socialité, et qu'il ne faut pas confondre avec elle l'arbitraire, qui est
l'état inorganique et toujours violent auquel l'apparition de la
loi met fin. Selon moi, donc, l'homme n'est pas soumis à des
lois qui restreignent sa liberté naturelle ; il crée des lois dans
l'ordre social, il reconnaît des lois dans l'ordre naturel et il
emploie les unes et les autres à constituer sa liberté réelle, c'est-à-
dire son pouvoir sur les choses ; et ce pouvoir est à la mesure
de ses relations conscientes avec l'univers, hommes et choses,
lois et phénomènes.

1. *Voyage en Icarie*, p. 403.
2. *Id.*, p. 404.
3. V. notamment mon *Essai sur l'individualisme*. (Paris, F. Alcan.)

Cabet nie donc finalement la liberté, puisqu'il la subordonne au déterminisme social, qui, selon lui, ne la crée pas, mais la limite. Plus, donc, le déterminisme social compris dans le sens où l'entend Cabet s'exercerait, et moins la liberté de l'individu aurait chance d'exister : en tout cas, elle serait réduite à la mesure même où s'exercerait le déterminisme social. On voit comme l'interprétation de la liberté par l'école de Rousseau et de 93 a fortifié la critique prétendue libérale, qui faisait précisément consister la liberté dans l'abstention de l'État et de la loi. Cette critique devenait invincible, quand, appuyée sur la théorie des lois naturelles, elle avait en face d'elle des affirmations comme celle-ci : « Dans la communauté, c'est la société tout entière, c'est le Peuple tout entier qui fait ses lois, même ses mœurs, ses usages, son opinion publique ». Cabet a beau ajouter que le peuple qui va jusqu'à « faire » ses mœurs, ses usages et son opinion publique, « procède à des actes de création aussi miraculeux d'après la Nature et la Raison[1] », la critique des théoriciens des lois naturelles ne s'en trouve pas affaiblie, il s'en faut !

Pecqueur, je l'ai indiqué plus haut, échappe à cette métaphysique qui fait limiter la liberté par la loi. Cet avantage qu'il a sur Cabet, et même sur Louis Blanc, tient à ce qu'il est un économiste, et qu'en ces matières un économiste qui philosophe a toujours plus de chances d'approximer la vérité qu'un politique qui rêve et qui refait le monde dans son cerveau. Il ne faut cependant pas oublier que Louis Blanc a donné de la liberté cette définition : « la faculté laissée à l'homme de se développer selon les lois de sa nature[2] ». Si Louis Blanc avait dit : *donnée*, et non *laissée*, c'eût été parfait. Dans son concept, la loi, la société, semble *laisser* à l'homme ce qu'elle ne lui *prend* pas. Pour lui, donc, l'homme avait de la liberté : la société lui en *prend* et lui en *laisse*. Nous savons qu'au contraire, la société, par la loi, crée la liberté de l'individu. C'est ce qu'a pressenti Pecqueur. Ainsi, après nous avoir fait cette déclara-

1. *Voyage en Icarie*, p. 405.
2. *Organisation du travail*, p. 158.

tion que « le degré de liberté de l'homme et d'une société se mesure par le degré de liberté, de fraternité, de vertu, d'amour dans chacun et dans tous », après avoir payé ce tribut à l'amour mystique de son époque pour les termes imprécis et généraux, il nous dit avec une singulière netteté : « Elle n'est pas vraie, cette sentence paradoxale que les intérêts humains soient essentiellement opposés par la *nature même des choses ;* que les libertés se limitent, ou plutôt se nient réciproquement; ce serait soutenir alors que l'homme atteindrait son plus grand développement et sa plus grande puissance *dans l'isolement* ; tandis qu'il n'est ni plus faible, ni plus misérable, ni plus dépourvu et ignorant que dans l'état de nature, dans l'état sauvage, où il n'a devant lui que peu d'animaux de son espèce[1] ». Bien que Hegel eût déjà fait de l'Etat la source de toute liberté pour l'individu, la thèse soutenue par Pecqueur paraît d'une singulière nouveauté. Vers la même époque, Vidal la présente en termes presque identiques lorsqu'il dit qu' « il est faux que l'homme, en se réunissant à ses semblables, ait renoncé à une partie de ses droits naturels. La société, au contraire, ajoute-t-il, peut seule assurer à l'homme la satisfaction de tous ses désirs et besoins naturels, physiques et moraux; elle accroît indéfiniment nos moyens d'action et nos moyens de jouissances ; elle multiplie les forces de chacun par les forces de tous les associés[2] ». Pecqueur ni Vidal n'ont été à l'école de Hegel, mais ils sont allés à l'école de Saint-Simon. Il faut savoir en effet que Saint-Simon a prononcé ces paroles significatives : « la base de la liberté, c'est l'industrie». Et, a-t-il ajouté, « c'est avec l'industrie et par elle que le besoin et l'amour d'être libre a pris naissance[3] ». N'oublions pas que, pour lui, l'industrie, c'est la société parvenue à son complet développement. L'organisation sociale crée donc la liberté de l'homme. Dans cette conception, il devient impossible que les libertés s'opposent et

1. *Des améliorations matérielles*, pp. 165-166.
2. *Répartition des richesses*, p. 44.
3. *L'Industrie.* Considérations préliminaires. (OEuvres, t. XVIII, pp. 210-211.)

s'annulent ; ce qu'on entend communément sous ce nom, ce
sont des arbitraires individuels et collectifs ; ils s'opposent,
entrent en lutte, jusqu'à ce que la loi, l'Etat, intervienne et
constitue à chacun la liberté. Car l'Etat, la loi, ne viennent pas
du dehors ; ils surgissent de la conscience des individus, de
leurs volontés et de leurs actes ; l'Etat et la loi se perfectionnant à mesure qu'augmentent et s'étendent les rapports réciproques des individus. Et le développement de la loi et de
l'Etat sont si réellement des producteurs de liberté, non pas à
la manière où l'entendait Cabet, mais dans la réalité vivante
du mot et de la chose, que le temps présent nous en offre un
exemple saisissant. On sait avec quelle abondance les économistes de l'école dite libérale insistent sur l'incompatibilité
qu'il y a entre la liberté et l'intervention de l'Etat. C'est là une
des pierres angulaires, un des dogmes de leur doctrine. Or,
entre autres contradictions que leur infligent les faits, en voici
une qui est décisive : « Aujourd'hui encore, dit M. Ch. Gide, on
entend souvent des libéraux gourmander la paresse des individus en leur disant : Prenez garde ! Si vous ne faites rien,
l'Etat va intervenir ! — Hélas ! qu'ils se rassurent. Là où l'individu fait peu, l'Etat fait encore moins, et là où l'activité individuelle est vigoureuse, entreprenante, c'est là aussi que s'affirme l'action des pouvoirs publics. Aujourd'hui l'expérience a
montré que ce prétendu antagonisme entre les deux facteurs
sociaux n'existe pas. Leur action est parallèle, non supplétive.
Ensemble ils s'épanouissent ou ensemble ne font que végéter.
Nulle part, l'association libre, sous sa triple forme de Trade
Union, de Société coopérative, de Société de secours mutuels,
ne s'est développée avec autant d'ampleur qu'en Angleterre,
mais nulle part aussi l'intervention législative dans le domaine
social n'a été plus active et plus continue... C'est l'Angleterre
qui ouvre le siècle par la loi de 1802 sur le travail des enfants
dans les fabriques... En sens inverse, c'est en Allemagne que
l'étatisme s'affirme avec une raideur toute spéciale, et pourtant il n'a certes point tari les sources de la richesse publique
ni privée : il n'a ralenti en rien le merveilleux essor de cet

esprit d'association qui paraît inné dans la race germanique et qui, rien que dans le groupe de la coopération, a fait éclore vingt mille sociétés[1] ». Déjà, après vingt autres, j'avais remarqué que les pays les plus prospères économiquement étaient ceux où la législation du travail était le plus développée[2] ; l'observation faite par M. Ch. Gide termine le procès au profit de l'intervention de l'Etat. Or, il est très intéressant d'établir qu'un des critériums de la liberté individuelle et. sociale chez un peuple, c'est sa plus ou moins grande aptitude à pratiquer l'association volontaire, non pour retourner à l'état grégaire et abolir sa responsabilité dans les actes du troupeau, mais pour augmenter chacune de ses facultés en s'incorporant à autant d'associations. Car il ne s'agit plus ici de la communauté primitive, où l'association forcée était à la fois famille, Etat, armée, atelier et temple ; ni de la communauté où Cabet prétendait absorber également dans l'unité de groupe tous les modes de l'activité physique et intellectuelle de l'individu. C'est de l'association multipliée par le nombre de nos besoins et de nos facultés qu'il s'agit ; c'est-à-dire d'une création continue de liberté, en fait et en droit. Le mérite de Pecqueur et de Vidal est très grand d'avoir aperçu au milieu du siècle dernier un phénomène de socialité croissante qui ne devait se manifester en pleine évidence qu'à l'aurore du siècle où nous sommes. Ce mérite, dont l'honneur initial revient à Saint-Simon, Pecqueur et Vidal doivent-ils le partager avec Proudhon qui est arrivé au même but par d'autres chemins ? Non, tout au moins pour Pecqueur, dont l'ouvrage les *Améliorations matérielles*, écrit en 1836 est antérieur de dix ans à la *Répartition des richesses* et aux *Contradictions économiques*. D'autre part, Proudhon distingue bien entre la liberté négative qui consiste dans la suppression « des obstacles qui *entravent* la liberté », et la liberté positive, qui consiste dans la création « des moyens (instruments, méthodes, idées, coutumes, religions,

1. Exposition universelle internationale de 1900. *Rapport du jury international.* Sixième partie. Economie sociale. Introduction, pp. 48-49.
2. *Essai sur l'individualisme*, pp. 71 et suiv.

gouvernements, etc.) qui la *favorisent.* » Il nous dit bien que
« la machine est le symbole de la liberté humaine »; mais pour
lui la transformation économique, le perfectionnement social,
ne crée pas la liberté de l'individu. Cette liberté préexistait à
tout ordre social ; les lois lui faisaient « obstacle », d'autres
peuvent lui donner « l'essor », mais ni les unes ni les autres
ne peuvent faire qu'elle ne soit pas à l'état d'immanence[1]. Peu
importe, en somme, l'expression métaphysique de la pensée
de Proudhon ; ce qui demeure, et c'est l'essentiel, c'est que la
liberté positive de l'individu social, suscitée ou créée, a pour
moyen l'action sociale. Par conséquent, pour Proudhon comme
pour Pecqueur et Vidal, il n'est pas de liberté pour l'homme
en dehors de l'état de société; plus la société est organisée,
plus grand est le nombre de ceux qui participent à l'administration, à la gestion sociale, plus complète aussi est la liberté
de l'individu.

VI

L'égalité en fait ou en devenir est évidemment la clé de voûte
de tout système socialiste. Même, lorsque certains novateurs,
comme Fourier et Saint-Simon, se prononcent, le premier pour
l'inégalité, le second pour la hiérarchie, c'est encore l'égalité
qui est à l'origine et à la fin de leur conception respective.
L'idée d'égalité civile et politique, exprimée et réalisée par la
Révolution française, devait appeler invinciblement des recherches et des efforts pour la réalisation de l'égalité économique
et sociale. En disant que « le pacte fondamental substitue une
égalité à ce que la nature avait pu mettre d'inégalité physique
entre les hommes », en démontrant que par ce pacte « ils
deviennent égaux par convention et de droit », Jean-Jacques
Rousseau avait posé le problème de l'égalité sociale. En ajoutant
que, « sous les mauvais gouvernements, cette égalité n'est
qu'apparente et illusoire », et qu'elle « ne sert qu'à maintenir le

1. *Contradictions économiques*, t. I, pp. 143 à 147.

pauvre dans sa misère et le riche dans son usurpation », il sollicite les esprits à rechercher la solution du problème. Et il encourage, dans cette recherche, toutes les audaces novatrices, lorsqu'il ajoute : « Dans le fait, les lois sont toujours utiles à ceux qui possèdent, et nuisibles à ceux qui n'ont rien : d'où il suit que l'état social n'est avantageux aux hommes qu'autant qu'ils ont tous quelque chose, et qu'aucun d'eux n'a rien de trop [1]. » Qu'après cela Jean-Jacques n'ait pas conclu, et qu'il se soit borné à indiquer les grandes lignes d'une démocratie tendant par toutes ses lois à ramener les riches le plus près possible de l'égalité commune, peu importe. D'autres concluront à sa place, et sur ses données. La théorie de l'égalité naturelle que le contrat social doit ramener parmi les hommes, pour erronée qu'elle soit, n'a pas fait errer tant qu'on le croit les chercheurs. Comme le dit Pierre Leroux, « en mettant l'idéal dans la forêt primitive, Rousseau a pu se tromper ; mais il a fait voir l'idéal, et a excité les hommes à le chercher dans l'avenir [2] ». Et cet idéal, Rousseau l'a précisé suffisamment, « car l'égalité même du citoyen n'est pour lui qu'une forme et un corollaire de l'égalité naturelle des hommes [3] ». Pierre Leroux est persuadé, dans son indéfectible idéalisme, que le droit affirme, annonce, sollicite et finalement réalise le fait. Il n'est nullement vrai que le jeune soldat ait un « bâton de maréchal dans son sac ; » seuls les riches conquièrent les grades ou « se font remplacer... mais enfin le principe est proclamé et reconnu [4] ». Ainsi du droit politique des masses, de l'égalité de tous devant les lois criminelles ; « la nation se livre à l'agriculture, à l'industrie, au commerce » : l'égalité s'affirme théoriquement « sous le nom de concurrence ». Il est certain que « la plus atroce inégalité règne en fait sur ce point ». Il n'importe ! s'écrie Pierre Leroux : « le droit de tous à toute industrie et à toute propriété est proclamé et reconnu [5] ». Il suffit d'observer la

1. *Contrat social,* liv. I, chap. 9.
2. *De l'égalité,* préface, p. VII.
3. *Id.*, p. 11.
4. *Id.*, pp. 16-17.
5. *Id.*, pp. 18-19.

marche des idées et des faits depuis un siècle pour reconnaitre
que l'idéalisme de Pierre Leroux a reçu de l'histoire sociale
d'abondantes et décisives justifications.

Avant de s'adapter exactement aux conditions économiques
et sociales réelles, la notion d'égalité s'est exprimée dans la
forme brutale et simpliste d'une démocratie reconstruisant le
monde à sa mesure intellectuelle, et abaissant le niveau d'égalité aux plus essentielles satisfactions physiques, au lieu de
l'élever au point où l'avaient porté les mieux pourvus sous tous
les rapports, physiques, intellectuels et esthétiques. C'est ainsi
que Babeuf, prenant à la lettre les anathèmes de Jean-Jacques
contre l'état de civilisation et le luxe qu'elle engendre, ira
jusqu'à déclarer que « ce qui n'est pas communicable à tous
doit être sévèrement retranché [1] ». N'oublions pas que la
République de 1793 prend ses inspirations égalitaires dans la
pensée de Rousseau et que Babeuf a tenté de faire revivre et de
compléter la Constitution de Robespierre. C'est un rude idéal
de soldats laboureurs que Rousseau leur a proposé, lorsqu'il a
écrit ces lignes : « Oublierai-je que ce fut dans le sein même
de la Grèce qu'on vit s'élever cette cité aussi célèbre par son
heureuse ignorance que par la sagesse de ses lois, cette république de demi-dieux plutôt que d'hommes, tant leurs vertus
semblaient supérieures à l'humanité? O Sparte, opprobre éternel
d'une vaine doctrine! tandis que les vices conduits par les
beaux-arts s'introduisaient ensemble dans Athènes, tandis qu'un
tyran y rassemblait avec tant de soin les ouvrages du prince
des poètes, tu chassais de tes murs les arts et les artistes, les
sciences et les savants!... D'où naissent tous ces abus, si ce
n'est de l'inégalité funeste introduite entre les hommes par la
distinction des talents et par l'avilissement des vertus [2]? »

Jean-Jacques Rousseau, interprété à la lettre, a eu la même
mauvaise fortune que Renan devait avoir au siècle suivant. Le
premier fit des fanatiques et le second des sceptiques. L'âpre
critique du premier contre une civilisation qui montrait le

1. *Syst pol. et soc. des Égaux*, p. 16.
2. *Discours sur les sciences et les arts.*

dénuement des nourriciers à côté du luxe des parasites fut prise pour un anathème aux superfluités de l'industrie et de l'art. La souriante critique du second, si profondément éprise de vérité, fut tenue pour un refus de prendre parti catégoriquement pour la vérité. Lorsqu'il présenta la justification de sa doctrine égalitaire aux jurés de la Haute-Cour de Vendôme, Babeuf ne fit rien autre que s'abriter derrière l'autorité de Jean-Jacques Rousseau, de Mably et de Diderot[1], de Jean-Jacques, surtout. Nous n'avons fait, dira-t-il, qu'employer « les arguments de Rousseau, notre complice[2] ». L'acte d'accusation ayant imputé à Babeuf et à ses compagnons des projets de pillage et de « vandalisme », le révolutionnaire répond en invoquant le *Discours sur les sciences et les arts :* « On a relevé avec beaucoup de soin cette phrase du manifeste des Egaux : *Périssent, s'il le faut, tous les arts, pourvu que nous ayons l'égalité réelle...* Ce n'est qu'une réminiscence ou une imitation de ces maximes de Rousseau que je viens de relever... Ce sont ces hommes-là et leurs écrits qui nous ont gâtés[3] ». Rousseau avait fait de Sparte, ce nid de féroces esclavagistes, fainéants et pillards, une « république de demi-dieux »; c'est sur cette vision déformée par le génie littéraire que se précisera l'idéal de Babeuf. Et il dira, sur la foi de Jean-Jacques qui a sciemment ignoré l'existence des ilotes : « L'égalité de fait n'est pas une chimère. L'essai pratique en fut heureusement entrepris par le grand tribun Lycurgue. On sait comment il était parvenu à instituer ce système admirable, où les charges et avantages de la société étaient également répartis, où la suffisance était le partage imperdable de tous, et où personne ne pouvait atteindre le superflu[4] ». Ainsi le superflu pour personne. Soit, s'il

---

1. A qui, comme tout le monde, il attribuait le *Code de la nature,* qu'on sut, depuis, être de Morelly.

2. Défense de Babeuf. (*Histoire,* etc., t. II, p. 47.)

3. *Id.,* p. 45. — Rousseau, en effet, flétrit les « hommes assez abominables pour oser avoir du superflu pendant que d'autres hommes meurent de faim ». Selon lui, ces abominations n'existaient pas « avant que ces mots affreux de *tien* et de *mien* fussent inventés ». (*Discours sur les sciences et les arts.*) C'est donc beaucoup la faute de Rousseau s'il a été mal compris et interprété.

4. *Tribun du peuple,* n° 35. (HISTOIRE DE GRACCHUS BABEUF, t. I, p. 180.)

ne peut y en avoir pour tous. Mais, on ne laisse pas même
espérer qu'il pourra être un jour atteint par tous. Cette sombre
Sparte que veut créer Babeuf est bien à l'image des malheureux
prolétaires qui surgirent en 1793 au grand soleil de la République. Ils avaient faim, surtout. Un régime qui assurait le
pain en suffisance leur sembla l'équivalent du paradis auquel
le cynisme mondain des prêtres du xviii° siècle ne leur avait plus
permis d'aspirer. Il ne faut pas tant condamner la misère et
l'étroitesse de ce chétif idéal, que l'avidité des classes possédantes et gouvernantes ; car c'est elle qui avait laissé l'immense
majorité du peuple dans une aussi profonde détresse matérielle et intellectuelle.

« La suffisance, rien que la suffisance », répétera Babeuf. Et,
emporté par son rêve égalitaire, il multiplie les contraintes. Il
faut « *fermer* à tous toutes les voies possibles pour obtenir
jamais au delà de la quote-part individuelle dans les produits
de la nature et du travail » ; « *attacher* chaque homme au talent,
à l'industrie qu'il connaît » ; « l'*obliger* à en déposer le fruit
en nature au magasin commun ». Et, pour prouver que la communauté est possible, il invoque l'exemple de l'armée, « ce gouvernement, dit-il, démontré praticable par l'expérience, puisqu'il est celui appliqué aux 1 200 000 hommes de nos douze
armées. » Et il ajoute : « Ce qui est possible en petit, l'est en
grand[1] ». Quelqu'un produit-il plus que ses coassociés, non
seulement il ne doit pas exiger la rétribution de son effort supérieur, mais encore, nous dit Babeuf, « la sagesse ordonne impérieusement à tous les coassociés de réprimer un tel homme,
de le poursuivre comme un fléau social, de le réduire au moins
à ne pouvoir faire que la tâche d'un seul, pour ne pouvoir exiger que la récompense d'un seul[2] ». Car « la supériorité de
talents et d'industrie n'est qu'une chimère et un leurre spé-

---

1. *Tribun du peuple*, (*Histoire*, etc., t. II, p. 41.)

2. *Id.*, p. 39. Avec tout autant de raison que les tenants de la politique
modérée, Babeuf eût pu s'approprier les paroles de Renan, disant « que le
patriarche Jacob était un vrai sage, lui qui pensait que le pas du dernier
petit agneau doit régler la marche de tout le troupeau.» (Lettre à M. Berthelot, du 31 décembre 1886.)

cieux ». Après tout, la prétention de l'intelligence à diriger la force est-elle justifiée ? « Ce n'est non plus qu'une chose d'opinion que la valeur de l'intelligence, et il est peut-être encore à examiner si la valeur de la force, purement naturelle et physique, ne la vaut point[1] ». Comme on sent dans ces paroles la rancune des pauvres et des ignorants contre ceux qui semblaient ne chercher dans la culture intellectuelle que les moyens de duper et d'exploiter plus savamment, plus à fond, leurs nourriciers incultes et affamés ! La différence des mérites industriels est un leurre, une « opinion fantastique » née des caprices du riche, par laquelle « on a vu apprécier la journée de celui qui fait une montre vingt fois au-dessus de la journée de celui qui trace des sillons et fait pousser le blé[2] ». Les objections se pressent en foule, toutes plus triomphantes les unes que les autres ; mais elles se dépouillent de toute superbe et de toute ironie, lorsqu'elles se trouvent en face de cette grave parole, annonciatrice de la future équivalence des fonctions, équivalence que Babeuf a vue dans la nature, aux origines des sociétés, et que la science nous fera retrouver à leur fin. « Il y a absurdité et injustice, dit-il, dans la prétention d'une plus grande récompense pour celui dont la tâche exige un plus haut degré d'intelligence; plus d'application et de tension d'esprit ; cela n'étend nullement la capacité de son estomac[3]. »

Ce régime spartiate n'était pas, comme on sait, du goût de Fourier. Nous connaissons ses invectives contre la Révolution, la terreur, le maximum, etc. Babeuf prétendait fonder l'association sur l'égalité ; Fourier déclarera l'égalité « un poison politique en association ». Il ne veut ni exclure ni contraindre personne; d'autre part, il tient pour légitimes les passions que la nature a mises au cœur de chacun : il estimera donc que « le régime sociétaire est aussi incompatible avec l'égalité des fortunes qu'avec l'uniformité des caractères ». Et, entrant dans le

1. *Tribun du peuple*, (*Histoire*, etc., t. II, p. 38.)
2. *Id.*, p. 37.
3. *Id.*, p. 38.

vif de sa théorie de l'attraction transposée du cosmique au
social, il affirmera que le régime sociétaire « veut en tous sens
l'échelle progressive, la plus grande variété des fonctions et
surtout l'assemblage des contrastes extrêmes [1] ». Tandis que
Babeuf ramène au niveau de la satisfaction sommaire des
besoins les plus immédiats toutes les aspirations au « luxe et à la
beauté », Fourier prétend, dans le phalanstère, donner au plus
pauvre les jouissances qui sont l'apanage du plus riche en état
de civilisation. Quant au plus riche phalanstérien, la distance
qui le sépare de son associé le plus pauvre n'est en somme pas
si grande, puisque les jouissances imaginées par Fourier sont,
y compris l'amour, des jouissances collectives, offertes à tous,
chacun en étant à la fois l'artisan et le bénéficiaire. Aussi peut-
il, sans être accusé de dureté, s'écrier qu'il n'est « rien de
moins fraternel et de moins égal que les groupes d'une série
passionnelle ». Mais le passage est à citer tout entier, car il est
caractérisque au plus haut degré et montre bien que, finalement, l'égalité, pour Fourier, n'est pas seulement dans la rétribution exacte de l'effort ou de l'apport, mais encore, quoiqu'il
proteste, dans les rapports réciproques des membres du phalanstère.

Donc, parlant de la série passionnelle, Fourier dit que « pour
la bien équilibrer, il faut qu'elle rassemble et associe des extrêmes en fortune, en lumières, en caractères, etc. ; comme du
millionnaire à l'homme sans patrimoine, du fougueux au pacifique, du savant à l'ignorant, du vieillard au jouvenceau : cet
amalgame n'est rien moins que l'égalité.

« Une autre condition est que les groupes de la série soient en
rivalité inconciliable ; qu'ils se critiquent sans pitié sur les
moindres détails de leur industrie ; que leurs prétentions soient
incompatibles, et partout distinctes sans la moindre fraternité ;
qu'ils organisent, au contraire, des scissions, jalousies et intrigues de toute espèce. Un tel régime sera aussi loin de la fraternité que de l'égalité ; et pourtant c'est de ce mécanisme que

1. *Théorie de l'unité universelle*, t. II. Introduction.

naîtra la liberté surcomposée, qui est en pleine opposition avec les doctrines philosophiques.

« Elles ordonnent le mépris des richesses perfides et l'encouragement du trafic arbitraire ou libre mensonge. L'ordre sociétaire ou liberté surcomposée exige, au contraire, l'amour des richesses et d'un luxe immense, l'extirpation du mensonge commercial, et la garantie de véracité dans tout marché.

« L'état philosophique ou civilisé conduit aux richesses par la pratique du mensonge, et à la ruine par la pratique de la vérité ; l'état sociétaire conduit aux richesses par la pratique de la vérité, et à la ruine par l'emploi du mensonge[1]. »

Cette pensée qu'en association la concurrence perd ses effets destructifs et se résout en émulation bienfaisante à la fois à l'individu et à l'espèce, ce ressort que le communisme dédaignait, et que Fourier introduit définitivement dans le concept socialiste du xixe siècle, Colins l'utilisera et le retournera contre le théocratisme des saint-simoniens. « Egale répartition des profits du travail, dira-t-il, est une mauvaise expression à une époque où quelques sophistes ont prétendu que celui qui travaille peu doit avoir autant que celui qui travaille beaucoup. C'est *juste répartition* qu'il fallait dire, et ajouter que cette répartition ne doit pas *être faite* à la saint-simonienne, par un *père* utopique, mais qu'elle doit se faire nécessairement *par le seul jeu des institutions*[2] ». Saint-Simon, cependant, avait bien averti ses disciples et continuateurs. Selon lui, la division du travail et des fonctions ne devait pas s'exprimer en hiérarchie sociale avec la fixité hiératique rêvée par Enfantin. N'avait-il pas dit que si les hommes « sous le rapport théorique, se montrent enclins au despotisme », « dans la pratique, ils donnent la préférence à l'égalité[3] » ? Et admirez comme Saint-Simon aperçoit clairement que l'établissement du régime industriel

1. *Traité de l'association domestique agricole.* Prolégomènes. 1re partie.
2. *Science sociale*, t. II, p. 356.
3. Pecqueur reste bien dans la direction indiquée par Saint-Simon lorsqu'il demande « l'équivalence proportionnelle des travailleurs par l'équivalence des fonctions (*Salut du Peuple*, 1849-1850), et lorsque, dans un autre article publié avant 1848 et communiqué par lui à Benoit Malon, il affirme qu' « il doit y avoir *diversité* mais non inégalité de conditions. »

substitué au régime agricole, féodal et militaire, est un artisan
d'égalité sociale. « Cet Anglais, dit-il, qui, dans l'Indé, nage à
pleines eaux dans les jouissances du despotisme, dès qu'il a fait
fortune, s'empresse de revenir en Angleterre, pour y retrouver
les jouissances que l'égalité procure. » Et pourquoi les jouissances de l'égalité sont-elles supérieures à celles du despotisme?
Écoutez la réponse de Saint-Simon : « Il y a de fortes raisons,
dit-il, pour que les riches préfèrent l'habitation des pays où
l'égalité est poussée le plus loin entre les membres qui composent la société, puisque ces pays sont en même temps ceux où
ils peuvent satisfaire le plus facilement et le plus complètement
leurs désirs... Ainsi, ajoute-il, dans la réalité, les hommes les
plus riches et les plus puissants sont intéressés à l'accroissement de l'égalité, puisque les moyens de satisfaire leurs jouissances s'accroissent dans la même proportion que le nivelle-
ment des individus dont la société se compose[1] ». Mais, si les
saint-simoniens subordonnaient les fonctions les unes aux
autres, et faisaient reposer la hiérarchie sociale et industrielle
sur l'autorité des prêtres et des savants, s'ils déclaraient croire
« à l'INÉGALITÉ *naturelle* des hommes, » tout au moins voulaient-
ils introduire l'égalité du point de départ par la suppression
de l'héritage, et l'égalité relative de répartition par l'exacte
rémunération de l'effort accompli. Selon Pecqueur, qui fut, on
le sait, de l'école saint-simonienne, la hiérarchie industrielle de
l'avenir sera aussi bienfaisante que la hiérarchie féodale a été
nuisible ; et il salue en ces termes les dirigeants du monde
futur : « La seule aristocratie possible à l'avenir, c'est celle des
grands industriels, des grands savants, des grands littérateurs
et artistes ; il n'y a plus d'autres illustrations à redouter, et
celles-là il faut les bénir. Voilà les législateurs, les représentants
des peuples dans l'Europe future. Les plus capables après eux,
le talent après le génie, les services de second ordre après les
œuvres signalées et hors de ligne ; voilà les titres aux fonctions,
aux grades, à l'influence, à la capacité politique, dans les

1. *Organisation sociale*. Note du 3ᵉ fragment. (ŒUVRES, t. XXXIX,
pp. 133-134.)

diverses branches de l'industrie, de l'agriculture, du commerce
et de l'administration[1]. »

A l'exemple de Saint-Simon, Proudhon tient le développement industriel de la société pour un facteur d'égalité sociale.
C'est ainsi que, protestant contre Louis Blanc, qui veut faire
naître la liberté de l'égalité, il s'écrie : « l'Egalité! j'avais toujours cru qu'elle était le fruit naturel de la Liberté, qui, elle au
moins, n'a besoin ni de théorie ni de contrainte. J'avais cru,
dis-je, que c'était à l'organisation des forces économiques, la
division du travail, la concurrence, le crédit, la réciprocité ; à
l'éducation surtout, de faire naître l'Egalité. Louis Blanc a
changé tout cela... Nous cessons d'être libres, tels que nous fait
la nature, pour devenir préalablement, par un coup d'Etat, ce
que le travail seul peut nous faire, égaux ; après quoi nous
redeviendrons plus ou moins libres, dans la mesure des convenances du gouvernement[2] ». Son utilitarisme se révolte et se
répand en paroles violentes contre les doctrines de fraternité
des communistes. « Vainement, leur crie-t-il, vous me parlez
de fraternité et d'amour : je reste convaincu que vous ne m'aimez guère, et je sens très bien que je ne vous aime pas. Votre
amitié n'est que feinte, et, si vous m'aimez, c'est par intérêt. »
Donc, quand vous me présentez la formule communiste : *De
chacun selon ses forces, à chacun selon ses besoins*, c'est pour
me frustrer de ma part de produit, pour ne pas fournir votre
part de travail. « Je demande tout ce qui me revient, rien que
ce qui me revient. » Ne me parlez pas de dévouement : « Parlez-
moi de *doit* et d'*avoir*[3] ». De quelque manière, d'ailleurs, qu'on
s'y prenne, il faut « toujours en venir au livre de caisse, au
compte de recette et de dépense, seule garantie contre les
grands consommateurs, aussi bien que contre les petits producteurs[4] ». Ne croyez pas pour cela que je manque de tout
sentiment humain ; « si, à l'occasion, je suis entraîné à vous

1. *Des améliorations matérielles*, p. 238.
2. *Idée générale de la Révolution*, pp. 96-97.
3. *Contradictions économiques*, t. I, p. 228.
4. *Id.*, p. 227.

secourir, je le ferai de bonne grâce ; mais je ne veux pas être contraint. Me contraindre au dévouement, c'est m'assassiner[1] ». La fraternité, je ne la nie pas ; autant que vous j'appelle son règne parmi les hommes ; mais comprenez donc enfin « que la fraternité ne peut s'établir que par la justice, » car « la justice seule » est « condition, moyen et loi de la liberté et de la fraternité[2] ! »

Car Proudhon, dans son comptabilisme social, identifie absolument la justice et l'égalité. « Puisque le pouvoir, d'après tous les politiques, dit-il, est établi pour la garde de la justice, ce qui revient à dire pour maintenir la balance entre les intérêts et les services, il résulte que le remède à l'instabilité politique est trouvé : c'est de renoncer à l'hypothèse préconçue d'une inégalité nécessaire, et, à la place de cette idée funeste qui corrompt les gouvernements, de donner à l'État, pour idée mère, l'équilibre économique ; pour mission, de procurer lui-même cet équilibre[3] ». Pour lui, le problème consiste donc à « trouver la loi d'égalité non plus dans la charité et le dévouement, lesquels n'ont rien d'obligatoire, mais dans la justice ; » il veut en conséquence « fonder l'égalité des fonctions sur l'égalité des personnes ; déterminer le principe fixe de l'échange ; neutraliser l'inégalité des facultés individuelles par la force collective ; faire équation entre le domaine de propriété et le vol, changer la loi des successions sans anéantir le principe ; maintenir la personnalité humaine dans un régime d'association absolue, et sauver la liberté des chaînes de la communauté[4] ». Mais l'égalité que l'État institue ainsi n'est pas un niveau passé sur les individus, ni un lien qui les entrave, au contraire : elle se dégage des institutions qui libèrent le travail personnel de tout parasitisme. De cette première égalité, « l'égalité du produit et du salaire », qui est « la traduction exacte de la loi de réciprocité[5] », se déduit organiquement,

1. *Contradictions économiques*, t. I, p. 229.
2. *Id.*, p. 226.
3. *De la justice*, t. I, p. 381.
4. *Lettre à M. Blanqui sur la propriété*, 2ᵉ mémoire, p. 6 (Paris 1841).
5. *De la justice*, t. I, p. 283.

selon Proudhon, l'égalité finale aussi approximative que le permettent l'infinie variété des individus et de leurs aptitudes, et l'incessant développement humain. « L'égalité, dit-il, se produit entre les hommes par la rigoureuse et inflexible loi du travail, par la proportionnalité des valeurs, la sincérité des échanges et l'équivalence des fonctions[1] ». L'équivalence des fonctions, voilà ce qu'on retrouve au fond de la doctrine de Fourier, tout autant qu'au fond de celle de Babeuf ; elle est dans Proudhon, tout comme on la trouve dans Saint-Simon. L'humanité, en marche vers l'égalité par les durs chemins du travail, a livré également son secret à ceux qui l'ont scruté avec les yeux de la science et avec les yeux de l'amour.

VII

J'insiste sur la conception roussienne de la liberté, parce que je la considère comme très dangereuse, étant encore aujourd'hui très vivace dans les esprits. Cette conception fait du peuple un souverain absolu devant lequel l'individu n'est rien. En vain proclamera-t-elle, avec Jean-Jacques et avec les rédacteurs de la Déclaration des Droits, que les droits de tous sont atteints quand les droits d'un seul sont méconnus ; il est trop facile, avec elle, d'opprimer et d'écraser l'individu en déclarant que c'est précisément afin de réaliser son droit. En vertu de la théorie du contrat social, le droit fondamental existe bien en chaque individu, puisqu'il est censé avoir délibéré et consenti le pacte qui le lie au corps social ; il semble bien, même, que chaque individu soit directement rattaché aux autres individus, et non par l'intermédiaire de l'État. Mais comme, dans cette conception, l'individu n'a de rapports avec ses semblables que ceux qui sont ordonnés, réglés par l'État, puisque tous les actes de relation sont organisés par la loi, il s'ensuit nécessairement une commune servitude. C'est ainsi que Cabet entendra rendre les membres de sa communauté

---

1. *Contradict. économiques*, t. I, p. 227.

idéale heureux et vertueux même s'ils n'ont pas envie de l'être.
Et ce n'est pas à leur manière qu'ils devront l'être, mais à celle
de la majorité. Or, comme Cabet n'a pas encore pu consulter
la majorité, c'est, pour édifier son *Icarie*, sa raison et ses goûts
propres qu'il consulte; et ils lui font rendre des arrêts contre le
tabac, « puisque, dit-il, il faut l'appeler par son nom ». En Icaric,
donc, on ne verra « fumer ou priser que le très petit nombre de
personnes à qui les médecins ont fait distribuer du tabac
comme un remède nécessaire [1] ». Le propre des œuvres de
la raison pure, on l'aperçoit immédiatement, est de ne pas
savoir établir de distance entre l'idéal subjectif et arbitraire et
la réalité objective, ni dans l'espace ni dans la durée. Il est certain que l'usage du tabac n'est pas très recommandable et que
les effets en sont plutôt nuisibles pour qui s'y livre, et désa-
gréables, Cabet dit : « dégoûtantes, pour les témoins ». Mais il
tombe sous le sens que, la disparition du tabac fût-elle vingt
fois plus désirable, les lois ne pourront être les instruments
directs de cette disparition ; tout au plus pourront-elles aider,
en la secondant ou en la préparant, à l'évolution des mœurs
qui se sont faites et se feront sur cet objet.

Il faut d'ailleurs vraiment qu'une habitude ait pris les caractères d'une calamité publique pour que la loi puisse violenter
les mœurs, c'est-à-dire s'y opposer plus que les supprimer. Il
en fut ainsi naguère de la loterie, qui subsiste encore en
Espagne et en Italie. Il en est ainsi en ce moment de l'alcoo-
lisme, contre lequel réussissent les mesures légales directes,
précisément parce que, s'il a les mœurs, ou plutôt les usages,
pour lui, il n'a ni la morale ni la raison courantes. C'est pour
n'avoir pas tenu compte des éléments moraux et rationnels qui
entrent dans les mœurs, que Cabet a échoué dans son action
contre le tabac. Les Icariens qu'il a installés en Amérique, à
Nauvoo, se sont insurgés pour le droit de fumer; et Cabet ayant
voulu défendre son œuvre, les révoltés l'ont assimilé à Louis-
Napoléon et ont déclaré que ses actes étaient despotiques et

---

1. *Voyage en Icarie*, p. 120.

tyranniques. Ils manquaient ainsi évidemment au pacte qu'ils avaient signé, ils méconnaissaient la doctrine dont ils étaient les adeptes. Pouvaient-ils ignorer que, dans le régime de la communauté absolue qui avait leur adhésion théorique, la volonté de l'individu est, en tout, subordonnée à la volonté collective. Cabet n'était « despote » que par la majorité ; dès qu'elle fut contre lui, sa « tyrannie » prit fin. Encore un exemple : Selon Cabet, « rien ne peut s'imprimer sans le consentement de la République [1] ». Ce règlement, introduit dans son Icarie réelle d'outre-Atlantique, soulève bientôt contre lui les esprits qui l'avaient accepté théoriquement. Sans s'en rendre compte, en toute innocence, Cabet a tout naturellement fait de la presse un moyen de gouvernement ; et bientôt nous l'entendons dans une assemblée générale, exhaler sa plainte de « bon tyran » en ces termes : « Le citoyen Mourot prétend que je n'ai pas le droit de rédiger la *Revue icarienne* et de rendre compte des séances comme je l'ai fait... Nos lois et règlements... donnent au Président de la communauté la haute direction, notamment la direction de la propagande, la rédaction et l'impression du journal et des brochures, la correspondance ; et c'est ainsi que, depuis le commencement de la Colonie jusqu'à aujourd'hui, les choses se sont toujours pratiquées sans aucune réclamation ; et, s'il en était autrement, il lui serait impossible (au président) de diriger la société [2] ». Cabet a raison, et cela juge son œuvre de raison pure : il ne peut la gouverner en effet que dictatorialement et en échappant à toute discussion. Lorsqu'on a décrété la vertu, il faut avoir la force de violenter chaque nature individuelle afin de faire respecter le décret.

1. *Voyage en Icarie*, p. 125.
2. Félix Bonnaud, *Cabet et son œuvre*, pp. 160-161. (Soc. lib. d'édit. 1900) — Nous avons vu plus haut que Babeuf, pressé par la logique communiste, avait remis l'imprimerie aux mains de l'État. Louis Blanc ne fera pas autre chose lorsqu'il proposera la création d'une « librairie sociale ». Il aura beau nous dire qu'elle « se gouvernerait elle-même ». Du fait qu'il y aurait au budget de l'État « un fonds spécialement destiné à rétribuer, sous forme de récompense nationale ceux des auteurs... qui, dans toutes les sphères de la pensée, auraient le mieux mérité de la Patrie », (*Organisation du travail*, pp. 226 à 228) on aperçoit quelle liberté serait laissée à la pensée en régime communautaire.

Pour conclure sur ce point, on peut dire que, si les communistes ont bien aperçu que la liberté ne peut pas exister hors
de l'émancipation économique de chacun des membres du
corps social, ils n'ont pas su, même théoriquement, accorder la
liberté individuelle à l'organisation communautaire, garantie
de l'émancipation économique. Et cela, parce que leur organisation communautaire n'était pas un résultat naturel de l'évolution industrielle et mentale générale, mais une conception de
l'esprit implantée rationnellement dans un certain nombre d'esprits dont chacun la réfléchissait à sa manière propre. Aussi
Olinde Rodrigues, le disciple direct de Saint-Simon, était-il
beaucoup plus dans la réalité des choses quand il disait :
« Qu'est-ce que l'industrie? C'est le peuple. » C'est « simplifier
les termes le plus possible » que de s'exprimer ainsi. Mais c'est
se représenter la réalité de la manière la plus expressive et la
plus exacte. Qu'on se reporte à la parabole dont j'ai donné
plus haut quelques extraits et l'on sera pénétré de la profonde
vérité qu'il y a dans cette identification du peuple et de l'industrie. Aussi lorsque Rodrigues ajoute : « Qu'est-ce que la
liberté? » et qu'il répond : « C'est le libre développement physique et moral de l'industrie, c'est la production [1] », il ne nous
fait pas, comme on pourrait le croire, une réponse d'économiste orthodoxe. Il parlerait comme un économiste libéral s'il
n'avait pris le soin d'identifier le peuple et l'industrie et de
demander que le gouvernement de la société, ou plutôt l'administration du domaine social, passe aux mains des producteurs.
Il est cependant nécessaire d'observer que l'économie politique
orthodoxe a toujours tendu à réduire le rôle et l'action des institutions politiques, et conséquemment la puissance des aristocraties de naissance et des classes politiques. Et sur ce
point la critique socialiste ne lui a pas rendu suffisamment
justice.

Mais c'est à Pecqueur qu'il appartenait de développer la pensée initiale de Saint-Simon, qui, nous l'avons vu plus haut,

1. *L'artiste, le savant et l'industriel.* Dialogue. (Œuvres, t. XXXIX,
p. 224.)

faisait du développement économique un facteur d'égalité.
Pecqueur, lui, en fait un facteur non seulement de liberté et d'égalité économiques, mais encore de liberté et d'égalité sociales et
politiques. Son déterminisme économique est très nettement précurseur du matérialisme historique de Marx, lorsqu'il s'exprime en ces termes : « S'il est incontestable que les voyages,
que les réunions d'ouvriers, que les sociétés par actions, que
les sociétés des secours mutuels, et toutes les assemblées qu'implique tout mode de solidarité entre des groupes d'hommes,
supposent des formes électives, font naître l'esprit de corps,
ou l'esprit d'indépendance, ou les sentiments d'égalité et donnent la force de se faire écouter dans l'exposé de ses griefs, le
désir et la puissance de se faire *représenter* dans ses intérêts
respectifs auprès du pouvoir social, quel qu'il soit, aristocrati-
que, monarchique, républicain ou oligarchique, il s'ensuit
encore que les chemins de fer et les forces motrices modernes
sont d'énergiques et de directs promoteurs de la *forme gouver-*
nementale représentative dans toutes les nations, sous toutes
les latitudes, à tous les étages de civilisation où seront *pro-*
pagés ces leviers, ces créateurs économiques et puissants des
utilités matérielles[1] ». La forme politique est déterminée par
la forme économique ; cela, Pecqueur ira jusqu'à le déclarer en
termes exprès. Non seulement, pour lui, les chemins de fer pro-
pagent la forme gouvernementale représentative, mais encore
il la créent, ou plutôt ils font partie d'un système économique
qui rend inévitable le système politique. C'est ainsi qu'il
annonce « le *gouvernement représentatif*, et le *système d'élec-*
tions, de concours et de jury, dans toutes les sphères de l'activité sociale », comme « la forme générale politique et industrielle de l'avenir » car, ajoute-t-il, « toute nation qui propagera
chez elle les forces motrices et les moyens de transport dont
nous étudions ici l'influence sera conduite à se transformer en
ce sens[2] ». Et, dans cet ouvrage dont le titre : *Des améliora-*
tions matérielles dans leurs rapports avec la liberté, est un

1. *Des intérêts du commerce*, t. II, pp. 250-251.
2. *Id.*, p. 253.

programme, il affirme avec force en ces termes la corrélation
qui existe entre le bien-être et la liberté : « On verra dans nos
sociétés modernes décroître ou s'élever la liberté individuelle
avec la fortune ; et même la liberté politique, qui se donne ou
se retire de nos jours selon le cens que l'on possède [1] ». Puis,
dans le même ouvrage, après avoir tracé le tableau politique
et économique de l'Espagne, il dit : « Certes, il est bon que
l'Espagne ait ses *Cortès*, son *statut real*, ses élections ; mais il
faut, comme couronnement obligé, d'actives, de fécondes
entreprises matérielles, une organisation générale du travail,
une action prodigieuse et persistante sur un sol séculairement
négligé, redevenu inculte ou infertile et déjà envahi par les
influences délétères d'une demi-barbarie. » Enfin, devançant
Marx, il conclut : « Ainsi donc, sans y regarder de plus près,
l'histoire universelle nous montre, sur l'arrière-scène des événements, le grand mobile des intérêts temporels ; et tous les
grands drames auxquels nous assistons se résolvent en une
question de richesses [2] ». C'est la raison pour laquelle Proudhon
déclare qu' « il faut au droit politique le contrefort du droit
économique [3]. »

. Cette thèse qui fait du régime politique le reflet du monde
économique, et des meneurs politiques les instruments des
possesseurs du capital, on sait que Marx l'a faite sienne et
qu'elle constitue l'essence même de sa philosophie de l'histoire. Elle contient certes une grande part de vérité, et cette
part a été lumineusement exposée par Pecqueur ; mais, il n'empêche que celui-ci, et ses aînés saint-simoniens, en identifiant
le peuple et l'industrie, la liberté et la production, ont indiqué
au peuple les moyens d'acquérir la liberté en se développant au
physique et au moral, et en perfectionnant et en augmentant
la production. Le saint-simonisme ne pouvait aller plus loin. Il
ne distinguait pas, comme devait le faire Marx, entre les divers
facteurs humains de la production ; ou, plutôt, s'il distinguait,

---

1. *Des améliorations matérielles*, p. 7.
2. *Id.*, p. 172.
3. *Du principe fédératif*, p. 107.

c'était pour les associer dans une organisation hiérarchisée, et non pour en opposer les éléments de direction et d'exécution sur le terrain de la lutte des classes. Il a donc nécessairement eu de l'État et de ses fonctions, et de ses fonctionnaires, une notion absolument exclusive de l'idée démocratique d'égalité. On sait que son principe directeur est celui-ci : « L'ordre social doit aujourd'hui avoir pour objet unique, direct et permanent, l'action des hommes sur les choses ». Un tel ordre, purement économique et industriel, n'accepte plus les directions morales, intellectuelles et politiques du prêtre, du légiste et du noble. « L'administration des intérêts généraux de la société, dit Saint-Simon, doit être exclusivement confiée aux artistes, aux savants et aux artisans, seuls possesseurs des capacités positives qui sont les éléments de l'action administrative utile [1]. »

Nous sommes loin de l'égalité démocratique dont Fourier disait de son côté que c'était « un poison politique en association » ; mais nous avons aperçu d'une part que les novateurs communautaires ne la font régner qu'en lui sacrifiant la liberté, et que d'autre part Pecqueur la présente, ainsi que la liberté, comme un résultat du développement économique, c'est-à-dire des « améliorations matérielles ».

VIII

Guidé par son principe directeur, Saint-Simon a aperçu avec plus de netteté qu'aucun l'évolution de l'État et discerné le sens de cette évolution. Comme nous le lui avons entendu dire plus haut, l'Etat doit faire agir les hommes sur les choses, et non opprimer les hommes par les castes. Il prouve que ce principe trouve les éléments de sa réalité et de sa force dans le monde contemporain, d'abord en montrant les fautes commises au cours de la Révolution et qu'à son estime les « intéressés » eussent évitées, si on les avait consultés. Ces fautes sont, selon

---

1. *L'Organisateur*, 10ᵉ lettre. (Œuvres, t. XX, p. 181.)

lui, imputables aux « légistes[1] ». Nous savons qu'Auguste
Comte a hérité de l'animosité de Saint-Simon contre les légistes, et qu'il leur a reproché d'être dans l'ordre politique les
interprètes et les instruments de l'esprit métaphysique. Par la
faute des légistes, qui se sont crus et qu'on a crus aptes à tout,
nous dit Saint-Simon, « les *industriels* n'ont joué aucun rôle
actif pendant le cours de la *révolution ;* ... aucun des actes
arbitraires qui ont rendu cette époque horriblement mémorable n'a été commis par eux ; c'est à eux, au contraire, que ces
sortes d'actes ont fait le plus de mal». Et il constate que, des
deux fois où les industriels ont perdu leurs capitaux, la première est imputable aux légistes par la loi du maximum. Pour
la seconde, elle est due à un militaire, à Bonaparte, auteur de
« la *loi* qui fit brûler les *marchandises anglaises* et ruina une
seconde fois l'*industrie*[2] ». Une seconde preuve que fournit
Saint-Simon de la légitimité du droit des industriels à la direction sociale, c'est qu'en réalité « le *gouvernement* est devenu
tributaire de l'industrie ». Bonaparte n'a pu, en effet, ruiner
l'industrie, que parce que l'industrie lui en avait fourni passivement les moyens. « Le *gouvernement* veut-il faire la guerre ?
dit Saint-Simon. Se procurer des *tueurs* n'est pas son principal
souci, c'est à l'industrie qu'il s'adresse, d'abord pour avoir de
l'argent, et ensuite pour se procurer tous les objets dont il a
besoin, et qu'il achète d'elle avec l'argent qu'il a obtenu d'elle.
C'est elle qui lui fournit des canons, des fusils, de la poudre,
des habits, etc., etc., etc. L'*industrie* s'est emparée de tout,
même de la guerre. » Aussi, « ce ne sont plus les *armées* qui
constituent la force militaire d'un pays, c'est l'*industrie*...
Leur mérite ne consiste qu'à employer les produits de l'*industrie*, l'armée qui en est le mieux pourvue est toujours celle qui
obtient l'avantage, à moins d'une incapacité absolue de la part
des *généraux*. Et la *révolution française* a bien prouvé que
cette *capacité* du *général* n'est pas si rare à trouver, ni si
difficile à acquérir ; on peut même observer que la *capacité*

1. *L'Organisateur*, 10ᵉ lettre. (ŒUVRES, t. XX, p. 181.)
2. *L'Industrie*, deuxième partie. Moyens, etc. (ŒUVRES, t. XIX, p. 166.)

militaire, du moins pour les *corps* qui font aujourd'hui la principale force des *armées*, et desquels dépend en grande partie le succès des batailles, est un produit de *l'industrie théorique* [1]. »

Mais, lui répond indirectement Owen, si l'industrie française a permis à Napoléon de faire la guerre, c'est l'industrie anglaise qui a vaincu Napoléon. « Un petit groupe de 2.500 hommes, dit-il, produisait plus de richesse réelle à la société qu'une population de 600.000 hommes n'aurait pu le faire il y a un demi-siècle de cela... Sans cette nouvelle richesse créée avec l'aide de la machine, on n'aurait pu soutenir la guerre contre Napoléon, pour le maintien des principes aristocratiques de la société. Et pourtant cette nouvelle puissance était la création de la classe ouvrière [2]. »

Pecqueur intervient alors, tombe d'accord que la prééminence militaire appartiendra nécessairement à la nation dont le matériel industriel sera le plus développé, et que « les chemins de fer vont être pour la conduite de la guerre un véhicule merveilleusement efficace [3] ». Mais il ne voit pas longtemps les instruments du travail servir à perfectionner les moyens de destruction des choses et d'oppression des hommes. Il se reprend donc aussitôt, et s'écrie : « Avec les chemins de fer et les résultats économiques de leur application générale, la guerre n'est plus possible en Europe... Est-ce que les peuples ne sont pas constitués pour le travail ? Est-ce qu'ils ne se seront pas donné l'accolade de la fraternité ? Est-ce que leurs intérêts ne seront pas entrelacés en une intime solidarité de prospérité et d'adversité ?... Est-ce que les nations, par leurs nombreuses classes moyennes politiquement actives, ne feront pas elles-mêmes leurs affaires [4] » ? Certes, ces paroles d'optimisme ont

---

1. *L'Industrie*, 2e partie. Moyens, etc. (ŒUVRES, t. XIX, pp. 148-149.)

2. Cité par Engels. *Socialisme utopique et socialisme scientifique.* — Ces citations sont extraites du mémoire envoyé par R. Owen au gouvernement provisoire et adressé aux républicains rouges (*red republicans*). Note de Paul Lafargue (P.-L.). *Revue socialiste*, no 3, 20 mars 1880.

3. *Des intérêts du commerce*, t. II, p. 361.

4. *Id.*, p. 362.

reçu plus d'un sanglant démenti depuis l'année 1836 où Pecqueur les prononça. Mais remarquez qu'il n'est déjà plus vrai
que les peuples les plus industrieux, les plus productifs, four-
nissent à l'aristocratie les moyens de soutenir sa domination,
et que l'observation faite par Owen, et recueillie avec empres-
sement par Engels, n'a été que d'un moment et que d'un
milieu donnés ; tandis que l'action finalement pacificatrice et
émancipatrice du régime industriel se vérifie plus complètement chaque jour.

L'idée saint-simonienne de l'Etat organisme économique,
dépouillant toute fonction politique compressive, on sait comment Proudhon la recueillera et la transformera, et comment,
lui aussi, il saura en trouver les éléments réels dans les phénomènes politiques existants. « De même, dira-t-il, qu'au point
de vue politique deux ou plusieurs Etats indépendants peuvent
se confédérer pour se garantir mutuellement l'intégrité de
leurs territoires ou pour la protection de leurs libertés ; de
même, au point de vue économique, on peut se confédérer pour
la protection réciproque du commerce et de l'industrie, ce
qu'on appelle *union douanière* ; on peut se confédérer pour la
construction et l'entretien des voies de communication, routes,
canaux, chemins de fer, pour l'organisation du crédit et de
l'assurance, etc. Le but de ces fédérations particulières est de
soustraire les Etats contractants à l'exploitation capitaliste et
bancocratique tant de l'intérieur que du dehors ; elles forment
par leur ensemble, en opposition à la féodalité financière
aujourd'hui dominante, ce que j'appellerai *fédération agricole-
industrielle*[1] ». Il ira plus loin : il ne confiera pas seulement
aux Etats des fonctions économiques, il substituera les contrats
économiques particuliers au pacte social. « La *justice commu-
tative*, dira-t-il, le *règne des contrats*, en autres termes, le
règne économique ou industriel, telles sont les différentes
synonymies de l'idée qui, par son avènement, doit abolir les
vieux systèmes de *justice distributive*, de *règne des lois*, en

---

1. *Du principe fédératif*, p. 111.

termes plus concrets, de *régime féodal, gouvernemental*
ou *militaire*[1] ». Car « c'est à la place même de ce régime gouvernemental, féodal et militaire, imité de celui des anciens
rois, qu'il faut élever l'édifice nouveau des institutions industrielles[2]. »

Me réservant d'examiner plus loin et plus en détail la conception anarchique de Proudhon, je me borne ici à indiquer
les différences essentielles qui caractérisent, chez Saint-Simon
et chez Proudhon, leur commune conception de la transformation du pouvoir politique en administration économique. Chez
Saint-Simon, nous l'avons vu, le pouvoir devient économique ;
mais, en dépit des mots, il demeure le pouvoir : il y a donc
maintien, dans le nouvel ordre, tout économique et moral qu'il
soit, de la hiérarchie et de l'autorité. « La division de la société
et de tout ce qui la concerne en temporel et spirituel », dit-il,
n'est plus, « dans le nouveau système, entre deux pouvoirs,
mais entre deux capacités[3] ». Les hommes trouvent peut-être,
dans ce système, la garantie qu'ils seront mieux commandés et
mieux dirigés ; mais ils n'y en sont pas moins commandés
et dirigés. Chez Proudhon, qui a eu le souci constant d'appliquer
au phénomène de la démocratie montante les observations
faites par Saint-Simon sur le phénomène de l'industrialisme
se substituant aux castes féodales, les fonctions économiques
sont bien des fonctions, elles se substituent au pouvoir politique et moral, non pour continuer de diriger les hommes,
mais afin qu'ils ne soient plus dirigés. Aussi Proudhon deman-
dera-t-il « que le travail reste libre ; que le pouvoir, plus
mortel au travail que la communauté elle-même, s'abstienne
d'y toucher[4] ». Cette anarchie, qui seule garantit la liberté de
l'individu, est, selon Proudhon, une garantie d'égalité en
même temps : « La fédération agricole-industrielle, dit-il, tend
à approximer de plus en plus l'égalité par l'organisation, au

1. *Idée générale de la Révolution*, p. 115.
2. *Id.*, pp. 72-73.
3. *L'Organisateur*, 8ᵉ lettre. (Œuvres, t. XX, p. 85.)
4. *Du principe fédératif*, p. 113.

plus bas prix et en d'autres mains que célles de l'Etat, de tous les services publics [1] ». Considérant, qui concilie le fouriérisme et la démocratie, se rapproche assez de cette formule quand il montre les « gouvernements réglant, dans les différents degrés hiérarchiques, les mouvements commerciaux et financiers, présidant aux relations industrielles extérieures des divers centres de population », et qui « ne seraient autre chose que des *gérances* nommées par des associations plus ou moins nombreuses, et investies de la confiancé de ceux qui les auraient choisies [2]. »

IX

L'interventionnisme n'est certainement pas une invention des socialistes, bien que les économistes de l'école manchesté-rienne s'obstinent malicieusement à qualifier de socialiste toute immixtion de l'Etat dans les rapports économiques. Bien avant que surgissent les Fourier, les Saint-Simon et les Owen, de toute éternité, pourrait-on dire, s'entendant par là dès la nais-sance des sociétés, les pouvoirs publics ont réglementé les rapports et même les fonctions économiques. Et lorsque la Révolution française eut rompu l'armature économique de l'an-cien régime, devenu pour les forces productives modernes un véritable corset de torture, les écrivains conservateurs, les féodaux, les agrariens, les économistes d'ancien régime, tels que le baron de Morogues, Gérando, Villeneuve-Bargemont [3], entamèrent le procès du nouveau régime, fondé sur l'industria-

---

1. *Du principe fédératif*, pp. 111-112.
2. *Destinée sociale.*
3. Le baron de Morogues, dans ses *Recherches des causes de la richesse et de la misère des peuples civilisés*, se défend d'ailleurs d'être un féodal. S'il essaie de démontrer par ses statistiques les « avantages » de l'agriculture « sur toutes les autres industries » (p. 15) et si, pour lui « il importe » d'« étendre le nombre » des agriculteurs « aux dépens de celui des industriels » (pp. 134-135), il n'en considère pas moins le partage égal comme un obstacle heureux à la trop grande concentration des richesses (p. 596) et, parlant des biens nationaux, il reconnaît « l'importance dont leur vente a été en France pour y arrêter les progrès du paupérisme en y multipliant les propriétés » (p. 4).

lisme et le mercantilisme. Ils eurent beau jeu à vanter la sécurité
du régime corporatif pour l'industrie et du régime féodal pour
l'agriculture au regard des crises répétées, des brusques à-coups
de dépopulation des campagnes, du paupérisme qui se dévelop-
pait à chaque création de manufacture et d'usine. D'un mouvement plus désintéressé, car ceux-là n'entendaient pas combattre la propriété industrielle au profit de la propriété
agricole, et lutter contre les financiers en faveur des hobereaux,
les Sismondi, les Adolphe Blanqui, les Eugène Buret, les Villermé, signalèrent le mal et proposèrent ou admirent que l'État
intervînt entre le capitaliste et le travailleur pour protéger
celui-ci dans sa santé, dans sa dignité, dans son existence
même. Il se conçoit que les socialistes aient abondamment
puisé dans les protestations et dans les propositions des inter-
ventionnistes, intéressés ou non à combattre le nouveau
régime industriel. Mais s'ils firent leur la critique émue et
informée des Villeneuve de Bargemont, des Haussez et des
Morogues [1], les novateurs ne tournèrent point pour cela le dos
au progrès. D'autre part, ils n'admirent l'interventionnisme
des économistes que comme un moyen d'alléger les souffrances
de la classe ouvrière tout en la préparant à son émancipation.
Il faut cependant distinguer entre eux : tandis que les communistes rapportent tout à l'État et font de lui l'organe permanent
et universel de la société, les autres novateurs ne lui demandent
que les moyens de transition qui conduiront à l'application de
leurs idées ; ils se proposent ensuite de l'écarter, comme on
fait d'une échelle dès qu'on a franchi le mur. Mais, pour tous,
c'est dans l'intervention de l'État que le droit au travail trouve
ses conditions et ses garanties.

Parmi ces derniers, il ne faut pas s'étonner outre mesure
de rencontrer Proudhon. Il ne croit pas être contradictoire en
demandant l'intervention et la suppression de l'État ; car, avant

1. François Vidal observe que « les économistes de l'école chrétienne ont
publié sur cette matière d'importants travaux ». Il cite notamment MM. de
Tournon, de Morogues, Huerne de Pommereuse, de Villeneuve-Bargemont,
Louis Rousseau. « Ce dernier même, dans sa « Croisade du xixᵉ siècle », dit-
il, s'est rangé parmi les socialistes ». (Répartition des richesses, p. 474.)

de le supprimer, il entend tirer de lui tout ce qui peut être
utilisable en période de transition. Au commencement de sa
carrière, au lendemain de la publication de son mémoire sur
la propriété, il adresse à l'Académie de Besançon, dont il est
le pensionnaire, une lettre justificative, où, après avoir montré
que la puissance publique limite le droit absolu de propriété,
par les lois d'expropriation pour cause d'utilité publique, et sur
la conversion des rentes, sur le régime hypothécaire, il ajoute :
« Que faisaient ces jours derniers nos représentants occupés
dans leurs bureaux d'une loi sur le travail des enfants dans les
manufactures ? Messieurs, ils conspiraient contre la propriété...
Aujourd'hui, dans un intérêt hygiénique, on diminue la subsistance du pauvre. Demain il faudra l'assurer par un minimum
d'appointements... Une fois entré dans cette voie, on ne s'arrête plus. Peu à peu, le gouvernement se fera manufacturier,
commissionnaire, débitant ; lui seul il aura la propriété[1] ». Ne
croyez point, par ce début , que Proudhon ait un instant oscillé
vers le communisme. Non, mais il fait volontiers de l'Etat « le représentant de la collectivité abstraite des consommateurs », en
même temps que le régulateur du commerce libre. « L'Etat pourrait, dit-il, avec une prime modique ou un intérêt garanti, faire
boire aux ouvriers à Paris le vin de Bourgogne et de l'Hérault,
à 40 ou 45 centimes le litre, *vendu au détail.* Il lui suffirait
pour cela de commanditer, encourager, indemniser, etc., une
compagnie œnophile, qui, sûre d'un petit intérêt, ferait le reste.
Les marchands de vins libres n'en feraient pas moins d'affaires ;
seulement le commerce de détail des vins aurait un régulateur... Après le vin et la viande, après les transports, il y
aurait les houilles, les bois de chauffage et de construction,
les ateliers de métallurgie, et généralement toutes les grandes
industries[2] ». Si la fin des sociétés est de se passer de l'Etat,
Proudhon reconnaît que la raison d'être de l'Etat fut précisément de satisfaire les besoins que les individus étaient hors
d'état de satisfaire spontanément et librement. « Là où la

1. *Correspondance*, t. I, pp. 271 à 274.
2. Lettre à Darimon, 10 avril 1850. *Correspondance*, t. III, pp. 190-191.

liberté ne peut atteindre, dit-il, le bon sens, la justice, l'intérêt
général commandent de faire intervenir la force collective,
qui n'est autre chose ici que la mutualité même : les fonctions
publiques ont été précisément établies pour ces sortes de
besoins, et leur mission n'est à autre fin[1].». C'est dans cet
esprit interventionniste que, parlant des « routes, canaux,
tabacs, postes, télégraphes, chemins de fer, etc. », il dit : « Je
comprends, j'admets et je réclame au besoin l'intervention de
l'Etat dans toutes les grandes créations d'utilité publique ».
L'Etat propulseur, soit, mais non l'Etat entrepreneur : « Je
ne vois point, dit-il, la nécessité de les laisser sous sa main
une fois qu'elles ont été livrées au public ». Et il ajoute : « J'ai
demandé, en 1848, l'intervention de l'Etat pour l'établissement
de banques nationales, institutions de crédit, de prévoyance,
d'assurances, comme pour les chemins de fer; jamais il n'est
entré dans ma pensée que l'Etat, ayant accompli son œuvre
de création, dût rester à tout jamais banquier, assureur, trans-
porteur, etc.[2] ». Lorsque l'Etat a épuisé sa vertu, donné ce
qu'on attendait de lui, il doit disparaître. Sinon il cesse d'être
« la plus haute expression du progrès. » Et, qu'arrive-t-il,
selon Proudhon, « lorsque, comme nous le voyons presque
partout, comme nous l'avons vu presque toujours, il s'attarde
dans les services qu'il a lui-même créés et cède à la tentation
de l'accaparement? De fondateur il se fait manœuvre, il n'est
plus le génie de la collectivité qui la féconde, la dirige et
l'enrichit, sans lui imposer aucune gêne : c'est une vaste compagnie anonyme, aux six cent mille employés et aux six cent
mille soldats, organisée pour tout faire, et qui, au lieu
de venir en aide à la nation, au lieu de servir les citoyens
et les communes, les dépossède et les pressure. Bientôt la
corruption, la malversation, le relâchement entrent dans
ce système ; tout occupé de se soutenir, d'augmenter ses
prérogatives, de multiplier ses services et de grossir son
budget, le Pouvoir perd de vue son véritable rôle, tombe dans

1. *Capacité politique des classes ouvrières*, pp. 79-80.
2. *Principe fédératif*, pp. 78-79.

l'autocratie et l'immobilisme ; le corps social souffre, et la nation, à rebours de sa loi historique, commence à déchoir[1] ». Cette idée de l'emploi provisoire de l'Etat, supprimé ensuite, ou réduit à sa plus simple expression, n'appartient pas en propre au père de l'anarchie. Louis Blanc lui-même, qui le croirait! ne pense ni ne parle autrement. « Nous faisons intervenir l'Etat, dit-il, du moins au point de vue de l'initiative dans la réforme économique de la société[2] ». Mais, ajoute-t-il, « qu'on ne s'y trompe pas... Cette nécessité de l'intervention du gouvernement est relative ». Et il nous annonce des temps « où il ne sera plus besoin d'un gouvernement fort et actif, parce qu'il n'y aura plus dans la société de classe inférieure et mineure ». Mais, tant que dure cet état d'infériorité et de minorité pour les travailleurs, « l'établissement d'une autorité tutélaire est indispensable. Le socialisme ne saurait être fécondé que par le souffle de la politique[3] ». Karl Marx trouve ici, en Louis Blanc et en Proudhon, deux précurseurs fort directs, car, lui aussi propose l'emploi de l'Etat pour arriver finalement à s'en passer et à le supprimer. Cette idée était à ce moment si générale et si forte, que même Louis Blanc devait y souscrire et s'excuser, en quelque sorte, d'avoir à employer, pendant quelque temps, l'institution condamnée.

On pense bien que les communistes purs ne condamnent pas l'Etat. Il leur est à la fois un moyen pendant la période de transition et pendant la période organique. C'est ainsi que le Comité insurrectionnel des Egaux se proposait, à l'instigation de Babeuf, d'adopter les moyens transitoires suivants dont on retrouve quelques-uns non seulement dans les programmes socialistes actuels, mais dans les programmes simplement démocrates : « 1° abolition de tout impôt au profit des travailleurs qui n'avaient que le simple nécessaire ; 2° répartition progressive sur les riches de la totalité des contributions ; 3° recouvrement de ces contributions en nature ; 4° établisse-

1. *Principe fédératif*, pp. 80-81.
2. *Organisation du travail*. Introduction, p. XXI.
3. *Id.*, p. XXV.

ment de magasins publics ; 5° ordre aux municipalités de ne laisser inculte aucune partie du territoire ; 6° déchéance, au profit de la nation, des propriétaires qui négligeraient de cultiver leurs terres [1] ». Cabet, mieux informé sur l'état économique et social, empruntera à l'initiative privée ses créations et les transférera à l'Etat : « Créez, dira-t-il, des assurances contre les faillites, contre le chômage, contre la misère, etc. ; supposez que le gouvernement ou la société soit l'assureur, et vous arriverez à la communauté [2] ». Cabet, ici, observe fort justement un phénomène d'évolution qui est constant. C'est par des initiatives privées, par des sociétés commerciales et des associations morales qu'ont commencé toutes les grandes institutions d'Etat, telles que l'enseignement public, les routes, la poste aux lettres, etc. « Il est logique, dit M. Ch. Gide, que l'association libre, à mesure qu'elle s'étend, et surtout à mesure que le besoin auquel elle répond devient plus pressant et plus universellement ressenti, tende à se transformer en service public : — l'association mutuelle, en Office national d'assurances ou en Caisse nationale de retraites ; — l'association coopérative, en entreprise municipale pour la fourniture de l'eau, du gaz, de l'électricité, pour le service des transports urbains ou même pour la construction de maisons ouvrières ; — l'association charitable d'assistance par le travail, ou de sauvetage de l'enfance, en colonies agricoles municipales ou d'Etat, en maisons de travail forcé, en *reformatories schools*, — et l'association professionnelle en Conseils du travail donnant plus ou moins force législative aux règlements des syndiqués [3] ». Cette observation que j'avais faite de mon côté [4] pourrait s'appliquer aux grandes colonies et même aux Etats nouveaux, dont quelques-uns ont été fondés par des compagnies d'exploitation, telles que la compagnie des Indes, par exemple. Jusqu'ici on n'a pas encore vu se produire le phéno-

1. *Système pol. et soc. des Egaux*, pp. 51-52.
2. *Voyage en Icarie*, p. 568.
3. *Rapport de la section d'économie sociale à l'Exposition universelle de 1900*, p. 49.
4. V. *l'Idéalisme social*, p. 280. (Paris, F. Alcan.)

mène inverse, sauf dans certains Etats et pour des services qui,
comme celui des cultes, cessent d'être publics pour devenir
affaire de conscience privée. Mais la vie des Etats, tout comme
la vie organique, est faite d'assimilation et de désassimilation.
Le jour où la religion sera reconnue partout comme une affaire
privée, elle aura cessé partout de s'exprimer en service public.
En conséquence, voici la double tendance qui apparaît dans les
fonctions de l'Etat ; à mesure que se développe la civilisation
industrielle, il cesse d'être l'instrument de domination d'une
classe ou d'une caste pour devenir l'expression de la volonté
commune ; il dépouille ses attributions directrices ou compressives de la pensée individuelle et des actes moraux, et en
acquiert de nouvelles dans le domaine économique et adminis-
tratif pur ; et ainsi réellement il tend à la réalisation de
la formule saint-simonienne, c'est-à-dire à cesser de gouverner les hommes et à se transformer en administration des
choses.

Sous ce rapport, la définition suivante des attributions de
l'Etat par Pecqueur, qui, répétons-le, fut saint-simonien, est
absolument remarquable et mérite d'être rapportée intégralement : « Le gouvernement, dit-il, doit être investi de la
direction des choses matérielles, tout comme il l'est de l'éducation ; il n'a point, il ne peut avoir l'initiative du mouvement,
de l'impulsion spontanée, puisqu'elle dépend de tous et de
chacun ; mais il doit avoir l'initiative des mesures propres à
régulariser cette impulsion, à faire converger les activités
isolées vers l'unité, vers l'intérêt général ; à les socialiser progressivement au profit de tous, s'il est possible, et toujours du
plus grand nombre. Il doit même s'efforcer d'attirer les populations au travail, de les façonner à l'énergie productive, et
les classes élevées à la charité et aux sacrifices sociaux. Il ne
doit mettre aucune limite à la création des richesses, mais
il doit en mettre à leur concentration... Il a dans ses attributions naturelles et nécessaires tout ce qui peut favoriser la
satisfaction de plus en plus complète des besoins légitimes
de toutes les classes ; d'abord les besoins indispensables en

tous sens, puis les plus relevés[1] ». Mais Pecqueur ne donne
pas tout à l'Etat ; il n'est pas communiste. « Directement et
par lui-même, dit-il, un gouvernement n'a point à commanditer l'industrie ; il doit la régulariser, la protéger et la contrôler ; ou bien son intervention doit être si indirecte, si élas-
tique, que la liberté n'y puisse perdre[2] ». Donc, selon Pecqueur,
« le pouvoir social ne dira point à chacun : Voilà ta fonction,
voilà ta part ; mais il dira au maître : Ces enfants, vous ne les
ferez pas travailler avant l'âge, plus de tant d'heures. Et, aussi,
quand un bienfait pour le grand nombre semble vouloir se
dégager de l'ensemble des événements, il vient agrandir l'ouverture de sa main puissante, et aider à l'œuvre de perfectionnement voulue par l'opinion dominante, c'est-à-dire au
résultat combiné de l'intervention providentielle et des efforts
généraux[3] ». Quant à l'Etat « souverain au temporel et au
spirituel, chef directeur général de l'industrie d'un peuple, du
travail individuel ; possesseur absolu et distributeur facultatif
des instruments de travail et des fonctions ; rémunérateur
arbitraire des œuvres et juge souverain des capacités[4] », Pecqueur ne le connaît pas.

Fourier interventionniste, voilà qui va surprendre. Je ne
parle pas ici de ses appels de fonds pour tenter l'essai de la
phalange, appels qu'il adresse indifféremment au roi de
France et à Rothschild, au tsar et aux ministres de France
et d'Angleterre, aux grands de Russie et aux proscrits italiens,
aux esclavagistes des Antilles et aux chefs des partis vaincus.
Interventionniste, il l'est positivement quand il propose la
phalange d'essai aux Anglais, leur recommande l'élevage des
poules, eux qui sont tributaires de la France, et leur promet,
avec le produit de la vente des œufs, « l'extinction subite de
leur dette[5] ». Il l'est encore lorsqu'il nous dit que « l'autorité
doit intervenir contre l'accaparement, non pas à la manière des

1. *Des améliorations matérielles*, pp. 70-71.
2. *Des intérêts du commerce*, t. I, pp. 217-218.
3. *Id.*, pp. 439-440.
4. *Id.*, p. 443.
5. *Traité de l'association domestique agricole*. Arrière-propos.

jacobins qui spoliaient le possesseur en le payant avec des
papillotes, mais intervenir pour limiter le bénéfice quand il
dégénère en extorsion [1] ». Dans quelle mesure et de quelle
manière se produira cette intervention ? Après avoir constaté
que « toutes les classes essentielles, le propriétaire, le cultivateur, le manufacturier, *et même le gouvernement,* se trouvent
maîtrisées par une classe accessoire, par le négociant, qui
devrait être leur inférieur, leur agent commissionné, amovible
et responsable », Fourier déclare « qu'en bonne politique le
corps commercial doit être *solidaire et assureur de lui-même,*
et que le corps social doit être assuré contre les Banqueroutes,
l'Agiotage, l'Accaparement, l'Usure, les Déperditions et autres
désordres qui naissent du système actuel [2] ». Et pour protéger
le corps social, s'il déclare « ridicule et vexatoire de décider
qu'il n'y aura que tant de gens exerçant telle profession », il
n'en propose pas moins, « par une patente croissante, » de limiter
le champ de la libre concurrence et d'en « éliminer tout le
superflu numérique et tous ceux qui ne présenteraient pas de
ressources pour coopérer à la solidarité qui doit être le but
du gouvernement ». Cette patente croissante, ajoute Fourier,
« doit s'employer aux choses passibles de banqueroute, aux
marchands et fabricants : si telle patente est de 100 francs en
1829, il faut l'élever progressivement à 200 francs en 1830,
300 en 1831, 400 en 1832, etc., et ainsi du cautionnement. »
Protestera-t-on que cette patente écraserait les plus pauvres?
Fourier répond imperturbablement que tel en effet est le but.
« Qu'ils retournent à la culture, dit-il, où il y aura place dans
les fermes fiscales dont ils deviendront actionnaires, et peut-être
employés [3] ». C'est dans ces « fermes fiscales ou fermes d'asile »
que, à l'imitation d'Owen, il veut réunir les malheureux qui
s'étiolent, inutiles à eux-mêmes et à autrui, sur les routes et
dans les dépôts de mendicité. Le roi de France, ou tout autre,
est donc invité « à forcer les réunions économiques, rassem-

---

1. *Théorie des quatre mouvements.* 3ᵉ partie. Confirmation.
2. *Id.*
3. *Nouveau monde industriel.* Synthèse générale du mouvement.

bler toute la classe pauvre, toutes les familles sans moyens, dans des *fermes fiscales,* où on leur procurerait à peu de frais des occupations gaies et peu productives aux jardins, aux étables, et à des fabriques variées et à choix. On pourrait créer ces fermes en proportion de *un* dixième de la population rurale ; car, dans les campagnes, sur mille familles, il y en a cent et plus qui n'ont pas de quoi subsister. On fonderait lesdites fermes au nombre de une par 400 familles... On forcerait la classe indigente à s'incorporer à ces fermes fiscales... On rendrait ces fermes lucratives en s'emparant de la fonction la plus profitable, celle du commerce, dont chaque ferme réunirait les divers détails, banque, prêt sur gage, commission, entrepôt, vente, achat[1] ». Dans son *Mémoire aux puissances,* Owen, sans entrer dans tant de détails, propose la même utilisation des indigents par l'Etat : « Si telle est la conviction du gouvernement, dit-il, le changement proposé dans le régime des pauvres et des classes ouvrières sans emploi sera bien mieux dirigé comme mesure nationale que comme entreprise particulière. Au fait, les avantages qui doivent en résulter pour la société entière ne pourront être réalisés jusqu'à ce que ce plan devienne national. Les fonds nécessaires à la dotation de ces établissements formés sur ce plan pourront être réalisés par la consolidation des fonds de quelques-uns des hospices publics ; on égaliserait la taxe et on emprunterait par hypothèque sur cette garantie. Les pauvres, y compris ceux qui dépendent des hospices de charité publique, seraient les pauvres de la nation[2] ». Si l'Etat n'est pas encore entré dans la voie indiquée par Fourier et Owen, du moins la ville de Paris a-t-elle fait un essai de la « ferme d'asile » et organisé l'assistance par

1. *Nouveau monde industriel.*

2. *Examen impartial,* etc. — François Vidal, inspiré par les économistes de l'école chrétienne, qui se sont spécialement occupés des ouvriers « déplacés par la mécanique », propose, à leur exemple et à celui d'Owen et de Fourier, la création d'ateliers « dont les produits soient en majeure partie consommés par les producteurs eux-mêmes; des ateliers où l'on puisse établir un équilibre constant entre la production et les besoins de la consommation; des ateliers où la population surabondante des villes puisse se déverser; ...où le travailleur ne soit pas soumis à toutes les vicissitudes du salariat. » (*Répartition des richesses,* pp. 473-474.)

le travail agricole. La ferme modèle de la Chalmelle, en Seine-
et-Marne, fondée pour sauver les paysans égarés dans la ville
tentaculaire, fournit aujourd'hui des ouvriers et des contremaî-
tres de culture à toute la région environnante.

Mais ajoutons que l'interventionnisme de Fourier et d'Owen
est transitoire tout comme le seront celui de Proudhon et de
Louis Blanc. Bien que les précurseurs du commencement du
siècle ne se livrent pas, comme ces derniers, à une construction politique d'ensemble, ils sont certains que l'Etat n'aura
plus rien à faire quand l'individu aura trouvé toute satisfaction
dans l'association. Owen tient à bien faire connaître que
l'appui qu'il sollicite de l'Etat est momentané. « On a objecté,
d'ailleurs, dit-il, que c'est un projet pour éterniser la durée des
lois sur les pauvres et pour ajouter encore au montant des
secours qui leur sont déjà accordés. Cette objection est basée
sur une autre notion erronée, celle de croire qu'il est question
de s'adresser au Parlement pour demander un acte qui autori-
serait le soutien des pauvres par ce moyen. » Il y a, semble-t-il,
contradiction flagrante entre cette déclaration et celle du
Mémoire aux puissances que nous venons de lire. J'incline,
pour ma part, à penser qu'Owen ne s'est pas contredit. Dans
le mémoire, en effet, il demande que les établissements industriels soient dotés par « les fonds des hospices publics », même
par « quelques-uns » de ces hospices. Il ne s'agit donc pas
d'une assistance publique organisée et systématisée par une
loi ; mais de donner à Owen un levier en permettant à quelques
hospices d'employer leurs fonds à l'application de son système.
Il est convaincu que la fécondité de ce système suffira, sans
l'intervention du Parlement, sans loi d'aucune sorte, à faire
des pauvres de chaque hospice et de chaque paroisse les
« pauvres de la nation », puis finalement des travailleurs émancipés par l'association. Aussi a-t-il raison, parlant de l'intention qu'on prête à son comité de s'adresser au Parlement, de
« demander la permission de nier très positivement l'existence
de toute intention pareille ». Il va même jusqu'à ajouter « que
rien ne serait plus nuisible, alors même qu'on en supposerait

la possibilité, que d'appuyer le plan artificiellement, ou par aucune loi. S'il devient productif, il existera par l'effet seul de l'intérêt particulier ; s'il n'est pas profitable, il aura entièrement manqué [1]. »

Le saint-simonisme, tout naturellement, bien qu'il ait commencé par une adhésion entière au libéralisme économique d'Adam Smith, a, dès les premiers temps, formulé très nettement la théorie de l'intervention. Cette théorie ne se trouve-t-elle pas en puissance, d'ailleurs, dans l'administration industrielle, que Saint-Simon rêve de substituer au gouvernement politique ? Lorsque, dans les « Mesures à prendre pour terminer la Révolution », Saint-Simon, après avoir défini le nombre et les attributions de la « chambre d'industrie », écrit que « le premier article du budget des dépenses aura pour objet d'assurer l'existence des prolétaires, en procurant du travail aux valides et des secours aux invalides [2] », il affirme hautement le droit au travail, que formuleront après lui tous les socialistes jusqu'à Marx. Et il précise cet interventionnisme lorsqu'il indique que « le moyen le plus direct pour opérer l'amélioration morale et physique de la majorité de la population consiste à classer comme premières dépenses de l'Etat celles qui sont nécessaires pour procurer du travail à tous les hommes valides, afin d'assurer leur existence physique ; celles qui ont pour objet de répandre le plus promptement possible dans la classe des prolétaires les connaissances positives acquises, et enfin celles qui peuvent garantir aux individus composant cette classe des plaisirs et des jouissances propres à développer leur intelligence [3] ». Mais Bazard, son disciple, sent qu'il doit des comptes à l'économisme. Saint-Simon n'a-t-il pas dit, en effet, que « les hommes livrés à l'industrie, et dont la collection forme la société légitime, n'ont qu'un besoin, c'est la liberté [4] » ! N'a-t-il pas fait dire à Augustin Thierry, son

1. *Examen impartial*, etc. Adresse du comité Owen, 23 août 1819. Londres.
2. *Système industriel*. Au Roi. (ŒUVRES, t. XXI, p. 106-107.)
3. *Organisation sociale*. 3ᵉ fragment. (ŒUVRES, etc., t. XXXIX, pp. 126-128.)
4. *L'Industrie*. 2ᵉ vol. (ŒUVRES, etc., t. XVIII, p. 128.)

autre disciple, ces paroles significatives : « Vouloir tout conduire, tout soumettre à des calculs, c'est la plus grande des
folies humaines. Le commerce se développe de lui-même et
par une force intérieure, comme les corps de la nature ; pres-
ser le développement par une action étrangère, c'est l'arrêter,
c'est tuer le corps[1] ». Voilà, en effet, des opinions « libérales »
on ne peut plus formelles, et l'on comprend que, si habitué
qu'il soit aux contradictions de son maître, Bazard prenne des
précautions pour les combattre ; mais il ne les en combat pas
moins très nettement. Les idées d'abstention de l'État dans les
rapports économiques, dit-il, « ont eu une grande utilité lorsqu'il s'est agi de renverser une corporation scientifique qui
était devenue insuffisante et vicieuse ; mais il est évident
qu'au delà de cette destruction, qui se trouve aujourd'hui bien
suffisamment opérée, elles n'ont plus de valeur, et que, considérées par rapport à l'avenir comme par rapport à tout état
organique des sociétés, elles sont absolument fausses[2] ». Ainsi
dégagé de tous liens avec l'économie politique immobiliste,
Bazard a pu développer sa théorie interventionniste sans contredire l'enseignement de Saint-Simon et dire : « Il semble, en
observant la marche que cette science (la science politique
moderne) a suivie, que le dernier terme de perfection que conçoivent les hommes qui la cultivent, sans qu'ils paraissent
espérer pourtant que ce terme puisse être jamais atteint, serait
celui où tout pouvoir public serait anéanti. Un économiste, de
nos jours, compare les gouvernements à un ulcère... Cette
vue... forme... la base de toutes les théories politiques qui sont
en possession de la faveur populaire. Celle que nous adoptons
est entièrement différente. Pour nous, le système politique
embrasse l'ordre social tout entier : il comprend la détermination du but d'activité de la société, celui des efforts nécessaires
pour l'atteindre ; la direction à donner à ces efforts, soit dans
leur division, soit dans leur combinaison ; le règlement de tous
les actes collectifs ou individuels » : Et, enfin, ici réapparaît en

---

1. *L'Industrie*, ch. vii, p. 77.
2. *Doctrine de Saint-Simon*. 2ᵉ année, 1ʳᵉ séance.

une formule saisissante la pensée capitale du saint-simonisme, à laquelle la science sociale de nos jours donne d'éclatantes confirmations, moyennant de légères rectifications : « Nous croyons que plus la hiérarchie sociale est complète, que plus elle est puissante, et plus aussi alors il y a société[1] ». Mettez « division du travail » à la place de « hiérarchie sociale », et vous aurez parcouru d'un trait le chemin très direct qui relie Saint-Simon à l'évolutionnisme moderne.

X

Les novateurs socialistes sont unanimes, est-il besoin de le dire ? pour affirmer la vertu sociale de l'enseignement. Leur rationalisme organique, constaté par nous dans les parties qui précèdent, leur en fait une loi. Quelle que soit la bible qu'apporte au monde un de ces révélateurs, elle ne peut, comme l'autre, dire à l'homme : « Pour ce qui est de l'arbre de la connaissance du bien et du mal, tu n'en mangeras point. » (GENÈSE, II, 17.) Aussi n'attendent-ils la réalisation de leur idéal que de la transformation intellectuelle et morale amenée par l'éducation publique. « Nous cherchons à grands frais de génie et de systèmes, un *milieu* social convenant à l'harmonie, au bonheur général », dit Pecqueur. Et montrant « l'importance sociale de l'éducation », il ajoute : « Il est là avant tout et plus qu'ailleurs[2]. » Pour Cabet également, « l'ÉDUCATION est considérée comme la base et le fondement de la société[3] ». C'est donc à tous, et non à quelques privilégiés, que doit être donné le savoir. Babeuf, de son côté, avait dit : « Une vérité contestée mal à propos par la mauvaise foi, le préjugé ou l'irréflexion, c'est que cette répartition égale des connaissances entre tous rendrait les hommes à peu près égaux en capacité et même en talents. L'éducation est une monstruosité, lorsqu'elle est inégale, lorsqu'elle est le patrimoine exclusif d'une portion de l'asso-

---

1. *Doctrine de Saint-Simon*, 9ᵉ séance.
2. *Des améliorations matérielles*, pp. 240-241.
3. *Voyage en Icarie*, p. 36.

ciation : puisqu'alors elle devient, dans les mains de cette portion, un amas de machines, une provision d'armes de toutes sortes, à l'aide desquelles cette première portion combat contre l'autre qui est désarmée, parvient facilement, en conséquence, à la juguler, à la tromper, à la dépouiller, à l'asservir sous les plus honteuses chaînes [1]. »

Mais c'est l'égalité par en bas que veut Babeuf, et voici le chétif programme qu'il propose : « Tout Français doit savoir parler, lire, écrire, calculer, raisonner avec justesse et précision, connaitre l'histoire et les lois de son pays, la topographie, l'histoire naturelle et statistique de l'État, la danse et la musique [2]. » C'est ce programme d'école primaire qu'il entend appliquer à tous les jeunes Français indistinctement, de manière à « enlever à la fausse science toute occasion de flatter l'orgueil, d'égarer la bonne foi et d'offrir aux passions un bonheur individuel autre que celui de la propriété [3] ». Pour tous les socialistes qui viendront après Babeuf, les écoles sont, selon l'expression de Proudhon, « les séminaires de l'aristocratie ». Car, ajoute celui-ci, « ce n'est pas pour le peuple qu'ont été fondées les écoles Polytechnique, Normale, de Saint-Cyr, de Droit, etc. ; c'est pour entretenir, fortifier, augmenter la dictinction des classes, pour consommer et rendre irrévocable la scission entre la bourgeoisie et le prolétariat [4] ». Les saint-simoniens, de leur côté, avaient constaté, bien avant Proudhon, qui a fait à leur pensée de larges emprunts et d'ailleurs le reconnaît volontiers [5], le caractère de classe de l'enseignement public. « S'il est vrai qu'aujourd'hui cette exploitation soit arrivée à son terme, dit Bazard, s'il est vrai qu'elle doive disparaître entièrement de l'ordre social qui se prépare, il est évident que la distribution de l'*éducation spéciale*, au lieu de se faire selon la *naissance*, se fera dans l'avenir selon les *apti-*

1. *Tribun du peuple*, n° 35. (HISTOIRE DE GRACCHUS BABEUF, t. II, p. 40.)
2. *Syst. pol. et soc. des Égaux*, p. 49.
3. *Id.*, p. 48.
4. *Idée générale de la Révolution*, p. 291.
5. *Id.*, pp. 126 et suiv.

tudes, les vocations des diverses organisations individuelles [1]. »

S'ils sont unanimes sur la nécessité de donner à tous l'enseignement, les novateurs se divisent lorsqu'il s'agit d'établir par qui il sera donné. Mais avant d'aborder leurs divergences, notons qu'aucun d'eux ne va jusqu'où Babeuf alla, en imitation des lois de Lycurgue et du *Code de la nature*, nul d'entre eux n'entend parquer les enfants loin de leur famille, faire d'eux les enfants de la communauté. Cabet lui-même ne dira pas avec la farouche énergie de Babeuf que « dans l'ordre social, la patrie s'empare de l'individu à sa naissance et ne le quitte qu'à la mort [2] ». Encore bien moins s'écriera-t-il : « Plus d'éducation domestique, plus d'éducation paternelle [3] » ! et on ne le verra pas combattre « le régime égoïste et exclusif de la famille [4] ». Sous ce rapport, même, on pourra dire que Fourier est certainement plus près du communiste Babeuf que le communiste Cabet. Sauf Babeuf, les novateurs socialistes ne vont guère au delà de ce que Napoléon a fait en réorganisant l'internat des lycées et des collèges. Dans son *Mémoire aux puissances*, Robert Owen déclare en effet qu' « il est entendu que les enfants au-dessus de l'âge de trois ans doivent suivre l'école, manger dans le réfectoire et dormir dans les dortoirs, les parents ayant d'ailleurs la permission de les voir et de leur parler pendant le repas et à tout autre moment [5] ». Fourier lui-même, qui a poussé si loin le souci de l'émancipation morale de l'individu, n'enlève pas l'enfant à la famille, et il se défend avec véhémence de dissoudre les liens familiaux. S'il ôte l'éducation des enfants aux pères, c'est pour que les pères ne commandent plus leurs enfants et qu'ainsi ils puissent les aimer et les gâter sans contrainte et sans dommage. En association, dit-il, « le père, n'étant chargé ni de l'éducation ni de la remontrance, n'a d'autre tâche que de flatter l'enfant, et se livre sans danger au

---

1. *Doctrine de Saint-Simon*, 1re année, p. 196.
2. *Syst. pol. et soc. des Egaux*, p. 46.
3. *Id.*, p. 49.
4. *Id.*, p. 45.
5. *Examen impartial*, etc., p. 142.

ton naturel de ce groupe, au *gâtement* ou déférence du supérieur pour l'inférieur [1] ». En réalité, on le voit, Fourier destitue la famille d'une attribution éducative dont soixante ans plus tard, l'État lui enlèvera la plus grande partie en décrétant l'obligation de l'enseignement et son corollaire obligé, la gratuité. Il a donc été, ici encore, comme les autres novateurs socialistes, non un destructeur de la famille, mais un précurseur dans l'œuvre d'émancipation sociale de chacun des individus dont se compose la famille. Et d'enlever à celle-ci ses fonctions juridiques, religieuses, économiques, pédagogiques ou plutôt *apédagogiques*, ce n'est pas la supprimer, mais l'épurer en reliant entre eux ses membres, devenus des individus réels et autonomes, par les uniques liens de la nature et de l'affection. Proudhon, si nettement individualiste, si romainement familiste, ne donne cependant pas plus que Fourier dans le sophisme libéral : il n'anéantit pas l'individualité de l'enfant sous celle du père ; c'est de la liberté de l'enfant qu'il a souci et non de l'autorité du père : Fourier transfère à l'association le droit d'éducation exercé jusque-là par le père ; Proudhon le transfère à la commune, qui « choisit à sa guise » l'instituteur. « La seule chose essentielle, ajoute-t-il, c'est que le dit instituteur convienne aux pères de famille [2]. »

Pour le reste, il a des opinions variables. C'est ainsi que, sur la gratuité de l'enseignement, il dira aux électeurs de la Seine, dans son « Programme révolutionnaire » du 30 mai 1848, qu'il « ne doit rien y avoir de commun, quant au salaire, entre le médecin et le malade, pas plus qu'entre le prêtre et le laïque, entre le professeur et l'élève » ; et que, néanmoins, quelques années plus tard, il se prononcera en ces termes contre l'obligation et la gratuité de l'enseignement : « Posons d'abord comme principe qu'il n'y a et ne peut y avoir de gratuit que ce qui ne coûte rien à personne ; que l'instruction, de même que la nourriture, le vêtement, etc., l'habitation, doivent se payer ; que si celui qui en fait la demande et à qui on la donne ne paye

1. *Traité de l'association domestique agricole.* Groupes et séries.
2. *Idée générale de la Révolution,* p. 290.

pas, un autre devra payer pour lui, ce qui revient à dire que l'*enseignement gratuit et obligatoire* rentre dans la catégorie des institutions de charité, dont le Manifeste des *Soixante* a déclaré qu'elles avaient fait leur temps et que le peuple n'en voulait plus... En y ajoutant l'*obligation,* les prétendus libéraux manifestent leur humeur despotique ; ils rétrogradent au delà des premières communautés chrétiennes[1]. »

La coéducation des sexes, qui fit pousser les hauts cris, il y a quelques années, à certains journalistes et hommes politiques, devait avoir place dans les conceptions des novateurs socialistes. A ce propos, il est piquant de remarquer que, lors de l'explosion d'indignation factice qui se produisit au sujet de l'établissement de Cempuis, personne ne songea que, depuis quinze ans au moins, le Familistère de Guise, fondé par le fouriériste Godin, pratiquait avec succès le système de la coéducation, sans que les rapports des inspecteurs primaires eussent jamais eu autre chose à enregistrer que des éloges sur la parfaite tenue de l'école mixte du Familistère. D'ailleurs, le système inauguré à Cempuis par Paul Robin a triomphé de ses détracteurs. Le Conseil général de la Seine, mieux informé que le ministre de l'instruction publique d'alors, a reconnu et déclaré que la coéducation avait donné des résultats pédagogiques et moraux supérieurs au système de l'éducation séparée.

Les novateurs socialistes n'ont pas inventé le système de la coéducation. Babeuf ne l'a pas même soupçonné, puisqu'il institue « dans chaque arrondissement, loin des villes, en bel air,... deux maisons d'éducation : l'une pour les garçons, l'autre pour les filles[2] » et que si, pour lui, « le but de l'éducation est le même pour les deux sexes », il estime que « les procédés » ne doivent « pas être semblables ». En conséquence : il déclare que, « pour retarder le mélange des sexes, pour conserver à chacun leur vigueur, il est bon qu'ils soient séparés[3] ». Nous avons vu[4] que, dans la république de Babeuf, les filles n'ont

1. *De la capacité politique des classes ouvrières*, pp. 279-280.
2. *Syst. pol. et soc. des Égaux*, p. 47.
3. *Id.*, p. 45.
4. V. plus haut. p. 68.

pas même droit au minimum d'enseignement primaire distribué aux garçons. Pour revenir à la coéducation, notons que
Fourier n'entend l'appliquer que dans le milieu phalanstérien ;
il déclare même qu'à l'appliquer dans ce qu'il appelle « l'état
civilisé », il y aura forcément des mécomptes. Il narre même
un de ces mécomptes avec une joie féroce. « On vantait beaucoup, dit-il, un pensionnat d'Yverdun, en Suisse, dont on pro-
mettait des merveilles, parce qu'il était dirigé par le célèbre
Pestalozzi, aidé du célèbre Kruzi et du célèbre Buss, qui éle-
vaient les jeunes gens d'un et d'autre sexe, selon la méthode
intuitive. Il arriva que cette jeunesse, peu satisfaite de la
méthode intuitive, y joignit la méthode *sensitive*... Ainsi, les
passions que la philosophie croit supprimer viennent inopiné-
ment supprimer les systèmes de la pauvre philosophie... Il fallut
congédier toute cette orgie d'Héloïses amoureuses de leurs pré-
cepteurs [1]. » On voit bien ce que Fourier tend à prouver, et surtout on saisit sur le vif le fort et le faible de son système. Quelle
joie pour lui s'il avait pu dénicher un scandale du même ordre
dans l'établissement de New-Lanark, où Robert Owen pratiquait avec succès la coéducation ! Mais les députés de la corporation de Leeds n'ont aperçu que bon ordre et activité dans cette
école où « six garçons ... entrèrent au pas accéléré, au son du
fifre, jusqu'à ce que tous les garçons et les filles, car les filles
marchent de la même manière, fussent réunis dans la salle [2]. »

On l'a déjà remarqué, les novateurs socialistes n'inventent
pas à proprement parler, mais ils attirent à eux, ils incorporent
à leur système toutes les innovations de leur temps et font de
ce système la condition même de leur réalisation. Aussi les
voyons-nous sans étonnement épouser la cause de l'enseignement scientifique contre l'enseignement classique, et plus particulièrement se faire les champions de l'enseignement professionnel. Élevé à l'école des saint-simoniens, qui avaient déclaré
la guerre au latin, Pecqueur veut socialiser l'enseignement du
bien, du vrai, de l'utile ; « de l'*utile* surtout qui est, dit-il, si

1. *Nouveau monde industriel.* Educ. harm.
2. *Examen impartial*, etc.

peu controversable de sa nature. » Et, à cet effet, il propose
« d'organiser entre toutes les communes de France et les pouvoirs représentatifs, un *moyen uniforme* de communication
intellectuelle par lequel se ferait officiellement, LIBREMENT, successivement, l'*instruction des adultes, du peuple tout entier* »;
c'est-à-dire, « de jeter en quelque sorte sur l'espace qui sépare
la ville des lumières, celle où s'élaborent les améliorations en
tous genres, Paris et ses quarante mille communes, un *pont*
par où s'expédient en temps opportun, à chacune d'elles, les
connaissances positives, les expédients agricoles, industriels et
domestiques non controversables[1]. » Il propose ces communi-
cations permanentes, qui commencent d'être aujourd'hui assu-
rées par des organes d'Etat, tels que l'office du travail, l'office
colonial, les conseils supérieurs du commerce, du travail, de
l'agriculture, etc., et qui, à l'époque où il écrivait, n'étaient
encore qu'à l'état de projet dans l'esprit de quelques économistes d'avant-garde. Pecqueur propose ces innovations nécessaires parce qu'il a clairement aperçu que les maux attribués
à la concurrence économique eussent dû l'être bien plutôt à la
concurrence aveugle, à l'ignorance économique et sociale des
industriels et des commerçants ; ou plutôt que la concurrence
naît de l'ignorance, et que la connaissance des besoins des
consommateurs suggère l'accord des producteurs pour s'assurer
mutuellement contre les pertes éventuelles. Il s'est aperçu
qu'aux États-Unis et en Belgique « on s'est dit que, puisqu'il
suffisait de retirer inconsidérément le crédit à un industriel
gêné, pour décider une crise en *feu de file* et propager le
désastre dans toutes les branches d'industrie, il fallait venir à
l'aide de tous les gens honnêtes, et commander aux vents précurseurs de la débâcle, avant qu'ils se déchaînassent pour
s'abattre sur tous. De là une sorte d'*assurance mutuelle* tacite
contre les souffrances, contre les gênes et les ruines. Sans la
confiance qui a régné dernièrement en Belgique, pendant la
suspension des paiements de la Banque et la crise naissante,

---

1. *Des améliorations matérielles*, p. 256.

nul ne peut dire ce qu'aurait été la grandeur de la calamité. »
Après avoir constaté en ces termes les avantages sociaux de
l'éducation économique, et comme elle porte à la solidarité bien
plus qu'à la lutte, Pecqueur ajoute : « En France, nos capitalistes eussent agi comme des enfants, sottement égoïstes. A
quoi donc attribuer cette insanité du monde commercial ? au
crétinisme intellectuel des masses ? en grande partie à la tactique impie des *éducateurs* des nations, aux prêtres, aux gouvernements, aux aristocraties, aux *universités* qui, presque
partout, entretiennent systématiquement les peuples dans
l'*ignorance* des seules choses qu'il importe le plus de savoir[1]. »
Il est triste d'avoir à constater que soixante-cinq ans ont pu
passer sur cette page sans lui avoir fait perdre toute son actua-
lité, et qu'un trop grand nombre d'universitaires en sont encore
à confondre, sous couleur d'enseignement littéraire, les exercices lexicologiques avec la culture des idées générales.

Il va donc de soi que tous les novateurs socialistes aient été
de résolus partisans de l'enseignement professionnel. Babeuf,
tout le premier, bien qu'il soumette l'enseignement à son dur
idéal spartiate, prescrit les « travaux de l'agriculture et des arts
mécaniques » à côté des « manœuvres, courses, équitation,
lutte, danse, chasse, natation[2] », qui sont bien plutôt de la
Laconie préhistorique que de la France du xviii° siècle. Mais,
pour bien indiquer qu'il s'inspirait de Lycurgue et non d'Adam
Smith, le comité insurrecteur, « voulant délivrer le pays de la
gêne des superfluités, avait arrêté de restreindre, dans les maisons d'éducation, les *travaux* des arts et métiers aux objets
facilement communicables à tous[3] ». Nous passons à l'extrême
opposé avec Fourier. Pour celui-ci, même, tout enseignement
est, par définition, professionnel. Le travail rendu attrayant
étant pour lui un jeu, l'enfant produit tout en apprenant à produire, et dès l'âge le plus tendre, prend rang parmi les « bam-
bins » et parcourt les ateliers. « En Harmonie, un bambin de

---

1. *Des améliorations matérielles*, pp. 159-160.
2. *Syst. pol. et soc. des Egaux*, p. 47.
3. *Id,,* p. 48.

quatre ans, fût-il fils d'un monarque, sait gagner sa vie à plusieurs métiers..., subordonner toutes ses actions aux convenances d'intérêt général [1]. » Saint-Simon, de son côté, demande que l'enseignement soit en même temps technique et scientifique. « L'instruction dont le peuple a le plus besoin, dit-il, est celle qui peut le rendre le plus capable de bien exécuter les travaux qui doivent lui être confiés. » Il ajoute, traçant le programme sommaire d'enseignement public qu'il importe de donner au peuple : « Quelques notions de géométrie, de physique, de chimie et d'hygiène»; mais ce programme ne pourrait guère être enseigné par les magistrats de la Restauration, plus aptes à expliquer le catéchisme et l'histoire sainte. « Le système d'instruction pour les écoles primaires doit donc être organisé par les savants qui professent les sciences positives [2]. » Près d'un siècle s'est écoulé, et le programme scolaire tracé par Saint-Simon est à peine en voie d'exécution. Un de ses disciples, Michel Chevalier, reprenant la pensée de Saint-Simon et la développant dans le sens même où Fourier formulait son rêve des armées industrielles, proposera « la transformation de l'armée en un vaste système d'éducation professionnelle pour la masse de la population. Les régiments, avec leurs costumes, leur musique, leur religion du drapeau, deviendraient alors de grandes écoles d'arts et métiers où les travailleurs trouveraient un fonds précieux de sentiment d'honneur et d'habitude de ponctualité. Le plan d'organisation de l'armée figurerait l'encyclopédie de l'industrie, et provisoirement les travaux créateurs n'excluraient pas les exercices militaires, pas plus que les études scientifiques de l'École polytechnique n'excluent maintenant l'apprentissage de la manœuvre [3]. »

Les novateurs économistes ne sont pas moins favorables à l'enseignement professionnel, au contraire, que les novateurs philosophes. Pecqueur, notamment, insiste longuement et avec force sur « l'apprentissage routinier, aveugle, irrégulier, incer-

---

1. *Traité de l'association domestique agricole.* Assoc. comp.

2. *Système industriel,* t. II. (ŒUVRES, t. XXII, pp, 83-84.)

3. *Globe* du 8 mars 1832.

tain, discontinu, qui a lieu de maître à ouvrier, de père à enfant », et qui « ne mérite pas le nom d'instruction professionnelle[1] ». Résolument, il demande pour chaque commune « ou seulement chaque canton de France » une « *école d'arts et métiers* accessible pour tous indistinctement[2] ». Proudhon enfin est partisan de l'enseignement professionnel le plus étendu. « Par l'éducation encyclopédique, dit-il, l'obligation de l'apprentissage et la coopération à toutes les parties du travail collectif, la division du travail ne peut plus être pour l'ouvrier une cause de dégradation ; elle est, au contraire, l'instrument de son éducation et le gage de sa sécurité[3]. » Et, apercevant le caractère de classe revêtu nécessairement par l'enseignement traditionnel et ses méthodes, Proudhon ajoute : « Séparer comme on le fait aujourd'hui l'enseignement de l'apprentissage, et, ce qui est plus détestable encore, distinguer l'éducation professionnelle de l'exercice réel, utile, sérieux, quotidien, de la profession, c'est reproduire sous une autre forme, la séparation des pouvoirs et la distinction des classes, les deux instruments les plus énergiques de la tyrannie gouvernementale et de la subalternisation des travailleurs[4]. »

XI

Les novateurs socialistes ont été véritablement les précurseurs non de l'anthropologie criminelle, mais de la sociologie criminelle. Leur philosophie rationaliste devait nécessairement les conduire à rechercher, dans le crime de l'individu, la responsabilité de la société. « Faites disparaître les circonstances qui tendent à créer le crime, s'écrie Robert Owen, et le crime n'aura pas d'existence : remplacez ces circonstances par celles qui sont combinées pour former les habitudes d'ordre, de régularité, de tempérance et d'industrie, et ces qualités se

---

1. *Des améliorations matérielles*, p. 246.
2. *Id.*, p. 57.
3. *Idée générale de la Révolution*, p. 235.
4. *Id.*, p. 290.

développeront [1]. » C'est également sous l'inspiration de la philosophie rationaliste que Cabet, rejetant sur la société les responsabilités imposées par elle à l'individu, réduit les pénalités à « la déclaration du délit par le tribunal, la censure, la publicité du jugement plus ou moins étendue ». Les peines les plus graves, ou plutôt celles qui ne sont pas d'ordre purement moral, sont, en Icarie, « la privation de certains droits dans l'école ou dans l'atelier, ou dans la commune, l'exclusion plus ou moins longue de certains lieux publics, même de la maison des citoyens ». Cabet admet pourtant qu'il pourrait se trouver en Icarie « quelque brutal dont la violence menaçât la sécurité publique ». S'il existait « une bête de cette espèce » on la « traiterait... dans un hospice, ». Et si « la jalousie d'amour » poussait quelque malheureux au crime, « on traiterait le meurtrier comme un fou [2] ».

Babeuf, lui, n'a pas même supposé que ce fou pût surgir. Parlant de la communauté, il affirme qu'elle fera du même coup « disparaître les bornes, les haies, les murs, les serrures aux portes, les disputes, les procès, les vols, les assassinats, tous les crimes ; les tribunaux, les prisons, les gibets, les peines, le désespoir que causent toutes ces calamités [3] ». De son côté, Saint-Simon n'est pas moins fortement persuadé que le crime est un phénomène d'ordre social. En conséquence, il entend remplacer « l'institution de l'ordre judiciaire » par des « tribunaux industriels », et ce, « dans toutes ses parties [4] ». Son disciple Bazard a très heureusement indiqué les caractères sociaux et évolutionnistes de la criminalité. « La législation est, dit-il, liée à l'éducation, dont elle est un complément [5]. » Il défend la doctrine saint-simonienne d'avoir songé à introduire « des formes plus ou moins acerbes » dans la répression des délits. « Oubliant, dit-il, que nous annoncions la fin du règne de la violence, peu s'en faut qu'on ait supposé que nous gar-

1. *Examen impartial*, etc.
2. *Voyage en Icarie*. pp. 130-131.
3. *Tribun du peuple*, n° 35. (HIST. DE GRACCHUS BABEUF, t. II, p. 41.)
4. *L'Industrie*, 2° Partie, Moyens, etc. (ŒUVRES, etc., t. XIX, p. 125.)
5. *Doctrine de Saint-Simon*, 1ʳᵉ année, p. 213.

dions par devers nous, et comme arrière-pensée, la peine de
mort, ou du moins la question et la baïonnette du gen-
darme [1]. »

Ce n'est pas que les saint-simoniens se bercent de l'illusion
que leur triomphe suffira à supprimer les infractions à l'ordre.
Bazard sait qu'elles changent dans leurs manifestations, sans
jamais disparaître : « A chaque rénovation sociale, dit-il, la
sensibilité humaine, développée, écarte de la législation pénale
ou rémunératoire certains faits qui ont cessé d'être nuisibles
ou utiles ; mais en même temps elle y fait entrer d'autres faits
qui prennent alors ce caractère, c'est-à-dire qui deviennent
l'objet de ses répugnances ou de son admiration [2]. » Mais,
après avoir constaté l'évolution de la criminalité, il se hâte d'a-
jouter que la loi de décroissance constante de la force du règne
de la violence et de l'exploitation de l'homme par l'homme
« nous montre, d'une part, que le vice revêt des formes de
moins en moins brutales, et de l'autre que la pénalité prend un
caractère plus humain [3] ». Aussi Bazard, tout en se refusant à
indiquer « les moyens répressifs employés dans l'avenir », condamne d'avance « une magistrature qui n'éprouverait pas à un
haut degré, la sympathie, *même* pour le coupable, et qui ne
verrait pas dans sa punition une *correction salutaire,* un véritable moyen d'EDUCATION plutôt qu'une vengeance [4] ». Selon lui,
le corps judiciaire doit être, « l'organe au moyen duquel la société exprime le *blâme* ou la *louange* [5] ». Enfin exagérant sa
pensée, il va jusqu'à affirmer que les « peines infligées aux
propagateurs de doctrines antisociales auront *surtout* pour but
de les *soustraire* à l'*animadversion* publique [6] ». Ici, pour
avoir dépassé le but, Bazard nous a laissé apercevoir le vilain
côté des doctrines théocratiques, et ce qu'elles promettent aux
doctrines adverses dans la personne de leurs propagateurs.

1. *Doctrine de Saint-Simon*, p. 214.
2. *Id.*, p. 217.
3. *Id.*, p. 222.
4. *Id.*, même page.
5. *Id.*, p. 219.
6. *Id.*, p. 222.

Il n'en demeure pas moins que les saint-simoniens ont devancé les conclusions les plus récentes de la sociologie criminelle ; ils ont exprimé en théories la jurisprudence que le président Magnaud devait appliquer quatre-vingts ans plus tard. Aux théories juridiques de la vengeance sociale contre l'individu, la Révolution française avait substitué le droit pour la société de se préserver du criminel et du délinquant ; mais elle avait considéré le crime comme un fait et le criminel comme une abstraction. Ce qu'elle frappait, c'était l'infraction à l'ordre établi, sans s'inquiéter de la souffrance qui retentissait en l'individu coupable. Les disciples de Saint-Simon ont fait ressurgir l'individu, non plus pour se venger de lui, mais pour que la répression tournât à son propre profit. Ils ont socialisé le délit, ils l'ont mis au compte de la société, et ils ont vu dans les sanctions judiciaires, répressives du mal et rémunératoires du bien, un moyen d'éducation pour l'individu. C'est une vue que Proudhon développera, mais en l'abordant sous un autre aspect. Il ne conteste pas à la société le droit de se défendre et même de se venger. Mais, dit-il, « qu'elle juge, et qu'après avoir jugé, elle punisse, voilà ce que je lui dénie, ce que je dénie à toute autorité, quelle qu'elle soit [1] ». Et pourquoi la société ne peut-elle pas juger, et conséquemment punir ? Parce que, en l'état social actuel, tout autorité est non le résultat du contrat, mais de la contrainte. Juger et condamner n'est donc pas appliquer la justice, mais en usurper les formes pour appliquer aux vaincus de la société les lois de la guerre. « La guerre, dira Proudhon, peut avoir aussi, ne disons pas sa justice, ce serait profaner ce saint nom, mais sa balance. Mais que hors de là ces mêmes individus soient enfermés sous prétexte de pénitence dans des établissements de fous ; flétris, mis aux fers, torturés en leur corps et en leur âme, guillotinés... je nie que... rien dans la société, ni dans la conscience, ni dans la raison autorise une semblable tyrannie. Ce que fait le code n'est pas de la justice, c'est de la vengeance la plus inique et la plus

---

1. *Idée générale de la Révolution*, p. 271.

atroce, dernier vestige de l'antique haine des classes patri-
ciennes envers les classes serviles ¹ ». Donc, pour Proudhon, la
justice ne sera que lorsque le contrat aura exprimé la libre
volonté des individus sociaux. Et, alors, la société ne devra que
la guerre à quiconque aura refusé de signer le pacte. « Si tu
refuses, lui dit Proudhon, tu fais partie de la société des sauvages, sorti de la communion du genre humain, tu deviens
suspect. Rien ne te protège. A la moindre insulte, le premier
venu peut te frapper, sans encourir d'autre accusation que
celle de sévices inutilement exercés contre une brute ². » On
aperçoit tout de suite ce que, dans sa forme violemment imagée
et brutalement paradoxale, Proudhon a voulu dire : lorsque le
contrat se signera entre égaux, en pleine liberté, il n'y aura
que les brutes, les êtres hors l'humanité, les exceptions patho-
logiques, qui refuseront de le signer.

Le pacte étant passé entre égaux, les infractions ne peuvent
être jugées qu'entre égaux. Ce que Proudhon reproche à la
vindicte sociale, c'est d'être une vengeance de classe : on punit
le voleur, dans un état social où les hommes sont en majorité
dénués de toute propriété, parce que les propriétaires sont les
maîtres de la société ³. A la société actuelle, phénomène organique créé par l'hérédité passive des tyrannies et des soumis-
sions, il veut substituer une société conçue sur le plan de la
raison, fondée sur l'égalité de droit et de fait de tous ses membres, et surtout sur la libre et volontaire adhésion de chacun
d'eux. Aussi n'est-ce plus par délégation du souverain, — ce

---

1. *Idée générale de la Révolution*, p. 272. — Dès 1820, Hodgskin écrivait :
« Est-ce que toutes les nations de l'antiquité n'étaient pas composées de
maîtres et d'esclaves ? et les lois pénales ne peuvent-elles avoir pris naissance,
n'ont-elles pas effectivement pris naissance dans un état social de ce genre ?
Ne furent-elles pas créées principalement pour faire régner l'ordre parmi les
esclaves ? » (Elie Halévy, *Thomas Hodgskin*, ch. Iᵉʳ, p. 39.)

2. *Id.*, p. 312.

3. Quoi! s'écrie-t-il, des capitalistes, des propriétaires, des gens heureux,
qui se sont mis d'accord avec le gouvernement, qui jouissent de sa protection et de sa faveur, ce sont les juges naturels du prolétaire !... Et s'il
proteste de la mauvaise condition que lui a faite la société, s'il rappelle les
misères de sa vie et toutes les amertumes de son existence, [ils] lui opposeront le consentement tacite et la conscience du genre humain! (*Id.*, pp. 273-
274.)

souverain fût-il la société tout entière, l'ensemble des citoyens,
— que la justice doit être rendue, et la sincérité, l'intégrité
des contrats assurée, mais par les contractants eux-mêmes.
Exprimant la pensée démocratique dont l'expression, chez
nous, n'est pas allée au delà de la création d'un jury limité
d'ailleurs dans son recrutement comme dans ses attributions,
Cabet nous dit que, dans son Icarie, « c'est le peuple qui juge
dans ses assemblées populaires[1] ». Proudhon ne laisse les
sanctions du contrat ni au peuple ni à l'Etat. L'œuvre de justice, selon lui, devant être réparation et non plus vengeance, et
« l'instruction des procès se réduisant à une simple convoca-
tion de témoins, entre le plaignant et l'accusé, entre le plaideur
et sa partie, il ne sera besoin d'autre intermédiaire que les amis
dont ils invoqueront l'arbitrage[2] ». Proudhon, on le voit, ramène tout au droit civil. C'est parfait, théoriquement, mais à
quelles réparations astreindra-t-il celui qui aura enlevé la vie
ou seulement un membre à un de ses co-contractants ? Va-t-il
nous ramener au wehrgeld des tribus germaniques ? Considé-
rera-t-il le criminel comme ayant refusé de signer le pacte et le
reléguera-t-il dans la « société des sauvages » ? Il ne le pourra,
puisque ce criminel aura au préalable « paru au pacte social »
et que le pacte aura été non refusé, mais violé. Il nous parle
bien du droit des coupables au châtiment[3] ; mais si le coupable,
insuffisamment pénétré de philosophie hégélienne, ne veut pas
user d'un droit qui lui est désagréable, que lui fera-t-on ? Et
comment Proudhon n'a-t-il pas aperçu que son silence risque
d'être plus préjudiciable au criminel qu'à la société, et que la
loi de Lynch se substitue toujours au silence ou même simplement à l'insuffisance de la loi positive ? Il accuse Beccaria d'a-
voir fait s'arrêter la philosophie « dans l'intelligence du délit
et de la peine » ; il lui reproche de n'avoir point conçu la théorie de la peine et de s'être « arrêté dans une philanthropie dou-
cereuse, aussi éloignée de la vérité que le communisme l'est de

1. *Voyage en Icarie*, p. 559.
2. *Idée générale de la Révolution*, p. 275.
3. *Id.*, p. 271.

l'organisation [1] ». Comment n'a-t-il pas aperçu qu'autant la
résorption de la justice civile dans les arbitrages volontaires
est une chose possible et désirable, dans les limites tracées par
des principes généraux de droit, autant l'assimilation des
délits à des infractions aux contrats particuliers risque de retarder l'adoucissement des mœurs et des peines? Il est vrai
que l'utilitarisme et le déterminisme de Proudhon lui tiennent toute prête une réponse : L'organisation économique de
la société n'incite plus l'individu au vol et au meurtre, puisqu'il peut se procurer ses utilités à moins de frais ; quant aux
crimes qui n'ont point la cupidité pour objet, ils seront assez
rares pour ne présenter aucun danger social et ne nécessiter
aucune répression autre que celle dont le coupable se frappera
volontairement. Mais cette réponse, il ne la fait pas assez clairement, et il faut pour ainsi dire solliciter son texte pour l'en extraire.

Mais où Proudhon, avec une précision et une force remar-
quables, ne laisse aucune équivoque, c'est sur le point de la
spécialisation judiciaire. La Révolution française avait détruit
toutes les spécialisations judiciaires, toutes les juridictions de
classe et de catégorie. Et le juge n'avait plus en face de lui que
le délinquant, ou plutôt le délit. Pourtant, par la force même
des choses, de nécessaires spécialisations s'étaient reformées.
C'est sur elles-mêmes que s'appuiera Proudhon pour générali-
ser, universaliser l'arbitrage, forme judiciaire des sanctions du
contrat : « La voie est tracée, dit-il ; les tribunaux de commerce, les conseils de prudhommes, les constitutions d'arbi-
tres et les nominations d'experts si fréquemment ordonnées
par les tribunaux, sont autant de pas déjà faits vers la démo-
cratisation de la justice [2]. » Nous avons vu que Proudhon a été
devancé par Saint-Simon, pour qui les tribunaux industriels
« ne sont pas autre chose que des *arbitrages*, seule jurisprudence nécessaire quand il n'existera plus d'autres *propriétés*
que des *propriétés industrielles* [3] ». La critique sociologique

1. *Correspondance*, t. II, p. 240.
2. *Idée générale de la Révolution*, p. 276.
3. *L'Industrie* (Œuvres, t. XIX, p. 125).

moderne a fait une réponse assez forte à cette thèse des contrats reposant sur la volonté des parties et trouvant leur loi et
leur règle uniquement en elle. « Il est très vrai, dira M. Durkheim, que les relations contractuelles, qui étaient rares à l'origine ou complètement absentes, se multiplient à mesure que
le travail social se divise », mais il est non moins vrai que « les
relations non contractuelles se développent en même temps ».
Et il indique la complexité croissante du droit domestique qui
correspond à ce développement de la personnalité et à la création du droit de chacun des membres de la famille. Il indique,
d'autre part, les restrictions que la société apporte justement
aux contrats : « Les contractants peuvent s'entendre pour déro-
ger sur certains points aux dispositions de la loi », mais « leurs
droits à cet égard ne sont pas illimités ». Ainsi « l'acheteur a
le devoir de ne pas profiter de la situation pour imposer un
prix trop sensiblement au-dessous de la valeur réelle de la
chose [1] ». L'argumentation invoquée par l'auteur de la *Division
du travail social* contre le libéralisme négatif de Herbert
Spencer vaut également contre l'anarchisme de Proudhon et
toutes les conceptions intellectualistes et utilitaires de la société qui en sont dérivées.

XII

Les novateurs socialistes de la première moitié du xixe siècle
ont manifesté une commune et égale répulsion pour les moyens
violents. Cependant n'oublions pas que, si Babeuf vécut au
xviiie siècle, un parti communiste révolutionnaire, formé par son
compagnon de lutte Buonarotti, se mêle aussi activement qu'il
le peut à l'action politique et sociale. Ce parti, où Blanqui, à
son entrée dans la vie, prendra rang de chef en même temps
que de soldat, agissait au moment où écrivaient les Fourier,
les Pecqueur et les Proudhon. Il ne faut donc pas s'étonner si
nous mentionnons souvent ici Babeuf et sa doctrine. Cette doc-

---

1. *Division du travail social*, pp. 184 et suiv.

trine est née dans les combats politiques, dans les dernières
convulsions du parti populaire, de 1794 à 1797 ; elle s'est manifestée par la conjuration des Egaux, et, dans tout le xixᵉ siècle, elle a proclamé que la force était son moyen. Dès le *Manifeste des Egaux*, rédigé, comme on sait, par Sylvain Maréchal,
la lutte violente des classes est affirmée comme une nécessité
historique. « La Révolution française, y est-il dit, n'est que
l'avant-courrière d'une autre révolution bien plus grande, bien
plus solennelle, et qui sera la dernière. Le peuple a marché sur
le corps aux rois et aux prêtres coalisés contre lui : il en fera
de même aux nouveaux tyrans, aux nouveaux tartufes politiques assis à la place des anciens. » Car, il la faut « cette égalité
réelle », et « n'importe à quel prix ». Aussi, « malheur à ceux
que nous rencontrerons entre elle et nous ! malheur à qui
ferait résistance à un vœu aussi prononcé[1] ! »

Pour les autres novateurs socialistes, bien qu'ils aient tous
projeté une transformation radicale des rapports économiques
et sociaux, nul d'entre eux, répétons-le, ne prétend employer
la force pour faire accepter ses vues. Que les uns comptent se
servir de l'État, que d'autres entendent se passer de lui, que
d'autres enfin, tel Proudhon, méditent de le supprimer, c'est
aux moyens pacifiques seulement qu'ils déclarent recourir. Et
il n'y a pas, dans ces déclarations où ils sont unanimes, trace
de prudence opportune ni crainte de tomber sous le coup des
lois, mais conviction intime de la valeur intrinsèque des innovations qu'ils apportent. Bien plus, ils sont persuadés que le
monde court aux révolutions, aux cataclysmes sociaux, si la
réforme qu'ils apportent n'est adoptée ; et, en l'apportant, ils
prennent garde à l'envi qu'elle ne suscite des troubles. « Mon
premier soin, dira Saint-Simon, a été, il a dû être de prendre
toutes les précautions nécessaires pour que l'émission de la nouvelle doctrine ne portât point la classe pauvre à des actes de violence contre les riches et contre les gouvernements[2]. » Sans faire
exception à cette règle, Fourier, dans un de ses apologues,

---

1. *Histoire de Gracchus Babeuf,* t. I, pp. 197 à 201.
2. *Nouveau christianisme.* (SAINT-SIMON, SON PREMIER ÉCRIT, etc., p. 174.)

laisse cependant entendre que la force est parfois nécessaire à l'établissement du droit. Il est vrai qu'il s'agit, dans cet apologue, d'un marchand, d'un accapareur. Et l'on sait de quelle sainte fureur Fourier poursuivit cette engeance. Mais laissons-le parler.

« C'était à une foire de village, dit-il, aux approches des vendanges. Beaucoup de paysans y achetaient des seaux à vendange pour cinq sous, prix d'usage :

« Un quidam, qui avait flâné dans le canton, s'était aperçu qu'on y avait fabriqué cette année fort peu de seaux ; il prévit que la foire en manquerait et qu'au lieu de cinq à six voitures, il en arriverait tout au plus deux, et peut-être une seule. Il résolut d'accaparer : dès le matin, une voiture paraît, il achète les deux cents seaux à cinq sous ; total : 50 francs : Il en aurait acheté une seconde voiture pour MAITRISER L'ARTICLE et gagner 100 francs en un coup de filet.

« Jusqu'à huit et dix heures, on attendit en vain une deuxième, une troisième voiture ; il n'en vint point ; le quidam avait bien jugé ; enfin midi s'approchant, divers paysans voulaient partir, et n'avaient pas pu acheter des seaux ; on vit qu'il fallait passer par les mains de cet ami du commerce qui avait accaparé l'unique voiture à cinq sous pièce. On négocia, et il voulut dix sous !!! Grande rumeur parmi les paysans ; on opina à donner un sou de bénéfice au spéculateur ; on offrit six sous, mais il tint fièrement à dix sous, prétendant gagner 50 francs sur son accaparement ; 100 p. 100 : bref, la marchandise était en *bonnes mains* (style d'agioteur qui veut juguler son public).

« Pour Dieu ! de quelles fadaises nous entretenez-vous ? de paysans qui font une emplette à cinq sous ! »

« Eh ! c'est la plus instructive des leçons sur la loi du *contact des extrêmes* ; loi dont l'ignorance vous égare en toute étude sur le mouvement social. Il faut vous montrer le commerce dépouillant et écrasant les menus acheteurs par le même procédé qui dépouille et écrase les EMPIRES : Achevons.

« Les forains indignés résolurent en comité de laisser les seaux et de donner une *bonne raclée* à l'ami du commerce, s'il ne

voulait pas entendre raison ; sur son refus, on commençait
déjà à le peloter rudement, quand les gendarmes s'en mêlèrent
et le sauvèrent ; force lui fut de traiter, car les paysans auraient
brisé son bagage, malgré les gendarmes.

« Qui avait raison, dans ce débat ? Les villageois : le bon sens
leur disait que cet intermédiaire était un oiseau de proie, un
larron à châtier ; ainsi le commerce, dans les petites choses
comme dans les grandes, est toujours un parasite qui, sous prétexte de faire circuler, engorge, s'entremet entre le producteur
et le consommateur, pour les rançonner, les dévorer[1]. »

Non seulement Saint-Simon est contre la violence, mais
encore il offre son moyen comme une garantie de paix sociale :
« Dans aucun temps, et l'exemple même de la Révolution française le prouve, le peuple n'est entraîné au désordre que lorsqu'il quitte ses chefs naturels, les industriels, pour suivre des
chef militaires ou légistes[2]. » Aussi bien, pour réorganiser la
société, « le seul moyen que les philanthropes emploieront sera
celui de la prédication tant verbale qu'écrite[3] ». Saint-Simon
ira même si loin dans cette voie qu'il se mettra expressément
« à l'abri du reproche de républicanisme, qui est si facilement
adressé, par les personnes intéressées au retour de l'ancien
régime, à ceux qui manifestent le désir de voir disparaître les
restes de la féodalité et qui travaillent à en désencombrer l'édifice social[4] ». Sans aller aussi loin, son successeur Enfantin
dira : « L'œuvre temporelle de nos jours, celle qui mettra fin aux
révolutions qui bouleversent les royaumes, c'est *l'organisation
du travail*[5]. » De même, dans son *Mémoire aux puissances*,
Owen déclare que « la première question est de savoir si ce
changement devra s'effectuer sous la direction de la prudence
et de la sagesse, ou bien si ce changement doit être abandonné

1. *Fausse industrie.*

2. *Système industriel.* Lettres sur les Bourbons. 1ʳᵉ au Roi. (Œuvres,
t. XXI, p. 211.)

3 *Id.*, t. II. Adresse aux Philanthropes. (Œuvres, t. XXII, p. 123.)

4. *Le Politique.* Introduction, 1819. (Œuvres, t. XIX, p. 189.)

5. *Correspondance inédite d'Enfantin.* CCCXXXIXᵉ lettre. (Œuvres,
t. XXXIV, p. 204.)

à l'ignorance et aux préjugés, sous l'influence funeste du désespoir et des passions les plus violentes [1] ». A la manière dont il pose la question, la réponse d'Owen ne peut faire de doute.

Si l'on demande à Cabet son avis sur l'emploi de la force pour réaliser la communauté, il répond nettement : « Non, ni violence, ni révolution, par conséquent ni conspiration, ni attentat [2]. » On mettra trente ans, cinquante ans, cent ans s'il le faut, suivant les pays, mais on n'emploiera pas la violence. Colins propose la socialisation du sol pour éviter la révolution violente qu'il voit venir, attendu que « le jour où les prolétaires reconnaîtront leur supériorité numérique et leur infériorité sociale approche avec une rapidité progressivement croissante [3]. » De son côté, Pecqueur dira : « Si nous sommes pour la démocratie par tempérament, par éducation autant que par réflexion, nous ne la voulons ni violente, ni factieuse, ni guerroyante [4]. » Il veut éviter les révolutions parce qu'il les sait suivies de réactions qui les dépassent en violence : « Plus de ces pas de géant, s'écrie-t-il, qui laissent tout un désert entre la tradition et ce qui n'est pas encore, et le comblent un instant de chimères et d'utopies, de ruines et d'hécatombes, jusqu'à ce que l'*impossible* vienne restaurer le passé et recrépir même ses plus vieilles bases au préjudice d'un avenir qui était inévitable et prochain, s'il eût été sagement ménagé [5]. » Il ne s'interdit pas cependant tout recours à la force. « La bonne méthode, dit-il, ne peut donc jamais être la violence qu'autant que l'enseignement, la remontrance et la persuasion l'ont vainement et longtemps précédée [6]. » Donc, « la désobéissance *active* reste comme une *soupape de sûreté* pour l'avancement des choses sociales, pour la dignité et la liberté humaines. Et c'est alors, mais alors seulement, qu'il est bon, qu'il est moral et religieux de dire que l'*insurrection* DÉSINTÉRESSÉE est le plus

1. *Examen impartial*, etc., pp. 134-135.
2. *Voyage en Icarie*, p. 560.
3. *Science sociale*, t. III, pp. 287-288.
4. *Des intérêts du commerce*. Avant-propos, t. I, p. xix.
5. *Id.*, t. II, p. 257.
6. *Théorie nouvelle d'économie sociale et politique*. Introduction, p. xv.

saint des devoirs... Presque tous les grands courages qui ont
touché et levé *à propos* la *soupape de sûreté* ont une place dans
le Panthéon des peuples, à côté des plus pures illustrations[1] ».

Proudhon s'est contredit plusieurs fois sur ce chapitre, comme
sur tant d'autres d'ailleurs. Mais ici la contradiction n'atteste
pas succession, évolution de pensées. Il s'intitule délibérément révolutionnaire, on le sait, mais il donne généralement
à ce qualificatif un sens philosophique. Or, en 1846 voici ce
qu'il écrit : « Comme... il est impossible que le prince et les
intérêts que sa mission est de défendre consentent à se réduire
et s'annihiler devant les principes en émergence et les droits
nouveaux qui se posent, il s'ensuit que le progrès, après qu'il
s'est accompli dans les esprits d'un mouvement insensible, se
réalise dans la société par saccades, et que la force, malgré les
calomnies dont elle est l'objet, est la condition *sine qua non* des
réformes. Toute société dans laquelle la puissance d'insurrection est comprimée est une société morte pour le progrès : il
n'y a pas dans l'histoire de vérité mieux prouvée. Et ce que
je dis des monarchies constitutionnelles est également vrai
des démocraties représentatives[2]. » Comment donc Proudhon
pouvait-il au même moment, le 17 mai 1846, déclarer le contraire dans la lettre suivante, qu'il adressait à Karl Marx,
et dire : « Peut-être conservez-vous encore l'opinion qu'aucune
réforme n'est actuellement possible sans un coup de main, sans
ce qu'on appelait jadis une révolution, et qui n'est tout bonne-
ment qu'une secousse. Cette opinion, que je conçois, que j'excuse, que je discuterais volontiers, l'ayant moi-même longtemps
partagée, je vous avoue que mes dernières études m'en ont fait
complètement revenir. Je crois que nous n'avons pas besoin de
cela pour réussir ; et qu'en conséquence nous ne devons point
poser l'action *révolutionnaire* comme moyen de réforme sociale, parce que ce prétendu moyen serait tout simplement un
appel à la force, à l'arbitraire, bref, une contradiction[3]. »

1. *Des intérêts du commerce*. Avant-propos, t. I, p. XVII.
2. *Contradictions économiques*, t. I, p. 136.
3. *Correspondance*, t. II, pp. 199-200.

Moins de deux ans après, l'événement donnait raison à cette seconde opinion du socialiste français, et, d'émeute en échauffourée, la révolution de février allait trébucher au piège du 2 Décembre.

XIII

Chez Fourier, l'individu est partout, et l'État nulle part. L'individu de Fourier, nous l'avons vu, n'est pas comprimé et limité par la discrétion et la morale. Il s'épand, il s'épanouit sans autres lois que celles mêmes de sa nature. Et cependant, au dire de Fourier, l'individu ne gêne ni ne limite l'individu voisin : leurs passions mêmes, loin de les opposer l'un à l'autre, les « engrènent » dans mille combinaisons et tournent ainsi au bien général, identifié par ce jeu même à chacun des biens individuels. On conçoit que, dans un tel système, l'État et ses fonctions n'ait aucune place. Fourier multiplie bien les principautés, et les royautés, et les empires; il y ajoute même quantité de césarats, califats, omniarcats, etc.; mais ce sont titres honorifiques plutôt que fonctions, satisfactions données à la vanité, que sa psychologie un peu sommaire lui fait confondre avec l'amour de la domination. En réalité, Fourier, si empressé à satisfaire tous les besoins, tous les appétits, toutes les passions, tous les caprices, s'est arrêté à la surface et n'a vu que les apparences décoratives du pouvoir politique. Naturellement, il n'en convient pas; il ira même jusqu'à dire qu'en civilisation les pouvoirs empiètent les uns sur les autres, ou sont illusoires. « Pour éviter ces empiètements, ajoutera-t-il, l'Harmonie concédera à chaque sexe, à chaque âge, et à toutes les classes de citoyens, des dignités graduées, et plus sensées que les nôtres, où l'on ne voit que des titres vides de sens : une reine qui ne règne pas, et n'exerce aucune branche d'autorité; une présidente qui ne préside rien; une maréchale qui ne commande rien; concession aussi illusoire que le titre de *peuple souverain* donné à des gens qui n'ont pas de pain[1]. » Il est juste d'ajouter

---

1. *Traité de l'association domestique agricole.* Association composée.

que, les fonctions réelles du pouvoir étant résorbées dans les travaux économiques du phalanstère, c'est dans ce milieu à base contractuelle que Fourier a dû réfugier l'ambition, l'intrigue, et tous les ressorts qui meuvent la politique et passionnent les hommes. Dans ces fédérations échelonnées de phalanstères, les ambitieux et les intrigants peuvent donner libre cours à leur passion dominante. Persuadé, non qu'ils se neutraliseront mutuellement, mais qu'ils se mettront mutuellement en valeur pour leur plus grande satisfaction respective et le plus grand bien commun, Fourier leur laisse libre carrière, et il blâme les « rigoristes » qui veulent « bannir cet esprit de coterie » qu'est le favoritisme. « Les Harmoniens, dociles à la nature, donnent le plus vaste essor à cette passion », dit-il. Et il précise en ces termes le rôle de la faveur, de l'arbitraire capricieux dans l'univers créé par sa pensée : « Les choix ne se fondent sur d'autres motifs que le caprice, la préférence aveugle. Il faut savoir charmer la phalange, la province, la région, l'empire, le césarat, l'univers. Celle qui sait mettre l'univers à ses pieds est élue favorite omniarcale du globe. N'importe les moyens : talent, beauté, intrigue ou autres, toutes voies sont bonnes : elle peut même, selon la décision de Sanchez, mettre en jeu le fichu transparent : s'il accorde cette licence quand il s'agit de gagner les juges et le procès, il l'accordera d'autant mieux pour capter des armées et s'élever au trône du monde, affaire de toute autre importance qu'un procès[1]. »

N'importe les moyens ! Tout le vigoureux optimisme de Fourier, toute sa foi robuste dans la vertu de l'association économique est dans ces mots. Que lui fait l'intrigue de quelques ambitieux ou de quelque favorite ! Il est persuadé que le contrepoids de cette force nuisible, la limite de cette action mauvaise se trouve dans les forces utiles et dans les actions vertueuses, et que celles-ci feront tourner celles-là, en dépit des intentions particulières, aux meilleures fins individuelles et collectives. Aussi réhabilite-t-il l'intrigue, qu'il appelle l'esprit

---

1. *Traité de l'association domestique agricole.*

cabalistique; et il signale d'une manière très amusante la contradiction des moralistes qui le blâment, et des économistes et des littérateurs qui ne « cherchent qu'à l'exciter dans toute branche·d'industrie ou de jouissance, par les variations de modes, par la controverse en affaire de goûts, en peinture, en poésie, etc., sur des raffinements de l'art inaperçus du vulgaire ». Heureusement, Fourier a aperçu que « c'est par une échelle de ces nuances délicates qu'une série passionnée sait électriser une vingtaine de groupes, et communiquer ce raffinement cabalistique des consommateurs aux producteurs; elle dissémine, au sortir des courtes séances, chacun de ses sectateurs : ils vont, de la consommation, prendre part·à un travail de production et y porter l'esprit de parti dont ils sont animés ». C'est, d'ailleurs, ce qui se passe aujourd'hui dans l'ordre politique, malgré les objurgations des moralistes : « Nos compagnies administratives, dit Fourier, dans leurs messes d'installation, demandent au Saint-Esprit de les préserver de l'esprit de cabale, les rendre tous frères, tous unis d'opinion ; c'est inviter le Saint-Esprit à se mettre en révolte contre Dieu; car si le Saint-Esprit anéantissait l'esprit cabalistique, il détruirait la passion que Dieu a créée pour opérer sur les discords que doit soutenir toute série bien échelonnée. Le Paraclet, loin de déférer à leur demande incongrue, laisse les passions dans l'état où Dieu les a créées; aussi voit-on, au sortir de la messe, que les députés, loin de vouloir s'unir d'opinion, vont organiser des comités cabalistiques, des menées d'intrigues et d'esprit de parti. Tel est constamment le fruit de cette prière déraisonnable, où ils invitent l'Esprit Saint à imiter les philosophes, et à vouloir changer les lois de Dieu sur l'emploi des passions[1]. »

Après une telle apologie de la nécessité des intrigues politiques, s'étonnera-t-on des invectives que Fourier lance contre le « gouvernement représentatif, chimère favorite des philosophes[2]? » Non, si l'on se rappelle que son réalisme social lui interdit de s'arrêter aux apparences. Il voit que, dans le régime

1. *Nouveau monde industriel.* Analyse de l'attraction passionnée.
2. *Fausse industrie.*

d'opposition des intérêts et de subordination des masses laborieuses, le système représentatif n'exprime que les intérêts de
la classe possédante ; et il ne s'élève contre ce système que
parce qu'il l'a dépassé. « En le réprouvant, dit-il, je suis bien
loin de me déclarer partisan de l'absolutisme ; il ne peut convenir qu'à ceux qui l'exercent ; je veux seulement dire que les
bienfaits qu'on espère follement du régime représentatif ne
peuvent naître que du progrès réel[1] », c'est-à-dire des transformations économiques. Aussi verrons-nous Considérant déclarer
que « longtemps avant que le Phalanstère, la Banque du Peuple, les Ateliers sociaux, le Communisme icarien ou toute autre
formule aient acquis assez de partisans pour songer à faire
une entrée quelconque dans la voie législative, ils en auraient
cent fois, mille fois plus qu'il n'en faudrait à chacun respecti-
vement pour se réaliser avec ses propres partisans, spontanément, sans loi aucune, au sein de la nation et de la liberté[2] ».
C'est à une telle conception que se rattachent encore aujour-
d'hui les anarchistes, qui réprouvent toute intervention de la
loi à l'égal des économistes les plus emmurés dans la doctrine
du laissez-faire, et certains socialistes, qui dénient toute vertu
aux réformes sociales et subordonnent à la catastrophe finale
toute amélioration du sort des travailleurs. Cependant Considérant demandait aux lois de l'État la liberté : il était donc partisan d'un régime politique où le peuple jouît de sa souveraineté : « Otez-moi, disait-il, cette compétition du pouvoir qui
arme fatalement les idées et en fait des partis. » Mais il ajoutait aussitôt : « Donnez-moi la liberté, que la souveraineté
nationale réalise nécessairement, chacun la voulant pour soi-
même[3]. »

XIV

Chez Proudhon, l'individualisme est plus précisé que chez
Fourier, l'État y est également situé d'une manière moins géné-

1. *Nouveau monde industriel*. Analyse de la civilisation.
2. *Destinée sociale*. La solution, ou le gouvernement direct du peuple.
3. *Id.*

rale. Mais c'est surtout l'individu que Proudhon met en lumière
dans son œuvre. A un correspondant, M. Robin, qui lui avait
demandé comment il était individualiste, Proudhon répondit
de Sainte-Pélagie : « L'individualité est pour moi le criterium
de l'ordre social. Plus l'individualité est libre, indépendante,
initiatrice dans la société, plus la société est bonne; au contraire, plus l'individualité est subordonnée, absorbée, plus la
société est mauvaise. » Proudhon ne fait pas la proposition inverse, il ne dit pas : plus la société est mauvaise et moins l'individualité est libre. Il ne semble pas considérer l'individu
comme un produit de la société, mais la société comme une
totalisation d'individus. Il n'est cependant pas insoucieux des
destins de la société, et, pour lui comme pour tous les novateurs
socialistes, « le problème est d'accorder la liberté de l'espèce
avec la liberté de l'individu ». Mais, dit-il, « comme nous pouvons beaucoup mieux juger de ce qui gêne l'individu que de ce
qui convient à la société, c'est la liberté individuelle qui doit
nous servir de drapeau et de règle[1] ». Mais si Proudhon ne
semble pas considérer l'individu comme un produit de la société, c'est bien plutôt pour des raisons de méthode, comme on
vient de le voir. En fait, il n'ignore pas que la société est un
phénomène naturel, et que, plus l'observation porte sur le
passé de la société, et plus elle apparaît comme un phénomène
naturel. « Le principe d'autorité, dit-il, principe familial, patriarcal, magistral, monarchique, théocratique, tendant à la
hiérarchie, à la centralisation, à l'absorption, est donné par la
Nature, donc essentiellement fatal ou divin, comme l'on voudra[2]. » Si la société est un phénomène naturel, on peut bien dire
que l'individualité, lorsqu'elle s'affirme, se dégage et se possède, est un phénomène de raison, une correction apportée par
la raison à l'œuvre de la nature. « Le principe de liberté, personnel, individualiste, critique, agent de division, d'élection,
de transaction, est donné par l'Esprit[3]. » On voit que je n'ai

1. *Correspondance*, t. IV, p. 375.
2. *Du principe fédératif*, p. 21.
3. *Id.*, p. 22.

pas eu à solliciter le texte de Proudhon : lorsqu'il dit « autorité » on doit bien entendre « société », puisqu'il donne à l'autorité tous les attributs de la société dans laquelle l'individu ne
s'est pas encore affirmé, sur laquelle, comme il dirait, l'Esprit
n'a pas encore soufflé. L'individu, selon Proudhon, n'est donc
asservi à aucune fatalité sociale, car le principe individualiste
est « essentiellement arbitral, par conséquent supérieur à la
nature dont il se sert, à la fatalité qu'il domine ». A présent, que,
hanté par la méthode des antinomies, Proudhon oppose la
liberté et l'autorité — c'est-à-dire réellement l'individu et la
société — et déclare que leur accord, leur combinaison, réside
dans leur conflit éternel, c'est une autre affaire. On ne s'attarde
plus aujourd'hui au jeu des antinomies, de la résolution en synthèse de la thèse et de l'antithèse : cependant il faut reconnaître que cette opposition combinée de l'autorité et de la liberté
peut s'exprimer par des termes plus modernes : hérédité et
adaptation, ou plus récents encore : imitation et opposition.

Les théories qui opposent, même pour les combiner, l'individu et la société, ne sont guère acceptables. Elles donnent à la
liberté de l'individu quelque chose de négatif et d'arbitraire
qui peut ressembler peut-être à cet attribut métaphysique qu'on
appelle la liberté en soi, et qui s'évanouit dès qu'on veut la
saisir, et qui ne se définit que négativement. Mais, comme
dans l'ordre humain, dans l'ordre social, la liberté est un fait
réel, positif, une acquisition sociale qui se crée par la loi et se
conserve par elle, toute opposition de l'individu à la société, et
réciproquement, n'a pour effet que de prolonger un immense
malentendu et faire surgir une formidable contradiction. Comment, en effet, Proudhon a-t-il pu nous montrer l'individu d'autant plus libre que la société est plus parfaite ? Si sa thèse,
celle de Spencer et de tous les théoriciens de la liberté négative, de l'individu contre l'État, était juste et vraie, plus l'individu serait parfait et moins la société le serait. Qu'on n'aille pas
m'accuser de faire une confusion volontaire entre la société et
l'État. Je ne confonds pas, j'identifie. On n'a jamais vu un État
parfait dans une société imparfaite. On n'a jamais, d'autre part,

vu de société sans État. Enfin, plus la société se complète, se
civilise, et plus l'État se perfectionne, non pour comprimer les
individus, mais pour les libérer. N'est-ce pas surtout dans les
États rudimentaires, aux fonctions simples, réduites au minimum, que l'individu est le plus opprimé? Et n'est-ce pas grâce
à une législation complexe au point que chaque cas, chaque
espèce, a sa loi, son *bill*, son *act,* que l'individualisme anglo-
saxon échappe aux servitudes que subissent les sujets du sultan
ou du tsar?

Néanmoins, la théorie de Proudhon, et son affirmation du
caractère négatif, critique, de la liberté, a eu cet heureux résultat de substituer la notion de liberté et de volonté à celles de
société et de fatalité qui dominaient chez les socialistes de son
temps, même ceux qui croyaient être le plus affranchis de la
fatalité, et avaient refait le monde sur le plan de la raison.
Proudhon a donc pleinement raison lorsqu'il insiste en ces termes sur la fonction critique de la liberté : « C'est ce sentiment
profond, antiorganique, anarchique de la liberté, sentiment
plus vif de nos jours qu'il ne se montra jamais parmi les hommes, qui a soulevé dans ces dernières années la répugnance universelle contre toutes les utopies d'organisation politique et
sociale proposées en remplacement des anciennes, et qui a fait
siffler les auteurs de nos plans de fatalisme, Owen, Fourier,
Cabet, Enfantin, Auguste Comte[1]. » Qu'on ne s'étonne pas de
voir Fourier englobé dans l'anathème que Proudhon lance
contre les systèmes et les plans fatalistes. Fourier n'a-t-il pas,
en effet, poussé le fatalisme, l'optimisme naturaliste, jusqu'au
point que nous avons vu tout à l'heure? Proudhon avait sur le
cœur l'apologie des *favorites,* et il n'avait pas tort. Très noblement, il oppose aux divagations de l'instinct la raison s'élevant
jusqu'aux sublimités du sacrifice volontaire. Car son individualisme, c'est l'émancipation de toute servitude, et il sait que la
servitude de l'instinct est la pire de toutes, puisqu'elles y trouvent toutes leur origine et leurs titres. Proudhon ne veut pas

1. *De la justice,* etc., t. II, p. 525.

seulement libérer l'homme de l'homme, il veut encore le libérer de la nature. Et c'est pourquoi, exagérant comme toujours
sa pensée, il dira : « L'homme ne veut plus qu'on l'organise,
qu'on le mécanise. Sa tendance est à la désorganisation, à la
défatalisation, si j'ose ainsi dire, partout où il sent le poids
d'un fatalisme ou d'un machinisme[1]. » Et plus loin, et toujours
avec la même exagération dans les termes, que viendra à peine
corriger l'affirmation des caractères positifs de la liberté, il assimile la liberté au « génie de la révolte », et il déclare qu'elle
« ne connaît ni loi, ni raison, ni autorité, ni fin, ni limite, ni
principe, ni cause, hormis elle[2] ». Voilà l'acide corrosif qu'il
employait contre les théories d'abolition de l'individu dans la
société et d'immobilisation de la société dans la béatitude absolue. Armé de la liberté comme d'un fouet, il stimule la paresse
du troupeau dont chaque membre est si lent à se connaître, à
s'individualiser. Et il s'écrie : « A la création qui l'environne,
elle dit : non ; — aux lois du monde et de la pensée qui l'obsè-
dent : non ; — aux sens qui la sollicitent : non ; — à l'amour qui
la séduit : non ; — à la voix du prêtre, à l'ordre du prince, aux
cris de la multitude : non, non, non. Elle est le contradicteur
éternel, qui se met en travers de toute pensée et de toute existence ; l'indomptable insurgé qui n'a de foi qu'en soi, de respect et d'estime que pour soi, qui ne supporte même l'idée de
Dieu qu'autant qu'il reconnaît en Dieu sa propre antithèse, toujours soi[3]. » Après avoir soufflé une si magnifique tempête pour
séparer les membres du troupeau qui se suivaient docilement
dans le chemin séculaire, et les obliger à faire eux-mêmes leur
route, Proudhon les abandonne-t-il à leur désarroi ? Non. Et
nous allons voir dans quel sens il les incite à se diriger.

XV

Il semblerait que, poussé à ce point, l'individualisme de
Proudhon dût l'éloigner de toute forme d'association et lui ôter

1. *De la justice,* t. II, p. 526.
2. *Id.*, p. 527.
3. *Id.*, pp. 527-528.

sa qualité de socialiste. Car, s'il reconnaît la nécessité, la fatalité, de la société et de l'autorité, il campe en face l'individu et
sa liberté ; et, bien que dans sa pensée les deux antagonistes
soient irréductibles, c'est à l'individu que va sa sympathie.
Donc, lorsqu'il entreprend de nous montrer les aspects positifs de la liberté, après nous en avoir décrit les caractères négatifs avec la véhémence qu'on vient de voir, lorsqu'il déclare
que la liberté, « est une puissance d'affirmation autant que de
négation, de production autant que de destruction, » lorsqu'il
affirme « le moi se posant dans sa suprématie[1] », il est évident
qu'il ne prend plus la société et ses attributs que comme d'inertes et passifs moyens, aux réactions purement mécaniques,
que la liberté, l'Esprit, utilise à ses fins. Eh bien, tout ce que
Proudhon nie et détruit, il le réaffirme et le réédifie par le
procédé de dialectique qui est son instrument de pensée. Il
était nécessaire que cette tâche fût accomplie, en somme :
toutes réserves faites sur la méthode, on doit reconnaître
l'immense service rendu au socialisme par la critique de Proudhon.

Il n'a pas individualisé pour séparer, mais pour réunir ;
voilà un fait qui est hors de contestation. Les communistes
réunissaient en désindividualisant, c'est contre cette tâche qu'il
a protesté. Il a voulu que le contrat fût une réalité. Aussi,
après avoir affirmé l'individualisme de la manière ardente et
absolue que nous savons, a-t-il proposé que « le *régime des
contrats*, substitué au *régime des lois* » constituât « le vrai
gouvernement de l'homme et du citoyen, la vraie souveraineté
du peuple, la RÉPUBLIQUE[2] ». Dans le communisme et dans tous
les systèmes socialistes que Proudhon combattit toute sa vie
avec violence, il en va comme dans la société réelle : le contrat est signé ou censé signé à l'origine et une fois pour toutes ;
de plus, il n'y a qu'un contrat pour l'ensemble des manifestations humaines, et la société est le délégué permanent et universel de tous les individus. « Celui qui s'engage dans une

1. *De la justice*, t. II, p. 528.
2. *Id.*, p. 527.

association de cette espèce, dit-il, surtout si elle est perpétuelle, est entouré de plus d'entraves, soumis à plus de charges
qu'il ne conserve d'initiative. Mais c'est aussi ce qui fait la
rareté de ce contrat, et ce qui, dans tous les temps, a rendu la
vie cénobitique insupportable. » Oui, et c'est là l'inappréciable
mérite de Proudhon : il a compris et exprimé avec force que la
société ne pourrait engager toutes les actions de l'homme par
un seul contrat général sans anéantir en lui toute personnalité
et toute liberté. C'est pourquoi il déclarera que « tout engagement, même synallagmatique et commutatif, qui, exigeant
des associés la totalité de leurs efforts, ne laisse rien à leur
indépendance et les dévoue tout entiers à l'association, est un
engagement excessif, qui répugne également au citoyen et à
l'homme [1] ».

Proudhon, qui ne croit pas plus à l'attraction passionnelle
de Fourier qu'à la fraternité de Cabet, s'en tient au contrat
parce qu'il est l'expression de la justice. Proudhon est à proprement parler un comptable social, un benthamiste révolutionnaire. Il a vu la faillite des théories d'amour mystique ; il
a constaté avec une allègre fureur que « toute église, en vertu
de la philanthropie ou charité dont sa foi est le gage, tend à
l'accaparement » ; il mettra donc sur le même plan « les jésuites
du Paraguay, les Moraves, les owenistes, les saint-simoniens,
les phalanstériens, les icariens, les mormons et tous les utopistes ». Et, afin d'opposer sa justice réaliste à la grâce mystique en montrant ce que sont devenus les apôtres de l'amour
fraternel, il s'écriera : « Pouvons-nous oublier que les disciples de Saint-Simon, devenus *per fas et nefas* princes du crédit, chefs de la finance, matadors de la Bourse, patrons et con-
fesseurs de l'Empire, travaillent de leur mieux à la réalisation
de leur grand principe, la réhabilitation de la chair, par la
centralisation des capitaux, l'accaparement des fortunes, la
coalition des privilèges, la subalternisation des travailleurs, la
déchéance de la liberté, et cela toujours au nom du dogme, au

1. *De la justice*, t. II, pp. 527-528.

nom de la philanthropie ? Eh ! mystificateurs transcendants, tous tant que vous êtes, donnez-nous la justice, et nous n'aurons que faire de votre dogmatisme ; donnez-nous la justice, et nous n'aurons pas besoin de votre charité ; nous nous passerons volontiers de vos hôpitaux, de vos hospices, salles d'asile, crèches, cités ouvrières, et de toutes vos miséricordes[1]. »

Tenons compte, ici encore, des exagérations de langage où s'emporte Proudhon. Il n'est pas seulement violent par nature, et si, selon l'expression de mon regretté maître et ami Benoît Malon, « il entra dans la cité de l'idée en barbare de génie[2] » ; si trop souvent il introduisit dans son œuvre « de propos délibéré » des « parties accessoires » qui n'y étaient que « pour la montre, pour la vogue, ou même pour un certain scandale[3] » ; ce ne fut là, de son aveu même, « qu'une tactique, une manière comme une autre de faire valoir ses raisons[4] ». Ecoutons-le plaider son excuse, ou plutôt motiver à la fois son style enflammé et son comptabilisme social, et nous pourrons de nous-même remettre au point les expressions et les pensées : « Quand un homme, dit-il, à près de trente-deux ans, est dans un état voisin de l'indigence sans qu'il y ait de sa faute ; quand il vient à découvrir tout à coup, par ses méditations, que la cause de tant de crimes et de tant de misères est tout entière dans une *erreur de compte*, dans une mauvaise comptabilité ; quand, en même temps, il croit remarquer chez les avocats du privilège plus d'impudence et de mauvaise foi que d'incapacité et de bêtise, il est bien difficile que sa bile ne s'allume pas et que son style ne se ressente des fureurs de son âme[5]. »

Mais revenons à l'individualisme de Proudhon, et à l'anarchie qu'il en déduit. Résolu à n'être pas dupe des mots, il entend préciser et limiter les contrats particuliers où l'individu

1. *De la justice*, t. I, p. 220.
2. *Exposé des écoles socialistes françaises*, p. 183.
3. *P.-J. Proudhon*, par Sainte-Beuve, p. 35.
4. *Correspondance*, lettre à M. Antoine Gauthier, t. I, p. 324.
5. *Correspondance*. Lettre à Ackermann, t. I, p. 251.

s'engagera pour satisfaire les désirs et besoins divers que son action personnelle ne satisferait pas. Aussi ne se gênera-t-il pas pour déclarer que « dans toute association, les associés s'arrangent pour avoir le moins de solidarité et le plus d'indépendance possible[1] ». On sent que, pour Proudhon, l'individu ne doit s'associer à l'individu que dans le cas d'extrême nécessité, et que l'association doit être limitée dans la fonction, dans l'espace et dans le temps. Quant à cette association permanente qu'est la société, l'individu doit lui donner sur lui la moindre prise ; aussi les fonctions de la société assumées par l'État doivent-elles être le plus possible dispersées entre les communes et les associations. L'anarchie, selon Proudhon, n'est autre que l'expression achevée de son comptabilisme social. « Elle consiste, dit-il, en ce que, les fonctions publiques étant ramenées aux fonctions industrielles, l'ordre social résulterait du seul fait des transactions et des échanges[2]. » Cependant Proudhon sent bien qu'une autorité supérieure et générale doit sinon régler et contrôler les contrats particuliers, et ce pour les raisons invoquées plus haut, mais à tout le moins assurer leur exécution. Ces fonctions éminentes, qui sont l'essentiel de l'État, Proudhon les transfère à la commune, qui est, nous dit-il, « par essence, comme l'homme, comme la famille, comme toute individualité et toute collectivité intelligente, morale et libre, un être souverain ». Et, sans marchander, il donne à la commune tous les attributs de la souveraineté : « le droit de se gouverner elle-même, de s'administrer et de s'imposer des taxes, de disposer de ses propriétés et de ses revenus, de créer pour sa jeunesse des écoles... de nommer ses juges », et même, on croit rêver et la plume a dû lui fourcher ! « d'avoir ses journaux ». Sans doute il a voulu dire que la commune proclamerait la liberté de la presse. Mais alors, c'est bien pis : la commune pourra donc supprimer cette liberté. Quoi qu'il en soit, Proudhon donne à la commune le droit de prendre des arrêtés et de rendre des ordonnances. Et, prenant

1. *Idée générale de la Révolution*, p. 87.
2. *Du principe fédératif*, p. 29.

son élan pour un grand saut, il s'écrie : « Qui empêche qu'elle aille jusqu'à se donner des lois [1] ? »

Si ce travail avait été entrepris pour mettre en lumière les contradictions des novateurs socialistes, et non pour nous rendre compte de la part qu'ils ont dans la création des idées sociales de notre temps, Proudhon nous donnerait véritablement beau jeu. Mais, ce ne serait qu'un jeu, et nous avons véritablement mieux à faire. Toutefois, on ne peut s'empêcher de remarquer qu'après avoir ramené les fonctions publiques aux fonctions industrielles, Proudhon les restaure et les transfère de l'État à la commune. Autre remarque : nulle démocratie, même réduite aux limites de la commune, n'est possible sans l'adhésion de tous aux décisions prises à la majorité. Pourquoi donc alors déclarer que « substituer l'investiture du peuple à celle de l'Église », c'est « tomber dans une superstition pire » ; pourquoi proclamer que « religion pour religion, l'urne populaire est encore au-dessous de la sainte ampoule mérovingienne [2] » ? Ces contradictions étaient à relever, car ceux qui, aujourd'hui, placent l'abstention politique parmi les moyens de l'anarchie se réclament encore de Proudhon et de ses formules. Ces contradictions tiendraient-elles à ce que nous confondons les états transitoires qu'admet Proudhon avec l'état d'anarchie absolue où il tend ? Nous faut-il tenir pour définitive l'expression suivante de sa pensée, que nous trouvons dans une lettre à Darimon ? « Après avoir nié l'État, nous devons faire sentir qu'il s'agit d'accomplir un mouvement progressif de simplification *usque ad nihilum*, non de réaliser une anarchie immédiate [3]. »

---

1. *De la capacité politique des classes ouvrières*, p. 230.

2. *De la justice*, t. I, p. 367. — Est-ce donc que le nombre offre à votre esprit quelque chose de plus rationnel, de plus authentique, de plus moral, que la foi ou la force ? Est-ce que le scrutin vous paraît plus sûr que la tradition ou l'hérédité ? Rousseau déclame contre le droit du plus fort, comme si la force, plutôt que le nombre, constituait l'usurpation. Mais qu'est-ce donc que le nombre ? que prouve-t-il ? que vaut-il ? quel rapport entre l'opinion, plus ou moins unanime et sincère, des votants, et cette chose qui domine toute opinion, tout vote, la vérité, le droit ? Quoi ! il s'agit de tout ce qui m'est le plus cher, de ma liberté, de mon travail, de la subsistance de ma femme et de mes enfants ; et lorsque je compte poser avec vous des articles, vous renvoyez tout à un congrès, formé selon le caprice du sort !... (*Idée générale de la Révolution*, p. 143.)

3. *Correspondance*, t. III, p. 96.

La pensée de Proudhon a subi en réalité une évolution et suivi un chemin absolument inverse à celui qu'il indique, et il est revenu de l'anarchie, de la simplification de l'État *usque ad nihilum*, ainsi que le constate son disciple J.-A. Langlois, « lorsque sa belle étude sur *la Guerre et la paix* lui a fait trouver dans le *principe fédératif* le juste équilibre de la liberté et du gouvernement[1] ». C'est en effet l'immense mérite de Proudhon d'avoir su revenir des exagérations de pensée où sa méthode l'avait entraîné. Et voyez comme il revient de bonne grâce, écoutez l'expression de sa pensée dernière et définitive sur la souveraineté du peuple : « Il n'y a vraiment, dit-il, pour un pays que deux manières de soustraire les libertés publiques aux empiètements de la force et de conjurer le despotisme. C'est d'organiser, comme en Angleterre, une monarchie héréditaire, agissant par des ministres responsables devant un Parlement, et de réserver le privilège électoral à la bourgeoisie ; ou bien, si la constitution du pays est établie sur le suffrage universel, de conférer à la multitude, avec la jouissance des droits politiques, celle des droits économiques, ce qui veut dire l'égalité d'éducation et de fortune[2]. » Voyez-le reconstruire l'État, qu'il voulait simplifier *usque ad nihilum* : « En droit politique, dit-il, ni la souveraineté de l'État, ni la liberté du citoyen, ne peuvent périr ; loin de là, le chef-d'œuvre de la constitution est de faire qu'elles croissent sans cesse l'une à côté de l'autre et l'une par l'autre[3]. » Avouez qu'il faut être habitué au jeu des antinomies où excella Proudhon jusqu'à sa dernière heure, pour ne pas être choqué de ce qui en réalité est plutôt un développement qu'une contradiction. Positivement, Proudhon ne nous a pas seulement fait confidence de ses pensées, mais encore des divers états où elles passèrent avant de prendre leur forme définitive. Et ce qu'il a tendu à dire, car certainement la mort a surpris sa pensée inachevée en mouve-

---

1. *P.-J. Proudhon, sa vie et son œuvre,* par J.-A. Langlois (*Correspondance,* t. I, p. xxxvii).
2. *Guerre et paix,* t. I, p. 297.
3. *Id.,* p. 289.

ment dialectique continu, c'est que l'individu est à lui-même son propre but et la société son moyen ; que, en passant librement et spontanément avec ses semblables autant de contrats qu'il est de manières diverses de satisfaire aux besoins et aux désirs humains, l'individu a voulu laisser au contrat général la moindre part possible de son « moi » ; enfin qu'à la centralisation politique devait succéder un souple et vivant fédéralisme économique, politique, ethnique, multipliant et variant les formes, les moyens et les buts du contrat, pour le plus grand bien de l'individu social. Proudhon n'a pas créé ces phénomènes, que le régime syndical et coopératif développe au sein du socialisme moderne, dont l'expression politique est non moins nettement fédéraliste. Il ne les a pas créés, mais, développant dans ce sens les vues de génie de Saint-Simon sur la substitution de l'ordre industriel à l'ordre politique, il en a le premier aperçu les linéaments à travers les conflits économiques et politiques de son temps.

XVI

D'être allé trop loin dans l'absolu, il est échu à Proudhon cette mauvaise fortune d'être revenu trop en arrière dans le relatif. Nous l'avons vu transformer finalement son anarchie en fédéralisme, c'est bien ; nous allons le voir tourner un instant le dos à la pacification et à la fédération universelle, et c'est pis que bien. Après avoir dit que « l'institution gouvernementale abolie, remplacée par l'organisation économique, le problème de la République universelle est résolu » ; après avoir vu par ce moyen se réaliser « le rêve de Napoléon » et « la chimère de l'abbé de Saint-Pierre » devenir « une nécessité[1] », Proudhon, revenu de l'anarchie au fédéralisme, s'était converti au darwinisme sous l'impression de cette science, alors en toute sa nouveauté ; et aussi de l'échec des révolutions de 1848 un peu partout en Europe ; et encore du réveil des nationalités

1. *Idée générale de la Révolution*, p. 298.

qui, dans le centre de l'Europe, substituaient le rêve d'indépendance nationale au rêve de liberté civique ; et enfin du retour de l'esprit guerrier qui, successivement, avait suscité les guerres de Crimée, d'Italie et du Sleswig-Holstein. Et alors il déclare que si « une monarchie universelle serait la fusion de toutes les forces, par conséquent la négation de l'antagonisme, l'immobilisme absolu », d'autre part « une fédération universelle aboutirait à l'inertie de ces mêmes forces par leur soumission à une autorité commune [1]». Le contrat qui reliait les individus les uns aux autres, Proudhon n'apercevait plus qu'il pût relier les unes aux autres les associations territoriales et industrielles. Mais il n'a jamais dit son dernier mot. Cette unité fédérale universelle dont il semble porter le deuil, voici que, quelques pages plus loin, il la fait surgir du tombeau où sa dialectique l'avait scellée. Après nous avoir dit que le principe de nationalité « ne pourrait obtenir un semblant d'application que par la dissolution préalable des grands États (dissolution que lui, Proudhon, a d'ailleurs demandée en vingt endroits de son œuvre), l'abolition du régime militaire et la subordination du droit politique au droit économique » (subordination vingt fois proclamée nécessaire par lui, Proudhon) ; il s'écrie : « Qu'est-ce d'abord que la nationalité, en présence de ces abdications populaires, de ces incorporations, de ces fédérations, de ces fusions, balancées par ces constitutions, ces distributions de pouvoir, ces lois d'équilibre, ces décentralisations, ces affranchissements ? Qu'est-ce que la nationalité, en présence de ces réformes douanières, de cette pénétration mutuelle des peuples, de ces anastomoses, de ces mélanges de races, de cette similitude, pour ne pas dire de cette identité croissante des lois, des droits, des mœurs, des garanties, de l'industrie, des poids et mesures, des monnaies ? N'est-il pas évident que si la politique remet sur le tapis cette vieille question des nationalités, de tout temps niée par la loi du progrès autant que par le droit de la force, abolie un instant par l'empire romain et par

1. *Guerre et paix*, t. II, pp. 399-400.

le christianisme, c'est que la politique n'a véritablement plus
rien à dire ; c'est que les nationalités, broyées pendant quatre
mille ans par la guerre, ne forment plus qu'une pâte ; c'est, en
un mot, que la guerre est arrivée à la fin de son œuvre et que
la parole est à l'économie politique, à la paix[1]. » Rien
mieux que cette page ne nous met au fait du trouble intérieur
qui agite le réformateur : nous le voyons précipiter ses idées et
ses notions les unes contre les autres, et éprouver leur résistance sous nos yeux. Il a dit dans une autre partie du même
livre : « Que faites-vous de l'homme, être intelligent, religieux,
justicier, libre, personnel, et, par toutes ces raisons, guerrier ?
Que faites-vous de la nation, force de collectivité indépendante,
expansive et autonome ? » Et ceci, qui est terrible : « Que devient, dans sa sieste éternelle, le genre humain[2] ? » Comment
va-t-il se débarrasser de la hantise du darwinisme qui l'a saisi,
se soustraire au désespoir suscité par le spectacle de la réaction
et de la guerre partout déchaînées ? C'est dans l'organisation
économique, c'est dans l'émancipation du travail, c'est dans la
renonciation aux luttes de parti et de nationalité et dans la
mise à l'ordre du jour des luttes de classes, que Proudhon enfin
s'échappe. Puisque « la guerre agit comme organe et mandataire du plus primitif de tous les droits, le droit de la force »,
puisque la civilisation s'est « développée, d'étape en étape, par
la guerre » ; puisque le contrat est l'accord et la mise en harmonie des droits conquis de haute lutte et que l'on a vu « toutes
les variétés du droit se dégager les unes des autres » et passer
« sur le modèle du droit du plus fort », du « droit de la guerre »,
au « droit au travail[3] », c'est dans le travail qu'il faut placer
toute espérance. « L'humanité travailleuse est seule capable
d'en finir avec la guerre, en créant l'équilibre économique, ce
qui suppose une révolution radicale dans les idées et dans les
mœurs[4]. »

1. *Guerre et paix*, t. II, pp. 409-410.
2. *Id.*, t. I, p. 104.
3. *Id.*, t. II, p. 397.
4. *Id.*, p. 381.

Vous apercevez ce qui différencie profondément Proudhon
de Karl Marx. Si cette phrase lui était venue sous la plume,
celui-ci eût supposé une révolution radicale dans les rapports
économiques, et non « dans les idées et dans les mœurs ».
Mais ici Proudhon ne s'en est pas moins rapproché de Marx en
ce qu'il relègue au dernier plan les luttes politiques et nationales, et y substitue les luttes de classe. Il redevient ensuite le
pur rationaliste qu'il fut toute sa vie, lorsqu'il ajoute : « La
guerre, de même que la religion, de même que la justice, de
même que le travail, la poésie et l'art, a été une manifestation
de la conscience universelle ; la paix ne peut être également
qu'une manifestation de la conscience universelle[1]. » Peu nous
importent le trouble et l'imprécision de ses conclusions, ou
plutôt l'absence de ses conclusions et la trop réelle présence
de ses hésitations et de ses doutes ! Ce qui demeure de lui,
c'est que si l'humanité a chance de se pacifier, c'est seulement
sous l'influence du travail qu'elle renoncera aux hasards de la
violence.

D'ailleurs, quelle que soit leur méthode, quelle que soit leur
conception de l'avenir social, les novateurs socialistes sont unanimes sur le caractère pacificateur de l'idée qu'ils affirment.
Malgré leur exaltation patriotique, les Égaux de 1795 et leurs
successeurs groupés autour de Buonarotti envisagent la pacification finale et la fraternité des peuples. Certes, nous dit Buonarotti, « pour éviter la contagion des exemples, on aurait
élevé entre la France et ses voisins des barrières hérissées
d'obstacles ». Mais cette « précaution », nullement « dictée par
esprit d'isolement», n'aurait eu d'autre cause que « la crainte
qu'en corrompant les mœurs, les institutions et les gouvernements», les étrangers « n'entravassent la France dans l'accomplissement de ses devoirs envers les autres peuples[2] ». Car, la
mission de la France, pour les révolutionnaires classiques, et
en fut-il de plus classiques que l'école de Babeuf et de Blanqui !
c'est de libérer les peuples esclaves « par l'exemple de sa

1. *Guerre et paix*, t. II, p. 383.
2. *Syst. pol. et soc. des Egaux*, p. 38.

propre institution fondée sur la liberté et l'égalité[1] », et au
besoin par la propagande armée. Il entrait un certain orgueil
national, un certain chauvinisme, dans cette affirmation : pour
les communistes révolutionnaires, comme pour les jacobins
dont ils étaient l'extrême-gauche, la France pouvait bien être
la tutrice, la sœur aînée, la pacificatrice des nations ; mais ils
ne la voyaient pas volontiers entrant à titre d'égale dans la fraternité des nations et se soumettant comme elles au tribunal
européen rêvé par l'abbé de Saint-Pierre. Ils étaient trop
imbus de leur droit d'aînesse révolutionnaire pour pouvoir
être internationalistes.

Bien qu'ayant puisé ses idées générales à la même source que
Babeuf et Buonarotti, Cabet va beaucoup plus loin qu'eux sur
ce point lorsqu'il raconte, dans sa fiction, les séances du congrès
« où furent proclamés la paix, le désarmement général, la fraternité des peuples, la liberté du commerce d'importation et
d'exportation, l'abolition des douanes, même la suppression
sur les monuments publics de tous les emblèmes qui, dans
chaque nation, rappelaient aux autres nations l'humiliant sou-
venir de leurs défaites[2] ». Cabet ajoute que « ce premier congrès
organisa même une confédération et un congrès fédéral
annuel[3] ». Même après la constitution du tribunal d'arbitrage
de La Haye, la démarche si bien accueillie en Angleterre d'une
importante fraction du Parlement français et la conclusion des
traités d'arbitrage anglo-français et franco-italien, nous n'en
sommes pas encore là. Mais tout nous y conduit, et les premiers les
novateurs socialistes ont fait de la pacification universelle, de
l'arbitrage substitué à la guerre, la conséquence du régime industriel généralisé et systématisé. Aussi, nul d'entre eux ne montre
de divergence sur ce point. C'est Fourier qui substitue les armées
industrielles aux armées de combat, et les campagnes de défri-
chement et d'assainissement aux campagnes militaires. C'est

---

1. *Syst. pol. et soc. des Egaux*, p. 39.

2. Le décret de la commune de 1871, ordonnant la destruction de la
colonne Vendôme, fut visiblement inspiré par cette page de Cabet.

3. *Voyage en Icarie*, p. 357.

Colins, qui s'écrie : « La patrie de l'esclave est circonscrite par
le fouet de son maitre ; la patrie de l'homme libre, c'est le
globe [1]. » C'est, est-il besoin même de le rappeler ? Saint-Simon,
qui, déclarant qu' « il faut établir sur des bases plus raisonnables, plus amicales, les relations entre les peuples », nous
dit que « ce perfectionnement de la morale ne peut avoir lieu
que par l'influence des idées industrielles [2] ». Nous avons vu,
d'autre part, comme il constate la dépendance de l'état militaire envers l'état industriel. C'est Pecqueur, qui fait des chemins de fer les véhicules de l'industrie et de la pacification,
qui propose, comme devenue une « nécessité commerciale »,
« l'unité de langue, de monnaies, de poids et mesures [3] », et
déclare que « la *moralité* par l'éducation fait l'homme social,
l'homme de *bonne volonté*, le patriote et le citoyen du monde
entier [4] ». Son déterminisme économique lui montre l'unité
humaine résultant de la diffusion des forces et des produits de
l'industrie. « Plus de clarté sous le boisseau, s'écrie-t-il, ni de
spécialités économiques exclusives : le génie industriel cesse
d'être anglais ou français ; toute invention, tout mécanisme
devient cosmopolite dès son apparition, et la publicité, l'imitation, l'importation, le rendront désormais applicable sur les
quatre coins du monde civilisé, avant qu'un pays ait eu le temps
de se l'inféoder par l'habitude des clientèles et la prescription
de la routine [5]. »

Le socialisme contemporain, qui s'exprime en force agissante
dans tous les pays civilisés et commence à exercer sa légitime
influence sur la politique internationale, a recueilli cette tradition pacificatrice des grands utopistes du siècle dernier, et chacune de ses victoires est une victoire sur la guerre, chacun de
ses progrès est une conquête sur l'esprit de conquête.

1. *Science sociale*, t. V, p. 291.
2. *L'Industrie*, t. II. 3° considér. sur la morale. (ŒUVRES, t. XIX, pp. 36-37.)
3. *Des intérêts du commerce*, t. II, pp. 443 à 447.
4. *Des améliorations matérielles*, p. 15.
5. *Id.*, p. 224.

XVII

Une acquisition due aux novateurs socialistes, et qui demeure, est celle-ci : A mesure que se développe la démocratie et que la démocratie s'imprègne et se vivifie de socialisme, l'Etat devient de plus en plus cette administration des choses, que Saint-Simon appela de ses vœux, et cet instrument du contrat collectif, ce garant des contrats particuliers que vit en lui Proudhon. Seuls, en somme, les novateurs socialistes ont prévu l'évolution et la transformation de l'Etat. Tandis que les conservateurs politiques travaillaient à le renforcer en le cantonnant dans les fonctions de compression et de violence, et que les économistes s'efforçaient de le réduire au rôle de gardien passif des privilèges de fait d'une classe pourvue, les socialistes annonçaient les transformations nécessaires. Leur réalisme clairvoyant faisait de l'Etat, non l'ennemi de l'individu, mais son protecteur contre l'individu plus riche, mieux armé pour la lutte. C'est eux qui ont vu les premiers dans l'Etat l'instrument par lequel s'exprime l'association humaine naturelle qu'est une nation. Et de cette association organique, déterminée par la nature et ses fatalités, ils ont voulu, au moyen de l'Etat, faire une association volontaire, où se réalise de plus en plus le contrat. Et c'est parfois dans l'espoir de les annuler en leur empruntant une partie de leur programme, parfois aussi faute de pouvoir continuer la résistance, que l'on a vu tous les Etats civilisés constituer, par une législation du travail, les éléments réels de la liberté économique et sociale du travailleur. Grâce à Proudhon, qui bouscula si vigoureusement les communautés idéales où l'individu s'anéantit dans la collectivité, grâce au fédéralisme pratique des organisations socialistes, qui tend à faire de l'Etat non le maître des individus, mais leur moyen, leur instrument d'équilibre entre les groupements divers où l'individu va librement multiplier sa force par celle de ses associés, nous pourrons voir se réaliser un jour ce qu'on avait jusqu'ici considéré comme une contradiction : l'accroissement de

l'individu conditionné par l'accroissement de l'Etat, et non par
sa réduction *usque ad nihilum*. La force parallèlement croissante des associations libres et des institutions d'Etat nous
prouve de reste que ce n'est pas une contradiction, et qu'il n'y
a pas là l'impossible résolution d'une antinomie, mais un phénomène de socialité croissante. A mesure que l'individu est
devenu plus social, l'Etat est demeuré moins extérieur et supérieur à la société ; il devient ainsi progressivement l'instrument·
collectif des individus agissant dans leur volonté et dans leur
liberté. L'Etat, de phénomène naturel, devient de plus en plus
l'œuvre de la raison et de la volonté des collectivités conscientes. Et ce mouvement ne s'arrêtera pas ; à mesure que
l'homme social, se réalisant et se déterminant davantage,
prendra une plus grande puissance d'action sur la nature et
sur les institutions (et les découvertes scientifiques sont le
grand instrument de cette conquête continue), l'Etat échap-
pera davantage aux influences de caste et de classe pour devenir l'instrument du contrat collectif, de la signature et des
avantages duquel nul ne sera exclu. Nous allons, en un mot,
non à la disparition de l'Etat — Proudhon lui-même a dû finir
par reconnaître qu'on ne pouvait le supprimer — mais, ce qui
est mieux, c'est-à-dire socialement plus utile, à sa socialisation.

CHAPITRE IV

PROPRIÉTÉ, RENTE ET PROFIT

I

Comme bien on pense, tous les novateurs socialistes sont remontés aux origines de la propriété. Ce ne pouvait être, en effet, que dans la constatation de la violence initiale qu'ils pouvaient espérer retrouver les titres de l'humanité entière à la possession d'un domaine usurpé par quelques-uns. Aussi sont-ils moins simplistes que Jean-Jacques, et nul d'entre eux ne s'avise de jeter l'anathème sur les individus qui unirent leur travail à la nature pour engendrer la propriété. Saint-Simon s'en prendra donc fort justement, non à ceux qui ont créé la propriété, mais à ceux qui, en conquérant la propriété, ont asservi ses créateurs. Et il dira : « Les droits des *propriétaires d'immeubles*, qui sont les principaux *bailleurs de fonds* pour l'*industrie agricole*, ont eu pour origine la *conquête*, c'est-à-dire la loi du plus *fort*. » Par conséquent, le droit n'est pas, à l'origine, l'expression d'un contrat entre égaux, mais la règle que le fort impose au faible. « L'établissement du *droit de propriété* en *France*, les limitations de ce *droit*, la manière de l'exercer, ont été primitivement stipulés par le *vainqueur*; c'est au moins l'origine la plus ancienne à laquelle puissent remonter les titres des propriétés actuellement existantes. » Ce n'est

pas seulement de la propriété agricole immobilière que Saint-
Simon indique ainsi les origines réelles et juridiques. C'est
aussi de la propriété industrielle, mobilière, qu'il s'agit. Celle-
ci, devenue historiquement une puissance, a opposé sa force à
celle des conquérants du sol. « Les *droits* des *industriels* livrés
à la *fabrication* et au *commerce*, dit Saint-Simon, ont été
établis par un acte passé librement, par un contrat auquel on
a donné le nom de *rachat des communes* [1]. » Cette distinction
faite par Saint-Simon entre la propriété agricole, qui demeure
féodale, et la propriété industrielle, qui tombe sous la loi de
l'échange, est capitale. Nous verrons plus loin quel parti ses
disciples en ont tiré. Pour lui, le droit nouveau, fondé sur le
contrat, ne s'est pas encore dégagé complètement du droit
issu de la conquête. « La loi, dit-il, se trouve encore, malgré les
nombreux changements qu'elle a subis, plus avantageuse aux
représentants des *vainqueurs*, qui sont leurs descendants ou
ceux qui ont acquis d'eux, qu'aux descendants des *vaincus*, qui
sont nécessairement les seuls représentants de ces derniers ;
car ils n'avaient aucun droit à céder. Or, les ayants cause des
vainqueurs sont les *propriétaires* des terres, et les successeurs
des *vaincus* sont les *cultivateurs* [2]. » Saint-Simon a bien aperçu
que, de son temps encore, et depuis les choses ont peu changé,
les rapports de propriétaire à cultivateur ont conservé la marque féodale que lui avaient imprimée les conquérants dictant
leurs volontés aux vaincus. Mais, emporté par son désir de
montrer le rôle émancipateur de la propriété industrielle, il a
négligé d'apercevoir que les rapports de l'industriel et du salarié étaient, de son temps beaucoup plus qu'aujourd'hui, emplis
de survivances féodales qui prouvaient assez que seuls les
propriétaires comptaient dans la nation. Est-il besoin d'invoquer, à l'appui, le cens électoral, qui mettait le salarié hors du
droit politique? l'article 1781 du code civil qui, jusqu'en 1868,
laissa le salarié en état d'infériorité morale et juridique vis-à-
vis du « maître »? l'interdiction aux salariés, levée seulement

---

1. *L'Industrie.* 2⁰ partie. Moyens, etc. (ŒUVRES, t. XIX, p. 86.)
2. *Id.*, p. 87.

en partie en 1864 et totalement en 1884, de se coaliser et de
s'associer pour la défense de leurs intérêts ?

Entre le caractère féodal, parasitaire, de la propriété agricole, et le caractère mercantile, donc contractuel, et actif,
progressif, de la propriété industrielle, Saint-Simon, très justement, opte pour cet instrument de la transformation sociale ;
mais il n'apporte aucune réserve à son option. En ceci, il est
bien fils de la Révolution française : mais s'il croit bien que le
fait se transforme sous la direction de l'idée, il croit en même
temps à la fatalité émancipatrice du progrès industriel. N'oublions pas, d'autre part, qu'il a été à l'école d'Adam Smith, et
c'est certainement sous cette influence qu'il a pu hasarder
cette affirmation : « Les propriétaires commandent aux non-
propriétaires, non parce qu'ils ont les propriétés, mais ils ont
les propriétés et ils commandent parce que, collectivement
pris, ils ont supériorité de lumière sur les non-propriétaires[1]. »
Il s'entend que ce n'est pas des propriétaires fonciers, des féodaux, qu'il parle, mais des chefs d'industrie. Mais encore que
ceux-ci soient infiniment moins oppressifs que ceux-là pour les
non-propriétaires, et que les salariés aient du moins avec eux
une espérance lointaine de libération lorsqu'ils seront parvenus
à la « supériorité de lumière » des chefs d'industrie, ils ne se
substituent pas moins à leurs prédécesseurs féodaux dans la
domination et l'exploitation de la masse non propriétaire.
Thomas Hodgskin, qui a publié ses premiers écrits à l'époque
où Saint-Simon publiait l'*Industrie*, a bien aperçu, lui aussi, que
la conquête est à l'origine de la propriété. « Le pouvoir ainsi
acquis, dit-il, les privilèges ainsi établis, furent la base de l'édifice actuel, *politique et légal*, non social, de l'Europe. » Comme
Saint-Simon, il fait de la volonté des vainqueurs le fondement
juridique de la propriété. « Les conquérants et leurs descendants ont été les auteurs des lois. » Mais il refuse de distinguer
entre les propriétaires fonciers et les propriétaires industriels.
Les uns et les autres ont érigé en lois les règles de leur intérêt.

1. *Lettres d'un habitant de Genève*, p. 27.

« La loi, dira-t-il, est un ensemble de règles et de pratiques posées et établies en partie par le législateur, en partie par la coutume, en partie par les juges, appuyé et mis en vigueur par tout le pouvoir du gouvernement, et visant, pour ce qui concerne notre sujet, à garantir l'appropriation de tout le produit annuel du travail ; ... elles sont faites pour approprier aux auteurs des lois le produit de ceux qui cultivent le sol, préparent les vêtements ou distribuent ce qui est produit entre les classes et les sociétés différentes [1]. »

De la constatation que le gouvernement est, selon l'expression de M. Elie Halévy, « l'instrument de domination économique » des propriétaires fonciers, des prêtres et des capitalistes, Hodgskin a tiré cette conclusion qu'il faut supprimer le gouvernement et la loi, et non les faire intervenir « dans la distribution des richesses » ; car, nous dit M. Halévy, il a critiqué « les revenus du propriétaire foncier et du capitaliste, précisément parce qu'il attribuait à ces revenus une origine législative et gouvernementale [2] ». Otez le gouvernement et la loi, en effet, la rente foncière et le profit capitaliste pourront bien disparaître. Mais il pourrait bien aussi disparaître autre chose, dont le gouvernement et la loi sont l'organe et le moyen à mesure que les non-propriétaires opposent le travail au capital et se rapprochent de la « supériorité de lumière » dont Saint-Simon faisait, d'une manière trop générale pour son temps, l'attribut du chef de la production. Cette supériorité de lumière, qui, pour Saint-Simon, suffit à légitimer la domination des propriétaires industriels, marque en somme une transformation des caractères psychologiques de la propriété. Le propriétaire féodal peut être un oisif et un inutile à loisir ; sa rente ne lui fera pas défaut. Tant que la force de l'Etat, la force publique, sera mise à son service, il conservera intacts les profits de sa propriété. Le propriétaire industriel, au contraire, doit recréer chaque jour sa propriété, s'ingénier à l'accroître, et, par suite, développer des qualités intellectuelles dont le propriétaire foncier n'a que faire.

1. *Thomas Hodgskin*, p. 128.
2. *Id.*, p. 157.

Et, comme on voit partout s'effacer et disparaître la domination du propriétaire foncier et s'élever la puissance du propriétaire industriel, on peut dire avec Proudhon que le règne de la ruse a succédé à celui de la force. « La propriété, s'écrie-t-il, religion de la force, est en même temps religion de la servitude. Suivant qu'elle s'empare à main armée ou qu'elle procède par exclusion et monopole, elle engendre deux sortes de servages : l'un, le prolétariat antique, résultat du fait primitif de la conquête... ; l'autre, le prolétariat moderne, la classe ouvrière des économistes... La propriété, c'est-à-dire, dans son expression la plus simple, le droit de la force, ne pouvait longtemps garder sa grossièreté originelle ; dès le premier jour, elle commença de composer sa physionomie, de se contrefaire, de se dissimuler sous une multitude de déguisements. Ce fut au point que le nom de propriétaire, synonyme, dans le principe, de brigand et de voleur, est devenu à la longue, par la transformation insensible de la propriété... précisément le contraire de voleur et de brigand[1]. »

Mais, dit Pierre Leroux, exactement à la même époque où Proudhon trace ces lignes, le propriétaire n'est pas moins aujourd'hui qu'hier un voleur et un brigand. « Conquérir, c'est conquérir quelque chose, c'est conquérir des richesses, c'est faire du butin, c'est s'emparer d'une proie. Les Normands, quand, au XIIᵉ siècle, ils conquirent l'Angleterre, s'emparèrent de toutes les terres qu'occupent encore, par droit de conquête, leurs descendants, les pairs de l'Angleterre moderne. Donc, conquérir, c'était se rendre propriétaire. » Il en est tout de même aujourd'hui, sauf les formes. Qu'est-ce, en effet, pour Pierre Leroux, que « l'esprit de spéculation et de lucre qui anime aujourd'hui cette même Angleterre et la France »? C'est l'esprit de conquête. « On peut, déclare-t-il, ressembler à un baron normand sans porter comme lui une lourde armure. Un huissier normand aujourd'hui, et l'avoué normand qui l'emploie, et le capitaliste normand qui les emploie tous deux pour-

---

1. *Contradictions économiques*, t. II, pp. 242-243.

raient bien ressembler, lorsqu'ils *exproprient*, aux pirates victorieux qui *exproprièrent* les Saxons ». Et peu importe à Pierre
Leroux que la conquête, l'expropriation, « compose sa physionomie », peu importe qu'elle invoque la force du droit au lieu
d'invoquer le droit de la force. Il ne veut pas être dupe et il
affirme qu'au temps de la violence « on n'était pas embarrassé
plus qu'aujourd'hui pour légitimer la conquête ». Les « gros
capitaux » ont remplacé les « gros bataillons, » et voilà tout.
C'est pourquoi il lui faut bien, en dépit des formes changeantes,
« appeler guerre ce qui est guerre, et conquête ce qui est conquête[1] ».

Pourtant, ce fait que la propriété doit « se contrefaire » et
« dissimuler », et qu'elle doit invoquer un droit qui ne s'appuiera plus ni sur la force pure ni sur l'idée mystique, que
dénonce-t-il ? Ce fait dénonce que la force ne suffit plus pour
assurer au propriétaire la possession que la conquête a donnée
à son ancêtre. Et, si la force ne suffit plus, c'est que le non-
propriétaire a pris conscience de la sienne propre. Et, afin qu'il
ne soit pas tenté de l'opposer à celle des héritiers de la conquête,
ceux-ci appellent la ruse à leur secours. Mais qu'est-ce que cette
ruse, sinon la reconnaissance de la force nouvelle ? Le droit
issu de la force se transforme en droit issu de la ruse, dira-t-on,
et c'est toujours un droit attaché à la propriété, et que ne possèdent conséquemment pas les non-propriétaires. Soit, encore
que ce ne soit pas de ruse et de mensonge que soit fait le droit
capitaliste, mais d'une transformation, d'une atténuation du
droit féodal, ainsi que nous le verrons plus loin ; mais il n'en
reste pas moins que si le droit de la force a disparu, ou plutôt
s'est transformé en droit de la ruse, il suffira aux non-possé-
dants de joindre à leur pouvoir, qui a aidé à l'évanouissement
du droit de la force, le savoir qui aura raison du droit de la
ruse.

1. *Malthus et les économistes*, pp. 39 à 41.

II

Par cela seul que, dans leur recherche, ils ont trouvé la conquête à l'origine de la propriété, les novateurs socialistes ont ruiné le fondement mystique qui jusque-là avait rendu la propriété invulnérable. Dès lors, un seul principe les guidera dans la répartition de la propriété : l'utilité publique. La propriété sera désormais à leurs yeux un phénomène social et non plus un attribut personnel de tels individus, et dont tels autres peuvent être privés sans que personne y puisse rien. Déjà Babeuf avait noté les caractères sociaux de la propriété dans le temps et dans l'espace, lorsqu'il avait dit que « les productions de l'industrie et du génie » peuvent devenir « la propriété de tous, le domaine de l'association entière, du moment même que les travailleurs les ont fait éclore » ; et cela, ajoutait-il, « parce qu'elles ne sont qu'une compensation des précédentes inventions du génie et de l'industrie, dont ces inventeurs et ces travailleurs nouveaux ont profité dans la vie sociale, et qui les ont aidés dans leurs découvertes [1] ». Fourier commencera, lui, par constater les gênes que la propriété privée apporte au droit de tous, et surtout à la liberté et aux droits de celui qui ne possède pas. « On ne refuse pas *directement* justice » à celui-ci ; « mais il n'a pas de quoi subvenir aux frais de procédure » ; il sera donc vaincu : « la civilisation n'est meublée que de pauvres dépouillés injustement [2] ». Ailleurs, il protestera au nom de « l'utilité générale, » au nom des « libertés collectives » qui gênent les « libertés individuelles » et les « prétentions de l'égoïsme, » contre les « Vandales » dont « l'avarice meurtrière » construit « des maisons malsaines et privées d'air, où ils entassent économiquement des fourmilières de populace ». Fourier, si épris de liberté, s'indigne à l'idée que « l'on décore du nom de liberté ces spéculations assassines ». C'est qu'il a de la liberté une conception non mystique ni négative, mais profondément réa-

---

1. *Tribun du Peuple*, nº 35. (HISTOIRE DE GRACCHUS BABEUF, t. II, p. 40.)
2. *Nouveau monde industriel*. Analyse de la civilisation.

liste. Ne nous étonnons donc pas de le voir, lui si indifférent à l'action des pouvoirs publics, déplorer en ces termes leur inertie en face des abus de la propriété : « Un indice de l'esprit faux et de l'impéritie qui règnent à cet égard, c'est qu'aucune loi n'a stipulé des obligations relatives au fait de salubrité et d'embellissement. Par exemple : qu'une ville achète et abatte quelque îlot de masures qui masquaient quatre rues... Il est certain que les quatre maisons des côtés adjacents acquerront beaucoup de valeur... Elles devront, en bonne justice, partage de bénéfice à la commune... Cependant aucune loi ne les astreint à l'indemnité de moitié du bénéfice obtenu [1]. » Et, pourtant, cette propriété qui ne peut surgir ou s'accroître, exister même, sans heurter ceux-là mêmes qui devraient lui être le plus indifférents et n'avoir rien à démêler avec elle, n'existe que par la permission de la société. Car, observera Proudhon, « le fait n'est pas le droit ». Produite par le travail, appropriée par la conquête, transmise par l'hérédité, elle est sociale par le fait que le travail, la conquête, l'héritage sont des faits sociaux qui s'expriment en droit. « La propriété, produit naturel de l'occupation et du travail, était un principe d'anticipation et d'envahissement ; elle avait donc besoin d'être reconnue et légitimée par la société [2]. » Ce que la propriété reconnaît et légitime, la société a le droit de le modifier dans son intérêt propre. Asservie à une

---

1. *Traité d'association domestique agricole.* Extroduction.

Fourier ignorait certainement la loi du 26 septembre 1807. « Lorsque, dit l'article 30 de cette loi, par l'ouverture de nouvelles rues, par la formation de places nouvelles, par la construction de quais... des propriétés privées auront acquis une notable augmentation de valeur, ces propriétés pourront être chargées de payer une indemnité qui pourra s'élever jusqu'à la valeur de la moitié des avantages qu'elles auront acquis. » Adrien Veber, du temps où il était au conseil municipal de Paris, a tenté avec son collègue Landrin de faire sortir de sa caducité cet article 30. Le lecteur peut se reporter aux très intéressants articles de Raiga, sur les *Indemnités de plus-value.* (*Revue socialiste* de décembre 1887, p. 630), et de Veber sur les *Plus-values immobilières*, (*Revue socialiste* de juillet 1899). Il peut aussi consulter avec fruit le chapitre II de l'excellente enquête faite en Australie et Nouvelle-Zélande par M. Albert Métin et publiée sous ce titre : *Le socialisme sans doctrines.* Nous parlons plus loin de cet ouvrage où sont mentionnées les applications de la doctrine d'Henry George, qui consiste à attribuer à l'État, par l'impôt, le produit de l'augmentation du revenu foncier qui résulte « des avantages naturels et du travail de la société entière » (p. 31).

2. *Contradictions économiques*, t. II, p. 187.

caste, elle peut subir un fait et un droit de propriété dont elle souffre ; rendue à la disposition d'elle-même, elle peut et elle doit modifier la propriété de manière à la rendre conforme, et non plus opposée à l'intérêt général. C'est de ce principe que Pecqueur s'inspirera lorsqu'il dira que, dans le droit de propriété, « il y a quelque chose de plus haut que le *droit* absolu de transmettre *héréditairement* », et qu'il y verra et indiquera « le *devoir* bien plus absolu de remplir les charges qui sont les conditions implicites de toute possession et de toute transmission ». Il y a, ajoutera-t-il, « l'obligation, la charge, le but social, avant l'appropriation, avant les avantages et les jouissances privés. Alors, on s'explique comment l'histoire nous montre le droit de propriété et d'héritage soumis aux mêmes variations que toutes les choses sociales qui persistent, au même progrès qui se manifeste dans le mouvement général de l'humanité[1] ». C'est du même principe que se réclame Vidal, lorsqu'il déclare que « le jour est proche où l'on se verra dans la nécessité absolue d'invoquer contre les propriétaires les bénéfices de la loi d'expropriation pour cause d'utilité publique, dans la nécessité d'affranchir le travail de la plus ruineuse de toutes les servitudes[2] ».

III

Le droit de propriété a varié, dit Pecqueur, donc il peut encore varier, il doit varier autant que l'intérêt public l'exige. Cette notion, il l'a reçue de Saint-Simon. Saint-Simon, en effet, dit bien que, « dans tout pays, la loi fondamentale est celle qui établit *les propriétés,* et les dispositions pour les faire respecter ; mais, ajoute-t-il, de ce que cette loi est fondamentale, il ne résulte pas qu'elle ne puisse être modifiée ». Mais, reprend-il, « cette loi dépend elle-même d'une loi supérieure et plus générale qu'elle, de cette loi de la *nature* en vertu de laquelle toutes les *sociétés politiques* puisent le droit de modifier et de perfec-

1. *Des intérêts du commerce,* t. II, p. 8.
2. *Répartition des richesses,* pp. 157-158.

tionner leurs institutions : loi suprême qui défend d'enchaîner
les générations à venir.» En conséquence, « le *droit individuel
de propriété* ne peut être fondé que sur l'utilité commune et
générale de l'exercice de ce droit, qui peut varier selon les
temps[1] ».· C'est véritablement la mobilisation de la propriété
industrielle qui inspira à Saint-Simon ces vues sur le caractère
d'utilité sociale de la propriété et sur la variabilité de ses formes. Nous l'avons vu plus haut opposer la propriété industrielle
à la propriété foncière ; il nous faut remarquer d'un peu près
comment il les qualifie. Dans un passage de son œuvre, il déclare
« que le principe : *respect à la production et aux producteurs,*
est infiniment plus fécond que celui-ci : *respect à la propriété
et aux propriétaires*[2] ». Ne nous méprenons pas : il ne range
pas les capitalistes parmi les « propriétaires », et ce n'est pas
les prolétaires qu'il appelle « producteurs ». Les « propriétaires », ce sont les rentiers, les maîtres du sol ; et les « producteurs », ce sont les capitalistes, les chefs de l'industrie. Mais il
n'en sera pas moins amené à associer entre eux les capitalistes
et les prolétaires, car le développement industriel est un facteur
de liberté non pour une classe, mais pour tous les producteurs,
salariés et salariants. Et c'est bien finalement le travail qui
aura le pas sur la propriété. Car, dit-il, « toute l'espèce humaine
ayant un but et des intérêts communs (de par le perfectionnement de l'industrie), chaque homme doit se considérer uniquement, dans les rapports sociaux, comme engagé dans une compagnie de travailleurs[3]. »

Les disciples de Saint-Simon déclareront, à l'exemple du
fondateur de leur doctrine, que « le droit de propriété est un
fait social variable, ou plutôt progressif comme tous les autres
faits sociaux » ; puis, poussant plus avant que le maître, ils
tenteront d'anéantir l'opposition établie entre le droit divin ou
le droit naturel et le droit social issu des faits, fait social lui-
même. Et Bazard ajoutera que « vainement on prétendrait le

1. *L'Industrie*, 2e partie, Moyens, etc. (Œuvres, t. XVIII, pp. 89-90.)
2. *Id.*, 8e lettre. (Œuvres, t. XVIII, p. 187.)
3. *Id.*, p. 188.

fixer (le droit de propriété) au nom du droit divin ou du droit
naturel; car le droit divin et le droit naturel sont progressifs
eux-mêmes[1] ». Ce vivant écho de la pensée de Condorcet aura
son retentissement dans toute la construction philosophique
d'Auguste Comte. Même, des novateurs socialistes d'inspiration
théorique absolument divergente s'en inspireront, tellement il
a empli l'aire intellectuelle. C'est ainsi que Colins affirme son
déterminisme historique en acceptant comme « nécessaire, par
conséquent juste et rationnelle, » pour le passé « l'aliénation du
sol à des individus »; et refusant de faire le procès du passé, il
se propose seulement d'examiner « si cette aliénation reste
juste et rationnelle jusqu'à l'époque où, sous peine de mort
sociale, le sol doit entrer à la propriété collective[2] ». Un pas de
plus, et nous pouvions inscrire Colins parmi les précurseurs du
matérialisme historique. Il est en tout cas parmi ceux qui ont
apporté leur contribution au déterminisme social, dont le matérialisme historique, en y prenant place, peut et doit devenir
un élément constitutif important.

IV

La reconnaissance du caractère social et de la variabilité du
phénomène propriétaire est la marque distinctive des novateurs
socialistes, et c'est vraiment énoncer une lapalissade que d'affirmer qu'on ne peut être socialiste à moins de frais. Comment
les novateurs vont-ils donc se comporter en face du phénomène
de transmission de la propriété? Pour Babeuf, « la loi de l'hérédité est souverainement abusive. Elle produit les malheureux
dès la seconde génération[3] ». En conséquence, son « décret
économique » prononcera que « le droit de succession *ab intes-
tat* et par testament est aboli[4] ». Pour Louis Blanc, et pour
Cabet, il s'agira d'atteindre ce but par étapes; ils limiteront

1. *Doctrine de Saint-Simon*, 2e année, première séance.
2. *Science sociale*, t. II, p. 21.
3. *Tribun du Peuple*, n° 35.
4. *Syst. pol. et soc. des Egaux*, p. 53.

donc et restreindront le droit de tester et l'aptitude à hériter,
de manière à faire entrer petit à petit toutes les propriétés dans
la communauté. C'est d'eux que s'inspire Colins : il est bien
partisan de la liberté de tester, mais il frappe d'un impôt de
25 p. 100 toutes les successions par testament, et n'admet à l'hérédité naturelle que les héritiers de la ligne directe. De plus,
il demande « que le sol, une fois entré à la propriété collective », soit déclaré « inaliénable [1] ». Car, on le sait, le collectivisme de Colins consiste dans la socialisation du sol et l'appropriation individuelle du capital mobilier. Ses moyens de
socialisation progressive par l'incorporation du sol à la communauté et par l'élimination des collatéraux, se retrouvent
chez Louis Blanc, qui, se fondant sur ce que « l'abus des successions collatérales est universellement reconnu », demande
leur abolition et que « les valeurs dont elles se trouveraient
composées » soient « déclarées propriété communale ». De
la sorte, ajoute-t-il, chaque commune « arriverait à se former
un domaine qu'on rendrait inaliénable, et qui, ne pouvant que
s'étendre, amènerait, sans déchirements ni usurpations, une
révolution agricole immense [2] ». Les socialistes actuels sont
demeurés dans cette tradition : ils demandent un impôt progressif sur les successions et ils limitent l'hérédité naturelle et
légale à la ligne directe. Partout où s'achève la démocratie, les
lois expriment cette double tendance, sinon pour socialiser la
propriété, du moins pour tenter d'atténuer l'inégalité sociale.
Mais il va de soi que les socialistes, dans leurs programmes
identiques sur ce point, entendent avoir raison de l'inégalité
sociale au moyen de la socialisation de la propriété. Conséquemment, les mesures qu'ils proposent tendent à la socialisation. Si, dans leurs restrictions à l'aptitude à succéder, ils ont
jusqu'à ce jour épargné les héritiers en ligne directe, c'est parce
qu'ils ont craint de heurter de front le sentiment propriétaire et
familial; ce sentiment, en effet, est très vivace dans toutes les
classes sociales; et plus particulièrement dans la classe moyenne.

1. *Science sociale*, t. V, pp. 321-322.
2. *Organisation du travail*. p. 99.

Le saint-simonisme ne connaît pas ces compositions avec les
sentiments dominants. L'hérédité des fonctions politiques a été
abolie par la Révolution; les fonctions économiques devant,
selon Saint-Simon, se substituer aux fonctions politiques et devenir fonctions politiques elles-mêmes, il va de soi qu'elles ne doivent pas être, elles non plus, soumises au hasard de la naissance.
Bazard, parlant du nouvel ordre qui tend à s'établir, dira donc
qu'il « consiste à transporter à l'Etat, devenu ASSOCIATION DE
TRAVAILLEURS, le droit d'héritage, aujourd'hui renfermé dans la
famille domestique... Le seul droit à la richesse, c'est-à-dire à la
disposition des instruments de travail, sera la *capacité* de les
mettre en œuvre[1] ». Les saint-simoniens veulent « qu'à l'avenir
CHACUN SOIT PLACÉ SELON SA CAPACITÉ ET RÉTRIBUÉ SELON SES ŒU-
VRES ». L'obstacle se trouve dans les « privilèges de naissance »,
et l'héritage est « le plus grand de tous ces privilèges ». En conséquence, les saint-simoniens « demandent que tous les instruments du travail, la terre et les capitaux, qui forment aujour-
d'hui le fonds morcelé des propriétés particulières, soient réunis
en un fonds social, et que ce fonds soit exploité par *association*
et HIÉRARCHIQUEMENT (car, ont-ils dit au préalable, « ils croient à
l'INÉGALITÉ *naturelle* des hommes »), de manière à ce que la
tâche de chacun soit l'expression de sa *capacité*, et sa richesse
la mesure de ses *œuvres*[2] ». Pourquoi les saint-simoniens peu-
vent-ils se permettre un radicalisme, en matière d'héritage,
devant lequel reculent les programmes socialistes de notre
temps? Parce que leur doctrine n'est pas seulement économique, mais encore morale et sociale, et que bientôt, même, em-
portée par sa propre logique, elle se trouvera être devenue une
religion. Dans cette protestation à la Chambre dont il vient
d'être donné un extrait, Bazard et Enfantin se défendent de
« prétendre abolir la sainte loi du mariage ». Il n'empêche que,
deux années plus tard, le saint-simonisme devra s'avouer à lui-
même qu'il est impossible de toucher à l'héritage sans modifier

---

1. *Doctrine de Saint-Simon*, 1re année, p. 145.
2. Lettre de Bazard-Enfantin au président de la Chambre des députés,
1er octobre 1830. (ŒUVRES, t. IV, pp. 119 à 125.)

la famille. Et alors, Enfantin, transposant les termes du problème et transformant en religion la doctrine sociale, fera de
l'abolition de l'héritage la conséquence des transformations
profondes opérées dans la famille par la doctrine religieuse.

Les critiques du socialisme, et notamment en ces derniers
temps M. Vilfredo Pareto, ont très clairement aperçu que les
socialistes, tout aussi bien les collectivistes et communistes
actuels que les saint-simoniens, sont fortement attirés vers la
suppression de la famille par la suppression de l'héritage. Il
rappelle comment, dans les *Contradictions économiques*, Proudhon plaisante agréablement Louis Blanc qui, dans son *Organisation du travail*, s'écrie : « La famille vient de Dieu, l'hérédité vient des hommes[1] ! » Évidemment, les saint-simoniens
qui considèrent la famille comme un phénomène social, et par
conséquent la soumettent à l'action sociale, paraissent plus
logiques que Louis Blanc.

Pourtant, Louis Blanc n'a pas tort, ni non plus les socialistes
de notre temps qui veulent conserver la famille tout en lui ôtant
son caractère d'unité économique, si fortement attesté par l'héritage. Au lieu de rechercher dans les utopies du passé la preuve
que les organisations communautaires, écrites ou vécues, ont
généralement eu pour conséquence la suppression de la famille,
M. V. Pareto aurait mieux fait de se libérer pour un instant de
deux préjugés qui l'empêchent d'observer les choses dans le
temps et dans l'espace. Le premier de ces préjugés est le matérialisme économique, le second est de donner aux mots un
contenu immuable. Par son premier préjugé, il se persuade
que la famille se dissoudra si son fondement économique disparaît. Pourtant, il pourrait observer que la famille ne se dissout pas dans la masse ouvrière, où le père ne groupe plus les
siens dans l'atelier ou le champ familial, et où son travail même
n'est plus leur unique nourricier, puisque la mère et les aînés
vivent de leur travail, tandis que le bureau de bienfaisance ou
la caisse des écoles aide parfois à l'entretien des cadets. Et

---

1. *Les Systèmes socialistes*, t. II, v. p. 81 et p, 174.

lorsqu'une telle famille tend à se dissoudre, ce n'est pas sous la pression socialiste, qui se manifeste encore si faiblement et si imparfaitement par le secours public, mais sous la pression capitaliste, qui asservit les malheureux à leurs besoins et les isole les uns des autres, atrophiant en eux les sentiments mêmes qu'y a déposés la nature. Pourtant, en regard, qui de nous ne connaît des familles ouvrières que leur travail tient dispersées toute la journée, et que l'habitude et l'affection maintiennent néanmoins dans la plus complète homogénéité morale et sociale!

Le second préjugé de M. Pareto est contenu dans le premier : il consiste à ne pas distinguer la famille réduite d'aujourd'hui, groupe naturel immédiat, où les liens moraux l'emportent en valeur sur les liens sociaux, de la famille d'autrefois qui groupait des cognats et des agnats, et des clients, constituait une unité économique, juridique, religieuse, politique et sociale, qui allait parfois jusqu'à contenir plusieurs centaines de personnes. Comment M. V. Pareto ne voit-il pas que, la famille étant réduite désormais et de plus en plus aux ascendants, descendants et consanguins, ses attributions économiques disparaissent comme ont disparu les attributions qui jadis faisaient de la famille une tribu, une cité autonome dans la tribu, dans la cité? Quand les attributions économiques de la famille seront allées rejoindre les autres attributions, que restera-t-il d'elle? Ceci tout simplement : une unité morale dont chacun des membres, des plus robustes aux plus débiles, du père au nourrisson, puisera son droit d'existence, en dehors de la famille, dans son travail présent, dans son travail passé, ou dans la promesse de son travail futur.

Pour Proudhon, nous n'avions pas besoin d'en être avertis par M. V. Pareto, « l'hérédité est l'espoir du ménage, le contrefort de la famille, la raison dernière de la propriété ». Si elle manquait, « l'homme, isolé au milieu de ses compagnons, sentirait le poids de sa triste individualité[1] ». Aussi l'impôt sur

---

1. *Contradictions économiques*, t. II, p. 201.

les successions, « renouvelé de la mainmorte », est-il « une
spoliation de la famille [1] ». Par voie de conséquence, nul droit
d'héritage hors de la famille. « La société rejette la veuve et
l'orphelin du concubinaire et ne les admet point à la succession... Celui qui fait injure au mariage ne peut réclamer la
garantie du mariage : telle est la loi sociale, loi rigoureuse,
mais juste, qu'il n'appartenait qu'à l'hypocrisie socialiste, à
ceux qui veulent à la fois l'amour chaste et l'amour obscène,
de calomnier [2]. » Ne vous hâtez point de vous indigner contre
ces dures paroles : Proudhon, ce comptable bourru, veut, ne
l'oubliez pas, que chacun s'inscrive au contrat social, apporte
son effort et en reçoive la récompense. Ce « fils de paysans
paperassiers et liseurs de codes [3] » attache une haute importance à la forme, qui pour lui n'exprime pas seulement le fond,
mais encore le contient. Et lorsque la forme est vide, il travaille à l'emplir de réalité. Donc, après les cruels propos dont
il fouaille les bâtards, il appelle à l'héritage tous ceux qui ont
bien aujourd'hui droit à hériter, mais n'ont rien à hériter. « Ce
qui manque au pauvre, dit-il, ce n'est plus l'hérédité, c'est
l'*héritage*. Au lieu d'abolir l'hérédité, songeons plutôt à faire
cesser la *déshérence* [4]. » C'est-à-dire : pourvoyez chaque famille
d'un héritage, que les vieux en mourant transmettront aux jeunes,
et ainsi de suite dans la consommation des siècles. Si l'on n'oublie pas que Proudhon voit dans la famille l'unique cellule sociale
et qu'il entend par son système mutuelliste assurer leur indépendance économique à tous les producteurs, et conséquemment
la sécurité économique de tous les membres de la famille, on
peut repousser sa solution, mais on doit reconnaître qu'elle ne
pèche ni contre la logique ni contre la justice économique.

L'individualisme de Fourier est plus complet que celui de
Proudhon, puisque, par le phalanstère, le père, la mère et les
enfants ont une personnalité distincte, assurée par la sécurité

---

1. *De la justice*, t. I, p. 314.
2. *Contradictions économiques*, t. II, pp. 234-235.
3. Hippolyte Castille. *Les hommes et les mœurs*.
4. *Contradictions économiques*, t. II, p. 205.

économique que chacun d'eux trouve dans son travail. La cellule sociale et économique, pour Fourier, est l'individu, et non la famille. Cependant, Fourier ne s'est pas décidé d'un coup pour la liberté absolue de tester, et, dans le même ouvrage, dans le même chapitre, où il envisage froidement ce qu'il appelle la « polygamie étendue aux femmes (*sic*) comme aux hommes », il propose de répartir les successions « par tiers ou moitié aux enfants de tous degrés (c'est-à-dire : naturels ou légitimes), un quart aux adoptifs et un quart aux amis, épouses, collatéraux[1] ». Fourier, disons-nous, a fini par proclamer la liberté absolue de tester. Il n'en devait, dans son système (à supposer que son système eût pu se réaliser), résulter aucun inconvénient social, puisque le testateur n'eût jamais pu laisser au légataire que des moyens de consommation, et non des moyens de production, ceux-ci étant entrés définitivement dans le régime de la socialisation phalanstérienne.

Fourier et Proudhon sont également logiques, et ce n'est point parce qu'ils ont manqué de logique que leurs systèmes n'ont pas été appliqués, mais simplement parce que l'on ne refait pas le monde social sur le plan de la raison seulement ; plus, en effet, on aura réalisé la perfection dans l'élaboration de ce plan, moins le monde social sera capable de s'y conformer. Proudhon croit peu au développement de la grande industrie : il est le *petit bourgeois* que railleront Marx et les marxistes ; son idéal est un monde de petits bourgeois, artisans aisés, boutiquiers vendant sans fraude, et sans surfaire ; un monde dont la famille est la forte assise, perpétuée dans l'atelier et dans la boutique par l'héritage. Il entend donc conserver et développer les institutions juridiques de la petite bourgeoisie, de ce monde d'artisans et de petits propriétaires dont la Révolution française a commencé la libération. Georges Sorel observait un jour très justement que « l'homme abstrait des *déclarations des droits* est un *petit propriétaire rural*[2] ». Ce petit propriétaire,

---

1. *Traité de l'association domestique agricole.* Association composée.
2. Idées socialistes et faits économiques au xixe siècle. *Revue socialiste* du 15 mars 1902, p. 306.

— très concret, en somme, puisque la Révolution l'a dégagé, constitué, sanctionné, — s'est transplanté et acclimaté à la ville, où il est devenu artisan, c'est lui que Proudhon a en vue ; c'est sur lui qu'il se fonde, pour lui qu'il maintient la famille et c'est pour son fils que l'héritage la perpétue. La révolution sociale le libérera de ce reste de féodalité : la rente. C'est également pour abriter ce petit propriétaire que Fourier a bâti son phalanstère. Or, Fourier est un moraliste contemporain de Pigault-Lebrun. Il fera donc du petit propriétaire abstrait un très réel petit bourgeois français ami de la gaudriole, impatient des contraintes du ménage. Ce petit bourgeois, il l'associe à ses semblables, l'oppose à ses dissemblables, trouve aux uns et aux autres des points par où ils s'engrènent. Dès lors, chacun d'eux peut bien finir comme finissent les vieux célibataires qui ont bien vécu, en léguant ce qui leur reste à ceux qui ont distrait leurs loisirs, à celles qui ont satisfait leurs sens.

Pecqueur a envisagé la question de l'héritage de plus haut, et cependant il l'a vue avec plus de précision. Le développement économique devant amener la mobilisation de toute valeur, le sol même, dit-il, « ne sera plus menacé à tout jamais d'entrer jusqu'à l'inféodation dans les mains du premier venu incapable de le faire valoir ». Quelles seront les matières d'héritage ? Le sol, les instruments de travail ? Non ; « l'héritage sera un *capital* monétaire, un coupon d'action, une rente, une *valeur mobilière* et non une terre, un établissement industriel tout entier ». Si ces valeurs tombent entre des mains incapables, « il n'y aura en danger d'être gaspillée que la richesse amassée pour le moment, et non la richesse à venir », des moyens de consommation, et non des moyens de production ; car ceux-ci, à mesure que se perfectionnera le mécanisme industriel, n'obéiront qu'à « une main puissante et éclairée [1] ». Et si l'héritage fait tomber un moyen de production sous une main débile et incapable, celle-ci le laissera échapper, et une main plus ferme saura la ressaisir pour lui restituer toute sa

---

1. *Des intérêts du commerce*, t. II, pp. 13-14.

valeur. Le capitaliste peut se ruiner, s'il est incapable. Le capital ne se ruine pas, lui. Il s'enfuit vers un maître plus apte à
le posséder, et tout est dit[1]. Voilà ramenée à son importance
réelle la question de l'héritage. Les socialistes feront bien de
méditer cette vue de Pecqueur. Elle est véritablement féconde
en aspects nouveaux, dont le plus important est qu'en régime
de propriété mobilière, même capitaliste, la question de l'héritage perd beaucoup de l'énorme importance que certains
socialistes y avaient attachée jusqu'à présent. Et c'est, en
somme, ce que Fourier avait compris en proclamant la liberté
de tester dans l'association phalanstérienne.

Enfantin lui rendit justice sur ce point dans une lettre adres-
sée à Arlès, en 1841, et dont voici les passages essentiels :

« A propos du fouriérisme, il prend, ce me semble, quelque
consistance et s'approche assez de son fameux essai pratique...
il y aura là bonne occasion pour que les grands problèmes économiques et moraux soient repris *théoriquement*, à propos
d'un *fait* qui les soulèvera tous d'une façon palpitante. C'est
surtout sous le rapport religieux et moral que ce sera immédiatement très drôle, car, pour la question d'héritage, il faudrait
plusieurs générations pour juger des inconvénients propres à
la solution de Fourier, inconvénients d'ailleurs beaucoup
moindres que ceux de la constitution actuelle de la propriété,
puisqu'en définitive il n'y a pas, dans le Phalanstère, propriété

---

1. Pecqueur a, de plus, clairement aperçu que les revenus n'assurent plus,
comme jadis, et ne maintiennent plus le bien-être d'une manière continue
entre les mêmes mains, à moins que ceux qui les détiennent n'emploient
leur capital à la production ou à la circulation. « L'on a constaté en France,
dit-il, que la plupart des grosses fortunes amassées dans ces cinquante dernières années, grâce souvent au hasard des spéculations et des événements,
ne sont point transmises intactes jusqu'à la troisième génération : ce qui
prouve que ce n'est pas impunément qu'un chef de famille se livre au faste
déréglé » (*Des intérêts du commerce*, t. I, p. 372). Il suffit qu'un chef de
famille se livre à l'oisiveté pour que ses héritiers, l'imitant, se trouvent, à
la troisième ou quatrième génération, fort dépourvus. C'est là ce qui distingue la propriété mobilière, capitaliste, de la propriété foncière, féodale.
Le capitaliste est proprement condamné à l'activité forcée. Ce phénomène
tout moderne n'a pas échappé, on le voit, à la sagacité de Pecqueur. Cette
bonne fortune, fréquente pour lui, est due à ce qu'il a tenu le plus grand
compte des observations et des critiques des économistes purs, au lieu de
prendre systématiquement le contrepied de ce qu'ils affirmaient, comme il
est arrivé trop souvent à certains autres novateurs socialistes.

personnelle et directe du sol et de l'habitation, et que les *capita-listes* sont seulement des *actionnaires*. Sous ce dernier point de vue, la solution de Fourier est une escobarderie fort ingénieuse, ou même un acheminement progressif fort adroit, auquel je ne donnerais certes pas la main, mais que je suis bien aise de voir propager et pratiquer, parce que cela est très supérieur à la propriété *foncière* personnelle et directe de nos jours ; cela correspond même très bien au but que nous nous proposions dans le *Producteur* et le *Globe,* quand nous traitions de la *mobilisation* de la propriété et de la baisse progressive de l'*intérêt des capitaux...* Procédé lent et bénin pour enfoncer progressivement les hommes qui *possèdent... n'administrent* pas et n'usent de leur *droit* que pour *exploiter* les travailleurs... On les réduit en un mot à la fonction d'oisifs par excellence[1]. »

V

Le caractère de monopole que donne à la propriété la définition de la rente par Adam Smith et par Ricardo ne pouvait échapper aux novateurs socialistes. « Aussitôt que la terre devient une propriété privée, dit le premier, le propriétaire demande pour sa part presque tous les produits que le travailleur peut y faire croître ou y recueillir. Sa rente est la première déduction que souffre le produit du travail appliqué à la terre[2] ». Pour le second, « la rente est cette portion du produit de la terre que l'on paye au propriétaire pour avoir le droit d'exploiter les facultés productives et impérissables du sol[3] ». Ces deux propositions, dont Marx extraira sa théorie de la plus-value et de la valeur, « ont abouti, dit Vidal, à mettre en question le droit même de propriété[4] ». C'est Proudhon, observe Vidal, qui, le premier, a « osé tirer les conséquences rigou-

---

1. *Correspondance inédite d'Enfantin.* (Œuvres, t. XXXIV, pp. 74 à 76.)
2. *Richesses des nations.* Liv. Iᵉʳ. Chap. vii.
3. *Principes d'économie politique.* Chap. ii.
4. *Répartition des richesses*, p. 159.

reuses des prémisses » que Smith et Ricardo « avaient posées ».
C'est lui, qui, « doué d'un beau style, d'une verve prodigieuse,
d'une dialectique impitoyable, a audacieusement tiré la conclusion du problème devant laquelle avaient reculé Smith et
Ricardo... Ce que Smith, Ricardo, J.-B. Say et tous les économistes appellent monopole, M. Proudhon l'a tout simplement
nommé droit de propriété[1] ». Pour Proudhon, en effet, la
propriété, toute propriété est un monopole[2], « toute possession terrienne est un monopole ». Remarquons, d'ailleurs, que
l'expression n'a pas, sous la plume de Proudhon, un sens péjo-
ratif, puisque, après avoir admis la nécessité de la concurrence, il fait du monopole « comme le siège de chaque individualité concurrente ». Nous connaissons le procédé dialectique
dont les *Contradictions économiques* sont l'expression la plus
achevée : le monopole-propriété et son produit la rente ont été
originairement nécessaires, donc légitimes. « Mais, ajoute Proudhon, ce qui s'excuse au sortir de la communauté primitive,
effet de la nécessité, n'est qu'un provisoire qui doit disparaître
devant une intelligence plus complète des droits et des devoirs
de la société[3] ». Et alors, socialisant le produit du monopole
que, sous le nom de rente, le propriétaire s'est arrogé jusqu'ici, Proudhon proclame que « la rente, considérée dans son
principe et sa destination, est la loi agraire par laquelle tous
les hommes doivent devenir propriétaires garantis et inamo-
vibles du sol». Pour Ricardo, elle était une redevance payée au
propriétaire pour l'usage de sa propriété ; pour Proudhon, elle
s'identifie au profit de l'entreprise industrielle, elle devient la
part de produit non payée au travailleur, « elle représente la
portion de fruit qui excède le salaire du producteur[4] ». On le
voit, Proudhon sépare le propriétaire du producteur et, de
plus, il identifie l'entrepreneur industriel au propriétaire, puisqu'il donne une commune origine au profit et à la rente.

1. *Répartition des richesses*, p. 158.
2. *Contradictions économiques*, t. I, p. 219.
3. *Id.*, p. 222.
4. *Id.*, t. II, p. 246.

Dès lors, la propriété étant un fait auquel « le consentement social était nécessaire », puisque « tant que la propriété n'est pas reconnue et légitimée par l'Etat, elle reste un fait extra-social », et que « sans cette reconnaissance [elle] reste simple occupation et peut être contestée par le premier venu [1] », il tombe sous le sens que le produit du monopole-propriété, la rente, doit suivre la loi de la nécessité socialement appliquée. « Durant la période d'organisation, dit Proudhon, cette rente est payée au nom de la société, qui se manifeste toujours par l'individualisation comme elle s'explique par des faits, au propriétaire. Mais le propriétaire fait plus que toucher la rente, il en jouit seul ; il ne rend rien à la communauté, il ne partage point avec ses comparsonniers, il dévore, sans y mettre du sien, le produit du travail collectif. Il y a donc vol, vol légal si l'on veut, mais vol réel ». Et ce n'est pas seulement au monopole agraire, représenté par lui comme un fruit de la conquête, que s'en prend Proudhon. Il n'y a pas seulement vol dans la rente, il y a vol dans le profit, le surproduit non payé à l'ouvrier lui est volé : « il y a vol dans le commerce et l'industrie toutes les fois que l'entrepreneur retient à l'ouvrier quelque chose sur le salaire, ou perçoit une bonification en sus de ce qui lui revient [2]. »

Proudhon est-il le premier qui ait identifié, sans les confondre, le propriétaire et le capitaliste, la rente et le profit ? Non, puisque, dès 1815, dans des conférences qui furent réunies et publiées douze ans plus tard sous le titre d'*Economie politique populaire*, Thomas Hodgskin dont, au dire de M. et Mᵐᵉ Sidney Webb, Karl Marx fut le « disciple illustre », déclarait en termes formels que « le propriétaire foncier et le capitaliste ne produisent rien ». Voilà pour l'identité du capitaliste et du propriétaire. Poursuivant, Hodgskin identifie en ces termes le profit et la rente : « Le capital est le produit du travail, et le profit n'est rien qu'une portion de ce produit, impitoyablement extorquée contre la permission accordée au travailleur de con-

1. *Contradictions économiques*, t. II, p. 188.
2. *Id.*, p. 246.

sommer une partie de ce que lui-même a produit[1] ». Car, de
même que la propriété foncière est une monopolisation des
forces naturelles auxquelles le travail en s'appliquant donne
une valeur, le capital est une monopolisation des produits du
travail, puisque « toute richesse est produite par du travail[2] ».
Le capitaliste est un succédané du propriétaire foncier ; il « fut
à l'origine, dit Hodgskin, un travailleur ou le descendant d'un
vilain, et il obtint un profit sur ce qu'il savait épargner du produit de son propre travail, après avoir arraché la liberté à ses
maîtres, parce qu'il fut alors capable de leur faire respecter
son droit à jouir de sa propre industrie. Mais ce qu'il reçut
alors, ce qu'il reçoit encore, sous le nom de profit, est une
portion de la richesse annuellement créée par le travail ». Le
voilà donc pourvu, tout comme le propriétaire foncier, du
moyen de tirer un revenu permanent de ce qu'il possède. « En
fait, le capitaliste a obtenu la totalité du pouvoir du propriétaire foncier, et son droit d'avoir un profit est un droit de recevoir une portion de ce qui a été produit par le travail des
esclaves de son propriétaire foncier[3]. »

VI

Ce qui vient du travail doit donc retourner au travail. Telle est
la thèse que les socialistes seront unanimes à soutenir, et, s'ils
cessaient de la soutenir, ils cesseraient d'être socialistes. Pour
Proudhon, cet excédent que laisse le travail et que s'approprie
le capital appartient à la société. Puisque l'intérêt du capital
n'est que la matérialisation de l'aphorisme : « *tout travail doit
laisser un excédent*[4] », cet excédent, produit du « vol », doit
retourner aux volés par l'entremise de la société. Mais la socialisation de « l'excédent » c'est la volatilisation du capital, puisque c'est la suppression de la rente et de l'intérêt ; c'est la

1. *Thomas Hodgskin*, chap. II, p. 31.
2. *Id.*, p. 110.
3. *Id.*, p. 133.
4. *Contradictions économiques*, t. I, p. 47.

réincorporation au salaire de la plus-value que prélevait l'entrepreneur, c'est le travailleur maître de ce qu'on appelle aujourd'hui « le produit intégral de son travail ». Proudhon croyait ainsi renverser les rapports qui se sont établis entre les hommes sous la loi de la force au sortir de l'indivision primitive, et, sans sortir du régime d'appropriation individuelle, soumettre le capital au travail selon la loi de la justice, par la disparition de l'intérêt. Cette notion du caractère social de la rente est le fondement du socialisme agraire. C'est ce que Rouanet a si clairement démontré en rappelant que « Stuart Mill a appliqué à la rente de la terre la loi de Malthus sur la population (à mesure que la population s'accroît, le prix des produits agricoles plus demandés s'élève, la rente hausse) et a conclu à la nationalisation du sol pour éviter l'accaparement foncier ». Rouanet a bien fait de rappeler aussi « les mesures plus radicales proposées par le collectiviste Colins [1] ». Le capital, a dit en effet celui-ci, c'est « le salaire passé ». Donc, et afin que le « salaire passé » ne se grossisse point aux dépens du salaire présent, Colins émet « l'hypothèse » que « l'impôt doit frapper sur le salaire passé et qu'il doit l'absorber tout entier ». Et il ajoute : « Dans ce cas, le sol tout entier appartient à l'État, c'est-à-dire à la collectivité, et sa rente à l'impôt, au revenu social... De cette manière, rien n'est prélevé sur le *salaire actuel, sur le travail, sur le travailleur* [2] ». Dans l'article qu'il consacrait à la polémique engagée entre le communiste américain Lawrence Gronlund et Henry George, le fondateur du socialisme agraire aux États-Unis, Rouanet prenait fort justement parti pour l'auteur de *The cooperative Commonwealth* contre l'auteur de *Progress and Poverty*, pour l'identité absolue entre la rente foncière et le profit capitaliste. « L'augmentation des fermages, disait-il, — ou, si l'on préfère, l'évaluation de la terre (je pense qu'il faut, en effet, préférer cette seconde expression) — n'a pas été en disproportion avec l'accroissement des autres capitaux. »

1. Henry George et Lawrence Gronlund, *Revue socialiste* d'août 1887, p. 192.
2. *Science sociale*, t. V, p. 297.

C'est également sur la notion du caractère social de la rente
que se fondait B. Rivadavia, qui fut en relations avec Destutt
de Tracy et Bentham, et, qui sait ! peut-être avec Ricardo, lorsqu'en 1820 il tentait de doter la jeune République Argentine
d'un régime agraire qui ne reposât ni sur le droit féodal ni sur
le droit romain. Lors de son passage au pouvoir, « il fit, nous
apprend M. Peyret (de Serres), rendre un décret qui prohibait
de *vendre* les terrains dépendants du ministère de finances, et
qui prescrivait de les mettre en *emphytéose*. Cela signifie que
cette terre demeurait à perpétuité propriété de l'Etat, c'est-à-
dire que la loi sociale en faisait, comme la nature, la propriété
de la communauté; mais en même temps, grâce à un contrat
emphytéotique perfectionné, on donnait la terre *gratuitement*
comme instrument de travail, car la loi venait remplacer le
canon fixe de l'ancienne loi par un canon mobile, qui, réservant leur part au capital et au travail individuels, n'absorbait
que la partie de la rente qui provient du travail et des progrès
sociaux[1] ». Ce premier essai pratique de décomposition des
éléments du produit est très remarquable. Tout s'y trouve : le
salaire, qui va au travail ; le loyer du capital avancé, qui va au
capital ; le profit, qui va à la société. Comme on s'en doute, la
loi Rivadavia ne fut pas appliquée. « Des vieillards argentins,
nous dit M. Peyret, m'ont assuré qu'elle n'avait pas été étrangère à la réaction qui le fit tomber du pouvoir. Les propriétaires et les capitalistes de Buenos-Ayres voulaient mettre la
main sur les terres publiques : ils appuyèrent Rosas, qui était
lui-même un *estanciero* (propriétaire) opulent, et soutinrent sa
dictature quand il demanda la *somme du pouvoir public*[2]. »

Au moment même où j'écris ceci, la Chambre des lords
vient de sanctionner le caractère social de la rente foncière en
votant le bill qui permettra aux Irlandais d'entrer enfin en
possession du sol qu'ils cultivent et dont ils paient la rente
depuis des siècles aux propriétaires anglais, fils des conqué-

---

1. La question agraire résolue par un Sud-Américain, *Revue socialiste*
d'août 1887, p. 157.

2. *Id.*, p. 169.

rants. Ce bill porte que l'Etat avancera au fermier les fonds
nécessaires à l'achat du sol, et le fermier les remboursera à
l'Etat en soixante-huit annuités. Comme le fait justement
observer Jaurès, « le projet que la presque unanimité du Parlement anglais vient d'adopter, sur l'initiative d'un gouvernement tory et aux acclamations du groupe irlandais, est bien
loin d'avoir l'ampleur du projet de rachat présenté par Gladstone. D'abord, Gladstone instituait le rachat forcé, l'expropriation générale avec indemnité ». D'autre part, « tandis que le
bill tory s'est préoccupé d'assurer aux landlords (outre la
prime) une indemnité de rachat équivalente *en revenu* au fermage touché par eux, le projet de Gladstone remettait aux
landlords expropriés un capital égal à leur capital foncier,
mais un revenu inférieur à leur revenu foncier ». Quoi qu'il en
soit, Jaurès à raison d'ajouter qu' « une opération légale qui
tend à déplacer toute la propriété foncière d'un pays, par l'intervention et avec le concours de l'Etat, a une valeur sociale de
premier ordre en soi et comme précédent [1] ». En Nouvelle-
Zélande, le gouvernement a surtaxé la grande propriété au
moyen de l'impôt progressif et d'une contribution supplémen-
taire frappant le propriétaire qui ne vit pas dans la colonie.
Voyant par ces moyens disparaître la majeure partie du profit
qu'ils espéraient tirer d'un sol accru de valeur par des causes
sociales, telles que l'accroissement de la population, etc., les
grands propriétaires abandonnent à l'Etat leurs propriétés au
prix fixé par le gouvernement qui, ainsi, a trouvé un moyen
de diriger à son gré le morcellement des grands domaines.
« En effet, une loi de 1891, dit M. Albert Métin, l'a autorisé à
dépenser jusqu'à 50.000 livres sterling par an pour racheter de
grandes propriétés et les diviser en lots de 320 acres au maximum. Le crédit a été porté à 500.000 livres sterling (12 millions
et demi) en 1897. Enfin, les lois de 1894 et 1896 ont institué le
rachat obligatoire, c'est-à-dire l'expropriation pour cause
d'utilité publique. » En même temps que les grands proprié-

1. *Petite République* du 14 août 1903.

taires, qui, aux débuts de la colonisation, s'étaient emparés
d'immenses étendues de terrain, étaient contraints de s'en des-
saisir, la loi créait « un système de bail emphytéotique où la
propriété resterait à l'Etat[1] ». Ce système qui fait de la rente
du sol, non un moyen de rachat, mais une des sources de
l'impôt, est évidemment supérieur à la mesure que vient
d'adopter le Parlement anglais, et même au projet de Gladstone[2]. Il s'agit ici de mieux et de plus encore qu'employer la
rente au rachat par l'union intime de la rente et de l'amortis-
sement. La loi néo-zélandaise, en effet, n'est autre que le
décret proposé en ces termes par Proudhon : « Tout payement
de redevance pour l'exploitation d'un immeuble acquerra au
fermier une part de propriété dans l'immeuble, et lui vaudra
hypothèque. La propriété intégralement remboursée relèvera
immédiatement de la commune, laquelle succédera à l'ancien
propriétaire et partagera avec le fermier la nue propriété et le
produit net[3]. »

L'école de Saint-Simon ne s'est pas écartée de la définition
classique de la rente, mais elle lui donne une origine histo-

1. *Le Socialisme sans doctrines*, pp. 35 à 40 (Paris, F. Alcan).

2. Partant de la *Single Tax*, ou taxe unique correspondant au revenu du
capital qui représente le terrain. M. A. Métin observe que « la doctrine
n'est pas dirigée contre les capitalistes, mais contre l'immobilisation du
capital dans la spéculation sur les terrains. Il ne faut donc pas s'étonner de
trouver parmi les disciples de George en Amérique, en Australie, en Angleterre, un certain nombre de commerçants, d'industriels, de personnes
appartenant à la bourgeoisie aisée qui, par leur profession, ont besoin
d'emprunter souvent à bon marché... Dans ces pays neufs, le georgisme est
souvent le cas d'entrepreneurs disputant à la terre l'emploi des capitaux et
cherchant à fermer ce placement si tentant pour les capitalistes... Ainsi défini, le georgisme n'a pas excité un enthousiasme universel dans le monde
ouvrier australasien. Sans doute, les ouvriers sont, d'instinct, favorables au
projet d'augmenter la contribution des grands propriétaires fonciers. Mais
leurs intérêts immédiats sont plutôt en conflit avec ceux des possesseurs du
capital mobilier et leur préoccupation est, avant tout, d'augmenter leurs
gains et de diminuer leurs heures de travail » (*Le Socialisme sans doctrines*, pp. 32-34). Déjà, en 1847, Karl Marx disait : « Nous concevons que
des économistes, tels que Mill, Cherbuliez, Hilditch et autres, ont demandé
que la rente soit attribuée à l'Etat pour servir à l'acquittement des impôts.
C'est là la franche expression de la haine que le capitaliste industriel voue
au propriétaire foncier, qui lui paraît une inutilité, une superfétation, dans
l'ensemble de la production bourgeoise. » (*Misère de la philosophie*, pp. 161-
162 de l'édition originale.)

3. *Idée générale de la Révolution*, p. 209.

rique qui est la conséquence de la théorie de la conquête que nous avons vu plus haut formuler par Saint-Simon. Et par cette origine nous parvenons aux racines féodales du salariat, et le salarié devient bien réellement une transformation du serf, tout comme, avec Hodgskin, nous avons vu le capitaliste être une forme secondaire du propriétaire. Mais les saint-simoniens, répétons-le, n'identifient pas le capitaliste au propriétaire, ni, lorsqu'ils parlent du «producteur», ne distinguent entre capitaliste et salarié. Ainsi, Bazard proteste contre la rente en ces termes : « Après l'affranchissement, le fonds de la production matérielle restant en presque totalité la propriété des anciens maîtres, on voit l'exploitation de la classe industrielle se continuer, soit par des redevances féodales, soit principalement sous les formes diverses que prend successivement le *loyer* des instruments de travail, terres et capitaux, formes sous lesquelles cette exploitation se continue encore aujourd'hui [1] ». Donc, voilà qui est très clair. Les saint-simoniens attaquent la rente du sol seulement parce que l'association industrielle et la suppression de l'héritage transforment le profit capitaliste en excédent socialisé pour le plus grand avantage de la société. La propriété agraire, inerte, improgressive, parasite, toujours prête à implorer de l'Etat des monopoles meurtriers pour l'industrie, voilà l'ennemic. Et si les saint-simoniens ne proposent contre elle que des mesures de liberté, c'est qu'ils croient que, privée du secours artificiel de l'Etat, la propriété foncière verra s'évanouir la rente en peu de temps et ne la retrouvera, sous la forme atténuée du loyer de l'argent, qu'en entrant dans la vaste mobilisation industrielle dont ils ont été les prophètes et dont ils seront les apôtres, puis, finalement, les pontifes souverains.

VII

De même que les novateurs socialistes, et notamment

---

1. Opinion historique sur le loyer de l'argent, la rente, etc. *Doctrine de Saint-Simon*, 2e année, 12e séance.

Proudhon, avaient emprunté à Adam Smith et à Ricardo leur théorie de la rente, de même ils leur emprunteront, pour la tourner contre le régime capitaliste, cette idée que le travail est la mesure de la valeur. En déclarant en effet que « la *valeur* d'une denrée quelconque pour celui qui la possède... est égale à la quantité de travail que cette denrée le met en état d'acheter ou de commander [1] », Smith aboutit à constituer sa théorie de la plus-value et, selon l'expression de Karl Marx, à dire « nettement que la rente de la terre et le profit du capital sont de simples prélèvements sur le produit du travailleur ou sur la valeur de son produit, celle-ci étant égale au travail qu'il a ajouté à la matière [2] ». Désormais, ainsi que l'observe Engels, la théorie de l'école mercantile, qui faisait de la plus-value « une somme ajoutée arbitrairement à la valeur du produit » s'évanouit sans retour [3] ; et les socialistes qui s'étaient appuyés sur elle adoptèrent désormais celle de Smith, ou plutôt de Ricardo. Car celle-ci procède d'une définition de la valeur plus achevée que celle de Smith. Ricardo, en effet, dit : « La valeur d'une marchandise ou la quantité de toute autre marchandise contre laquelle elle s'échange, dépend de la quantité de travail nécessaire pour la produire. En d'autres termes : la valeur a pour mesure ses frais de production [4] ». Les conséquences qu'il a lui-même tirées de cette définition de la valeur sont révolutionnaires au premier chef, puisqu'elles acculent les producteurs au désespoir ou à l'effort libérateur. Ainsi lorsque, répondant à l'objection que deux quantités de grain ayant été produites sur des terrains différents, l'une a coûté plus que l'autre, il dit que « les dépenses sont calculées sur celle qui a le plus coûté » et que « la différence constitue la rente du propriétaire », Ricardo dénonce le caractère de monopole que revêt la propriété. Sa théorie de la

1. *Richesse des nations*, p. 48.
2. F. Engels, préface du *Capital*, t. II, p. XI.
3. *Id.*, p. IX. — Les anathèmes de Fourier contre les commerçants, et ses plans en vue d'instituer ce qu'il appelle le « négoce véridique » procèdent de cette notion.
4. *Principes d'économie politique*, chap. 1.

rente, qui fait de la propriété non pas un produit du travail
antérieur, mais une appropriation personnelle des forces
naturelles, a inspiré Proudhon, nous l'avons vu. Sa théorie de
la valeur, qui en est inséparable, inspire également l'auteur
des *Contradictions économiques* lorsqu'il écrit : « La proposition, le *travail est le principe de proportionnalité des valeurs*,
non seulement est vraie, parce qu'elle résulte d'une irréfra-
gable analyse, mais elle est le but du progrès, la condition et
la forme du bien-être social, le commencement et la fin de
l'économie politique. De cette proposition et de ses corollaires,
tout produit vaut ce qu'il coûte, et les *produits s'achètent
avec des produits*, se déduit le dogme de l'égalité des conditions [1] ».

Karl Marx, qui déjà sentait le parti que le socialisme
pourrait tirer de la proposition de Ricardo et des corollaires
pessimistes que cet économiste en avait déduits, partit en
guerre contre Proudhon avec une alerte vigueur. Certes Proudhon avait péché contre la méthode, dans ce livre des *Contradictions économiques*, et Marx n'eut pas de peine à lui prouver
que le jeu de réduction des phénomènes à l'abstraction, et de
leur opposition sur place en vue d'une recomposition logique,
n'avait aucun rapport avec la dialectique mouvante et vivante
qu'est l'histoire dans la conception hégélienne. « Pour lui,
M. Proudhon, toute catégorie économique a deux côtés, l'un
bon, l'autre mauvais. Il envisage les catégories comme le petit
bourgeois envisage les grands hommes de l'histoire : *Napoléon*
est un grand homme ; il a fait beaucoup de bien, il a fait aussi
beaucoup de mal. Le *bon côté* et le *mauvais côté*, l'*avantage* et
l'*inconvénient*, pris ensemble, forment pour M. Proudhon la
contradiction dans chaque catégorie économique. Problème à
résoudre : Conserver le bon côté en éliminant le mauvais. »
Or la dialectique, ce n'est pas cela [2]. « Ce qui constitue le mouvement dialectique, c'est la coexistence des deux côtés contradictoires, leur lutte et leur fusion en une catégorie nouvelle.

1. *Contradictions économiques*, t. I, p. 101.
2. *Misère de la philosophie*, pp. 101-102.

Rien qu'à se proposer le problème d'éliminer le mauvais côté, on coupe court au mouvement dialectique. Ce n'est pas la catégorie qui se pose et s'oppose à elle-même par sa nature contradictoire, c'est M. Proudhon qui s'émeut, se débat, se démène entre les deux côtés de la catégorie[1]». Ce sont de dures paroles, et qui le sembleraient bien davantage si Proudhon n'avait donné l'exemple de l'ironie et de l'invective. En somme, Marx a raison de condamner la dialectique immobiliste, qui conséquemment n'en est pas une, employée par Proudhon. Mais celui-ci n'en demeure pas moins l'initiateur. On sent, à lire la *Misère de la philosophie*, écrite en réponse aux *Contradictions économiques*, que Marx aperçoit la valeur de la méthode que Proudhon a cru employer. Aussi le livre de Marx est-il beaucoup plus qu'une critique de Proudhon, un premier essai d'emploi de cette méthode, que Proudhon n'a pas su manier. Et ce livre nous apparaît comme le piano sur lequel Marx essaie les gammes qui seront plus tard des compositions harmoniques : le *Manifeste communiste* et le *Capital*. Marx tape comme un sourd, ses idées ne sont pas encore rangées en bon ordre ; mais déjà s'y montrent toutes prêtes à surgir une philosophie de l'histoire, qui sera le matérialisme historique, et une construction économique adéquate, qui reposera sur une théorie de la valeur.

Proudhon a fait succéder logiquement des catégories économiques : valeur, division du travail, impôt, etc., dans un ordre qui n'a rien de commun avec l'ordre historique. Mais sa métaphysique, en somme, ne l'a pas empêché de voir et de dire — d'une manière fort décousue, soit ! — que le droit primitif s'est créé par la force et qu'il s'est exprimé en propriété du sol et de l'homme ; que la rente est une transformation de la redevance féodale, celle-ci étant une transformation, ou plutôt une transposition dans les termes, des rapports de propriétaire à esclave ; que le profit capitaliste est identique à la rente foncière, et que finalement il y à exploitation du producteur

1. *Misère de la philosophie*, p. 103.

lorsque celui-ci ne reçoit pas toute la valeur qu'il a produite.
Cependant, qu'on le croie bien, Marx ne cherche pas une querelle d'Allemand ni de philosophe à Proudhon, ni même d'économiste; mais de socialiste. Proudhon veut faire de la théorie
de la valeur un emploi dont le communisme de Marx ne saurait
s'accommoder. *Tout produit vaut ce qu'il coûte*, et *les produits
s'achètent avec des produits,* voilà les formules par lesquelles
Proudhon entend exprimer des rapports individualistes de
propriété et de production. Et c'est en cela en effet qu'il mérite
le qualificatif de « petit bourgeois » que lui appliqueront Marx
et son école. Crédit gratuit, banque d'échange, etc., tout cela
est né de la conception proudhonnienne de la valeur. Proudhon
a abstrait les catégories économiques et les a si bien vidées de
leur contenu que, selon le juste reproche de Marx, il n'a plus
été capable de les douer de vie et de mouvement; et en même
temps il a entendu faire de la théorie de la valeur un instrument concret et précis.

Or, ce n'est pas à cela que, dans la conception marxiste, la
théorie de la valeur doit servir. Ce n'est pas pour maintenir en
les améliorant les rapports économiques et sociaux actuels
que Marx invoque la théorie de la valeur, et celle de la plus-
value qui y est incluse, mais pour les supprimer et leur en
substituer d'autres. Pour Proudhon, la valeur est un outil de
construction ; pour Marx, elle est un explosif, un engin de destruction. C'est pourquoi celui-ci n'hésite pas à déclarer que « la
détermination de la valeur par le temps du travail, c'est-à-dire
la formule que M. Proudhon nous donne comme la formule
régénératrice de l'avenir, n'est que l'expression scientifique
des rapports économiques de la société actuelle, ainsi que
Ricardo l'a clairement et nettement démontré, bien avant
M. Proudhon [1] ». Proudhon cherche dans la valeur la mesure
de l'égal échange; Marx, qui y cherche uniquement la preuve
de la spoliation du producteur, lui répond : « Les échanges
individuels ne s'accordent qu'avec la petite industrie des

---

1. *Misère de la philosophie*, p. 49.

siècles passés[1] ». Et il ébauche sa théorie de la valeur. Tout
d'abord il la formule ainsi : « Tout le monde sait que, lorsque
l'offre et la demande s'équilibrent, la valeur relative d'un produit quelconque est exactement déterminée par la quantité de
travail qui y est fixé[2] ». Mais Marx sent que cette définition
est peut-être trop précise, et quelques pages plus loin il dit :
« La concurrence réalise la loi selon laquelle la valeur relative
d'un produit est déterminée par le temps de travail nécessaire
pour le produire[3] ». Dans cette seconde formule, la valeur
n'est plus *exactement* déterminée, mais la mesure de la *quantité* de travail est fixée par le *temps*. A la page suivante, apparaît une troisième formule : « Ce qui détermine la valeur, ce
n'est point le temps dans lequel une chose a été produite, mais
le *minimum* de temps dans lequel elle est susceptible d'être
produite, et ce minimum est constaté par la concurrence[4]. »

Dans cette partie du travail que j'ai entreprise sur la formation des concepts théoriques et des méthodes politiques du
socialisme actuel, il ne s'agit pas d'examiner la ou les théories
de la valeur en elles-mêmes, mais de nous rendre compte de
l'action qu'elles ont eue sur les pensées et sur les actes des
socialistes. Si donc les premières ébauches de la théorie mar-
xienne de la valeur sont consignées ici, c'est afin de bien
établir que, dans la pensée de Karl Marx, à l'aurore même de
sa vie intellectuelle, la théorie de la valeur fut un instrument
révolutionnaire et, comme Bernstein devait le dire plus tard
de la construction définitive (si tant est qu'elle le soit), une
« clé idéologique » qui, à mon sens, devait bien plutôt servir à
briser les portes d'airain du capitalisme qu'à ouvrir les portes
d'or du communisme. Et Marx n'a point varié là-dessus, en dépit
des apparences contraires. Nous le voyons en 1847 fonder la
valeur sur le temps minimum. On conviendra que s'il voulait
faire servir la valeur à une construction sociologique, il n'invo-

1. *Misère de la philosophie*, p. 49.
2. *Id.*, p. 38.
3. *Id.*, p. 44.
4. *Id.*, p. 45.

querait pas la « concurrence » et ne l'appellerait pas à « constater » ce minimum, c'est-à-dire à le fixer. Mais ce n'est pas
tout : Pour la rendre encore plus abstraite, par conséquent plus
intangible, et conséquemment inutilisable pour une construction pratique, pour lui conserver toute sa valeur et toute sa
force d'instrument critique, Marx donnera en ces termes la
formule définitive : « Le temps socialement nécessaire à la
production des marchandises est celui qu'exige tout travail,
exécuté avec le degré moyen d'habileté et d'intensité et dans
des conditions qui, par rapport au milieu social donné, sont
normales... C'est donc seulement le *quantum* de travail ou le
temps de travail nécessaire, dans une société donnée, à là
production d'un article, qui en détermine la quantité de
valeur[1] ». Donc, ce que M. V. Pareto a dit de la conception
de la plus-value peut tout aussi bien et peut-être plus justement se dire de la théorie de la valeur : « C'est une arme de
combat créée sous l'influence de certaines idées éthiques[2] ».
Vidal était donc un précurseur de Marx, lorsqu'à la différence
de Proudhon il disait : « Donner le travail pour mesure de la
valeur, ce n'est rien faire. Il est clair qu'il est tout aussi difficile d'évaluer rigoureusement le travail que d'évaluer le
résultat du travail ou le produit ; à moins qu'on tienne seulement compte du temps employé, et qu'on fasse abstraction
complète de l'activité et de l'énergie dépensées, des difficultés
à vaincre, des obstacles et des répugnances qui se peuvent
rencontrer dans telles ou telles espèces de travaux[3] ». C'était
exprimer très clairement la pensée qui se lit dans les formules
de Marx. Encore une fois, mon intention n'est pas d'examiner
dans ces pages si la théorie de la valeur est exacte ou non, cet
examen devant trouver place dans le travail qui suivra celui-ci.

Ce n'est pas davantage ici que je m'occuperai des alternatives pénibles où Marx a placé ses disciples lorsqu'il a paru
changer de sentiment sur les applications de la théorie de la

---

1. *Le Capital*, l, ch. ɪ, p. 15, col. ɪ.
2. *Les systèmes socialistes*, t. II, p. 113.
3. *Répartition des richesses*, p. 9 .

valeur, alternatives dont Bernstein nous fait la confidence en gros et en détail. En gros notamment, lorsqu'il constate qu'«une des grandes fautes du marxisme, tel qu'il a été formulé par ses fondateurs, est dans son manque d'expositions systématiques[1]» ; ou, lorsque, renonçant à comprendre ce que Marx s'est refusé à expliquer, même à ses amis les plus proches, il finit par exprimer son découragement en ces termes : « *Que la théorie de la valeur soit exacte ou non, cela est sans importance pour la démonstration du travail surplus. Elle n'est pas, sous ce rapport, une thèse de démonstration, mais un simple moyen d'analyse et de mise en évidence[2]* ». J'ai voulu simplement me rendre compte des raisons pour lesquelles les socialistes se sont fondés sur la théorie de Ricardo, et comment, tandis que Proudhon y voyait un moyen de rendre au travailleur le produit intégral sans toucher à la forme de la propriété, François Vidal d'abord, Karl Marx ensuite, mais avec une force systématique incomparablement plus grande, y ont vu le levier destiné à jeter bas le vieux monde fondé sur l'exploitation de l'homme par l'homme.

VIII

Tous les socialistes sans exception ont utilisé les conclusions pessimistes que Smith et surtout Ricardo tirèrent de l'idée de valeur. La rente de la terre, l'intérêt du capital, le profit de l'entreprise ne forment désormais plus qu'un bloc. Et puisque Smith a déclaré que « la part du propriétaire dans le produit augmente nécessairement à mesure que le produit augmente[3] », et que, de son côté, Ricardo affirme que « la condition de l'ouvrier empirera en général, tandis que celle du propriétaire foncier s'améliorera[4] », il va de soi que tout progrès économique aura pour conséquence l'appauvrissement de la masse

1. *Socialisme théorique et socialdémocratie pratique.* Introduction. p. xxx.
2. *Id.*, p. 72.
3. *Richesse des nations*, l. I, ch. viii.
4. *Principes d'économie politique*, p. 78.

des producteurs. Dès lors, l'antagonisme des prolétaires et des employeurs va être constaté par les théoriciens socialistes. Et Vidal s'écrie : « Prenons acte des aveux de Smith : Les *profits haussent quand les salaires baissent, et vice versa,* ce qui prouve qu'il n'y a pas identité parfaite entre les intérêts des capitalistes et les intérêts des salariés, quoi qu'en disent les économistes [1] ». Des théories de la valeur et de la rente, dont Marx en se les appropriant tirera la théorie de la plus-value, Vidal, non plus que les autres socialistes, ne veut tirer que des justifications en faveur des théories d'association. Il ne nie pas l'antagonisme des intérêts, puisqu'il constate qu'il n'y a pas identité parfaite entre eux. Mais comme il a besoin de l'association, du crédit, etc., il s'arrête et laisse à Marx le soin de proclamer les antagonismes de classe, et d'indiquer la politique que devront adopter les producteurs s'ils veulent échapper au salariat, dernière forme de la servitude.

Notons cependant que Vidal se prononcera pour la concentration industrielle, précisément pour réduire au minimum le profit et la rente, et augmenter d'autant la part du travail. « Si les entrepreneurs, si les marchands, dira-t-il, cumulent l'intérêt composé autant de fois qu'un produit change de mains, la division du travail, la subdivision des industries, les fractionnements du commerce, les bénéfices des vendeurs, revendeurs et détaillants, augmentent donc considérablement les frais de production, les frais inutiles, et font renchérir tous les produits aux dépens des consommateurs et aux dépens des travailleurs. » Et il part de cette constatation pour déclarer que, si « les travailleurs et les consommateurs ont un commun intérêt à voir diminuer le taux du loyer des capitaux et le taux des profits, c'est que l'intérêt des entrepreneurs et des capitalistes est diamétralement opposé à l'intérêt des ouvriers, à l'intérêt de la majeure partie de la population ». Dès lors, que faut-il faire ? Grouper les intéressés de la seconde catégorie, contre ceux de la première, les ouvriers et la majeure partie de la population

---

1. *Répartition des richesses,* p. 168.

contre les entrepreneurs et les capitalistes ? Non, mais associer les premiers en leur subordonnant sinon les seconds, du moins leurs fonctions. La solution, pour Vidal, sera donc de « réduire le plus possible les rouages inutiles et dispendieux, les intermédiaires parasites » ; ensuite, il faudra « concentrer la production dans de grands ateliers afin que le profit et l'intérêt ne soient perçus qu'une fois, sur la totalité du capital engagé, depuis la première façon jusqu'à l'entière confection du produit». En un mot, « il faut organiser l'industrie [1] ». Et ce mot dit tout : on ne pourra organiser l'industrie qu'en réduisant le capital à la fonction de commanditaire, et sa part au loyer de l'argent. Aujourd'hui, reprend Vidal, « les revenus de toute espèce » étant « originairement créés par le travail », on peut dire que « sur l'ensemble des produits, les propriétaires perçoivent d'abord la rente, les capitalistes perçoivent ensuite l'intérêt des capitaux ; puis, les entrepreneurs, à leur tour, perçoivent les profits ; et pour le travail, il reste le salaire [2] ». Il est certain que Vidal, en empruntant à Saint-Simon et à Fourier la solution qui fait du capital un prêteur subissant les fluctuations et réductions de l'intérêt, se refusait de parti pris à extraire les moyens et les conséquences révolutionnaires contenues dans la théorie de la rente, de la valeur et de la plus-value, et dans la loi des salaires. On peut donc dire que Vidal n'a pas ignoré l'antagonisme des classes et que, s'il ne s'est pas associé aux communistes français qui, à l'époque où il écrivait, tentaient d'organiser un parti de prolétaires révolutionnaires, c'est à raison des espérances qu'il avait fondées sur les principes combinés de l'association et du crédit.

Nous avons indiqué plus haut que Proudhon avait identifié la rente au profit en donnant une commune origine à ces deux formes de prélèvement sur le produit du travail. Il nous faut montrer comment il entrevoit la substitution finale du capitaliste au propriétaire. Parlant du nombre des propriétaires en France, Proudhon s'écrie : « Je soutiens, moi, qu'il tend sensi-

1. *Répartition des richesses*, pp. 170-171.
2. *Id.*, p. 201.

blement à décroître. Quel est le vrai propriétaire, à votre avis, du détenteur nominal, imposé, taxé, gagé, hypothéqué, ou du créancier qui perçoit le revenu ? » Dans son Commentaire du *Manifeste communiste*, M. Ch. Andler rappelle que Pecqueur avait dit (*Des intérêts du commerce*, t. I, p. 400) : « Chaque jour les capitalistes enveloppent dans leur dépendance les petits propriétaires-morceleurs... C'est par les dettes, par les emprunts onéreux qu'ils les forceront à l'aliénation », et il observe que « Marx a été frappé, comme Pecqueur, de la domination progressive du capital sur la terre par l'hypothèque [1] ». Marx dit en effet, dans le 18 *Brumaire* : « La parcelle paysanne n'est plus qu'un prétexte qui permet au capitaliste de tirer du lopin des profits, des intérêts, des rentes, tandis qu'il laisse au paysan le soin de retirer de l'exploitation à peine le salaire de son travail. » On aperçoit la différence : Pour Pecqueur, l'appauvrissement et l'endettement du petit propriétaire doit aboutir à son expulsion de sa propriété. Pour Marx, l'endettement ne dépossède pas le petit propriétaire, mais l'asservit au capitaliste et l'enchaîne à la propriété. Il est vrai que Marx écrivait son 18 *Brumaire* en 1852, et que les *Intérêts du commerce* datent de 1836. Mais ce que Pecqueur n'aperçut pas en 1836, un autre socialiste le vit très nettement en 1846. Proudhon, en effet, après avoir demandé quel est le vrai propriétaire, de l'emprunteur et du prêteur, ajoute : « Les prêteurs juifs et bâlois sont aujourd'hui les vrais propriétaires de l'Alsace ; et ce qui prouve l'excellent jugement de ces prêteurs, c'est qu'*ils ne songent point à acquérir* : ils préfèrent placer leurs capitaux [2]. »

D'ailleurs, tout comme Pecqueur, Marx, en 1847, dans le *Manifeste communiste*, prédit l' « aliénation » de la propriété des petits « morceleurs » en ces termes : « A leur tour, les classes moyennes d'autrefois, les petits industriels, les commerçants et rentiers, les artisans et paysans, tous tombent dans le prolétariat. Leur petit capital ne suffit plus à la marche de la grande industrie ; il succombe dans la concurrence avec les

---

1. *Manifeste communiste*, t. II, Commentaire, p. 92.
2. *Contradictions économiques*, t. I, p. 200.

grands capitalistes. Ou bien leur habileté est dépréciée par des
méthodes de production nouvelles. Ainsi le prolétariat se re-
crute dans toutes les classes de la population[1] ». Et si, en 1852,
dans le 18 *Brumaire*, Marx semble apercevoir le mode réel de
domination du capital sur la petite propriété agricole, il ne
demeurera plus de cette vue qu'une trace affaiblie en 1867, dans
le *Capital*. Il est vrai que, dans cet ouvrage, seule l'industrie
agricole anglaise est étudiée dans ses rapports de dépendance
avec le développement de l'industrie manufacturière et du capitalisme en général, et que l'agriculture des nations continentales y est absolument passée sous silence. C'est ainsi qu'il
nous dira « que l'expropriation des paysans, (lisez : des paysans anglais, et non, comme les marxistes plus marxistes que
Marx : de tous les paysans), leur transformation en salariés,
amène l'anéantissement de l'industrie domestique des campagnes, le divorce de l'agriculture d'avec toute sorte de manufacture. Et en effet, cet anéantissement de l'industrie domestique
du paysan peut seul donner au marché intérieur d'un pays
l'étendue et la constitution qu'exigent les besoins de la production
capitaliste. » Et plus loin : « C'est la grande industrie seule,
qui, au moyen des machines, fonde l'exploitation agricole capitaliste sur une base permanente, qui fait radicalement exproprier l'immense majorité de la population rurale, et consomme
la séparation de l'agriculture d'avec l'industrie des campagnes,
en en extirpant les racines, le filage et le tissage[2]. »

Somme toute, les socialistes français n'ont pas tiré un mauvais parti des arguments que les économistes leur ont involon-
tairement fournis. Nous aurons occasion de remarquer, dans
la suite de ce travail, que certains d'entre eux, et notamment
Pecqueur, ont préparé, autant que l'état de la science économique le permettait, cette résolution graduelle de la lutte entre le socialisme et l'économie politique, dans laquelle, selon
Hector Denis, « se coordonneront les progrès accomplis[3] ».

1. *Manifeste communiste*, t. I, p. 33.
2. *Le Capital*, I, ch. xxx, pp. 333-334.
3. V. la préface.

Même lorsqu'ils ont été de violents adversaires des économistes, ils ne se sont pas tous déclarés ennemis de l'économie politique, il s'en faut. «.Le socialisme, disait Proudhon, n'est rien sans une critique profonde et un développement incessant de l'économie politique[1] ». Et il ajoutait : « Si l'économie sociale est encore aujourd'hui plutôt une aspiration vers l'avenir qu'une connaissance de la réalité, il faut reconnaître aussi que les éléments de cette étude sont tous dans l'économie politique[2] ». Mais si Vidal, Pecqueur et Proudhon ont fait le plus grand état de l'économie politique, déjà nous avons pu voir par où, sur ce point même, ils se distinguent profondément de Karl Marx : alors que celui-ci est un économiste qui, sur sa science particulière, étaye une philosophie de l'histoire, d'ailleurs indépendante et anté-rieure, ceux-là sont avant tout des philosophes qui avec Fourier et Cabet, dédaignent la science économique, avec Saint-Simon la côtoient, avec Bazard et surtout avec Pecqueur, Vidal et Proudhon l'incorporent à leur philosophie sociale. Car les novateurs socia-listes ne combattent pas la science économique, mais les éco-nomistes qui prétendent tirer de la science des arguments pour perpétuer la servitude des producteurs, et présentent leurs pré-jugés immobilistes ou fatalistes comme des axiomes scienti-fiques. Fourier, dédaigneux de la science économique? Est-ce bien sur cette impression que je dois laisser le lecteur? Il ne fait pas que dédaigner ceux qu'il appelle les « philosophes politiques », c'est-à-dire les économistes. Il les invective copieu-sement, homériquement. Il déclare leur science « incertaine » et leur conseille de « revenir à la modestie des philosophes EXPECTANTS, des *Mont.*, des *Volt.*, des *Rouss.*, tous manifestant un profond dédain pour la civilisation et augurant quelque découverte qui en ouvrira l'issue[3] ». Pour lui, il suit ce qu'il appelle « la règle d'écart absolu », et finalement il se trouve avoir réinventé pour sa construction idéologique toute la somme de science économique dont il peut avoir besoin. Qu'on ne sourie

1. *Contradictions économiques*, t. I. p. 45.
2. *Id.*, p. 55.
3. *Théorie de l'unité universelle.* Initial.

pas. Qu'a fait Marx, en somme, dont personne, d'autre part, n'a songé et ne songera jamais à contester la profonde science économique? Il a emprunté à Ricardo la théorie de la valeur, l'a modifiée et faite sienne, et sur ce qui, pour tous les économistes de ce temps est une hypothèse, sur ce qui, pour lui-même, fut une « clé idéologique » dont il dédaigna de laisser le mot à ses disciples, — il a construit l'édifice destiné à prouver sa conception générale, sa philosophie de l'histoire, son matérialisme historique.

CHAPITRE V

LA CONCENTRATION CAPITALISTE

I

Ce serait parler pour ne rien dire que de rappeler la clairvoyance des novateurs socialistes touchant le phénomène capital de la mobilisation de la propriété. Ils ont vécu au moment historique où la propriété industrielle était en crise de croissance et en état de lutte aiguë contre la propriété agricole. Ce qui nous intéresse donc, c'est surtout et seulement l'interprétation qu'ils ont donnée de ce mouvement, la position qu'ils ont prise dans ce conflit, les conséquences que, dans l'ordre des idées et des faits, ils ont tirées de la transformation propriétaire qui s'accomplissait sous leurs yeux. Nous avons vu plus haut que l'école saint-simonienne considérait la victoire de la propriété mobilière sur la propriété foncière non seulement comme un progrès général d'ordre purement économique, mais comme un gage de la libération des producteurs. Pierre Leroux

a assisté au naufrage des institutions pratiques du saint-simonisme et au sauvetage individuel non moins pratique des saint-
simoniens les plus notoires ; il ne peut donc plus croire à l'alliance des producteurs, prolétaires et capitalistes réunis, ni
que la victoire de ceux-ci sur les propriétaires féodaux ait
avancé les affaires des prolétaires. « Il pourra venir une ère
nouvelle, dit-il ; mais quant à présent, il n'y a d'ère nouvelle
que pour les capitalistes. L'erreur de Saint-Simon a consisté à
appeler industriels ces capitalistes, et industrie le capital [1] ».
C'est vrai, mais Pierre Leroux ne devrait pas oublier que Bazard,
le seul disciple qui véritablement ait systématisé et développé
la doctrine sociale contenue dans les écrits multiples et souvent
contradictoires de Saint-Simon, n'était pas demeuré sur le terrain un peu étroit où s'était placé son maître. Celui-ci, élève
d'Adam Smith et de J.-B. Say, ne l'oublions pas, croyait que la
victoire de l'élément industriel sur l'élément foncier serait, par
la liberté économique, la victoire de tous les producteurs. Rappelons-nous qu'il ne voit, dans l'état industriel, rien qui sépare
les non-propriétaires des avantages de la propriété, sinon
qu'ils ne savent pas encore. Pour lui, insistons-y, c'est, dans
l'état industriel, le savoir qui est le moyen de richesse, et non
la propriété [2]. Rappelons d'autre part que la doctrine saint-
simonienne abolit l'héritage et assure l'enseignement à tous ;
par conséquent chacun devient désormais l'artisan de sa propre
destinée. Bazard, répétons-le, a développé le « libéralisme » un
peu étroit de Saint-Simon. Il ne s'est pas fait illusion sur les
résultats immédiats de la victoire des industriels sur les féodaux : il a formellement déclaré que « le rapport du maître
avec le salarié est la dernière transformation qu'a subie l'esclavage », et a ajouté ceci, qui est significatif et prouve qu'il
ne s'en faisait pas accroire sur la prétendue émancipation commune des industriels, prolétaires et capitalistes mêlés : « L'ouvrier n'est pas, comme l'esclave, une propriété directe de son
maître ; sa condition, toujours temporaire, est fixée par une

1. *Malthus et les économistes*, p. 36.
2. V. plus haut, p. 207.

transaction passée entre eux ; mais cette transaction est-elle libre de la part de l'ouvrier [1] ? »

Mais Pierre Leroux a assisté à la faillite pratique du saint-simonisme, les saint-simoniens en vue se sont adaptés à cette société qu'ils devaient transformer et ont pris rang dans cette bourgeoisie qui devait être la sœur aînée, l'éducatrice du prolétariat. Il s'en prend alors au fondateur de la doctrine et l'accuse de n'avoir « pas vu que le triomphe de l'*argent* n'est autre chose au fond que le triomphe des *castes de propriété*, dont la féodalité fut la première période [2] ». Autrement dit : les prolétaires, en passant de la campagne à la ville et du champ à l'atelier, n'ont fait que changer de servitude. Pierre Leroux, au moment où il écrit cela, exprime un sentiment général chez les socialistes, sentiment que, l'année suivante, Karl Marx traduira dans la *Misère de la philosophie* et le *Manifeste communiste*. Puis, étendant à juste titre le sens du mot rente au profit capitaliste, il incrimine Saint-Simon de n'avoir « pas compris que la *rente*, dont la raison philosophique et l'origine ont tant embarrassé les économistes, n'est autre que le *droit* du seigneur ». Dominé par la thèse pessimiste de la paupérisation, que l'économiste Blanqui et les enquêtes de Villermé, d'Eugène Buret, de Villeneuve de Bargemont et du baron de Morogues ont popularisée, Pierre Leroux refuse d'apercevoir les caractères nouveaux de la propriété mobilière, et comment ils libèrent l'homme de la chose, tandis que la propriété féodale attachait l'homme à la chose. Il reproche donc à Saint-Simon, avec autant de dureté que d'injustice, de n'avoir « pas compris que les lois qui règlent la propriété industrielle s'étant formées au sein même de la féodalité, cette propriété se trouve être féodale dans sa nature ». Car la rente est devenue l'intérêt du capital, le profit de l'entrepreneur, et sous ce rapport Pierre Leroux a profondément raison : « L'axiome de la féodalité, dit-il, *nulle terre sans seigneur*, est encore l'axiome de la société d'aujourd'hui, où tout instrument de travail paye redevance. » Saint-Simon

1. *Doctrine de Saint-Simon*, Exposition, 1829, p. 104.
2. *Malthus et les économistes*, p. 62.

« a donc cru les producteurs et la production émancipés, quand ils ne l'étaient pas ; c'est-à-dire qu'il a pris pour les vrais producteurs les barons féodaux de l'industrie, les capitalistes, les banquiers [1] ». Ici, l'ancien saint-simonien manque un peu de mémoire, mais la faute n'en est pas à lui tout seul.

Hodgskin voit plus clair, lorsqu'à la même époque (1851) il aperçoit, que, par la mobilisation, le capital même immobilier n'est plus un moyen unique ni absolu de domination économique. Au moment où Herbert Spencer, sur la pensée de qui il a eu une grande influence, inclinera, nous dit M. Élie Halévy, vers une sorte de communisme agraire, Hodgskin se séparera de lui. Car il se refuse à « confondre le droit de l'individu à l'usage de ses faculté avec le droit à l'usage du sol ». Pour lui, il entend « tenir compte du fait qu'avec le progrès des arts un nombre toujours plus grand d'individus peut travailler et recevoir le produit de son travail sans participer à la propriété du sol [2] ». Déjà, quelques années auparavant, il avait fait cette observation, que devait recueillir Karl Marx [3], qu'entre le propriétaire foncier et le capitaliste il s'était produit un « renversement des positions non aperçu, nous dit M. Élie Halévy, de l'économie politique de Ricardo ». A présent, disait-il, « toute la richesse de la société va d'abord aux mains du capitaliste, et même la plus grande partie du sol a été achetée par lui ; il paie au propriétaire foncier sa rente, au travailleur son salaire, au percepteur de l'impôt et de la dîme ce qu'il réclame, et conserve pour lui-même une grande part, la plus grande en vérité, et continuellement augmentante, du produit annuel du travail. On peut dire aujourd'hui du capitaliste qu'il est le premier possesseur de toute la richesse de la collectivité [4]. »

1. *Malthus et les économistes*, p. 63.
2. *Thomas Hodgskin*, ch. III, p. 158.
3. *Le Capital*, I, chap. XXXI, p. 335, col. 2.
4. *Thomas Hodgskin*, ch. II, p, 105.

II

Nous voici loin du bon Fourier, qui mobilisait bien la propriété
— nulle association possible sans cela ! — mais qui faisait de la
production agricole l'œuvre économique essentielle et principale, et considérait comme subsidiaires les opérations industrielles proprement dites. On peut bien dire que sur ce point son
génie a été en défaut. Cela tient à ce que Fourier considérait le
développement industriel d'un œil peu sympathique ; on sait
qu'il est le père de cette théorie de la périodicité et de la perpétuité des crises pléthoriques, d'où Marx a tiré la nécessité de
la catastrophe révolutionnaire. Fourier, lui, en a tiré, en conséquence de sa « règle d'écart absolu », une formule d'association
où « les manufactures, tant prônées dans le système politique
des modernes, qui les met au niveau de l'agriculture », ne doivent figurer, « dans l'état sociétaire, qu'à titre d'accessoires et
compléments du système agricole ». Pour lui les « fonctions »
indutrielles doivent être « subordonnées » aux « convenances »
du système agricole, et « elles ne tiendront que le second rang
en Harmonie [1] ». Ici, on le voit, Fourier a sacrifié à la vision du
présent ; impressionné par les spectacles d'atroce misère qu'il
a décrits[2], il redoute, même en asssociation, de déchainer le
monstre. Tout concourt d'ailleurs à le poser en réaction du
mouvement industriel. Fils de Jean-Jacques Rousseau et de la
Révolution française, bien qu'il médise de l'un et de l'autre, il
a le culte de la terre : il n'est pas besoin de forcer les termes

1. *Nouveau monde industriel*. Disposition de la phalange d'essai.
2. Les ouvriers français sont si misérables, que dans les provinces de
haute industrie comme la Picardie, entre Amiens, Cambray et Saint-Quentin.
les paysans, sous leurs huttes de terre, n'ont point de lit ; ils se forment
une couchette avec des feuilles sèches qui, pendant l'hiver, se changent en
fumier plein de vers ; de sorte qu'au réveil, les pères et les enfants s'ar-
rachent les vers attachés à leur chair. La nourriture, dans ces huttes, est
de même élégance que le mobilier. Tel est l'heureux sort de la belle
France. On citerait une douzaine de ces provinces où la misère est au même
degré. Bretagne, Limousin, Haute-Auvergne. Cevennes, Alpes. Jura, Saint-
Etienne, et même dans la belle Touraine, dite jardin de la France. (*Nouveau monde industriel*, Préface.)

pour dire qu'il est un physiocrate attardé ; ses véhémentes tira-
des contre le mercantilisme le prouvent. Son antisémitisme,
nous l'avons vu plus haut[1], ne tient pas seulement à ce que les
Juifs sont « fidèles aux mœurs patriarcales », mais encore à ce
qu'ils sont des marchands, des agents actifs de la propriété mobilière. Il accuse « cette nation », tout comme un agrarien allemand ou comme M. Drumont, « de s'adonner exclusivement au
trafic, à l'usure et aux dépravations mercantiles ». Il demande
à « tout gouvernement qui tient aux bonnes mœurs » de « les
obliger au travail productif, ne les admettre qu'en proportion
d'un centième pour le vice : *une famille marchande pour cent
familles agricoles et manufacturières*[2] ». Ce conservatisme
économique s'allie très bien à l'amour de la nature, tel que le
manifeste l'école de Jean-Jacques Rousseau, et à la haine contre
la civilisation urbaine. A l'imitation des hommes de la Révolution française, si profondément impressionnés d'ailleurs par les
théories de Jean-Jacques, Fourier conçoit surtout l'homme
comme un agriculteur chassé vers la ville corruptrice : il s'agit
de réacclimater ce rural, de rendre à la terre ce déraciné, en lui
donnant part à la propriété. Le « petit propriétaire rural »
aperçu par G. Sorel dans l'homme abstrait de la Déclaration
des Droits de l'homme[3], voilà l'homme que le « mercantilisme »
a dépossédé ou subordonné ; et c'est pour accorder le fait au
droit, pour emplir de réalité le droit proclamé par la Déclaration, que Fourier se propose de le réinstituer dans sa propriété,
sa souveraineté économique, par l'association. Ajoutons à ces
influences celle des publicistes chrétiens, conservateurs, féodaux[4], qui défendaient la propriété terrienne contre l'ascension
triomphante du capital mobilier en dénonçant les méfaits de
l'industrialisme, fauteur de la paupérisation et d'asservissement

1. V. ch. ii, § 6, p.
2. *Nouveau monde industriel.* Analyse de la civilisation.
3. V. plus haut, p. 221.
4. Fourier subit cette influence à son insu, car il n'est suspect de nulle
tendresse et surtout de nul regret pour la « noblesse vandale » qui, aujour-
d'hui, « retombe dans la barbarie, ne songeant qu'à détruire l'industrie qui
lui porte ombrage dans les élections ». (*Nouveau monde industriel.* Analyse de la civilisation.)

des producteurs, destructeur de la famille, dépopulateur des
campagnes, artisan d'immoralité [1].

Puisque nous tenons le « petit propriétaire rural », ne le
lâchons pas sans avoir constaté qu'il est également l'idéal de
Proudhon, et que c'est pour lui que se prépare la révolution
sociale, comme si ce n'était point assez que la révolution politique du xviiiᵉ siècle se fût faite à son profit. Proudhon, dans
son admiration pour l'individualisme petit propriétaire, ira jusqu'à constater sans indignation l'incommunicabilité de ce primitif attaché au sol, pour qui tout étranger est un ennemi.
Écoutez plutôt : « Comme autrefois, dit-il, l'âme du paysan est
dans l'idée allodiale. Il hait d'instinct l'homme du bourg... sa
grande préoccupation est, suivant une expression du vieux droit
qu'il n'a pas oubliée, d'*expulser le forain*... par la hausse de la
main-d'œuvre... par la surenchère du sol, par la réduction des
fermages, par la petite culture et la petite propriété [2] ». Néan-

1. « Par leur situation historique, ont dit Marx et Engels, l'aristocratie
française et l'aristocratie féodale étaient appelées à écrire des pamphlets
contre la société bourgeoise moderne. N'avaient-elles pas succombé une
fois de plus à cette bourgeoisie parvenue et exécrée, en France dans la
Révolution de juillet 1830, en Angleterre dans le mouvement des *reform
bills*? Il ne s'agissait donc plus pour elles d'une lutte politique sérieuse. Il
ne leur restait que la bataille littéraire. Mais, même en littérature, la vieille
phraséologie de la Restauration était devenue insupportable. Pour éveiller
des sympathies, l'aristocratie dut faire semblant de perdre de vue ses intérêts. C'est, en apparence, pour servir les intérêts de la classe ouvrière
exploitée, qu'elle rédigea son réquisitoire contre la bourgeoisie. Elle se mé-
nagea ainsi la satisfaction de pouvoir entonner des chants injurieux contre
son nouveau maître, tout en lui soufflant à l'oreille des prophéties plus ou
moins grosses de menaces. » (*Manifeste communiste*. trad. Andler, t. I,
pp. 55-56.) — Oui, c'est « ainsi » que « naquit le socialisme féodal ». Avec
cette réserve que l'aristocratie et ses tenants furent plus sincères, sinon
plus désintéressés que le disent les théoriciens du matérialisme historique.
On peut et on doit en effet, pour être équitable, expliquer leur attitude
autant par leur incapacité d'adapter leur mentalité « féodale » à la com-
préhension des phénomènes capitalistes qu'à la fureur d'avoir été dépossédés de la primauté sociale et économique. Aujourd'hui que le parti de la
propriété féodale immobilière a suscité un peu partout le nationalisme et
l'antisémitisme pour les opposer à la fois au capitalisme et au socialisme
qui en dérive, on ne le trouve plus aussi « comique » que le trouvaient
Marx et Engels en 1847. Constatons que, fidèles à lettre du *Manifeste*, les
disciples de Marx en France ont toujours nié le péril antisémite et natio-
naliste, soit du point de vue socialiste, soit du point de vue du progrès
général de la civilisation. Cette attitude les a écartés des grandes luttes
déologiques et sociales qui ont constitué la vie même de notre pays en ces
cinq dernières années.

2. *Capacité politique des classes ouvrières*, pp. 16-17.

moins, il aperçoit nettement que la mobilisation de la propriété
est libératrice de l'individu, et il ne sépare pas la mobilisation
de la propriété de son rachat au moyen de la rente : « La propriété, séparée de la rente, délivrée de sa chaine et guérie de sa
lèpre, dit-il, est dans la main du propriétaire comme la pièce
de cinq francs ou le billet de banque dans la main de celui qui
le porte[1]. »

Pecqueur voit dans la mobilisation le mouvement préliminaire de socialisation de la propriété. Selon lui, les chemins de
fer et les machines productives « mobilisent le sol pour le socialiser et non le concentrer féodalement[2] ». Il ne doute pas que
« de nouvelles combinaisons » fassent « participer généralement
dans l'avenir la majorité des hommes, sinon absolument à la
propriété du sol, du moins à la consommation de ses produits ».
Car cela « est tout un pour la vraie liberté et le bonheur des
masses ». Aussi ne pousse-t-il pas aussi loin que les autres
socialistes la crainte de la féodalité financière, et le saint-simonien qui sommeille en lui le porte à ajouter, en soulignant,
qu'*il en sera de même des machines en général*. Et il va
même jusqu'à déclarer que « ces instruments de travail,
aujourd'hui monopolisés en apparence par quelques capitalistes,
deviendront un mobilier ou matériel national fonctionnant au
profit de tous[3] ». Il aperçoit le déterminisme économique qui
est au fond de tous les grands mouvements politiques et
sociaux. Le moment historique où l'homme éprouve le besoin
de s'affranchir de la propriété et de se la subordonner, détermine le moment où il recourra à la liberté politique et con-
querra la plénitude de son individualité civile. « L'égalité de
partage, dit Pecqueur, est, au fond, le principe posé de la
mobilisation dans toute l'Europe[4] ». Son enthousiasme pour la
mobilisation de la propriété l'entraine à croire prochaine la
mobilisation agricole, que notre siècle nouveau ne voit point

1. *Idée générale de la Révolution*, p. 221.
2. *Des intérêts du commerce*, t. II, p. 60.
3. *Id.*, t. I, p. 451.
4. *Id.*, t. II, p. 62.

encore. Mais cet enthousiasme lui montre que la propriété
mobilisée et constituée par actions échappe à la gestion des
incapables, et, dit-il, « elle est bien plutôt une immobilisation :
seulement elle immobilise le sol, la valeur immobilière dans la
culture féconde, dans les mains de l'habileté; elle l'immobilise
au profit de l'intérêt général ». Il va jusqu'à ajouter que « le sol
est alors presque *socialisé*; il est à *tous* en possibilité et de
droit [1]. »

Mais Pecqueur ne s'en remet pas au mécanisme de la mobilisation pour assurer aux producteurs le bien-être dont ils sont
les artisans. La volonté des propriétaires a un rôle à jouer; il
ne suffit pas que la propriété soit représentée par un titre facilement échangeable; l'association doit intervenir entre producteurs. « Si les petits propriétaires fonciers, dit-il, parviennent
à associer eux-mêmes leurs coins de terre, la division, ou plutôt
la socialisation et la mobilisation du sol seront un fait pour
jamais accompli [2] ». Ainsi donc, pour Pecqueur, c'est l'association qui doit engendrer la mobilisation. Ou, pour mieux dire,
les petits propriétaires, au lieu d'attendre que l'hypothèque les
ait dépossédés pour leur substituer des maîtres collectifs et
anonymes, doivent s'associer et mobiliser la propriété à leur
propre profit. Le conseil vaut aujourd'hui exactement ce qu'il
valait il y a un demi-siècle, et c'est seulement en le suivant que
le socialisme pourra résoudre le problème agraire, auquel
jusqu'à présent, il n'a apporté que des solutions insuffisantes
ou erronées.

III

Avec les sentiments que nous lui connaissons, il va de soi
que Fourier est l'ennemi de la concurrence. Il ne la combat
point seulement parce qu'elle est un vice social, et qu'il a pour
méthode de déclarer vicieuses les institutions de l'ordre civilisé
que seul l'ordre harmonique aura pour effet de rendre utiles et

---

1. *Des intérêts du commerce*, t. II, pp. 58-59.
2. *Id.*, p. 80.

bienfaisantes ; il la combat encore parce qu'elle est à la fois
l'instrument, le véhicule et le produit du mercantilisme détesté.
Ecoutez-le résumer toutes ses haines dans cette quadruple·
incrimination : « Le peuple, dit-il, chante merveille : vive la con·
currence ! vivent les Juifs ! la Philosophie et la Fraternité [1] ».
Demandez-vous si vous n'entendez pas quelque vieil émigré
remâcher ses griefs contre la révolution, le libéralisme et le progrès, quand vous entendez Fourier vitupérer « ces nouveaux
systèmes philosophiques qui protègent les vagabonds », et vous
déclarer « que l'établissement d'un vagabond ou d'un juif suffit·
pour désorganiser en entier le corps des marchands d'une
grande ville et entraîner les plus honnêtes gens dans le crime[2] ».
La concurrence, c'est le vol·organisé et la banqueroute en pers-
pective. Et avec une verve de commis enragé contre les voleries
qu'il a vu commettre sous ses yeux sans qu'il ait pu alors protester, il énumère les trente-six espèces de banqueroute que l'on
doit à l'ingéniosité du juif Iscariote, « organisateur de la banqueroute en feu de file ». La banqueroute, donc, est

> Sentimentale, enfantine, cossue, cosmopolite ;
> Galante, béate, sans principes, à l'amiable ;
> De bon ton,.de faveur, au grand filet, en miniature ;
> En casse-cou, en tapinois, en Atila, en invalide ;
> En filou, en pendard, en oison, en visionnaire ;
> En posthume, en famille, en repiqué, en poussette [3].

On croit lire une de ces énumérations où Rabelais excelle à
mettre le lecteur à bout de souffle. Mais si les commerçants ne
faisaient que se voler entre eux, si leur concurrence et les faillites qu'elle entraîne ne faisaient de tort qu'à leur corporation
exécrée, Fourier, on le pense bien, en prendrait assez gaiement
son parti. Mais c'est sur le dos du public qu'ils se battent, et
leur lutte à coups de bon marché a pour résultat de livrer au consommateur des produits falsifiés ou de qualité inférieure. « Je
portais depuis vingt ans, dit Fourier, des demi-bas en fil blanc,

1. *Théorie des quatre mouvements.* Troisième partie. Confirmation.
2. *Id.*
3. *Fausse industrie.*

tricotés à Fougères : on n'en peut plus trouver. Un jour où je
faisais la ronde pour en recueillir quelques restes, en divers
·magasins, je me plaignais aux marchands de ce qu'ils n'en faisaient plus venir : ils balbutiaient, prétextant qu'on n'en voulait plus. L'un d'eux, assez franc, avoua le secret du métier et
me dit en riant : « HA! HA! ÇA DURE TROP ». En effet, ils supportent
sept ou huit lavages, et les bas au progrès sont criblés avant le
premier lavage[1] ». Ici, nous avons en termes formels la doléance
des survivants de l'ancienne corporation qui voudraient voir
survivre les règlements de métier, s'opposer à la substitution
du coton au lin, et briser les machines à filer, à tisser, à tricoter.

Transformer la concurrence en émulation et non pas supprimer la concurrence, faire de l'émulation le ressort même de
l'association, tel est le rêve de Fourier. Dans l'utopie communiste, il n'est pas tenu compte de l'émulation. Fourier, lui,
déclare au contraire que l'émulation, forme sublimée de la
concurrence, naît de l'association. Et c'est très juste : la lutte des
concurrents, en l'état morcelé, est une lutte destructive. Or, la
lutte des émules, en état d'association, n'est pas seulement une
lutte entre producteurs : en réalité, nulle association ne peut
subsister sans que se produise en elle cette bienfaisante émulation. C'est par l'émulation que s'expriment les facultés et tempéraments divers dont les oppositions, les accords et les combinaisons permettent à l'association d'être une société vivante, et non
l'agglomération d'une certaine quantité d'êtres humains frap-
pés, corps et esprit, sur un modèle uniforme et invariable. Donc,
bien loin que l'association éteigne l'émulation, elle la suscitera
et la développera plutôt, nous dit Fourier; « l'influence émula-
tive de l'association, déjà remarquable dans l'état actuel, sera
bien autrement puissante dans l'Harmonie[2] ». Retenons l'avertissement que nous donne ici Fourier. La critique socialiste s'est
très vivement exercée contre la concurrence, et les constructions
auxquelles cette critique avait pour objet de déblayer le terrain
ont conservé un caractère très prononcé d'hostilité contre la

1. *Fausse industrie.*
2. *Traité de l'association domestique agricole.* Ass. comp.

concurrence. Il semble qu'à l'aurore même de la période où surgissait le socialisme, Fourier ait voulu nous prémunir contre l'excès de socialité qu'il produirait en réaction de l'excès d'individualisme contenu dans le milieu social existant. Pour lui, la lutte est la manifestation en même temps que la condition de la vie individuelle et sociale. Mais il la veut réglementée, nulle liberté n'existant hors des conventions et réglementations sociales. De plus, au lieu de s'exercer en désordre et à l'aveugle, chaque individu étant en antagonisme avec chaque individu et avec tous les individus, la lutte se résout de concurrence en émulation et s'exerce dans l'association et par l'association. Dans la pensée de Fourier, nul ne peut plus tenter de primer son voisin sans que la communauté en tire un profit.

Pour l'école de Saint-Simon, le problème consiste également à transformer la concurrence en émulation, en substituant l'association à l'individualisme économique. Pour Bazard, qui est en matière économique et sociale le plus éminent interprète de la doctrine, l'antagonisme est un phénomène d'association incomplète. Cette vue est extrêmement pénétrante ; elle constate en effet que tout antagonisme a pour fin consciente ou non un accord, toute concurrence une association. « Les lacunes que présente l'association dans le passé, dit Bazard, lacunes qui se sont produites par les efforts mêmes qui devaient amener sa réalisation, se manifestent par un fait général, l'*antagonisme*. » La concurrence est le premier temps du mouvement de communication entre les hommes, l'association est le second. La concurrence s'étend-elle à tout le règne humain ? l'association universelle est proche. « L'espèce humaine, jusqu'à nos jours, reprend Bazard, offre le spectacle d'une lutte continuelle qui règne tour à tour dans toute son intensité, de famille à famille, de cité à cité, de nation à nation, et qui se reproduit au sein même de chacune de ces sphères d'association, car l'association ne pouvait être complète et définitive tant qu'elle n'était pas universelle [1]. » Cela ne veut pas dire « que deux lois

1. *Doctrine de Saint-Simon*, 2ᵉ année, 1ʳᵉ séance.

générales aient présidé à la marche de l'humanité, *l'antago-nisme* et *l'association*. Le développement successif de l'espèce humaine ne reconnaît qu'une seule loi, et cette loi c'est LE PRO-GRÈS ininterrompu de l'association » ; car si « les germes de division propres à chaque association se perpétuent après leur fusion dans une association plus grande », on peut dire que « c'est avec une intensité toujours décroissante, à mesure que le cercle s'étend [1] ». Il s'est constitué tant de liens de solidarité entre les concurrents, et ceux-ci se sont si bien élevés en esprit du particulier au général, que leur concurrence s'est finalement résolue en émulation pour le meilleur concours apporté à l'œuvre commune.

Bien entendu, l'école de Saint-Simon a nettement aperçu les méfaits de la concurrence en régime capitaliste, par laquelle « on voit se ruiner des hommes probes et laborieux », et errer des « milliers d'hommes affamés » jetés sur le pavé par les « catastrophes sans nombre », les « crises commerciales » que fait surgir le régime de la concurrence [2]. C'est par la concur-rence que la société marche vers l'association universelle, mais les saint-simoniens estiment justement qu'il n'est pas néces-saire qu'un progrès se manifeste tout d'abord par des ruines et des catastrophes, ni qu'en disparaissant les anciens moyens de production écrasent sous leurs ruines ceux qui les emploient. Pecqueur indique avec une grande précision la nécessité de régulariser ces transformations. Après avoir constaté les pre-miers effets de toute invention industrielle dans le régime de concurrence, « telle qu'elle se produit en Europe depuis la des-truction des institutions du moyen âge », concurrence qui « tend de plus en plus à l'avilissement du salaire », Pecqueur ajoute que « l'introduction des machines tend de plus en plus à la dépréciation ou à l'annulation du travail ou de la coopération des ouvriers dans la production totale d'une nation. D'où il suit que la misère, le paupérisme des populations salariées serait l'état général vers lequel s'avanceraient irrésistiblement toutes les

---

1. *Doctrine de Saint-Simon*, 1re année, pp. 77-79.
2. *Id.*, pp. 29-30.

nations, et principalement celles qui s'adonnent davantage à
l'industrie manufacturière et au commerce extérieur, si d'autres
causes puissantes n'intervenaient prochainement pour faire
contrepoids aux influences dissolvantes de la concurrence
égoïste et facultative [1] ». Pecqueur sacrifie les petits industriels
avec la sérénité de Fourier éliminant par la patente triple et quadruple les commerçants surnuméraires. Pour lui, « le résultat
prochain de la propagation de la vapeur dans l'industrie » fera
« disparaître, de la concurrence et de l'œuvre générale de la
production nationale, d'abord un grand nombre de petits producteurs, et, en définitive, toutes les petites industries similai-
res [2] ». Mais ce sont les choses mortes, dépassées par le progrès,
dont il accepte la disparition, et non les êtres vivants. Pour
ceux-ci, et afin que tout progrès se manifeste immédiatement
par des bienfaits, et non plus sous les apparences d'un fléau
social, Pecqueur propose « les améliorations matérielles », qui,
« pour tendre à la liberté de tous », devront « surtout porter
sur les relations de maîtres à serviteurs, d'entrepreneurs à
ouvriers [3] ». Il ne s'agit pas même d'abandonner à leur triste
sort « la classe des intermédiaires parasites », mais de faire en
sorte qu'ils puissent rentrer « dans les rangs des producteurs
véritables [4] ».

IV

Pour Colins, qui socialise la propriété foncière et laisse à
l'individu la propriété mobilière, la concurrence, par ce système, devient « rationnelle », c'est-à-dire se dépouille de tous
ses effets nuisibles. « Sous la concurrence rationnelle, dit-il,
chaque enfant, devenu majeur, sortant des mains de la société
collective, entre dans la société des individus, avec les développements de tous ses moyens, tant physiques que moraux,

1. *Des améliorations matérielles*, p. 68.
2. *Des intérêts du commerce*, t. I, p. 59.
3. *Des améliorations matérielles*, p. 68.
4. *Id.*, p. 69.

riche de sa part inaliénable dans la richesse collective et d'une part aliénable résultant de sa dot sociale[1]. » Comme il ne s'agit pas ici d'examiner la valeur de la nationalisation du sol, considérée comme agent essentiel et principal de transformation sociale, je ne retiendrai du système de Colins que la préoccupation manifestée de conserver la concurrence comme un ressort social et un moyen d'activité individuelle.

La concurrence est également pour Proudhon un fait passé, présent et futur. La guerre, nous dit-il, est une première forme de la concurrence, de même qu'elle est une première forme de la justice. Quand il nous dit qu'elle est « un fait divin[2], » nous devons entendre un phénomène d'ordre naturel ; mais il faut lui chercher une excuse dans la griserie des phrases, encore plus que dans sa méthode dialectique du pour et du contre, lorsqu'il ajoute que « la vraie guerre, par sa nature, par son idée, pour ses motifs, par son but avoué, par la tendance éminemment juridique de ses formes, non seulement n'est pas plus injuste d'un côté que de l'autre, elle est des deux parts et nécessairement juste, vertueuse, morale, sainte, ce qui fait d'elle un phénomène d'ordre divin, je dirai même miraculeux, et l'élève à la hauteur d'une religion [3] ». Il ne parle pas au passé, comme il ferait s'il était encore sous l'influence d'Auguste Comte. Il y a, en effet, trois Proudhon consécutifs. Le premier, celui du *Mémoire sur la propriété* et de la *Création de l'ordre,* reçoit ses directions de Kant et d'Auguste Comte. Le second, celui des *Contradictions économiques*, est hégélien et le sera jusqu'en 1854, et ce, selon l'aveu de celui-ci, sous l'impulsion de Karl Marx. « Pendant mon séjour à Paris, en 1844, dit Marx, j'entrai en relations personnelles avec Proudhon. Je le mentionne ici, car je suis jusqu'à un certain point responsable, moi aussi, de ses sophismes, ou, comme disent les Anglais, de ses *sophistications*. Dans de longues discussions qui duraient souvent toute la nuit, je lui infusai, à son grand préju-

1. *Science sociale*, t. V, p. 329.
2. *Guerre et paix*, t. I, p. 34.
3. *Id.*, pp. 36-37.

dice, l'hégélianisme, qu'il ne pouvait cependant pas étudier, à cause de son ignorance de la langue allemande. Ce que j'avais commencé à Paris, fut, après mon expulsion de Paris, continué par M. Karl Grün. Ce nouveau professeur de philosophie allemande avait sur moi l'avantage de ne rien comprendre à ce qu'il enseignait [1]. Au moment où les *Contradictions économiques* ou *Philosophie de la misère* étaient sous presse, Proudhon m'annonça l'apparition de son second ouvrage par une lettre où il était dit : « J'attends votre férule critique. » Celle-ci lui tomba bientôt sur la tête sous la forme d'une brochure (*Misère de la philosophie*, 1847), et de telle façon que notre amitié prit fin immédiatement et pour toujours [2]. »

Mais revenons à la concurrence. Nous sommes en 1861, et, depuis dix ans, Proudhon a renoncé à Hegel. Il transcrit maintenant en langage économique et politique le langage biologique de Darwin, dont le livre sur l'*Origine des espèces* vient d'obtenir un succès foudroyant. Et c'est au présent, et c'est en songeant à l'avenir et à toujours, semble-t-il, qu'il s'écrie : « La guerre est justicière ; la guerre est régénératrice des mœurs [3]. » Si ce n'est pour l'avenir ni pour toujours, c'est en tout cas pour tout le passé et pour le moment présent qu'il lance cet éloquent « salut à la guerre ! » où vibre un écho de la pensée de Joseph de Maistre : « C'est par elle que l'homme, à peine sorti de la boue qui lui servit de matrice, se pose dans sa

---

1 « Karl Grün est l'auteur de *Die Sozial Bewegung in Frankreich und in Belgien*, publié en 1843, livre remarquable et d'une limpidité parfaite. La boutade de Marx contre l'auteur pourrait bien n'être qu'une boutade spirituelle, mais injuste. » (*Note de Benoît Malon à la lettre ci-dessus*.)

2. « La terrible critique de Marx est le choc en retour des invectives proudhoniennes », dit B. Malon (*Revue socialiste* de janvier 1887) en publiant cette lettre que Marx écrivit au lendemain de la mort de Proudhon, le 24 janvier 1865, et qui fut insérée dans le *Sozialdemokrat* de Berlin. Proudhon, d'ordinaire si ardent à la polémique, n'avait pas répondu au livre de Marx. Il s'était contenté de tracer, dans une lettre à Guillaumin, son éditeur, ces lignes qui veulent être dédaigneuses et où, en tout cas, on ne voit nulle trace de « l'amitié » dont parle Marx, pas même pour en regretter la perte : « ... J'ai reçu en même temps le libellé d'un docteur Marx, les *Misères de la philosophie* (sic) en réponse à la *Philosophie de la misère*. C'est un tissu de grossièretés, de calomnies, de falsifications, de plagiats. » (*Correspondance*, t. II, p. 268.)

3. *Guerre et paix*, t. I, p. 108.

majesté et dans sa vaillance ; c'est sur le corps d'un ennemi
abattu qu'il fait son premier rêve de gloire et d'immortalité. Ce
sang versé à flots, ces carnages fratricides font horreur à notre
philanthropie. J'ai peur que cette mollesse n'annonce le refroi-
dissement de notre vertu [1]. » Mais si nous nous trompons sur
la pensée de Proudhon, c'est que nous ne l'aurons pas lu en
entier et que nous aurons négligé ses avertissements au seuil
même du livre où il magnifie la guerre dans les termes que
nous avons vus. « J'ai rendu hommage à l'esprit guerrier,
calomnié par l'esprit industriel, dit-il ; mais je n'en ai pas moins
reconnu que l'héroïsme doit désormais céder la place à l'industrie [2]. » Voilà donc la concurrence transposée du terrain de la
violence brutale sur celui de la production. Mais sur ce terrain
nouveau, la lutte n'en demeure pas moins pour Proudhon la
loi bienfaisante. Et tandis que les socialistes, à la suite de
l'école saint-simonienne, se réjouissent de voir qu'en régime
capitaliste la concurrence détruit la concurrence et que l'association des industriels est le point de départ de l'association
universelle des producteurs, Proudhon proclame que « la concurrence est aussi essentielle au travail que la division ». Vraiment, on se demande ce qui le sépare de Bastiat quand on
l'entend ajouter que « la concurrence, en un mot, c'est la
liberté dans la division et dans toutes les parties divisées ». Si,
en effet, la concurrence est « la division elle-même revenue
sous une autre forme [3] », on se demande quelle est la différence
fondamentale, de principe, qui sépare l'auteur des *Contradictions économiques* de l'auteur des *Harmonies économiques*,
puisque les « contradictions » ne sont plus qu'un aspect double
de l'« harmonie » préétablie et permanente.

Il est certain qu'en combattant Bastiat, Proudhon s'en prenait
beaucoup plus à son quiétisme économique qu'à son optimisme
philosophique. Et cet optimisme philosophique est en somme jus-
tifié. Dès qu'elle se place sur le terrain industriel, la lutte pour

---

1. *Guerre et paix*, p. 38.
2. *Id.*, p. 12.
3. *Contradictions économiques*, t. I, p. 179.

l'existence devient un phénomène identique à la division du travail ; et de la concurrence à l'émulation, il n'y a plus que la distance qui sépare le monde économique à l'état inorganique et inconscient, de l'état organique et conscient. Proudhon, pour sa part, désireux de ne laisser aucune illusion aux communistes, déclare que « l'émulation n'est autre chose que la concurrence même », puisque, dit-il, « il n'y a pas d'émulation sans but, de même qu'il n'y a pas d'essor passionnel sans objet ». Pour le communiste, « l'objet de l'émulation du travailleur doit être l'utilité générale, la fraternité, l'amour[1] ». Proudhon, qui ne croit pas à cet objet extérieur, place justement dans l'individu même, dans les satisfactions qu'il poursuit, l'objet de l'émulation. Pourquoi ? parce qu'il n'accorde à l'association que ce que l'individu ne peut pas lui soustraire, et que, dans sa pensée de petit bourgeois, d'artisan, le travail est un acte solitaire. Placé à ce point de vue, Proudhon ne peut pas apercevoir que cette lutte nécessaire et éternelle se transforme de concurrence en émulation dès que les individus sortent de l'état morcelé pour entrer en association. Ainsi, dans un régiment, un officier acceptera avec joie les hasards de la guerre qui lui sont des facteurs d'avancement en grade ; même, si sa situation lui permet de le faire, il pourra engager son pays dans une guerre ruineuse, mais fertile en graines d'épinard ; cependant il aurait horreur de tuer de ses mains, à l'aide de ses soldats, et dans un combat régulier, l'officier d'un grade immédiatement supérieur au sien, ou ses camarades du tableau d'avancement. La lutte d'un régiment contre un régiment ennemi, c'est de la concurrence. Les efforts que font les soldats d'un régiment pour se créer des titres à l'avancement, c'est de l'émulation. Au lieu de deux régiments ennemis, supposez deux usines rivales et vous aurez le double phénomène externe et interne de la concurrence et de l'émulation. Mais j'ai conscience de chercher ici une querelle de mots. En somme, si nous nous plaçons au centre même de sa doctrine, nous reconnaî-

1. *Contradictions économiques*, t. I, p. 180.

trons que Proudhon ne pouvait que déclarer la concurrence
« nécessaire à la constitution de la valeur, c'est-à-dire au principe même de la répartition, et par conséquent à l'avènement
de l'égalité[1] ». Il est juste d'autre part qu'il ait loué Turgot et
la Révolution française d'avoir brisé la corporation, d'avoir
déchaîné la concurrence, mise enfin à même de produire ses
bienfaits ; et son affirmation n'est pas seulement théorique,
« que l'un de ses bienfaits fut de relever la dignité de l'ouvrier
en lui conférant la liberté[2] ». Cette interprétation optimiste de
l'histoire sociale et économique a très heureusement secoué la
torpeur communiste, engendrée par la frayeur des luttes, des
risques et des désastres de la concurrence. Finalement, et com-
prise à la manière de Proudhon, la concurrence n'est plus l'acte
de guerre brutal ou déloyal du « baron normand » dont parle
Pierre Leroux. Non que le baron normand se soit civilisé ; mais
de la concurrence même sont nées les forces qui devaient le
limiter d'abord, l'éliminer ensuite. Et le résumé de Proudhon
sur la concurrence, pour ne point se hausser au lyrisme de son
hymne à la guerre, n'en exprime pas moins des rapports réels
d'aujourd'hui et de demain : « La concurrence, dit-il, comme
position ou phase économique, considérée dans son origine, est
le résultat nécessaire de l'intervention des machines, de la
constitution de l'atelier et de la théorie de réduction des frais
généraux; considérée dans sa signification propre et dans sa
tendance, elle est le mode selon lequel se manifeste et s'exerce
l'activité collective, l'expression de la spontanéité sociale, l'em-
blème de la démocratie et de l'égalité, l'instrument le plus
énergique de la constitution de la valeur, le support de l'association. — Comme essor des forces individuelles, elle est le
gage de leur liberté, le premier moment de leur harmonie,
la forme de la responsabilité qui les unit toutes et les rend solidaires[3]. »

1. *Contradictions économiques*, t. I, p. 181.
2. *Id.*, p. 184.
3. *Id.*, p. 217.

V

La théorie de la population de Malthus a été le pain quotidien des économistes pendant au moins la première moitié du XIXᵉ siècle [1]. Grâce à elle, la concurrence anarchique, la lutte pour l'existence, l'écrasement des pauvres par les riches, le déchaînement du capitalisme, trouvaient la justification pseudo-scientifique que devaient renforcer bientôt, et pour quelques décades, les transpositions économiques et sociologiques des lois biologiques formulées par Darwin. De leur côté, les novateurs socialistes ne demeurèrent pas indifférents : les uns, tels que Fourier, adoptèrent la théorie de Malthus et en firent argument pour démontrer la nécessité de la transformation sociale ; les autres la déclarèrent fausse et, notamment Pierre Leroux, affirmèrent que la disproportion croissante entre la population et les subsistances était un fait social et non naturel ; d'autres enfin, avec Proudhon, déclarèrent que la loi de la population était un phénomène naturel dont l'organisation sociale pouvait et devait corriger, et finalement supprimer la tendance.

Inutile de dire que, pour les communistes classiques, j'entends les révolutionnaires héritiers de la tradition de Babeuf, la loi de la population est radicalement fausse, puisqu'en la reconnaissant on serait tenu de l'observer. Or, nous dit Buonarotti, si le régime des Égaux avait été institué, « la patrie eût reçu une augmentation de puissance, par l'accroissement de la population, dont nulle cause immorale n'eût arrêté le progrès ». Pour l'école révolutionnaire, la France a mission de propagande armée dans le monde : elle n'aura donc jamais trop de

---

1. On sait que l'économiste anglais en a rédigé ainsi la formule essentielle : « Lorsque la population n'est arrêtée par aucun obstacle, elle va doublant tous les vingt-cinq ans et croît de période en période selon une progression géométrique. Les moyens de subsistance, dans les circonstances les plus favorables à l'industrie, ne peuvent jamais augmenter que selon une progression arithmétique ». Même dépouillée de son caractère mathématique et réduite à un caractère purement tendantiel, la loi de Malthus a été unanimement reconnue comme inapplicable au monde industriel moderne, et rejetée hors de la science économique et de la sociologie.

soldats. C'est pourquoi Buonarotti s'écrie avec indignation :
« Les économistes, pour remédier aux maux qui résultent du
trop grand nombre, conseillent de ne pas faire tant d'enfants!!!
Quelle infamie[1]! »

Fourier, qui a certainement pris dans Rousseau ses notions
sur l'origine des sociétés, affirme que les hommes sont sortis
de l'état heureux d' «édénisme» parce qu'ils étaient trop proli-
fiques. « Bientôt, dit-il, l'excessive multiplication des peuples
·produisit la pauvreté[2]. » Puis ce furent les philosophies, les
religions et les gouvernements ; même, qui le croirait ! les économistes, qui poussèrent, les peuples à l'excès de population.
« L'économisme, dit-il, prouve qu'une fourmilière de populace
est l'enseigne de la sagesse administrative. Le gouvernement
adhère à ces fausses doctrines qui légitiment les spéculations
ambitieuses d'un conquérant sur l'affluence de soldats...
D'autre part, les dogmes religieux, plus sévères que dans l'antiquité, interdisent au mari certaines précautions qu'exige la
prudence. » La femme même se fait complice de la philosophie
et du gouvernement « par masque de piété » ; mais « son vrai
motif est de légitimer les œuvres d'un amant ». Puis, parlant
comme ces économistes, dont il a négligé de connaître l'opinion sur la matière, Fourier déclare que le père de famille est
« jeté dans le piège » de la procréation sans mesure « par la
pauvreté et le désespoir ». « Le peuple fabrique des enfants par
douzaines, en disant : *Ils ne seront pas plus malheureux que
nous*[3]. » Fourier, ici, a pu se tromper sur l'opinion des économistes ; il ne s'est pas trompé, en tout cas, sur la réalité des faits,
et il a bien vu que la procréation désordonnée des enfants était
le fait des populations les plus indigentes. « La vie de ménage »,
dit-il, fait procréer aux femmes « des légions d'enfants ».
Qu'en reste-t-il, finalement ? « La misère en dévore un tiers, un
autre tiers est emporté par les nombreuses maladies que l'ordre incohérent fait naître chez les enfants. Il vaudrait mieux

1. *Syst. pol. et soc. des Egaux*, pp. 24-25.
2. *Théorie des quatre mouvements*. Exposition.
3. *Traité de l'association domestique agricole*. Cislogomènes. 2ᵉ partie.

en produire moins et les conserver[1]. » Et lorsque partent ceux
que la misère a dévorés, c'est un soulagement pour leurs
parents, nous dit Fourier, même lorsque ces parents ne sont pas
au dernier degré de l'échelle sociale. Écoutez l'anecdote lugubre qu'il nous conte sur ce douloureux chapitre. Il est dans un
cabaret, quatre hommes viennent se placer à une table voisine
de la sienne : « C'étaient des artisans un peu au-dessus de la
classe inférieure ; l'un d'eux tenait la parole et disait : « Je
« demande cette fille en mariage, parce qu'elle aura de l'ar-
« gent, c'est une maison aisée : et moi, vous pensez bien, je ne
« veux pas être dupe encore une seconde fois, prendre une
« femme qui n'a pas le sou, ensuite les enfants arrivent, c'est
« le diable pour les entretenir, c'est l'enfer ! — Vous en aviez
« donc beaucoup, dit l'un d'eux. — J'en ai eu six : nourrir tout
« ça, et la femme !!! — Comment, six : Ah ! mille tonnerres !
« un ouvrier qui ne gagne guère, nourrir six enfants !!! — Oui,
« six : mais ils sont tous morts, *heureusement pour moi* : la
« mère est morte aussi[2]. »

Le remède, pour Fourier, est, naturellement dans l'adoption
de son système, dans le passage de civilisation en harmonie.
Et il nous affirme que, cessant d'être confinées dans le ménage
et participant à la vie active d'industrie et de joie, les femmes
seront « bien moins fécondes dans l'ordre combiné que dans la
civilisation[3] ». D'ailleurs, on pourra pousser l'accroissement
de la population jusqu'à trois milliards d'individus. Mais puisque
c'est l'accroissement de population qui a produit la pauvreté,
qui a fait sortir les hommes primitifs de l'état édénique, il va de
soi que la volonté humaine devra ici régler les mouvements de
la nature. En harmonie, on sera donc libre de procréer autant

1. *Théorie des quatre mouvements.* Exposition.— Ailleurs, il dit avec mépris :
« L'homme social se ravale au niveau des insectes, quand il crée des fourmilières d'enfants, qui seront réduits à se dévorer entre eux par excès de
nombre ; ils ne se mangeront pas corporellement comme les insectes, les
poissons et les bêtes féroces ; mais ils se dévoreront politiquement par les
rapines, les guerres et perfidies de civilisation perfectible. » (*Nouveau monde
industriel.* Equilibre général des passions.)

2. *Fausse industrie.*

3. *Théorie des quatre mouvements.* Exposition.

d'enfants qu'on le voudra ; mais les plus pauvres, ou si l'on veut les moins riches, y ayant au moins le bien-être, les occupations et les sentiments des plus riches civilisés, sauront comme ceux-ci limiter le nombre des enfants.

Godwin, qui avait vainement lutté contre la diffusion des idées malthusiennes, avait dit : « Tous les maux sociaux viennent des mauvaises institutions ; quand un homme meurt de faim, c'est la faute des lois. C'est la loi qui le condamne et non pas la nature... Ce n'est point la loi de la nature, ajoute-t-il, ce n'est que la loi d'un état social très factice, qui entasse sur une poignée d'individus une si énorme surabondance, qui leur prodigue les moyens de se livrer aux plus folles dépenses, à toutes les jouissances du luxe, tandis que le corps du genre humain est condamné à languir dans le besoin ou à mourir d'inanition [1]. » Godwin voit très justement dans la prétendue loi naturelle de Malthus un phénomène social que la volonté sociale peut faire disparaître. Ce point de vue est celui de Pierre Leroux, que nous verrons protester contre l'économie politique, qui « oppose à l'Évangile, quoi ? la proportion supérieure de la population sur la subsistance ». Or, « c'est le lucre, l'intérêt, le gain, c'est-à-dire la *guerre* que les hommes se font entre eux qui, affaiblissant le genre humain et empêchant la production, diminuent la subsistance [2] ». Donc, ce n'est pas la population qui croît trop vite : c'est la production qui se développe trop lentement. Il en est ainsi, parce qu'une classe est subordonnée à l'autre, et « que le besoin qu'ont les riches des pauvres est *l'unique règle de la population* ». Et reprenant sur le mode atténué la fameuse boutade de Swift sur les petits Irlandais, Pierre Leroux ajoute : « Nous ferions bien de supplier les riches de donner chaque année le chiffre de leur demande ; puis on tirerait au sort pour savoir qui devrait mourir, et qui devrait se permettre d'avoir des enfants [3]. »

Ce n'est pas que Pierre Leroux tienne pour exacte la loi de

1. *Recherches sur la population.*
2. *Malthus et les économistes*, pp. 139-140.
3. *Id.*, p. 90.

Malthus. Il y croit même si peu, il est tellement persuadé que
« Malthus a mal raisonné [1], » il est tellement convaincu de la
productivité indéfinie du sol (on sait par sa théorie du *circulus*
qu'il croyait avoir de bonnes raisons pour cela) qu'il va jusqu'à
dire gravement ceci : « La terre est si peu *remplie* qu'on a calculé que le genre humain actuel, se composant tout au plus
d'un milliard d'hommes, tiendrait tout entier dans cinq ou six
lieues carrées [2]. » On avouera que, même en élevant la superficie
au décuple et même au centuple, — ce qui n'entasserait pas,
comme dans l'estimation fantastique de Pierre Leroux, dix individus dans un mètre carré, — il vaut tout de même mieux
compter sur les « nouvelles terres boréales », que le rêve de
Fourier a « offertes à l'industrie » et qui « permettront de
porter le genre humain au grand complet de trois milliards [3] ».

Il n'est pas vrai, selon Pierre Leroux, que la mort élimine du
banquet celui dont le couvert n'y a pas été mis avant sa naissance ; il n'est pas vrai que « la nature lui commande de s'en
aller »; il n'est pas vrai « qu'elle mette elle-même cet ordre à
exécution ». Owen a observé que les indigents ont « les plus
nombreuses familles »; ce phénomène tient, selon lui, à ce que
« leur état émousse en eux le sentiment d'une tendre sollicitude pour l'avenir de leurs enfants, » ou bien à ce que « la privation des jouissances morales les rend plus soumis à l'empire
des jouissances purement sensuelles [4] ». Pierre Leroux fera la
même observation, mais il y ajoutera ceci, qui renverse à la fois
la loi formulée par Malthus, et la loi des salaires que Ricardo
en a tirée : « Comme s'ils voulaient prouver aux économistes
que leur prétendue loi fondée sur le défaut de subsistances
n'est pas vraie, ils pullulent au sein même de la souffrance et
de la mort [5]. » Eugène Buret avait constaté le même fait,

1. *Malthus et les économistes*, p. 95.
2. *Id.*, p. 89.
3. *Théorie des quatre mouvements*. Exposition.
4. *Lettres sur le système Owen*, p. 143.
5. *Malthus et les économistes*, p. 186.

plusieurs années avant Pierre Leroux, dans les termes suivants : « Qu'on ne dise pas avec M. Say et les autres que, le
salaire baissant au-dessous d'un certain niveau, les familles
s'éteignent et la population s'arrête, et que, par la diminution
de l'offre du travail, le prix remonte au niveau des besoins
nécessaires. » Et se fondant sur l'immense enquête qu'il vient
d'achever sur la misère, et qui l'a édifié sur l'infinie capacité de
souffrir dès malheureux êtres humains, il ajoute : « La réalité
est là pour démentir tristement cette commode hypothèse [1]. »
Nous reviendrons sur ce point lorsque nous examinerons quel
parti les novateurs socialistes ont tiré de la loi des salaires.
Retenons pour l'instant que les faits, en controuvant la réalité
de la loi de Malthus, n'en rendaient que plus urgente la réforme
sociale, puisque les indigents n'étaient plus éliminés par la
mort qui délivre, comme le croyait Malthus, et qu'à la « commode hypothèse » se substituait « la réalité », c'est-à-dire que
ces malheureux demeuraient chargés d'une vie agonisante pire
que la mort.

Proudhon croit, nous l'avons dit, à la réalité de la loi de
Malthus, et il s'attache à la corriger. Puisque c'est une loi
naturelle, le but de la société étant de protéger les hommes
contre les effets mauvais des lois naturelles, les hommes n'ont
qu'à se concerter, la science n'a qu'à se manifester, et la loi de
Malthus, demeurée vraie pour les hommes à l'état sauvage,
n'aura plus aucune prise sur la civilisation supérieure. Son
moralisme austère, on le pense bien, ne s'accommode pas du
« moral restraint » par lequel les malthusiens entendent éviter
les effets de la terrible loi naturelle sans toucher aux fondements de l'ordre social. Cette morale, dit-il avec sa brutalité
coutumière, est « une morale de cochons [2] ». Fourier n'est pas
davantage épargné par le terrible critique social, qui plaisante
le système de « stérilité artificielle ou par engraissement » que
« la science n'a pas daigné honorer d'un de ses regards ». Ce

1. *Misère des classes laborieuses en Angleterre et en France*. Introduction, t. I, p. 45 (Paris, 1840).
2. *De la justice*, t. I, p. 278.

que Proudhon appelle « l'engraissement », c'est ce que Fourier,
confiant dans la productivité du sol, appelait « le quadruple
produit ». Pour ce qui est de la « stérilité artificielle », Proudhon concède à Fourier que c'est un bon moyen pratique, mais
c'est « la PROSTITUTION INTÉGRALE ». Le secret de la solution fouriériste n'est pas ailleurs, et il est là tout entier. « Le socialisme, ainsi que l'économie politique, s'écrie-t-il, a trouvé à la
fois, sur le problème de la population, la mort et l'ignominie.
Le travail et la pudeur sont des mots qui brûlent les lèvres des
hypocrites de l'utopie, et qui ne servent qu'à déguiser aux yeux
des simples l'abjection des doctrines. J'ignore jusqu'à quel
point les apôtres de ces sectes ont conscience de leurs turpi-
tudes : mais je ne consentirai jamais à décharger un homme
de la responsabilité de ses paroles, pas plus que de la responsabilité de ses actes[1] ». Avec plus de retenue dans la forme, et
en ne s'en prenant d'ailleurs qu'aux « économistes », Pierre
Leroux disait dans le même moment : « Qu'on ne parle plus de
Sanchez et ses émules ; je ne connais pas de casuistes qui ne
méritent la gloire et l'estime du genre humain, quand on les
compare aux casuistes de l'école de Malthus[2]. »

Comment Proudhon nous soustraira-t-il à la loi de Malthus,
dont il reconnaît la réalité ? En suivant le conseil de Malthus
tout simplement, en l'interprétant dans le sens qui ennoblisse
le plus l'être humain. Fourier évitait dans la joie le piège de la
nature ; Proudhon l'évitera dans l'austérité. Fourier approu-
vait les tricheries ; Proudhon affirmera que l'amour, en gran-
dissant, s'épure : en s'aimant plus et mieux, les couples chastes
de l'avenir n'auront qu'un nombre limité d'enfants. D'autre
part, « la chasteté est compagne du travail[3] ». Il va jusqu'à
affirmer que « la faculté industrielle ne s'exercera qu'aux
dépens de la faculté prolifique » et à déclarer que cela « peut
passer pour un aphorisme de physiologie aussi bien que de
morale ». Puisque donc le travail est « le plus puissant de tous les

1. *Contradictions économiques*, t. II, pp. 353 à 355.
2. *Malthus et les économistes*, p. 105.
3. *Contradictions économiques*, t. II, p. 375.

antiaphrodisiaques[1]», Proudhon est tranquille. Plus l'homme se perfectionne et suit l'inéluctable loi du progrès, plus il travaille : donc, moins il prolifère. C'était bien la peine de reconnaître la loi de Malthus pour la détruire ainsi. Il est vraiment à croire que Proudhon ne s'en est servi que comme d'un thème pour les développements économiques et moraux qu'il voulait produire. Il n'en demeure pas moins qu'il a clairement aperçu que le développement d'une civilisation supérieure a pour effet la réglementation volontaire du croît de la population. Mais, cela, Fourier l'avait dit : sous une autre forme, mais enfin il l'avait dit. La théorie de Malthus, donc, si elle a servi à recouvrir d'une apparence scientifique les théories cruelles d'abstention de l'Etat en matière d'assistance aux déshérités, a eu par contre cet effet utile d'inciter les novateurs socialistes à faire du mouvement de la population un acte réfléchi de la volonté sociale, substituée aux poussées inconscientes de l'instinct.

VI

On n'est pas bien fixé sur la question de savoir si Fourier a cru sérieusement à la concentration des richesses dans un petit nombre de mains par l'introduction des machines dans l'industrie. D'une part, en effet, il proteste contre la multiplication abusive du nombre des intermédiaires, des marchands. Or, tout le monde est marchand, en régime capitaliste, puisque tout fabricant travaille uniquement pour vendre ses produits. Fourier, nous le savons, proposait de réduire le nombre des marchands[2]; de plus, il projetait, dans son système, de ramener à l'état d'« accessoires » et de « compléments » les « manufactures tant prônées dans le système politique moderne[3] ». Il semblait, d'autre part, si peu craindre la concentration capitaliste, qu'il allait jusqu'à déplorer qu'elle ne parût pas devoir se

1. *Contradictions économiques*, p. 374.
2. *Nouveau monde industriel*. Analyse de la civilisation.
3. *Id.* Disposition de la phalange d'essai.

produire assez rapidement ni assez largement. Si bien que,
parlant de l'« esprit d'industrialisme qui, sous masque d'association, tend à recréer l'esclavage dans les bagnes mercantiles, forme des coalitions de publicains pour brocanter le
revenu des empires, pour dévorer l'avenir, etc. », il ajoutait
avec amertume : « Cette secte n'a point d'esprit inventif ; elle
n'a pas su découvrir le moyen d'envahir le fonds, le territoire,
de réduire la masse des nations en vassalité de quelques chefs
mercantiles, et créer le monopole féodal qui constituerait l'entrée en quatrième phase de la civilisation [1]. » Ce regret est une
lueur de génie : Fourier perçoit ici que le développement du
capitalisme, l'association de capitalistes et le groupement par
masses de producteurs sur lesquels ce développement repose,
le caractère social que prend ainsi la production, créent les
conditions matérielles de l'association intégrale. Cette concentration capitaliste, il l'avait annoncée, cependant, dans ses
ouvrages antérieurs, ou plutôt il en avait menacé la société
comme d'un fléau. « Plusieurs circonstances, disait-il dès 1808,
tendaient à faire corporer les négociants, à les organiser en
compagnies fédérales, en monopoleurs affiliés, qui, d'accord
avec les grands propriétaires, auraient réduit tous les petits en
vassalité commerciale, et seraient devenus, par des intrigues
combinées, maîtres de toute production [2]. » Quelques années
plus tard, il observe que « la concentration actionnaire associe
les chefs : et non les coopérateurs ». Il se demande quelle serait
son influence lorsqu'une fois généralisée, « elle aurait envahi et
livré à des compagnies actionnaires toutes les branches d'industrie ». Et il répond : « Alors s'organiserait une fédération
de monopoles gradués et affiliés, un avènement en féodalité
commerciale [3] ». Le « privilège universel » naîtrait ainsi de
« l'anarchie commerciale. » Le moyen d'éviter cette servitude
universelle, c'est de renoncer aux « rêveries renouvelées des
Grecs, ces Droits de l'Homme devenus si ridicules », et de cons-

1. *Nouveau monde industriel.* Confirmations tirées des Saintes Ecritures.
2. *Théorie des quatre mouvements.* 3e partie. Confirmations.
3. *Théorie de l'unité universelle.* Supplément à l'avant-propos.

tituer, par l'association, « le premier et le seul utile de ces
droits : le droit au travail [1] ».

Disciple de Fourier autant que de Saint-Simon, — on pense
bien que celui-ci attend trop du régime industriel pour s'ef-
frayer des menaces de la concentration capitaliste, — Pecqueur
développe le premier méthodiquement cette idée que le machinisme aura pour conséquences la concentration des richesses
aux mains des capitalistes et l'agglomération des travailleurs
dans les centres de production. La première annonce qu'il fait
de ce double mouvement est l'expression d'un vœu en même
temps que la perception d'un phénomène. « Ames ardentes et
généreuses, s'écrie-t-il en 1839, qui rêvez l'âge d'or dans un
âge de fer, et le superflu des jouissances dans la disette des
moyens ; qui voulez une liberté trop souvent mal définie pour
tous, les moyens d'affranchissement vous sont donnés ! Mettez-
vous à l'œuvre, et appelez-y ces masses d'ouvriers, objets de
votre sollicitude ; hâtez-vous de les faire sortir des impasses
économiques de la petite industrie où s'étiolent leurs affections,
où s'atrophient leurs facultés, où s'énervent leurs muscles et
s'engourdit leur activité ; où se dispersent leurs efforts et se
décourage leur espérance ; transformez au plus vite, par vos
entreprises et vos améliorations incessantes, l'atelier privé,
solitaire, malsain et triste, en un ensemble grandiose où sur-
gisse pour chacun l'émulation, la gaîté, la sécurité, l'épargne
et la vie légère ; et par vos conseils, redressez les notions économiques du *vulgaire*, disposez les esprits, offrez une prime
à l'invention des moyens expéditifs et économiques de
production et de circulation ; multipliez les machines dans
toutes les sphères, et en même temps préservez, mettez
les classes ouvrières à l'abri de leur redoutable concurrence propre en offrant incontinent de nouvelles occupations
à leur activité, et à défaut, en leur constituant une caisse
de réserve, en les faisant participer aux bénéfices de l'entreprise en raison de leur travail, de leur aptitude et de leur

---

1. *Théorie des quatre mouvements*. 3ᵉ partie. Confirmations.

mise en capital, par un vaste système d'assurances *mu-tuelles* [1]. »

Dans ce passage que j'ai tenu à citer tout entier, Pecqueur établit le plan incliné qui doit conduire de capitalisme en association. Il n'attend pas que la concentration industrielle se fasse ; il la suscite et l'utilise. Cependant, il ne s'imagine pas l'avoir créée dans sa pensée, et il en aperçoit les premiers mouvements autour de lui. Pour lui, ce n'est pas un idéal purement subjectif, et il nous en montre la réalité objective. « Jusqu'ici, dit-il, nous n'avons guère vu s'organiser que des ligues, les forts contre les faibles, en vue de l'écrasement de la petite industrie. Encore à ce moment, les sociétés par petites actions sont conduites dans cet esprit ou formées dans ce but [2]. » Pecqueur avait déjà, dans son premier ouvrage paru en 1836, affirmé que « le morcellement agricole » était « menacé en France du même envahissement que l'on avait signalé dans la petite industrie ». Et il avait ajouté : « Les uns invoquent le fait à l'appui de leurs prévisions d'une concentration, en ce sens que ces dettes seraient contractées de la petite propriété aux grands capitalistes. D'autres, au contraire, l'interprètent dans un sens favorable au morcellement, à la nécessité de la mobilisation du sol, pour en rendre la division, le partage, plus multiplié. Il nous semble plus conforme à l'expérience de supposer que les gros capitaux y sont pour la plus grande part, et que l'aliénation, l'expropriation, aurait pour effet de ramener à un plus petit nombre de mains la propriété foncière en Prusse [3]. »

S'appuyant sur le recensement de 1895, Bernstein montre que le mouvement aperçu par Pecqueur, ou qu'il avait cru apercevoir, se produit exactement en sens inverse, puisque de 1882 à 1895, alors que les entreprises agricoles moyennes, en Allemagne (5 à 20 hectares), ont augmenté de 8 p. 100 à peu près et les petites entreprises (2 à 5 hectares) de 3,5 p. 100, on a vu les

---

1. *Des améliorations matérielles*, pp. 133-134.
2. *Id.*, p. 284.
3. *Des intérêts du commerce*, t. I, pp. 400-402.

grandes entreprises (20 à 100 hectares) n'augmenter que « de pas tout à fait 1 p. 100 » et même, pour certaines d'entre elles, plus spécialement agricoles, « de pas tout à fait 1/3 p. 100 ». En somme, tandis qu'en Allemagne, « plus des deux tiers de la superficie totale incombent aux trois catégories des entreprises paysannes, et un quart environ à la grande industrie agricole, en Prusse, la condition des entreprises paysannes est plus favorable encore. Elles y occupent à peu près *trois quarts* de la superficie cultivée totale [1] ». Même phénomène en Belgique où, nous dit Vandervelde, « le nombre des exploitations rurales a presque doublé de 1846 à 1880 (910.000 au lieu de 572.250) ». Cependant, ajoute-t-il, ce mouvement a cessé et « le nombre des exploitations de 2 à 10 hectares et de 10 à 50 hectares a diminué depuis 1866 ; cette réduction porte surtout sur le faire valoir direct ». Vandervelde conclut donc en disant qu' « on peut admettre que, dans un avenir plus ou moins rapproché, la propriété et la culture parcellaires sont condamnées à disparaitre ». Cet avenir serait à coup sûr « moins rapproché », si on le subordonnait au mouvement naturel des choses. Aussi Vandervelde se met-il finalement plutôt du côté de Pecqueur — c'est-à-dire du Pecqueur qui, dans les *Améliorations matérielles*, fait de la concentration économique un phénomène créé par la volonté réfléchie de la collectivité des producteurs, — que de Karl Marx, lorsqu'il conclut en disant que la disparition de la petite propriété agricole ne doit pas se faire « nécessairement » au profit de la propriété et de la production capitalistes, et qu'il aperçoit dans la coopération agricole « un facteur essentiel de transformation économique [2] ».

L'originalité de Pecqueur n'est pas d'avoir prédit la concentration capitaliste, mais d'avoir voulu la concentration industrielle pour en tirer insensiblement l'association de tous les producteurs. Et il ne semble prédire cette concentration capitaliste que pour en menacer ceux qui refuseraient d'adopter ses

---

1. *Socialisme théorique et socialdémocratie pratique*, pp. 108-109.
2. A propos du Manifeste communiste. *Revue socialiste*, mars 1898, pp. 333-335.

plans d'association. Il a d'autre part aperçu la nécessité de
discipliner et d'organiser l'immense force contenue dans les
machines, et l'influence qu'elles auront de plus en plus sur
l'ensemble du mouvement humain. « Le degré de centralisation
des ouvriers, dit-il, sera divers selon la nature, le genre d'industrie exploitée et la force des machines totales employées ;
mais le moindre sera toujours tel, que toutes les influences de
l'isolement et de la privauté auront fait place à celle de la vie
publique. » Ici, Pecqueur est nettement un précurseur de Marx,
et tout le matérialisme historique est inclus dans cette proposition, complétée par la suivante : « Si nous insistons, dit
Pecqueur, c'est qu'il importe de bien établir que cette condition d'opérer sur une grande échelle, avec de grands capitaux
et un grand nombre d'ouvriers dans un même lieu, est une
question d'être ou de n'être pas pour ces machines ; c'est que,
dans ce mode nouveau de production, se trouve une révolution
tout à la fois industrielle, morale et politique[1]. »

Proudhon mettra, lui, un temps énorme à s'apercevoir des
modifications sociales profondes amenées par la transformation de l'outillage manuel en outillage mécanique. Il constate
bien que « toute formation d'atelier correspond à une éviction
de travailleurs[2] » ; il note bien « l'influence subversive des
machines sur l'économie sociale et la condition des travailleurs[3] » ; mais il mérite les justes sarcasmes de Marx en
voyant dans « l'apparition incessante des machines » ce qu'il
appelle « l'antithèse, la formule inverse de la division du travail[4] ». Ce n'est qu'en 1850 qu'entraîné par le courant, il indiquera en ces termes, à un de ses collaborateurs, l'article à faire
sur la concentration capitaliste : « Montrer celle-ci (la classe
moyenne) perdue en peu d'années par l'agio, la concurrence
des gros capitaux, l'agglomération ou accaparement des forces,
et réduite à l'état de prolétariat ; la petite propriété disparais-

1. *Des intérêts du commerce*, t. I, p. 63.
2. *Contradictions économiques*, t. I, p. 161.
3. *Id.*, p. 157.
4. *Id.*, p. 140.

sant des campagnes, d'abord par le morcellement, la pulvérisa-
tion du sol; puis la recomposition en grandes propriétés à l'aide
de la dette hypothécaire, etc., etc. [1] ». En traçant ces dernières
lignes, Proudhon contredit ce qu'il a dit quatre ans auparavant
sur l'exploitation, et non l'éviction, du paysan par la dette hypothécaire. Mais nous avons observé la même contradiction chez
Marx [2].

En tout cas, la concentration capitaliste, tendance observée
par Pecqueur et qu'il se proposait de développer pour la
faire servir à l'association de tous les producteurs, phénomène de développement économique observé par Marx et au
moyen duquel devait se créer la situation révolutionnaire qui
substituerait le prolétariat à la bourgeoisie, n'a pas acquis la
profondeur et l'étendue prophétisées naguère, — et nombreux
sont les socialistes de nos jours qui ne comptent plus sur elle
pour déterminer automatiquement la transformation sociale.
Il faudra aider l'évolution, voilà ce qui apparaît nettement; il
faudra hâter artificiellement, par des actes volontaires, cette
concentration des moyens de production sans laquelle la
socialisation en serait impossible; — c'est-à-dire donner finalement raison à Pecqueur contre Marx.

VII

Fourier a eu le très grand mérite d'apercevoir avant tout
autre que le système capitaliste, fondé sur l'échange, ne trouvait son équilibre que dans une série d'oscillations ruineuses
pour ceux qui possèdent, affameuses pour ceux qui ne possèdent pas. « Notre destin est d'avancer, dit-il; chaque
période sociale doit s'avancer vers la supérieure. » Et « si une
société languit trop longtemps dans une période ou dans
une phase, la corruption s'y engendre ». Ainsi, « nous ne
sommes que depuis un siècle en troisième phase de civilisation; mais, dans ce court espace de temps, la phase a marché

---

1. Lettre à Darimon. *Correspondance*, t. III, pp. 322-323.
2. V. plus haut, pp. 242-243.

très rapidement, à raison du progrès colossal de l'industrie ».
Comme « nous avons trop de matériaux pour un échelon si peu
avancé », c'est-à-dire comme l'organisation sociale, la distribution des produits ne sont pas aussi perfectionnées que la
production, des crises s'ensuivent. Cependant, contrairement
à ce qu'on pourrait croire, Fourier ne considère pas les industriels comme les agents responsables de la concurrence et de ses
maux ; bien au contraire, il voit en eux des victimes. « On est
si neuf sur l'analyse du commerce, dit-il, que chacun le confond
avec les manufactures qu'il s'occupe à entraver et rançonner. »
Remarquons bien cela, qui est en contradiction avec ce qu'il
vient de nous dire sur le « progrès colossal de l'industrie ».
Fourier se plaint non que l'industrie soit déchaînée, mais au
contraire qu'elle soit entravée. Il a bien vu que l'échange est la
loi du monde économique, mais il n'a pas aperçu la transformation du chef d'industrie en commerçant et en spéculateur. Il
n'a vu que les agioteurs, les accapareurs, « les principaux négociants nommés marchands de matières premières » qui « ne
sont occupés qu'à machiner la spoliation des manufacturiers
et des consommateurs », et à « s'informer des raretés qui sur-
viennent sur chaque denrée, pour l'accaparer, l'enchérir, la
raréfier, et par suite pressurer le fabricant et le citoyen [1] ».

Ainsi donc, pour Fourier, les crises ne sont pas causées
par la concurrence effrénée à laquelle se livrent les fabricants
pour la conquête d'un marché dont ils ignorent la capacité de
consommation. Ce méfait est l'œuvre des négociants, des spéculateurs, qui sont à la fois, selon lui, les ennemis des fabricants et des consommateurs. Aussi, parlant de la crise par
pléthore, il y verra non un phénomène de surproduction par
excitation à la concurrence entre industriels, mais un calcul
scélérat ou maladroit des spéculateurs pour engorger tel point
du marché universel tandis que tel autre est dépourvu. Et il
dira : « Cette pléthore n'est pas vice essentiel, mais accidentel,
vice enrichi de variantes en pléthore d'excentricité et concentri-

1. *Nouveau monde industriel.* Analyse de la civilisation.

cité. » Il s'en prendra à « la science dite économisme » parce qu'elle « suppose un profond génie à ces accapareurs et agio-teurs qui ne sont que des barbouillons, des joueurs aventureux, des malfaiteurs tolérés[1] ». Il n'apercevra même pas que grâce à ces « barbouillons » en somme, les industriels, acharnés à se concurrencer, casent leurs produits sur les points inoccupés du marché universel, et voient s'équilibrer les prix autour du véritable coût de production. Dans la spéculation, emporté par son préjugé antimercantile, il ne voit que l'agiotage. Il est vrai qu'il le voit d'un œil singulièrement averti : « Dans les fièvres d'agiotage, dit-il, on voit les denrées subir un mouvement superflu, des déplacements réitérés : une denrée, en un mois, changera dix fois de propriétaire et de magasin : les sucres, les savons, sont en vagabondage, courant de gite en gite ; chaque badaud croit que c'est un mouvement industriel et dit : « Ça fait travailler le peuple, ça fait aller le commerce et la Charte. » Mais cette fièvre n'emploie les portefaix qu'à des déplacements improductifs ; d'ailleurs elle finit par des catastrophes, des fail-lites. C'est « l'antipode de l'industrie utile[2] ». Cela est fort bien vu, mais on sent que si Fourier n'assiste pas à la représenta-tion du drame économique en badaud, s'il ne s'en tient pas au spectacle qui se déroule sur la scène, le coin de la coulisse où il s'est placé, pour lui montrer l'envers du spectacle, ne lui en donne pas davantage l'aspect de l'ensemble. Et sur ce point de l'agiotage, il est tellement pris par son préjugé qu'il est hors d'état d'apercevoir autrement que d'une manière fugitive et confuse le déchaînement des forces productives dont Marx tirera un si grand parti dans la constitution de sa dialectique révolutionnaire.

La critique de Fourier, tant vantée, n'est-elle que polémique unilatérale, sans critique vraie, contre le négociantisme ? Il est certain qu'elle ne dépasse pas sous ce rapport celle des écono-mistes orthodoxes, lorsqu'il accuse les agioteurs et mono-poleurs de détruire « l'équilibre de consommation ». Il a beau

---

1. *Nouveau monde industriel.*
2. *Fausse industrie.*

prendre les économistes à partie, il ne dit pas autrement qu'eux, lorsqu'il s'écrie : « Comment se fait-il qu'on voie, en 1822, l'Irlande mourir de faim, quoique la paix générale permette le transport des blés qui affluent en Europe, à tel point que le fermier est dans l'indigence au sein de ses greniers encombrés[1] ? » Un économiste répondrait à cette question : Parce que les douanes empêchent les grains de circuler. Un socialiste de notre temps ajouterait : Parce que le capitaliste, l'employeur, ne laisse pas au prolétaire de quoi racheter la partie du produit nécessaire à sa subsistance. Ne reprochons pas à Fourier de n'avoir pas aperçu ce que d'autres devaient apercevoir plus tard ; mais ne le présentons pas comme un précurseur de la théorie des crises engendrées par le capitalisme. Il a fait la théorie des crises, il en a annoncé la périodicité ; seulement, au lieu d'en attribuer les causes à la surproduction d'un machinisme déchaîné, il s'en est tenu aux méfaits et aux erreurs des intermédiaires. C'est ainsi qu'il se plaint de voir « les capitaux affluer chez la classe improductive » ; les banquiers et les marchands, dit-il, ont des fonds à 3 p. 100, tandis que le cultivateur ne peut en avoir à 6 p. 100. « Tout l'argent est concentré dans le commerce, vampire qui pompe le sang du corps industriel et réduit la classe productive à se livrer à l'usurier. » La conséquence, la voici : « Les années d'abondance deviennent un fléau pour l'agriculture : une disette commence à obérer le laboureur, comme on l'a vu en 1816 ; l'abondance de 1817 vient consommer sa ruine, en le forçant à vendre les grains subitement, et au-dessous de la valeur réelle, pour satisfaire des créanciers. Ainsi, le mécanisme qui distrait tous les capitaux pour les concentrer dans le commerce, réduit par contre-coup l'agriculture à gémir de l'abondance des denrées dont elle n'a ni vente ni consommation, parce que la consommation étant inverse, la classe qui produit ne participe pas à cette consommation[2]. » Arrêtons-nous ici, et observons que, si Fourier n'a pas observé le mécanisme capitaliste appliqué à l'industrie, il

1. *Traité de l'association domestique agricole.*
2. *Nouveau monde industriel.* Analyse de la civilisation.

a fort exactement fait la critique du monde économique qu'il avait sous les yeux. Pour Fourier, ne l'oublions pas, le producteur est un petit ou moyen propriétaire ; et le capitaliste est un banquier, un marchand ou un usurier, créancier de l'industriel et spoliateur de l'industrie, mais jamais entrepreneur d'industrie lui-même. Fourier n'a donc pas devancé son époque, mais il l'a fort exactement analysée ; d'autre part, il a exprimé des rapports économiques essentiels que le capitalisme n'a pas encore modifiés aujourd'hui, au contraire, lorsqu'il a constaté « l'épouvante dans tous les pays vignobles » à l'annonce d'une « bonne récolte » c'est-à-dire d'une « *abondance dépressive* [1] ». C'est là précisément la caractéristique d'une économie fondée sur l'échange, où, nécessairement, les maîtres sont ceux qui achètent du travail et vendent des produits, et où les produits soumis à la loi de l'échange ne voient pas leurs prix se régler seulement sur leur utilité ou sur le travail qu'ils ont nécessité, mais sur leur abondance ou leur rareté.

Dès 1818, Robert Owen avait prévu les crises que l'extension du machinisme amènerait, et il avait dit : « La grande question à résoudre maintenant n'est pas celle de savoir comment on peut créer une quantité suffisante de richesses, mais comment cet excès de richesses, qui peut être si aisément créé, doit être généralement distribué dans la masse de la société entière, avec le plus d'avantage pour tous. » Nous avons vu Fourier se défier des machines et de l'industrie en général, que dans son système il subordonne à l'agriculture et qu'il n'accepte « qu'à titre d'accessoires et compléments du système agricole ». Owen ne partage pas cette défiance : il a vu les machines en Angleterre produire « le même effet que si la population s'était accrue de quinze ou vingt fois ». Certes, des crises sont à prévoir, car « les classes ouvrières n'ont actuellement aucun moyen possible de lutter avec la puissance mécanique, » et « des milliers de créatures humaines doivent mourir de faim si on veut maintenir le pouvoir mécanique dans toute son étendue actuelle ».

---

1. *Nouveau monde industriel.*

Or, diminuer les machines, ce serait un « signe de barbarie » ;
d'autre part, « permettre que le pouvoir mécanique réduisît des
milliers d'hommes à périr de faim » serait un « acte de la plus
grossière tyrannie ». Que faire donc ? Subordonner les machines
aux producteurs, et non les producteurs aux machines. C'est en
conséquence de ce raisonnement, fondé sur l'observation des
douloureuses réalités sociales de son temps, que Robert Owen
propose de « trouver une occupation avantageuse pour les individus de la classe ouvrière qui sont sans travail, et auxquels le
service des machines serait rendu utile, au lieu de les ruiner
comme à présent [1] ». Ainsi Owen n'a aperçu que la moitié du
problème : il a bien vu que le mécanisme industriel coupe les
bras des ouvriers, mais il n'a pas soupçonné le phénomène de
surproduction sur lequel Marx fondera sa théorie des crises
répétées et croissantes aboutissant à la crise finale où doit
s'effondrer le régime capitaliste. Bazard, dix ans plus tard,
verra ce que n'ont vu ni Fourier ni Owen, lorsque, observant
le système de production intensifiée qui est la loi même du
capitalisme dès ses débuts, il dira : « La conséquence nécessaire de cette production outrée, dans certaines directions, de
ces efforts incohérents, c'est que l'équilibre entre la production et la consommation est à chaque instant troublé [2] ». Nous
trouvons ici, formulée nettement pour la première fois, la
théorie que Marx développera, fera sienne, et qu'il exprimera
ainsi : « L'histoire de l'industrie et du commerce n'est plus
autre chose que l'histoire de la révolte des forces productives
modernes contre le régime moderne de la production, contre un
régime de la propriété qui est la condition même d'existence
de la bourgeoisie et la condition de sa souveraineté. » Quant
aux « procédés dont la bourgeoisie use pour sortir de ces
crises », ils aboutissent « à préparer des crises encore plus
formidables et qui touchent à plus d'industries ; à diminuer
encore les moyens qu'on a de prévenir ces crises [3] ». La catas-

1. Mémoire aux puissances. *Examen impartial*, etc., p. 132.
2. *Doctrine de Saint-Simon*. 1re année, p. 29.
3. *Manifeste communiste*, t. I, pp. 29-30.

trophe révolutionnaire devait naître de ces crises accumu-
lées, totalisées : l'histoire économique de ces cinquante
dernières années a démenti cette prophétie, que Marx n'a
d'ailleurs pas plus empruntée à Bazard qu'à Fourier ; et les
crises sont allées s'atténuant et se raréfiant à mesure que le
monde capitaliste prenait une connaissance plus exacte du
marché et s'appliquait à régler la production sur les besoins
connus désormais, ou plutôt sur les pouvoirs de consommation du public. Mais c'est là une question à traiter en détail
ultérieurement. Bornons-nous pour l'instant à constater que la
théorie des crises s'intensifiant et aboutissant en catastrophe
révolutionnaire n'appartient ni de près ni de loin aux « utopistes » de la première moitié du XIXᵉ siècle.

VIII

Le matérialisme historique, affirmé par Marx dans la *Misère
de la philosophie* et précisé avec la collaboration d'Engels
dans le *Manifeste communiste*, a été formulé plus ou moins
explicitement par tous les novateurs socialistes de la période
dite « utopique », en opposition de la. période suivante, dite
« scientifique ». Franz Mehring reproche à Charles Andler
d'avoir « cherché les origines du *Manifeste* dans la tradition
babouviste et dans l'influence de Proudhon [1] ». Et, pour prouver que l'auteur du *Manifeste* ne doit rien à l'auteur de la
Création de l'ordre, il invoque un ouvrage de Marx, introu-
vable aujourd'hui. Soit : la *Sainte famille* est antérieure à la
Création de l'ordre. Mais Babeuf est antérieur à Marx et à la
Sainte famille, et, d'ailleurs, Marx, moins marxiste que son
historien, reconnaît que « la littérature socialiste et communiste de la France est née sous la pression d'une bourgeoisie
dominante ; elle est l'expression littéraire de la lutte contre
cette domination [2] ». Et c'est lui, Marx, qui donnera à cette
lutte son expression non plus littéraire, mais scientifique. On

1. *Mouvement socialiste* du 8 février 1902.
2. *Manifeste communiste,* t. I, p. 60.

ne conteste pas ici que, sous le nom de matérialisme historique, Marx ait donné au déterminisme économique une rigueur et une précision que ne lui avaient pas données Babeuf. Il s'agit d'ailleurs bien moins d'établir un droit d'antériorité sur l'idée maîtresse de la construction marxiste que de remonter aux origines philosophiques de cette idée, et je ne sais pourquoi Andler doute que Marx doive beaucoup « à un aussi pur idéologue que d'Holbach, à un théoricien aussi fanatique de la raison considérée comme toute puissante conductrice d'hommes, ou à Helvétius, théoricien du pur hasard dans les faits ou du caprice dans les hommes[1] ». Cette influence des grands utilitaires français sur la pensée de Marx, comme sur celle de tous les novateurs français qui l'ont précédé, n'est pas niable. Le matérialisme historique a été exprimé bien avant eux, d'ailleurs, et par le poète qui a maudit l'*auri sacra fames,* et par tous les moralistes, tous les prédicateurs qui l'ont imité et paraphrasé. Le matérialisme historique, c'est l'histoire expliquée par la philosophie utilitaire, et Marx procède tout aussi directement des grands sensualistes français que de Hegel. Il a reçu en plus, de celui-ci, une notion du mouvement des phénomènes, de dialectique par résolution de deux phénomènes contradictoires en un troisième qui surgit d'eux. Cette notion n'est pas dans les philosophes français du xviiie siècle ; néanmoins, le génie tout spontané de Fourier en a eu des clartés très vives, puisque, comme nous venons de nous en rendre compte au paragraphe précédent, il montre les moyens de production en révolte contre les conditions générales de la société, et qu'il place celle-ci dans l'alternative d'un retour à la barbarie par subversion totale, ou d'une organisation plus conforme aux faits économiques nouveaux. Lorsque Marx et Engels disent que « la bourgeoisie a fait la ville maîtresse souveraine de la campagne » et qu'ainsi « elle arrache une part importante de la population à la stupidité de la vie rurale[2] », ils répètent en 1847, et d'ailleurs interprètent d'une manière à la fois plus historique et

1. *Mouvement socialiste* du 8 mars 1902.
2. *Manifeste communiste,* t. I, p. 27.

plus révolutionnaire, ce que Fourier, en 1829, avait dit, lorsqu'il montrait les conséquences du « progrès colossal de l'industrie », par lequel les capitales deviennent des « gouffres
qui font de plus en plus dédaigner l'agriculture[1] ».

Mais voici qui est plus évident encore : Lorsque Fourier, dès
1808, dit que « le mécanisme industriel est le pivot des sociétés humaines[2] », il s'affirme nettement comme un précurseur
du matérialisme historique. Nous venons de voir qu'il a la
notion de la dialectique, du développement par contradiction,
par surgissement de phénomènes nouveaux ; en voulons-nous
une illustration fournie par lui-même ? « L'abolition de l'esclavage, dit-il, fut le fruit du régime féodal décroissant [donc,
du régime mercantile, capitaliste, croissant]. L'introduction
de ce régime fut l'effet du hasard, et non des calculs philoso--
phiques[3]. » Par le hasard, Fourier entend les rapports de production, les conditions matérielles, cela ne peut faire aucun
doute. Ce ne sont pas des spéculations philosophiques, ce n'est
pas l'amour de la liberté et de l'égalité, qui, selon lui, ont forcé
les maîtres d'esclaves à libérer ceux-ci, mais une transformation des moyens de production qui permet au maître de ne
nourrir désormais les travailleurs que lorsqu'il les emploiera.
Marx ne dira pas autre chose lorsque, parlant de la transformation du servage en salariat, il affirmera que « partout où la
bourgeoisie s'est saisie du pouvoir, elle a détruit toutes les conditions féodales, patriarcales, idylliques de l'existence sociale.
Elle a impitoyablement rompu, ajoute-t-il, les liens féodaux
complexes et variés qui liaient chaque homme aux hommes
que la naissance mettait au-dessus de lui, et elle n'a pas voulu
qu'il subsistât entre les hommes d'autre lien que l'intérêt tout
nu, où le sentiment n'a point de part, et que les strictes exi-
gences du paiement au comptant[4] ». Le capitalisme se greffe-
t-il sur l'esclavagisme ? C'est pour l'esclave un surcroît d'exploi-

---

1. *Nouveau monde industriel.* Analyse de la civilisation.
2. *Théorie des quatre mouvements.* Discours préliminaire.
3. *Id.*, Exposition. Note.
4. *Manifeste communiste*, t. I, p. 23.

tation. « Dès que, nous dit encore Marx, les peuples dont la production se meut dans les formes inférieures de l'esclavage et du servage sont entraînés sur un marché international dominé par le mode de production capitaliste, et qu'à cause de ce fait la vente de leurs produits à l'étranger devient leur principal intérêt, dès ce moment les horreurs du surtravail, ce produit de la civilisation, viennent s'enter sur la barbarie de l'esclavage et du servage. Tant que la production, dans les États du sud de l'Union américaine, était dirigée principalement vers la satisfaction des besoins immédiats, le travail des nègres présentait un caractère modéré et patriarcal. Mais à mesure que l'exportation du coton devint l'intérêt vital de ces États, le nègre fut surmené, et la consommation de sa vie en sept années de travail devint partie intégrante d'un système froidement calculé[1]. »

Fourier est si profondément imbu de matérialisme économique qu'il va jusqu'à repousser la passion dite collectisme sur laquelle se fondait un auteur de son temps, le docteur Amard, pour inciter les hommes à travailler au bien commun. L'utilitarisme porte Fourier à déclarer d'abord qu'il s'agit de « trouver un état où l'homme trouve son bénéfice à soutenir l'intérêt collectif » ; et, en conséquence de cette proposition utilitaire, il ajoute, parlant de la science des adhérents au *collectisme* : « Je m'isole de leur science... elle commet le contre-sens de vouloir construire le faîte de l'édifice avant les fondements ; ignorant qu'une loi de la nature est d'organiser le matériel avant le passionnel et de ne rien tenter en association intellectuelle, scientifique, etc., avant d'avoir posé les bases de l'édifice par l'Association du matériel, du régime domestique et agricole, qui doit être la souche de toutes les autres associations[2]. » En vertu de ce principe, il ira jusqu'à déclarer nuisibles socialement les progrès politiques et moraux qui ne se relient pas à des progrès économiques appropriés ; et il énumérera la « foule de caractères vicieux » introduits par « la chimère du

1. *Le Capital*, I, ch. X, p. 101, col. 2.
2. *Théorie de l'unité universelle*. Ch. III.

gouvernement représentatif[1] ». Il verra dans le pouvoir politique non un moyen d'administration publique, mais de corruption privée et publique, et dans le parlementarisme, en
régime mercantile, « un moyen de faire payer à la nation le
prix de la corruption de ses représentants [2] ». Développant ce
thème, Marx parlera du « temps où toute chose, morale ou
physique, étant devenue valeur vénale, est portée au marché
pour être appréciée à sa plus juste valeur [3] ». Et il accusera la
bourgeoisie : « Elle a monnayé en valeur d'échange la dignité
de la personne humaine, et, à la place de toutes les libertés
ardemment poursuivies et chèrement conquises, elle a installé,
toute seule, la liberté sans âme des transactions commerciales [4]. » Ces deux passages de Marx étaient à citer, car ils
nous prouvent que, tout comme la « littérature » de Fourier,
sa « science » traduit très expressivement l'imprécation des
moralistes, à travers les siècles, contre l'*exécrable soif de l'or*.

Considérant qui, en 1834, écrit qu'une nation ne gagne rien
aux changements politiques, mais « au développement des arts,
des sciences, aux perfectionnements des méthodes agricoles et
industrielles », estime que c'est à son bien-être que peut se
« mesurer le degré de liberté qui peut lui être laissé, ou,
ajoute-t-il, très expressivement, qu'elle est capable de se donner ». Voilà qui est net ; tout comme un marxiste orthodoxe de
notre temps. Considérant, aux premiers jours de la monarchie
de juillet, fait dépendre les progrès politiques des progrès économiques, et non ceux-ci de ceux-là. « Si nous sommes affranchis du joug féodal, dit-il, ce n'est pas aux constitutions que
nous le devons, car les constitutions n'ont rien fait autre chose
que de constater l'émancipation opérée du tiers état et des
Communes, émancipation due à cela seul que le tiers état, les
Communes, les hommes taillables et corvéables, avaient conquis, peu à peu, par les sciences et l'industrie, une puissance

1. *Nouveau monde industriel.* Analyse de la civilisation.
2. *Fausse industrie.*
3. *Misère de la philosophie*, p. 7.
4. *Manifeste communiste*, t. I, p. 24.

sociale supérieure à l'ancienne puissance féodale de leurs seigneurs [1] ». Marx et Engels diront en 1847 que « la bourgeoisie
moderne apparaît comme le produit d'un long développement,
de toute une série de révolutions dans le mode de production
et les moyens de communication ». Ils ajoutent qu' « à chacun
des degrés successifs de son ascension, la bourgeoisie réalisa
un progrès politique d'ampleur égale [2] ». Mais, ils diront
ensuite que « du médecin, du juriste, du prêtre, du savant, elle
a fait des salariés à ses gages [3] ». Ils n'attribueront donc pas
le pouvoir, comme fait Considérant, aux maîtres de la science
et aux chefs de l'industrie, mais aux chefs de l'industrie seulement. Leur vue, on en conviendra, est moins conforme que la
sienne à la réalité des faits ; elle se rapproche davantage des
imprécations du moraliste que des constatations du savant.
Cependant, si Marx et Engels réduisent la vision de Considérant, c'est bien le même phénomène aperçu par lui qu'ils nous
décrivent en ces termes : « Classe écrasée sous la toute puissance des seigneurs féodaux, association armée de pouvoirs et
autonome dans les communes ; ici, république urbaine indépendante ; là, tiers état taillable et corvéable de la monarchie ;
puis, une fois venu l'âge des manufactures, contrepoids faisant
équilibre à la noblesse, aussi bien dans la monarchie aristo-
cratique que dans la monarchie absolue, pierre d'assise et base
essentielle des grandes monarchies quelles qu'elles fussent, —
l'institution de la grande industrie et du marché universel lui
livra enfin, par droit de conquête, la souveraineté politique
totale dans l'État représentatif moderne [4]. »

L'auteur des *Lettres sur le système de la coopération d'après
les plans de M. Owen* peut aussi être classé parmi les précurseurs du matérialisme historique lorsqu'en 1828, sous l'inspiration du novateur anglais, il parle de « cette guerre intestine
perpétuelle livrée dans tous les détails de la vie par les agents

1. *Destinée sociale.*
2. *Manifeste communiste*, t. I, pp. 22-23.
3. *Id.*, p. 24.
4. *Id.*, p. 23.

de spoliation à l'homme industriel, qui doit à son tour lutter sans cesse pour retenir le plus qu'il lui est possible du fruit de son travail », et lorsqu'il se récrie sur tant « d'efforts pénibles pour maintenir, tantôt par la violence, et tantôt par mille expédients désastreux, tout cet échafaudage du prétendu ordre social, c'est-à-dire l'organisation systématique du désordre ». En parlant ainsi, et de même lorsqu'il parle « des guerres extérieures qui n'ont pas d'autre cause, et qui remplissent l'histoire des peuples[1] », Joseph Rey indique à la fois le schéma de la théorie du matérialisme historique et de la lutte des classes. On a vu plus haut que Robert Owen attribuait la chute de Napoléon à l'industrie anglaise, dont le merveilleux développement avait permis de fournir des subsides aux gouvernements entrés dans la coalition, et que Saint-Simon, de son côté, disait qu'en guerre la victoire est toujours acquise à la nation la plus industrieuse[2]. Bazard complétera et précisera cette vue de matérialisme historique de son maître lorsqu'il dira, traçant un tableau rapide du passage de l'état féodal à l'état industriel : « Ce n'est plus le pillage, ce ne sont plus même des possessions territoriales que convoitent les parties belligérantes ; ce sont maintenant, dans le plus grand nombre des cas, des privilèges commerciaux qu'elles se disputent[3]. » Et, dans une autre leçon, il indique « quelle part énorme a eu cet intérêt dans les dernières grandes guerres dont l'Europe a été le théâtre[4] ». Mais à quoi bon chercher des exemples ! La théorie fondamentale de Saint-Simon, la substitution du régime industriel au régime féodal, qu'est-ce, sinon le tracé philosophique général de ce qui sera plus tard, sous la domination de la catégorie économique, la philosophie de l'histoire de Karl Marx, c'est-à-dire le matérialisme historique ! Aussi suffit-il d'être tant soit peu au courant de l'œuvre de Saint-Simon, comme d'ailleurs de celle de Fourier, pour s'étonner d'entendre Mehring déclarer que Marx

1. *Lettres*, etc., pp. 15-16.
2. V. plus haut, p. 145.
3. *Doctrine de Saint-Simon*, 1829. Exposition, p. 103.
4. *Id.*, 2ᵉ année. 12ᵉ leçon.

n'est redevable envers eux que de « la critique de la société
bourgeoise », et que c'est des seuls philosophes matérialistes
français qu'il tient « l'application du matérialisme à la révolution sociale [1] ». La vérité est que Marx a connu l'œuvre de
Saint-Simon et celle de Fourier, puisqu'il a vécu en France au
moment où le fouriérisme et le saint-simonisme comptaient de
fervents adeptes, nombreux et instruits. Et comment aurait-il
ignoré ces théories, puisqu'il les mentionne dans le *Manifeste
communiste?* Il n'est pas bien certain que Marx ait lu d'Holbach ou Helvétius [2], mais il serait absolument invraisemblable
qu'il n'eût pas lu Fourier et Saint-Simon. Ne parle-t-il pas en
effet en homme qui les connaît, lorsqu'il dit d'eux qu'ils « dis-
cernent nettement l'antagonisme des classes, l'action des éléments dissolvants qui travaillent la classe dominante », et
lorsqu'il constate que Saint-Simon, Fourier et Owen « ne dis-
cernent pas, dans la classe prolétarienne l'énergie autonome,
le mouvement politique qui lui sont propres [3] »? Marx indique
que, tandis que ses aînés partaient du matérialisme historique
pour aboutir à la fusion des classes ou à leur réconciliation
dans l'association volontaire, il est parti, lui, du même point
et a continué la lutte des classes pour aboutir à l'éviction de la
bourgeoisie et à la paix romaine du prolétariat victorieux. Evidemment, — et c'est son originalité, c'est par là qu'il a proprement créé une méthode, une philosophie du mouvement social,
— Marx a poussé plus avant, plus aiguisé et plus délimité, et
aussi plus exclusivement employé que les précurseurs socialistes,
l'utilitarisme économique hérité de la pensée des Helvétius,
des d'Holbach et des Bentham. De cet utilitarisme économique, Saint-Simon, Fourier et Owen avaient fait un déterminisme social ; Marx en a fait le matérialisme historique.
Lorsque nous en serons à l'inventaire et à la vérification des

1. *Mouvement socialiste* du 8 février 1902.

2. Leur pensée, en tout cas, ne lui a pas été étrangère, et cela dès ses
jeunes ans. Je tiens en effet d'une de ses proches parentes que le père de
Karl Marx fut un admirateur fervent de Voltaire et des autres philosophes
français du xviiie siècle.

3. *Manifeste communiste*, t. I, p. 68.

concepts socialistes modernes nés de la pensée de Marx, et cet
ouvrage formera la suite historique et logique du présent, nous
verrons si le déterminisme social, même adultéré de rationalisme pur et de mysticisme, n'a pas néanmoins laissé sa trace
profonde à côté du matérialisme historique.

IX

A lire certains écrits socialistes parus entre 1836 et 1848, il
semblerait que le matérialisme historique fût, non un legs de
la philosophie sensualiste du xviiiᵉ siècle, mais une révélation
soudaine qui se serait produite à la lumière des immenses
transformations industrielles dont l'Angleterre donna le spectacle au monde à la fin du xviiiᵉ siècle et au commencement
du xixᵉ [1]. Ecoutez cette imprécation de Pierre Leroux contre
l'*auri sacra fames* portée à son paroxysme par l'Angleterre industrielle : « C'est l'âme de l'Angleterre que vous voyez là sous
la forme de souverains et de banknotes, et il faut veiller à ce
que cette âme ne soit pas altérée. Cet or, ce papier, après avoir
subi l'inspection des prêtres de la Banque, retourne dans la
circulation et devient la cheville ouvrière de toute l'activité morale, intellectuelle, de l'illustre peuple [2]. » Dès 1843, Flora Tristan, « trop oubliée », donnait, dans l'*Union ouvrière*, ce que
Benoît Malon appelle justement « l'embryon de la puissante
systématisation historique que révéla cinq ans après le *Manifeste des communistes* ». Et, observe-t-il, « ici comme en toute
chose, la pratique avait devancé la théorie. Flora Tristan, qui
venait d'Angleterre, pays élu de la concentration capitaliste et
de l'exploitation de l'homme par l'homme, avait vu naître et se

---

1. Bernstein donne une explication on ne peut plus satisfaisante de ce
phénomène, lorsqu'il le fait surgir de « l'attention toujours grandissante »
prêtée aux « facteurs économiques », et non de ce que ceux-ci « jouent
actuellement un rôle plus considérable que jadis ». Pour Bernstein, « cette
erreur est engendrée par le fait que, de nos jours, le motif économique se
manifeste ouvertement, tandis que jadis il était rendu méconnaissable sous
toutes sortes d'affublements autoritaires et idéologiques. » (*Socialisme
théorique et socialdémocratie pratique*, pp. 17-18.)

2. *Malthus et les économistes*, p. 4.

développer le chartisme[1] ». Ecoutez-la parler : « Depuis 1789 la classe bourgeoise est CONSTITUÉE. Remarquez quelle force peut avoir un corps uni par les mêmes intérêts. — Dès l'instant où cette classe est CONSTITUÉE, elle devient si puissante qu'elle peut s'emparer exclusivement de tous les pouvoirs du pays. — En 1830... elle se choisit un roi à elle, procède à son élection sans prendre conseil du reste de la nation, et, enfin, étant de fait *souveraine*, elle se place à la tête des affaires... pour imposer aux vingt-cinq millions de prolétaires, ses subordonnés, ses conditions... comme agissaient les seigneurs féodaux qu'elle a renversés. — Etant propriétaire du sol, elle fait des lois en raison des denrées qu'elle a à vendre[2]. » Ces paroles : *elle se choisit un roi à elle... elle fait des lois pour son intérêt économique*, Marx les prononcera quatre ans plus tard dans des termes singulièrement approchants, lorsqu'il dira : «Vraiment, il faut être dépourvu de toute connaissance historique pour ignorer que ce sont les souverains qui, de tout temps, ont subi les conditions économiques, mais que ce ne sont jamais eux qui leur ont fait la loi. La législation, tant politique que civile, ne fait que prononcer, verbaliser le vouloir des rapports économiques[3]. » Il y a dans les paroles de Marx, on s'en aperçoit, un caractère de fatalité qui n'est pas dans celles de Flora Tristan ; mais rappelons-nous qu'à maintes reprises Marx dénoncera la bourgeoisie comme la bénéficiaire de cette fatalité des rapports économiques, qui d'ailleurs, selon la loi marxiste de la dialectique, élimineront un jour la bourgeoisie.

Il n'est pas jusqu'à l'ultra-idéaliste Louis Blanc qui ne fasse du matérialisme historique quand, avec grande raison d'ailleurs, il aperçoit le substratum économique de la lutte entreprise par l'Europe contre Napoléon, à l'instigation de l'Angleterre. « En 1789, dit-il, la France adopta toutes les traditions de l'économie politique anglaise, elle devint un peuple industriel à la manière du peuple anglais. Lancée sur la pente rapide

1. Les Collectivistes français. *Revue socialiste* de février 1887.
2. *L'Union ouvrière*, pp. 27-28.
3. *Misère de la philosophie*, p. 67.

de la concurrence, elle s'imposa la nécessité d'aller partout
établir des comptoirs, d'avoir des agents dans tous les ports.
Mais disputer l'Océan à l'Angleterre, c'était vouloir lui arracher
la vie. Elle l'a bien compris. De là les coalitions soldées par
elle : de là le blocus continental, de là ce duel affreux entre
Pitt et Napoléon[1]. » Et, plus loin, parlant de la politique contemporaine de l'Angleterre (il est vrai qu'il écrit en lignes un
peu après 1840, au moment où la question d'Orient a failli
amener la guerre avec l'Angleterre, et qu'il est tout frémissant
de l'agitation patriotique causée par le traité du 15 juillet conclu contre la France à l'instigation de Palmerston), Louis Blanc
dit : « L'Angleterre a des articles de laine et de coton, qui appellent des débouchés? Vite, que l'Orient soit conquis, afin que
l'Angleterre soit chargée d'habiller l'Orient. Humilier la France?
Il s'agit pour l'Angleterre de bien autre chose, vraiment! Il
s'agit pour elle de vivre, et elle ne le peut, ainsi le veut sa
constitution économique, qu'à la condition d'asservir le monde
par ses marchands[2]. »

Pour le matérialisme historique, l'abolition de l'esclavage
n'est pas un fait de justice sociale, mais de nécessité économique : « L'esclavage et le servage, a dit Gabriel Deville, ont
été conformes à la nature de la production. Ils ont disparu lorsque le degré de développement de la production a rendu le travail de l'homme libre plus utile que le travail de l'esclave ou
du serf ; la justice et la fraternité n'ont été pour rien dans cette
disparition[3]. » « Substitué aux autres formes des travaux forcés, le salariat a avantageusement déchargé le capitaliste de
l'entretien des producteurs[4]. » Je me hâte d'ajouter que le matérialisme historique, dans l'interprétation de Deville, ne méconnaît pas l'idée de justice : « Certes, dit-il, notre théorie est
adéquate à l'idée de justice... mais nous savons trop... que les
plus généreuses revendications ne peuvent suppléer les don-

1. *Organisation du travail*, pp. 81-82.
2. *Id.*, p. 84.
3. *Le Capital*, de Karl Marx, résumé et accompagné d'un *Aperçu sur e socialisme scientifique*, p. 11.
4. *Id.*, p. 12.

nées de l'expérience [1]. » Pecqueur voyait, lui aussi, la suppression de l'esclavage sous l'angle de la nécessité économique, et il se souvenait certainement des paroles de Fourier rappelées plus haut lorsqu'il disait que « l'abolition de l'esclavage dans les possessions coloniales anglaises est une mesure dictée par la plus habile sollicitude pour les destinées de l'industrie et du commerce de la Grande-Bretagne ». Mais il a introduit quelque chose de nouveau dans cette notion. Son optimisme économique ne lui permet pas de voir seulement, dans les esclaves émancipés par les *acts* de 1831 et 1838, des ouvriers dont le patronat continuera de tirer du profit sans avoir désormais à participer aux charges de leur entretien. Pour lui, les esclaves émancipés sont des valeurs économiques accrues, et conséquemment leur puissance de consommation doit s'élever d'autant. Aussi ajoute-t-il, et sur ce point, malgré l'exagération de son optimisme, il voit plus clairement la réalité que ne la verront Marx et son école : « D'un seul coup, la politique de son gouvernement assure à cette nation, dans le plus lointain avenir, des consommateurs innombrables pour ses produits, et des producteurs pour ses consommations les plus essentielles. Elle met au monde, enfin, des populations amies ; elle s'assure des débouchés féconds, et peut-être des privilèges futurs pour son pavillon et pour ses marchandises [2]. »

Il est remarquable que le matérialisme économique de Pierre Leroux, de Louis Blanc et de Pecqueur se soit dégagé et formulé sur l'observation des phénomènes économiques et sociaux de l'Angleterre. C'est dans ce pays que le machinisme a pris son essor, c'est là que le développement industriel a dépeuplé les campagnes, que les moutons chargés de fournir la laine aux manufactures ont expulsé le paysan de la chaumière où avaient vécu ses ancêtres. Le matérialisme économique sera donc la doctrine interprétative de ces phénomènes si nouveaux ; et lorsque surgira celui qui s'emparera de cette doctrine et la fera sienne, pour donner au prolétariat une arme courte mais

1. *Le Capital*, etc., p. 13.
2. *Des intérêts du commerce*, t. II, p. 397.

singulièrement aiguë, c'est en Angleterre qu'il ira chercher de préférence les documents de l'œuvre scientifique destinée à prouver sa construction philosophique ; non parce qu'elle est le seul asile ouvert au proscrit, mais parce qu'elle est la terre-mère du capitalisme. Là, en effet, se trouvent tous les phéno-mènes que Marx observera, systématisera, généralisera ampli-fiés dans le temps et dans l'espace : concentration capitaliste, domination politique de la classe qui possède le pouvoir écono-mique, détermination de la politique sur les nécessités écono-miques, lutte de classes exprimée par le chartisme, paupérisa-tion des travailleurs avouée officiellement par l'accroissement continu de la taxe des pauvres. Tout cela, dans la pensée de Marx, devait passer la Manche et la mer du Nord et amener la catastrophe révolutionnaire dans toute l'Europe. Il n'avait oublié qu'une chose : c'est que l'évolution économique, politique, sociale de l'Angleterre possède des caractères propres qui la font échapper dans une certaine mesure aux conditions relati-vement identiques réalisées sur le continent par le développe-ment parallèle de l'industrialisme, des connaissances et de la démocratie. On aperçoit la double chance d'erreur courue à calquer l'évolution européenne ultérieure sur l'évolution an-glaise antérieure et à supposer l'évolution anglaise ultérieure comme un phénomène identique aux possibilités d'évolution ultérieure sur le continent. Mais c'est là une question qui ne trouve point ici sa place. Bornons-nous donc pour l'instant à constater que l'Angleterre, la patrie élue de la doctrine marxiste, est précisément le pays où le socialisme, tout au moins selon la formule marxiste, est le moins en progrès, — et gardons-nous dès prophéties.

X

Il est maintenant prouvé jusqu'à l'évidence, et sur ce point l'excellent travail de Ch. Andler est lumineux, que Pecqueur a formulé avant Marx la conception matérialiste de l'histoire[1].

1. *Manifeste communiste*, t. II. Commentaire, pp. 84 à 102.

Seulement, tandis que celui-ci en tirait des conséquences pessimistes et révolutionnaires, celui-là y voyait les conditions
matérielles de l'harmonie sociale future. Pecqueur constate
bien l'opposition des classes, mais il entend, répétons-le, les
concilier dans l'association. De son côté, Marx aperçoit, aussi
bien que Pecqueur, que les villes ne peuvent dominer et exploiter les campagnes sans, du même coup, les civiliser ; seulement
il fait de ces nouveaux venus dans la civilisation, de ces paysans
prolétarisés, les révoltés qui se substitueront à leurs maîtres et
initiateurs[1]. Pour lui, donc, la bourgeoisie est un fossoyeur
qui creuse sa propre tombe. Pecqueur fait de la conception matérialiste une catégorie de l'immense déterminisme
social : il ne subordonne pas étroitement l'évolution sociale à
l'invention et à la productivité accrue des outils et des machines ; mais plutôt, par un acte de la volonté sociale, il entend
faire servir le machinisme industriel et la concentration capitaliste à ce qui lui semble leur fin rationnelle, c'est-à-dire à
augmenter le bien-être de tous les industrieux et à éliminer les
non-industrieux, les parasites. C'est dans cet esprit que nous
l'entendrons dire que « si la France, en devenant industrielle,
marchande, riche, une émule des Anglais pour la création des
biens matériels, devait perdre les traditions de haute moralité
sociale, de politique généreuse, qui l'ont placée à la tête de la
civilisation, mieux vaudrait qu'elle renonçât au premier rang
dans la puissance matérielle, et qu'elle conservât intact le dépôt que lui a légué son passé historique ; mieux vaudrait qu'elle
demeurât l'initiatrice du mouvement moral, en montrant
l'exemple de la modération dans la richesse et celui de l'exaltation dans le dévouement, de la supériorité dans la science et
dans les découvertes, dans les inspirations et l'enthousiasme
des grandes et belles actions sociales. » Car, ajoute-t-il, « un
point reste certain, c'est que mieux vaut être réduit à recommencer la création des richesses et l'aisance générale, que de
recommencer à créer, à *former* des hommes et un peuple ani-

---

1. *Manifeste communiste*, t. I, p. 27.

més de sentiments de sociabilité élevés, conservateurs des principes fondamentaux de la civilisation, disposés à soutenir envers
et contre tous les prérogatives de l'homme libre et donnant
l'exemple des rapports d'égalité, de fraternité et d'hospitalité
cosmopolites [1] ». On le voit, Pecqueur ne laisse pas tout faire
aux dieux de la vapeur et de l'engrenage. Au contraire, il est
convaincu que si l'humanité abandonnait son patrimoine moral
déjà constitué, ou si elle se fiait aux forces économiques et
aux catastrophes qui doivent résulter de leurs conflits pour
accroître ou reconstituer ce patrimoine, mieux vaudrait pour
elle retourner à l'état patriarcal où les traditions se conservent
comme des vertus, mais aussi les vertus comme des traditions.

D'autre part, Pecqueur ne croit pas « que l'influence d'un
moyen purement matériel soit jamais et absolument directe ».
La vapeur, « toute puissante qu'elle soit », ne fait pas les hommes
« dévoués, sages et justes sans la participation de leur libre
arbitre [2] ». Il est certain que les Chinois voyagent en chemin de
fer tout en marmottant des malédictions contre les diables
d'Occident qui les ont construits et les exploitent; il est certain
également que les Indous ne mêlent pas leurs castes même dans
les wagons les plus modernes et les plus rapides. Pour Pecqueur, l'esprit d'invention auquel on doit les machines est le
phénomène intellectuel qui crée les phénomènes matériels.
Ceux-ci ne doivent donc pas être présentés comme les impul-
seurs, encore moins comme les créateurs de celui-là. C'est
pourquoi, lorsqu'il nous dira que tous les progrès sociaux et
moraux, le désarmement et la fédération européenne notamment, dériveront bien *naturellement* et *souvent nécessairement*
« de la propagation des procédés matériels modernes », il aura
soin d'ajouter que ces moyens sont « joints à l'action simultanée des influences plus hautes et non moins efficaces [3] », c'est-
à-dire des facteurs idéologiques. Nous ne pouvons concevoir
aucun doute sur ce point lorsque nous le voyons faire en ces

1. *Des intérêts du commerce*, t. II, p. 273.
2. *Id.*, p. 407.
3. *Id.*, p. 447.

termes du mécanisme industriel l'agent de nos vouloirs moraux et sociaux : « S'il était un groupe de nations, dit-il, chez lesquelles un libre essor fût laissé aux facultés et à la vie individuelles ; si toutes ces populations étaient pourtant séparées par des vestiges d'une politique, d'une moralité et d'une civilisation détruites ou surannées, et par des oppositions d'intérêts dues en grande partie à l'absence des moyens matériels de conciliation et d'harmonie ;... si toutes ces populations encore séparées par de longues distances et par la difficulté de voyager,... se fussent cent fois désirées et appelées mutuellement ;... — évidemment, à ces peuples-là, à cette morale-là, les moyens expéditifs de se communiquer, de développer le travail et d'augmenter l'activité, s'adapteraient comme à leur fin propre. Or, l'Europe est dans ce cas [1]. » Nous constatons ici que le déterminisme social de Pecqueur n'a rien de mystique, qu'il s'inspire d'une conception intellectualiste de l'histoire heureusement rectifiée par la connaissance de l'action puissante des phénomènes économiques sur l'évolution générale. Nous verrons plus loin que son optimisme n'a rien du fatalisme béat proclamé par les théoriciens du laissez-faire et des harmonies économiques, dont il semble que le fatalisme révolutionnaire de Marx soit la contre-partie.

Le déterminisme social de Proudhon n'est assurément pas aussi vigoureux ni aussi précis que celui de Pecqueur, et souvent rien ne le distingue de sa catégorie économique, du matérialisme économique. Même lorsqu'il interprète dans un sens optimiste qui mettra Marx en fureur les phénomènes économiques de son temps, c'est plutôt à la manière des harmonistes comme Bastiat qu'à celle des déterministes comme Pecqueur. Ecoutez plutôt : « Si la France, depuis vingt-cinq ans, n'a pas ressenti de disette générale, dit-il, la cause n'en est pas à la liberté du commerce qui sait très bien, quand il veut, produire dans le plein le vide, et au sein de l'abondance faire régner la famine : elle est due au perfectionnement des voies de commu-

1. *Des intérêts du commerce*, p. 408.

nication qui, abrégeant les distances, ramènent bientôt l'équilibre un moment troublé par cette pénurie locale. Exemple
éclatant de cette haute vérité, que dans la société le bien général n'est jamais l'effet d'une conspiration des volontés particulières [1]. » Proudhon est fortement imprégné de la théorie de la
nécessité. Sous l'influence d'Auguste Comte, il s'est fait une
philosophie de l'histoire qui, proclamant les bienfaits des maux
nécessaires, aboutit en plein finalisme. N'en est-ce pas, et qui
affirme plus étroitement sa parenté avec le finalisme qui est au
fond de la théorie matérialiste de l'histoire, que le passage où
Proudhon affirme qu' « il y avait nécessité que le producteur,
ennobli par son art, comme autrefois le guerrier l'était par les
armes, portât haut sa bannière, afin que la vaillance de l'homme
fût honorée dans le travail comme à la guerre ; et nécessité que
du privilège naquit aussitôt le prolétariat [2] ! »

Plus tard, il accentuera encore son matérialisme économique.
« L'économie politique, dira-t-il en 1851, bien que ses merce-
naires n'en veuillent pas convenir, est la reine et la domina-
trice de l'époque. C'est elle qui, sans y paraître, fait tout, dirige
tout. Si Louis Bonaparte échoue dans sa demande de proroga-
tion, ce sont les *affaires* qui sont en cause. Si la Constitution
n'est pas revisée, c'est la Bourse qui le défend. Si la loi du
31 mai est rapportée, ou du moins profondément modifiée, c'est
le commerce qui l'aura voulu. Si la République est invincible,
ce sont les *intérêts* qui la protègent. Si le paysan, l'ancien de
la terre, embrasse la Révolution, c'est justement parce que cette
terre, sa maîtresse adorée, l'appelle. Si nous ne chômons pas
le dimanche, c'est que les influences industrielles et mercantiles s'y opposent [3] ». A lire ces lignes, on pourrait penser que
Proudhon s'est décidé à faire état du « tissu de plagiats » sorti
de la plume « d'un certain docteur Marx », si nous ne venions
de voir qu'avec tous ses contemporains de la période antérieure
à l'apparition de Marx, il avait une notion très précise de l'ac-

---

1. *Contradictions économiques*, t. II, pp. 309-310.
2. *Id.*, t. I, p. 321.
3. *Idée générale de la Révolution*, p. 314.

tion des phénomènes économiques sur le mouvement social. Il
n'emprunte donc rien à personne, sinon à tout le monde, lorsqu'il conclut en disant que « l'économie sociale, divinité peu
connue, mène le monde ». Pourtant, il déclare emprunter à
Aristote. Après tout, on peut bien remonter jusque-là et dire,
avec Aristote et Proudhon, que, « l'ordre politique étant lié à
l'ordre économique, tous deux solidaires, on peut prévoir
quelle influence l'inégalité sociale, soutenue *per fas et nefas*,
exercera sur la stabilité de l'Etat [1] ». Seulement, tout est dans
tout, à ce compte. Il n'empêche que Proudhon, s'il n'exprime
pas là quelque chose de bien neuf, n'en exprime pas moins la
part de vérité absolue qui est au fond du matérialisme économique lorsqu'il dit « que l'iniquité qui affecte l'ordre social se
communiquera dans la même proportion au gouvernemental »,
et lorsqu'il ajoute : « En sorte que, comme l'ordre économique
se trouve, par l'inégalité qu'il consacre et développe, placé
hors du droit, l'ordre politique, institué pour sa défense, sera
fatalement conduit à s'affranchir aussi du droit [2]. » Aussi est-
il révolté de l'hypocrisie bourgeoise qui refuse d'avouer l'influence de l'économique sur le politique, le moral et le social.
« Le pouvoir financier, s'écrie-t-il, bien autrement considérable
que l'*exécutif*, le *législatif* et le *judiciaire,* n'a pas même eu
l'honneur d'une mention dans nos différentes chartes [3]. »

L'influence des théories de Darwin devait nécessairement
renforcer le matérialisme économique de Proudhon. Aussi,
voyez-le tracer, en un de ces raccourcis où excelle son génie,
le tableau historique de l'humanité, des grandes migrations
primitives à la paupérisation du prolétariat contemporain. « La
cause première, universelle, et toujours instante de la guerre,
de quelque manière et pour quelque motif que celle-ci s'allume,
est la même que celle qui pousse les nations à essaimer, à former au loin des établissements, à chercher pour l'excédent de
leur population des terres et des débouchés. C'est le *manque*

1. *De la justice,* t. I, p. 382.
2. *Id.*, p. 383.
3. *Idée générale de la Révolution*, p. 49.

de subsistance ; en style plus relevé, c'est la RUPTURE DE L'ÉQUI-
LIBRE ÉCONOMIQUE. Le but ou l'objet de la guerre, d'après ce nouveau point de vue, serait donc, pour l'agresseur, de remédier
par le butin à la pénurie qui le tourmente ; pour l'attaqué, de
défendre ce qu'il considère comme sa propriété, à quelque titre
qu'il le tienne. En dernière analyse, le *paupérisme :* la cause
originelle de toute guerre est là [1]. » Guerre à l'extérieur entre
les nations, guerre à l'intérieur entre les classes ; les hommes
sont jetés les uns sur les autres par leurs besoins ; l'économie
sociale mène le monde. Cette théorie s'exprimera finalement en
pratique, comme nous le verrons plus loin, et à la veille du
moment où l'Internationale va surgir des délibérations de
Saint-Martin's Hall, Proudhon fait pressentir son adhésion à la
lutte de classe, non comme fait historique, mais comme moyen
de révolution. Cette adhésion pratique, qu'il formulera deux
ans plus tard dans la *Capacité politique des classes ouvrières,*
est très explicite déjà à ce moment.

Reprochant aux hommes de Février 1848 de n'avoir pas
compris que le vrai problème à résoudre alors n'était pas
politique, mais économique, il dit : « La révolution faite dans
la sphère du travail et de la richesse, on ne devait être nullement en peine de celle à opérer ensuite dans le gouvernement. » Cette fois, on ne peut pas dire que Proudhon ait absolument ignoré le « docteur Marx » ; car, tout comme celui-ci,
il incrimine « les politiques de la vieille école », victimes du
« préjugé démocratique », qui se sont une fois de plus obstinés
à « commencer par le gouvernement, sauf à s'occuper ensuite,
à loisir, du travail et de la propriété [2] ». C'est proprement reprocher à la démocratie de 1848 de n'avoir pas eu une politique
de classe.

XI

La fatalité économique qui domine tous les événements hu-

1. *Guerre et paix,* t. II, p. 122.
2. *Du principe fédératif,* p. 110.

mains n'est pas éternelle, nous dit Engels ; et c'est précisément la rebellion du mode de production contre le mode d'échange, la crise finale, totalisation des crises périodiques, qui permettra aux hommes de « faire leur histoire future, en êtres pleinement conscients de ce qu'ils vont faire ». C'est par cette catastrophe économique amenée par « la force expansive des moyens de production » que, libérée du matérialisme historique, « l'humanité sortira enfin du règne de la fatalité, pour entrer dans celui de la liberté[1] », c'est-à-dire sortira du purgatoire capitaliste pour entrer dans le paradis socialiste. Cette conception à la fois mystique et mécaniste de la catastrophe libératrice qui hante encore un si grand nombre de cerveaux, se trouve-t-elle chez les novateurs socialistes ? Pour Fourier, les crises pléthoriques n'ont pas, nous l'avons vu, le caractère de fatalité que leur attribueront Marx et Engels, puisqu'il va jusqu'à dire qu'elles ne sont « pas vice essentiel, mais accidentel[2] ». Mais si, dans sa pensée, leur accumulation, produite par « le progrès colossal de l'industrie », ne conduit pas à la catastrophe révolutionnaire, tout au moins engendre-t-elle la corruption dans le corps social. Dans ce cas, c'est-à-dire lorsque le désaccord est trop flagrant entre les moyens de production et l'organisation sociale, « les trophées scientifiques deviennent un mal plutôt qu'un bien », et « cette période est un *fruit mûr* qui ne peut que décliner[3] ». Dès lors, on verra la « centralisation politique », le « progrès de la fiscalité », la « consolidation du monopole maritime », les « atteintes à la propriété », la « chute des corps intermédiaires : états provinciaux, parlements, corporations », l' « agiotage érigé en puissance qui se rit des lois », le « progrès de la falsification tolérée », la « fréquence des crises d'abondance dépressive », la rechute « dans la barbarie » d'une « noblesse » qui ne songe « qu'à détruire l'industrie », la renaissance de l'esprit belliqueux se manifestant par des « vendées, guerillas, landsturmes », et enfin l' « initiation des bar-

---

1. *Socialisme utopique et socialisme scientifique.*
2. *Nouveau monde industriel.* Analyse de la civilisation.
3. *Traité de l'association domestique agricole.*

bares à la tactique » militaire « destructive[1] ». En somme,
Fourier a tracé tous les inconvénients connus ou à prévoir du
développement capitaliste ; mais aucun d'eux, ni même tous
réunis ne constituent la catastrophe.

Pecqueur est le premier qui ait repris la théorie fouriériste
des crises pléthoriques et qui en ait extrait celle de la catastrophe révolutionnaire, non pour y adhérer, mais pour la conjurer.
Constatant la rétrogradation des sentiments sociaux, la cupidité des chefs d'industrie, le désordre de la concurrence, il se demande « si les machines à vapeur et les moyens nouveaux de
transport » recèlent « quelques propriétés tellement salutaires,
efficaces, qu'elles puissent combattre en dernier résultat leurs
propres influences pernicieuses[2] ». D'autre part, constatant les
effets de la concentration capitaliste : « Pas de milieu, dit-il :
ou nous aurons l'association des classes moyennes, avec une
faible portion de salariés, ou une féodalité industrielle et commerciale plus ou moins absorbante, avec son cortège obligé, le
prolétariat en grand. Ne sont-ce pas là les signes précurseurs,
irrésistibles, d'une révolution profonde, universelle, séculaire,
immense, dans le temps et dans l'espace, tout à la fois industrielle, politique et morale[3] ? » Voilà posés quelques éléments
du problème. Deux ans plus tard, Pecqueur le pose dans son
intégralité lors qu'il constate « la substitution périodique et
indéfinie des machines aux bras des ouvriers, laquelle augmente
prodigieusement la production, alors même qu'elle diminue le
nombre des consommateurs[4] ». Mais il ne pousse pas plus
avant, et lorsqu'il fait surgir la crise révolutionnaire, ce n'est
pas directement de ce discord des forces de production et des
facultés de consommation qu'il vient de constater. Deux voies
également douloureuses s'ouvrent devant l'humanité, si elle
s'abandonne inerte à la fatalité des choses, et c'est pour qu'elle
ne s'y abandonne pas que Pecqueur l'avertit qu'elle aurait en

1. *Nouv. m. ind.* An. de la civ.
2. *Des intérêts du commerce*, t. II, p. 140.
3. *Id.*, t. I, p. 274.
4. *Des améliorations matérielles*, p. 295.

ce cas à choisir et à se résigner à « une écrasante concentration », à « une féodalité nouvelle » et à un « servage nouveau »,
ou bien à « une conflagration courte, mais profondément radicale et transformatrice, au bout de laquelle se verrait vraisem-
blablement acceptée et accomplie comme mode et comme
relation générale de l'industrie, l'*association;* et comme base
de répartition des bénéfices, une certaine proportion plus équitable entre le capital, le travail et le talent, et peut-être plus
que cela, la disparition de l'élément *capital*[1] ». Pecqueur ne
fait pas résulter directement la catastrophe de la surproduction capitaliste sans cesse aggravée, de la finale et insoluble
contradiction entre le moyen de production et le pouvoir de
consommation, pour la raison qu'il refuse de croire à la fatalité
de cette contradiction, convaincu que la volonté sociale interviendra à temps pour conjurer la catastrophe, ou plutôt qu'elle
interviendra à mesure que les menaces de crise surgiront. D'autre part, dans la pensée de Pecqueur, « si les machines peuvent
se multiplier indéfiniment, le but d'activité corporelle, les travaux, les industries, l'action de l'homme sur le globe, sont
également indéfinis dans leur application[2] ». Cependant, il voit
planer « au-dessus de tout la séparation complète des intérêts
des entrepreneurs et des ouvriers (ou l'insolidarité du capital
et du travail)[3] »; et il déclare « qu'il y a pressante nécessité à
porter l'indemnité ou le soulagement partout où c'est juste et
possible. Le temps est venu, ajoute-t-il, où l'opinion publique
doit investir les pouvoirs représentatifs des prérogatives suffisantes pour diminuer les inconvénients de cette substitution
des machines aux bras des ouvriers[4] ». Somme toute, et, cela
va sans dire, à travers mille souffrances et des luttes sans nombre, les choses se sont passées à peu près, sinon ainsi que
Pecqueur le souhaitait, du moins dans le sens indiqué par lui;
et c'est, rappelons-le, dans le pays où le machinisme industriel

1. *Des améliorations matérielles*, p. 297.
2. *Id.*, p. 129.
3. *Id.*, p. 295.
4. *Id.*, p. 126.

FOURNIÈRE. — Théories.   20

s'est le plus développé que s'est développée parallèlement une
législation protectrice des travailleurs qui a permis à ceux-ci de
se défendre contre le capitalisme et d'éviter, en fin de
compte, la catastrophe qui fût résultée d'une disproportion
permanente entre la puissance de production et la faculté de
consommation de la masse ouvrière.

Chose curieuse, Pecqueur place précisément l'Angleterre hors
des conditions générales qui rendent évitable la catastrophe
« Pour produire et consommer beaucoup, dit-il, il faut faire
participer les masses à l'une et à l'autre œuvre. » Et, il ajoute
que, loin de vérifier cette induction, l'Angleterre la contredit ;
mais cela tient à ce que son commerce extérieur lui permet de
se passer de consommateurs nationaux. Les capitalistes anglais
peuvent donc faire de leurs « ouvriers-machines des producteurs non consommateurs ». Qu'elle soit réduite à son marché
intérieur, « et l'Angleterre verra tomber en ruines ses établissements à vapeur, et ses chemins de fer, que les voyageurs
auront cessé de fréquenter, ou l'Angleterre verra sa double
aristocratie faire place à un peuple de consommateurs-produc-
teurs capitaliste[1] ». L'Angleterre n'est plus la maîtresse
unique du marché universel, et c'est vers la réalisation de la
seconde hypothèse de Pecqueur que paraissent se diriger tous
les faits observés jusqu'à ce jour.

Vidal semble être plus près de la donnée pessimiste de
Marx, relativement à la catastrophe finale, lorsqu'on l'entend
constater que « la mécanique a rompu tout équilibre entre la
production et la consommation[2] », que « l'industrie désormais
est condamnée à tourner dans son cercle fatal », et que « les
crises doivent être inévitablement périodiques, en attendant
qu'elles deviennent permanentes[3] ».

Il précise la situation avec une force singulière lorsqu'il écrit
ces lignes : « Aujourd'hui tous les hommes d'Etat de la Grande-
Bretagne reconnaissent et proclament hautement que la pros-

1. *Des intérêts du commerce*, t. I, pp. 408-409.
2. *Répartition des richesses*, p. 291.
3. *Id.*, p. 296.

périté du Royaume-Uni manque de base, peut être mise en
question par l'événement le plus imprévu, par la fermeture d'un
débouché; ils reconnaissent qu'il suffirait d'une crise industrielle, commerciale ou politique, pour réduire les travailleurs
à la détresse, pour provoquer un effroyable cataclysme...
Maintenir, prolonger le *statu quo*, n'importe par quels moyens,
conquérir à tout prix des débouchés nouveaux, des colonies
nouvelles, exploiter commercialement l'Inde et la Chine, reculer
enfin le moment de l'explosion reconnue inévitable, telle est
aujourd'hui la politique des hommes d'Etat les plus habiles de
l'Angleterre [1]. » Voilà, selon lui, les « résultats nécessaires de
la concurrence, de l'industrialisme exagéré et de l'outre-com-
merce ». Mais les efforts des hommes d'Etat pour la conquête de
nouveaux débouchés sont inutiles; le monde ayant des limites,
lorsqu'elles seront atteintes, la catastrophe éclatera. Fau-il
s'en prendre à la classe des industriels et à ses hommes d'Etat?
Non, répond Vidal, attendu que « la misère est en quelque
sorte le résultat nécessaire de notre état de civilisation », qu'on
doit se garder de l'imputer aux individus, « pas plus aux malheureux qu'aux entrepreneurs d'industrie ». Et Vidal déclare
qu' « il est bon de le constater et de le proclamer à une époque
où... l'on prêche ouvertement la guerre des pauvres contre les
riches [2]. » On le voit, à la veille même de la publication du
Manifeste communiste, Vidal, tout comme Pecqueur, connaît
et la concentration capitaliste produit du machinisme, et les
crises s'accumulant sous la pression de la concurrence et ache-
minant le monde économique vers la catastrophe, et la lutte de
classes née de l'agglomération des travailleurs dans les centres
industriels. Comme Pecqueur, il préfère avertir la société des
périls qu'elle court et la diriger vers l'association des producteurs, qui élèvera la capacité des consommations au niveau du
pouvoir de production. Pourtant, il n'hésite pas à s'écrier, mais
on entend bien qu'il prédit les faits pour tenter de les écarter :
« Laissons donc faire les accapareurs, laissons passer le

1. *Répartition des richesses*, pp. 211-212.
2. *Id.*, p. 300.

désordre de l'industrie et du commerce ; laissons quelques
compagnies monopoliser le transport des hommes et des marchandises, laissons les gigantesques usines devenir maîtresses
de la production. » Et lorsque le peuple « sérieusement menacé
dans sa liberté et son existence » verra que le pouvoir est à la
merci des spéculateurs, des banquiers et des marchands, il se
lèvera. « La liberté triomphera encore une fois par l'autorité,
la féodalité sera vaincue à tout jamais, et alors l'on verra tourner au profit de l'association tout entière les bénéfices de la
production en grand, de l'union des forces et des capitaux, de
la centralisation des marchandises dans des entrepôts immenses [1]. » Pecqueur et Vidal ont donc aperçu les deux voies
où la société pouvait s'engager : la voie pacifique et la voie
révolutionnaire. Blanqui l'aîné avait dit, en 1837, qu'il sortirait
« de l'industrie une puissance destinée à guérir tous les maux
qu'elle a faits ». Cette puissance nouvelle, l'association, Pecqueur et Vidal l'ont opposée aux forces destructives que le
capitalisme était réputé contenir dans ses flancs. Ils en ont
appelé du fatalisme économique régissant le monde social au
déterminisme social dominant les phénomènes économiques et
les disciplinant. A présent, il est certain que si les conservateurs sociaux, les hommes d'Etat, s'en étaient tenus à l'optimisme des harmonies économiques, et tous les novateurs
sociaux à l'annonce de la catastrophe dans une ultime crise
pléthorique, cette crise se fût immanquablement produite avec
toutes les aggravations psychologiques et morales causées par
la dureté de cœur des possédants et des dirigeants et par le
désespoir des salariés, — sans autre effet d'ailleurs que de
clore finalement à coups de canon les bouches affamées du prolétariat.

XII

Disciple de Saint-Simon et fortement influencé par la doctrine de Fourier, Pecqueur tient de ses deux grands aînés la

---

1. *Répartition des richesses*, pp. 178-179.

notion générale de la solidarité économique croissant à mesure
des progrès de l'industrie et créant des conditions de liberté
personnelle et sociale, de civilisation générale, que l'économie
réduite des peuples consommateurs de leurs propres produits
ne pouvait ni permettre ni même laisser espérer. Fourier, il
faut le rappeler, semble n'avoir voulu remarquer que les mauvais côtés de l'économie moderne ; mais on est suffisamment
averti que c'est chez lui exagération de polémiste, désir ardent
de pousser les hommes à adopter son système par dégoût de
celui qui les régit. C'est là le secret de son antimercantilisme
outré. Dans sa pensée, les associations humaines peuvent se
passer des marchands; ils ont été des véhicules de civilisation
et de bien-être, mais ils ont épuisé leur raison d'être à présent.
Il faut donc inciter l'humanité à les éliminer, dût-on pour cela
nier qu'ils aient jamais été utiles. Voilà comment, en dépit de
toute réalité, Fourier n'hésitera point à dire que « les marchands, dans l'antiquité, n'étaient que de petits larrons », et
qu'ils « ne grugeaient point par 50 et 100 millions comme
aujourd'hui », et encore que c'est surtout avec le progrès économique, par l'universalisation du marché, que les bénéfices du
commerce ont augmenté : « La masse des denrées commerciales
a décuplé, et par suite la fortune des marchands a dû trentu-
pler[1]. » On aperçoit immédiatement la confusion faite par
Fourier du capitaliste et de l'intermédiaire. Il croit le chef d'industrie asservi au marchand, et n'aperçoit pas assez clairement
que le chef d'industrie est par sa nature même un marchand
qui achète des matières premières et du travail, et vend du
produit. Ce qu'il appelle le régime mercantile, c'est le régime
capitaliste fondé sur l'échange qui, au moment où Fourier
écrit, refoule à l'arrière-place le régime féodal fondé sur de
réciproques rapports de protection sociale et de subordination
économique, d'ailleurs de plus en plus unilatéraux et n'obligeant finalement que les non-propriétaires.

Les disciples de Saint-Simon exagéreront certainement le

---

1. *Traité de l'association domestique agricole*. Prolégomènes. 1re partie.

sentiment opposé. Enfantin verra en effet dans « les banques, qui sont un acheminement vers la répartition des instruments de travail selon la capacité; les industriels, qui prennent de plus en plus une influence politique ; la Bourse, enfin... des signes plus ou moins impies ou ignobles d'un religieux et glorieux avenir[1] ». Ces signes impies et ignobles, Fourier les a bien aperçus, lui ; même, dans les spéculations qui sont en somme l'unique moyen d'assurer la régularité la plus approximative possible des prix, par la régularité la plus grande possible des approvisionnements et la connaissance la plus exacte possible des besoins du marché, il n'a voulu voir que les agiotages, les coups de bourse, les majorations artificielles des prix et des valeurs qui sont encore aujourd'hui le scandale trop fréquent du système capitaliste. L'école saint-simonienne, elle, n'a pas assez insisté sur ces signes impies et ignobles et elle ne s'est que trop exposée à justifier les anathèmes que Proudhon a lancés contre son optimisme capitaliste et « bancocratique[2] ». Elle a trop exalté, à l'exemple d'Olinde Rodrigues, le disciple le plus immédiat de Saint-Simon, « ce qu'il y avait de puissance pacifique dans des hommes comme Rothschild, Laffitte, et en général dans les banquiers, qui... devaient avant peu mener la politique française et qui la dirigeaient même déjà en partie par l'intermédiaire de Villèle[3] ». On sent combien cette vérité est profonde : la paix est en effet la loi du régime industriel, aussi sûrement que la guerre est la loi du régime féodal. Mais l'école de Saint-Simon a cru tout de même trop aux fatalités bienfaisantes du régime industriel et capitaliste. De là vient que ses chefs ont pu figurer parmi les organisateurs et les bénéficiaires de ce régime, sans avoir pour cela modifié profondément les rapports économiques et encore moins réalisé l'association de ceux qui possèdent et de ceux qui ne possèdent pas Et le saint-simo-

1. Sommaire du 6ᵉ enseignement. (ŒUVRES, t. V, p. 141.)

2. V. plus haut, pp. 192-193.

3. Note d'Enfantin, datée de Sainte-Pélagie, 4 janvier 1833. (ŒUVRES, t. II, p. 114.)

nisme pratique s'est noyé en une vague philanthropie verbale.

Pecqueur, en se gardant de l'antimercantilisme de Fourier et de l'optimisme capitaliste des saint-simoniens, conserve l'essentiel des vues générales des deux écoles. Parlant des chemins de fer qui vont être construits en France, il saura prévoir que « l'agiotage, la cupidité, la spéculation vont croître jusqu'aux plus grands excès pendant la première effervescence ». Mais comme, « en définitive, l'abus c'est l'exception », et que « les bienfaits dépassent de beaucoup les maux », il faut être pour l'innovation. Il rappelle « la mémorable déroute financière de la rue Quincampoix » et il demande si cela a « empêché les banques de devenir une institution éminemment économique et sociale dès qu'elles ont été un peu normalement constituées[1] ». Avec grande raison, Pecqueur compte sur la publicité, sur le progrès des lumières, sur la connaissance plus exacte du marché, par l'extension même du système économique moderne, pour pallier « les dangers et les maux » de ce système. C'est ainsi que, par le régime des chemins de fer, « les crises commerciales auront moins de chances de se renouveler », attendu que « chacun pourra aller voir aux plus lointaines régions du monde les besoins réels et les offres, les vides et les approvisionnements[2] ». Voilà ce que n'a pas aperçu Fourier et sur quoi Pecqueur jette une vive lumière. D'autre part, les chemins de fer, en faisant communiquer les hommes entre eux, les décideront à vouloir et à réaliser plus de bienêtre. « Partout, dit Pecqueur, où il y aura une habitude, un usage, un ton, une manière excellente, un mode de se vêtir, de se chauffer, de se nourrir, de bâtir ; un expédient quelconque pour augmenter le goût, le bien-être, le confortable ; ce procédé sera recueilli par les voyageurs de tous les pays ; importé, accepté, imité, presque répété jusqu'à ce que ce *degré d'assimilation* commune de croyances, d'habitudes, d'institutions, qui fait que certains groupes de nations se sentent unis par le

1. *Des intérêts du commerce*, t. I, pp. 198-199.
2. *Id.*, p. 196.

même fonds de civilisation, règne par toute l'Europe, et finalement, un jour, dans le monde entier[1] ». Nous pouvons compter
Pecqueur, on le voit, parmi les précurseurs de M. Tarde, qui a
vu dans l'imitation « le fait fondamental non seulement de la
vie sociale et de la vie psychologique, mais de la vie organique
même[2] ». Hodgskin, de son côté, introduira cet élément nouveau, qu'il semble avoir emprunté à Carlyle, nous dit
M. Elie Halévy, et il fera état de « l'influence silencieuse de
l'exemple », cette « huile qui diminue et détruit le frottement
des individus dissemblables et des classes dissemblables. Les
procédés de l'un sont imités par un autre, ajoute-t-il. Les jouissances sont continuellement égalisées... Il y a tendance constante à retourner à l'égalité originelle de l'humanité et à la
conserver pendant que tous progressent[3] ».

Etendant aux nations la théorie que Fourier appliquait aux
individus et sur laquelle il fondait leur association harmonique, Pecqueur voit dans leur diversité le moyen de leur union
future. « Si chaque peuple, dit-il, n'était pas privilégié de
quelque don du sol, de climat ou d'organisation spéciale,
il faudrait désespérer de l'accord des nations. » Rien en effet,
ne les pousserait plus à s'unir, et tout les opposerait ; n'ayant
rien à s'emprunter mutuellement, « toutes se refuseraient
réciproquement la porte de leurs frontières[4] ». C'est, en effet,
depuis qu'elle exploite des mines de houille et de fer, et construit des métiers pour tisser le coton récolté sur son territoire
que la grande république américaine a fermé « la porte de ses
frontières » à l'Europe. C'est parce que la France est une
nation en grande partie agricole, qu'elle ferme « la porte de

1. *Des intérêts du commerce*, p. 231.
2. *Les lois sociales*, p. 37.
3. *Thomas Hodgskin*, ch. III, pp. 183-184.
4. *Des intérêts du commerce*, t. I, p. 241. — Cette vue, Pecqueur la tient
de Fourier. « Chaque empire, dit celui-ci, chaque province, en civilisation,
croit tendre au bien lorsqu'il s'isole de ses voisins et naturalise chez lui un
produit exotique par lequel il était tributaire de l'étranger... La politique
sociétaire spécule à contresens de la civilisée ; elle organise toutes choses
de manière que le moindre canton ait besoin des produits de toutes les
régions du globe et entre en commerce avec elles par le mode véridique.
(*Traité de l'association domestique agricole*. Avant-propos.)

ses frontières » au blé des Etats-Unis, aux bœufs de l'Argentine et aux moutons de l'Australie. Mais le propre de la civilisation industrielle est de provoquer les variations et de susciter les différences qui font disparaître les oppositions et les concurrences. Et comme « il suffit qu'un peuple aille rechercher les produits d'un autre pour l'enchaîner au mouvement et au char de la civilisation », il se trouve en même temps, nous dit Pecqueur, que « c'est une loi de l'activité sociale écrite dans l'histoire, que la variété, les nuances, le nombre des produits nécessaires, agréables ou utiles, qui composent le confortable d'un peuple, augmentent à mesure que le génie de cette civilisation fait des conquêtes sur la nature, et la fait fonctionner à la place de l'homme dans la création des richesses connues jusqu'alors[1] ». Il voit dans cette « distribution naturelle des éléments des utilités humaines » que la civilisation utilise et multiplie, « une grande leçon de division du travail universel donnée à l'homme par la Providence[2] ». Nous savons ce que Pecqueur, comme tous les novateurs socialistes de son époque, entend par la Providence[3] : Elle est pour eux tous un pseudonyme de la nature, des inéluctables et bienfaisantes forces universelles qui écrasent les hommes ignorants et divisés, et qu'utilisent les hommes civilisés et solidarisés. « Les climats, avec leur sol, avec leurs races indigènes, avec leurs produits *sui generis*, ne sont pas autre chose en économie que de grands ateliers ou de grandes machines affectées par la nature à la production et à la fabrication de telle ou telle spécialité de produits naturels... et c'est [pour les races] comme pour les individus, en respectant leur vocation, qu'elles donnent leur maximum d'utilité et de puissance[4]. » Oui, mais à la condition de communiquer. Autrement, le sol, le climat, les races et les produits indigènes différencieraient si profondément les groupes humains les uns des autres que tout contact entre eux s'expri-

1. *Des intérêts du commerce*, p. 230-231.
2. *Id.*, p. 244.
3. V. plus haut, pp. 6 et suiv.
4. *Des intérêts du commerce*, t. I, p. 245.

merait en conflit; et plus ils seraient différents, plus leur hostilité organique serait irréductible.

Mais la mesquine et isolante « concentration du moyen âge
européen » a disparu. Grâce à l'unité de religion, elle n'a d'ailleurs jamais été absolue, les lieux de pèlerinages fameux ayant
été tous des marchés internationaux aussi actifs que le permettait l'économie quasi domestique de l'époque. Ces petites
sociétés isolées les unes des autres, qui mettaient « obstacle à
l'accroissement de la richesse et de la population » ne revi-
vront plus, car, nous dit Pecqueur avec un sens admirable du
déterminisme économique, les conditions de la production
moderne appellent une autre concentration. Le morcellement
actuel « disparaîtra pour faire place à une centralisation ou
réunion, à une concentration et à une solidarité des intérêts
et des activités qui, loin d'impliquer en rien le monopole et
l'inféodation, seront la socialisation par excellence des valeurs
mobilières et immobilières, au grand avantage du plus grand
nombre [1] ». Ce langage pourrait être considéré comme une
dérision à l'adresse du « plus grand nombre », si la confiance
absolue de Pecqueur dans le développement économique n'était
soutenue en lui par un incessant effort en vue de faire participer directement le « plus grand nombre » aux bienfaits de
la concentration, par l'association des producteurs et finalement par la socialisation réelle du matériel de production.

XIII

D'ailleurs, Pecqueur a de qui tenir : cette confiance dans le
développement économique comme moyen de civilisation générale et de moindre inégalité entre les hommes, lui vient de
Saint-Simon lui-même. Nous avons déjà établi au cours de ce
travail que, pour Saint-Simon, le développement industriel est
un facteur automatique d'égalité sociale, sinon économique [2].
Selon lui, c'est sous l'influence progressive de ce développe-

1. *Des intérêts du commerce*; t. II, pp. 79-80.
2. V. plus haut, p. 134.

ment que « le désir de commander aux hommes s'est transformé peu à peu dans le désir de faire et de défaire la nature
à notre gré[1] », c'est-à-dire de substituer l'administration
des choses au gouvernement des hommes. Lorsque Saint-
Simon constate qu' « il y a actuellement en France beaucoup
moins de desœuvrés qu'avant la Révolution », il établit la
différence du régime industriel au régime féodal. Dans un
régime reposant sur le mépris ou la subordination du travail,
« les travailleurs sont exposés à se voir privés de la jouissance
qui est le but de leur travail ». Cette « violence dont l'oisiveté
menace l'industrie » est moins à craindre en régime industriel,
car alors le gouvernement, au lieu d'être la réunion des oisifs
qui menacent l'industrie, se trouve être l'organe qui assure la
sécurité des travailleurs. « Le nombre des désœuvrés (parasites
ennemis de l'industrie) a toujours diminué en raison directe des
progrès de la civilisation, dit Saint-Simon : de manière qu'on peut
entrevoir une époque à laquelle il n'y aura plus dans la société
d'hommes volontairement désœuvrés[2]. » Du moment qu'il
ne reste plus que des industriels en présence, il ne peut venir
à la pensée de Saint-Simon que des travailleurs pourront être
exploités, puisque, pour lui, ils ne le sont que par les oisifs et
que, d'autre part, il fait reposer l'inégalité de rétribution
de l'effort sur l'inégalité des services exprimée par la hiérarchie
des fonctions.

Fidèle à la pensée de Fourier, Considérant ne partage pas cet
optimisme. Il voit les parasites installés au sein des fonctions
industrielles, et si fortement, qu'au lieu de dire comme Saint-
Simon aux prolétaires : Les chefs de l'industrie tirent toute leur
autorité, tous leurs profits de leur savoir ; instruisez-vous, si
vous voulez vous élever[3], Considérant dira que « vouloir initier
le peuple avant d'avoir réalisé pour lui tous les moyens de
bien-être, avant de lui avoir assuré des droits à un travail
lucratif,... c'est ... un présent funeste à l'Etat et au peuple lui-

1. *L'Organisateur*. 9ᵉ lettre. (ŒUVRES, t. XX, p. 127.)
2. *L'Industrie*, 2ᵉ vol. (ŒUVRES, t. XVIII, pp. 130 à 132.)
3. V. plus haut, p. 110.

même ». Tout comme nos conservateurs modernes, tout comme
Bismarck dénonçant au Reichstag les périls d'un prolétariat de
bacheliers, le disciple de Fourier affirme que « ce développement intellectuel, ces raffinements hors de proportion avec les
moyens de satisfaction des besoins qu'ils créent, sont la grande
maladie de toutes les civilisations avancées, et l'une des causes les
plus énergiques de leurs névralgies politiques [1] ». Nous comprenons bien ce qu'il veut dire, et nous savons quel parti la critique
socialiste a tiré de cette manière intégraliste de concevoir l'émancipation sociale. Nous comprenons que, pour Considérant, la
société n'est pas à réformer et à faire progresser, qu'elle n'est
susceptible d'aucune amélioration partielle et simpliste, et qu'en
conséquence il faut adopter le système fouriériste tout entier,
dont toutes les parties se tiennent et se nécessitent. La critique
socialiste a vécu longtemps sur cet ultra-réalisme économique
qui tient pour pernicieuses les acquisitions intellectuelles,
morales, civiques et sociales, que ne contrefortent point des
acquisitions économiques. Il n'a pas moins fallu que les leçons
répétées de l'expérience pour décider la critique socialiste à
reconnaître que les facteurs idéologiques et les progrès politiques n'avaient pas été étrangers, au contraire, à l'amélioration du sort de la classe ouvrière et à ses progrès dans la voie
de l'émancipation économique. Pecqueur, lui, n'avait pas
attendu l'effet de ces leçons pour affirmer qu' « il n'y a que
l'ignorance et l'immoralité de la multitude qui puissent permettre à un petit nombre le monopole des richesses [2] ». C'est
qu'au lieu de construire une philosophie sociale et de chercher
ensuite les faits destinés à prouver sa théorie, il s'était tenu à
l'observation du monde réel qu'il avait sous les yeux. Et il
avait ainsi aperçu ce qui est beaucoup plus visible aujourd'hui
qu'au temps où il écrivait, à savoir : qu'à mesure que les
ouvriers s'élèvent sur l'échelle de la connaissance, leur valeur
économique s'accroit non seulement au profit de l'employeur,
mais au leur propre.

1. *Destinée sociale.*
2. *Des intérêts du commerce*, t. I, p. 405.

Sans méconnaître la critique réaliste de Fourier et de son
école, et nous aurons plus loin l'occasion de lui rendre
justice, Pecqueur partage toutes les espérances de Saint-
Simon. Pour Fourier, le mécanisme du crédit est un engin de
parasitisme et de spoliation ; pour Pecqueur, il atteste la
moralité croissante de la civilisation et il sera l'instrument de
libération des travailleurs. En effet, « sans crédit, point de
commerce ; sans confiance, point de crédit ; sans moralité,
point de confiance ». Et Pecqueur s'écrie : « La moralité, voilà
donc la pierre angulaire, le soutien essentiel de l'édifice, le
ciment de toutes les relations ». Il se demande « ce qui assure
qu'elle sera dans l'avenir ». Et il répond, avec un véritable
enthousiasme : « Tout ce qui, aujourd'hui, prouve qu'elle est :
c'est-à-dire le commerce universel lui-même, d'abord ; l'augmentation de la production, de la consommation, de la population ; le progrès des sciences ; le perfectionnement des arts ;
la magnanime attitude des masses en Europe ; l'émancipation
successive des ouvriers [1]... » C'est dans l'économie politique la
plus orthodoxe qu'il ira aussi puiser son optimisme, mais en
faisant des restrictions qu'elle ne fait pas. Elle croit à la fatalité bienfaisante du progrès par le fonctionnement même de
l'industrie ; Pecqueur pense au contraire qu'à laisser faire sans
intervention sociale, il y a péril de catastrophe révolutionnaire.
Ces restrictions faites, il n'hésite pas à affirmer que « plus les
améliorations sont nombreuses et variées dans un pays, plus il
y a de probabilités que les intérêts des diverses classes se
balanceront et se nivelleront par les seules prétentions des
égoïsmes. » C'est ainsi que cette répartition qui élèvera
les pauvres sans appauvrir les riches aura cette vertu « de
recruter indéfiniment la classe moyenne dans les rangs infimes
des travailleurs [2] ». Ici, on peut affirmer que Pecqueur a été
bon prophète. Le phénomène de capillarité sociale est général
dans tous les pays où l'industrie s'est développée. Les classes
moyennes, dont Marx annonçait la disparition, continuent de

1. *Des intérêts du commerce*, p. 214.
2. *Des améliorations matérielles*, p. 74.

se recruter dans le prolétariat. En Saxe, qui est l'Etat le plus industriel de l'Allemagne et où l'immense majorité de la population est acquise au socialisme, les prolétaires, de 1879 à 1894, se sont accrus de 38,8 p. 100, passant de 994.048 à 1.330.231. Pendant la même période « la petite bourgeoisie a augmenté de 71,6 p. 100 et la bourgeoisie moyenne de 74 p. 100. Elles n'ont donc pas l'air de vouloir disparaître[1] ». Pecqueur voyait donc bien, dès avant 1840, ce que « les forces motrices » allaient « créer », c'est-à-dire, « croissance inévitable des sentiments d'égalité et de liberté ; développement intellectuel des masses ; décroissance progressive des inégalités de condition et de ressources matérielles[2] ».

XIV

Saint-Simon fondait tant d'espérances sur la classe industrielle, il attribuait à cette « classe fondamentale » une si grande importance sociale, qu'il lui reconnaissait « le droit de dire aux savants, et à plus forte raison à tous les autres non industriels : Nous ne voulons plus vous nourrir, vous loger, vous vêtir, et satisfaire en général vos goûts physiques qu'à telle condition[3] ». Ces paroles sont une réponse directe aux idées exprimées dans le célèbre troisième cahier, rédigé et signé par Auguste Comte, et où celui-ci trace le *Plan des travaux*, première ébauche de ce qui sera la philosophie positive. Selon Auguste Comte, la direction sociale doit revenir aux savants ; car « eux seuls aujourd'hui ont des idées communes, un langage uniforme, un but d'activité général et permanent », tandis que « les industriels même, si éminemment portés à l'union par la nature de leurs travaux et de leurs habitudes, se laissent encore trop maîtriser par les inspirations hostiles d'un patriotisme sauvage pour qu'il puisse s'établir entre eux une véritable combinaison européenne[4] ». C'est sur ce différend

1. *Socialisme théorique et socialdémocratie pratique*, p. 86.
2. *Des intérêts du commerce*, t. II, p. 125.
3. *Catéchisme des industriels*. Quatrième cahier.
4. *Id.* Troisième cahier.

capital que prirent fin les relations de Saint-Simon et de son
« élève ». Saint-Simon, cependant, ne songe nullement à
diminuer la valeur des savants, philosophes, moralistes,
artistes, etc., puisque, dans son système politique, il propose
la création de trois chambres, dont les deux premières, la
Chambre d'invention et la *Chambre d'examen,* seront composées d'ingénieurs civils, de poètes « ou autres inventeurs en
littérature », de peintres, sculpteurs ou architectes, et musiciens ; de physiciens, mathématiciens, etc. ; et la troisième, la
Chambre d'exécution, sera composée d'industriels. Néanmoins,
celle-ci, « seule, sera chargée d'établir l'impôt[1] », ce qui
lui assure en définitive le pouvoir réel et ne laisse aux deux
autres qu'un pouvoir consultatif. Saint-Simon est persuadé que
« si malheureusement pour nous il s'établissait un ordre
de choses dans lequel l'administration des choses temporelles
se trouvât placée dans les mains des savants, on verrait bientôt
le corps scientifique se corrompre et s'approprier les vices du
clergé[2] ».

Ce réalisme social se concilie très bien chez Saint-Simon avec
une conception intellectualiste de l'histoire. C'est ainsi qu'après
avoir dit que « la politique dérive de la morale » et que « les
institutions d'un peuple ne sont que les conséquences de ses
idées », il tirera cette conclusion si nettement évolutionniste
que, comme notre politique, « notre morale elle-même ne peut-
être que transitoire[3] ». Mais, et c'est là l'intéressant pour le
point qui nous occupe en ce moment, on se rappelle que Saint-
Simon fondait son espoir de pacification générale sur « l'influence des idées industrielles, des véritables principes économiques[4] ». Voilà pourquoi, ardent apôtre de la paix européenne,
Saint-Simon ne s'adressera qu'aux industriels pour la réaliser,
car il sait que leur régime sera nécessairement celui de la paix.
Aussi les presse-t-il de prendre le pouvoir ; il leur démontre

1. *L'Organisateur.* 6° lettre. (Œuvres, t. XX, pp. 50 à 61.)
2. *Système industriel.* 2° corr. 3° lettre. (Œuvres, t. XXI, p. 161.)
3. *L'Industrie*, t. II, 3° considération. Sur la morale. (Œuvres, t. XIX,
pp. 30-31.)
4. V. plus haut, p. 202.

qu'à leurs « devoirs nationaux se joignent des devoirs européens ». Vos obligations, leur dit-il, « sont dans le besoin général de vous mettre en harmonie politique avec les autres
nations de l'Occident européen, c'est-à-dire d'adopter immédiatement les perfectionnements introduits par elles : et, à votre
tour, de leur donner l'exemple pour la part qui vous est échue
dans le travail commun [1] ». Il ne peut même pas supposer que
ceux à qui il s'adresse aient conservé des sentiments patriotiques. « Nous sommes convaincu, leur dit-il, qu'après y avoir
réfléchi, vous reconnaitrez que les sentiments philanthropiques,
que ceux d'*européanisme,* que les sentiments de famille enfin,
dominent aujourd'hui chez tous les Européens les sentiments
nationaux qu'ils éprouvent [2]. » Ailleurs, il leur dit : « Les industriels allemands, espagnols, etc., sont bien plus vos frères
et vos cointéressés que les compagnons de Bonaparte [3]. » Nous
trouvons ici la première formulation précise de l'entente internationale des producteurs fondée sur la solidarité des classes
sociales par-dessus les frontières. Trente ans plus tard, Marx et
Engels, séparant les industriels salariés des industriels salariants, constateront la solidarité de ceux-ci par-dessus les
frontières et appelleront à s'unir les prolétaires de tous les
pays.

Cette action modificatrice et directrice de l'industrie sur les
sentiments, les idées, les actes, la moralité et la politique des
nations européennes, ce déterminisme économique, qui est la
solide et positive assise du déterminisme social, Michel Chevalier le constate lorsqu'il espère l'unité mondiale de l'établissement d'un réseau de chemins de fer faisant circuler les idées et les
produits sur tous les points de l'Europe : « Admettons pour un
instant, dit-il, que cette création gigantesque soit entièrement
réalisée demain, et demandons-nous si, au milieu de tant de
prospérité, il pourrait se trouver un cabinet qui, saisi d'une fièvre belliqueuse, songeât sérieusement à arracher les peuples à

1. *Système industriel,* t. II, 4° lettre. (ŒUVRES, t. XXII, p. 24.)
2. *Catéchisme des industriels,* 2° cahier.
3. *Système industriel,* t. II, 4° lettres. (ŒUVRES, t. XXII, pp. 10-11.)

leur activité féconde, pour les lancer dans une carrière de sang
et de destruction [1] ». Autrefois, la paix était l'exception; aujourd'hui c'est la guerre qui est l'exception. Ce résultat, nous
dit Bazard, « c'est au veto de l'industrie qu'il est dû [2] ».

La moralité collective s'exprime toujours en moralité individuelle. Dans les nations désormais pacifiées et pour qui l'état
de guerre sera l'exception, des relations plus sûres s'établiront
entre les individus. Pourtant, Pecqueur ne se laisse pas aller à
l'illusion que le beau rêve du monde industriel se réalisera
tout de suite. Certes, « les locomotives remorqueront le
char de la civilisation, elles accéléreront la marche de la liberté
et de l'égalité [3] »; elles moraliseront même les gens malgré eux,
puisque, dit-il, elles « permettront de dérouter les spéculations
perfides ». Car, ajoute-t-il, « il sera désormais aussi difficile à
un correspondant de 100 ou 200 lieues de distance de tromper
une maison sur l'état de ses propres affaires, sur sa moralité,
ses antécédents, sur ses ressources, etc., qu'il l'est aujourd'hui
à deux négociants de la même ville ; car il ne faudra guère plus
de temps, relativement à notre lenteur actuelle, pour s'en informer ; tel est l'effet du rapprochement des distances sur les
affaires commerciales. Il y a même plus : à la rigueur, on pourrait se passer de correspondant, du moins dans un rayon assez
étendu ; on préférera voir soi-même les choses. On sera au
moins plus difficilement malhonnête homme heureux; les fri-
pons feront moins de dupes; la cupidité finira par s'amortir et
par faire place au désir modéré et légitime de gagner sa vie [4] ».

Mais si Pecqueur fait de la locomotive un agent de moralisation
commerciale, il ne s'ensuit pas que les nations seront moralisées
par elle aussi rapidement que les individus. Elle n'imposera pas
du premier coup et dès son apparition la paix entre les nations;
même « les excursions des peuples ne manifesteront pas toujours ces caractères pacifiques. Le sacrifice guerrier ajoute-t-il,

1. *Exposition du système de la Méditerranée*. (OEUVRES, t. VI, p. 80.)
2. *Doctrine de Saint-Simon*, 2e année, 12e leçon.
3. *Des intérêts du commerce*. t. II, p. 292.
4. *Id.*, t. I, pp. 195-196.

ne va pas cesser incontinent pour ce que la richesse augmente-
rait et que les peuples se visiteraient; mais les guerres seront
de rares interruptions au règne de la paix[1] ». C'est en effet
ce qui est arrivé ; à cette différence toutefois que les expéditions coloniales, les guerres de débouchés, sont devenues aussi
fréquentes que jadis les guerres continentales. C'est un côté de la
question que Pecqueur a bien aperçu, lorsqu'il a dit que les
puissances européennes pouvaient aussi se livrer à « des luttes
sanglantes afin de conquérir de nouveaux débouchés ou de monopoliser ceux qu'on a, afin d'arrondir son commerce[2] ». Mais
il n'a pas voulu y voir l'importance qu'y devait attacher la critique socialiste de l'école de Marx. Et là encore il a eu raison ;
car il faut bien reconnaître que la critique socialiste a trop
exagéré l'importance du caractère économique des guerres et
des expéditions exotiques; ce qui l'a empêchée d'apercevoir
que, parfois, comme lors de la dernière expédition des armées
européennes en Chine, les intérêts industriels et commerciaux
ont été mis en péril par les éléments religieux et militaires,
également avides de domination et de gloire.

Par l'exemple saisissant de l'Espagne, Pecqueur montre que
les libertés publiques ne peuvent se fonder sur le régime féodal
ou patriarcal qui convient à l'agriculture, mais seulement sur le
régime de l'industrie et de l'échange. Examinant la situation de
l'Italie, de l'Espagne et du Portugal aux xve et xvie siècles, il dit
que ces pays étaient « tout à la fois agriculteurs, industriels et
commerçants »; et ils comptaient alors « parmi les plus libres
des nations contemporaines ». Aujourd'hui, il sont presque
exclusivement agriculteurs, leur commerce et leur industrie
sont morts sous les atteintes réitérées du despotisme et sous le
dissolvant de la corruption générale : précisément, leur liberté
est également morte ». Cependant, ajoute-t-il « des deux parts,
c'est la même race au xve siècle et au xixe. » Aussi se trouve-t-il
en droit de conclure que le phénomène économique agit sur
« la volonté, les mœurs, l'activité », — tout comme ces facultés,

1. *Des intérêts du commerce*, t. II, p. 295.
2. *Des améliorations matérielles*, p. 225.

ou leur absence, suscitent ou suppriment l'activité économique,
— et de déclarer qu' « on ne saurait citer un seul pays où l'on
s'adonne au commerce extérieur, où la face industrielle soit
développée, et où en même temps la masse s'immobilise dans la
servitude[1] ». Pour l'Italie, qui s'est relevée la première de
l'abaissement constaté par Pecqueur, c'est dans sa partie septen-
trionale, vouée à l'industrie, que se sont trouvés les éléments
les plus actifs de sa libération, de son unité et de sa rentrée
dans la vie politique et économique européenne. Il en va de
même pour l'Espagne, où les éléments de liberté civile et de
progrès intellectuel sont plus nombreux dans la riche et industrieuse Catalogne que dans l'Andalousie, riche elle aussi, mais
dont la richesse dort ensevelie encore dans le système féodal
de la grande propriété agricole.

Pecqueur est-il le seul des novateurs socialistes qui, après
Saint-Simon, ait constaté que « l'humanité devient de plus en
plus morale sous ces influences économiques[2] ? » Non, certes,
et Proudhon lui-même, lorsqu'il raille cette « fadaise » et les
« économistes toujours à l'affût de niaiseries civilisées » qui l'ont
émise, lorsqu'il déclare que les locomotives n'aideront pas
les idées à se répandre puisque, « entre un Parisien et un Parisien, malgré les *omnibus* et la petite poste, la distance est aujourd'hui trois fois plus grande qu'au quatorzième siècle[3] »,
Proudhon se laisse aller à une boutade. Selon son procédé de
polémiste et de moraliste, — et sous ce double rapport, Marx ne
le lui cède en rien, l'ouvrage qui doit suivre celui-ci nous
donnera mainte occasion de le constater, — Proudhon voit dans
le présent le réceptacle de tous les maux et la source de toutes
les misères, afin de nous exciter plus fortement à en extraire
l'avenir meilleur. Mais lorsque ce comptable social fait son bilan
général, l'honnêteté professionnelle reprend le dessus ; et alors
il reconnaît que la division du travail, la force collective, la
concurrence, etc., sont « les vraies forces économiques... qui,

1. *Des améliorations matérielles*, p. 108.
2. *Des intérêts du commerce*, t. II, p. 238.
3. *Contradictions économiques*, t. I, p. 157.

sans enchaîner l'homme à l'homme, laissent au producteur la plus entière liberté, allègent le travail, le passionnent, doublent son produit », et remarquons bien ceci, « créent entre les hommes une solidarité qui n'a rien de personnel, et les unissent par des liens plus forts que toutes les combinaisons sympathiques et tous les contrats[1] ». Oui, mais à la condition que les hommes, par des actes délibérés et conscients de déterminisme social, fassent des phénomènes économiques les instruments de leur libération morale et sociale, de l'unification universelle. « Il y a, dit Auguste Comte, une fort grande différence entre obéir à la marche de la civilisation sans s'en rendre compte, et y obéir en connaissance de cause. Les changements qu'elle commande n'ont pas moins lieu dans le premier cas que dans le second, mais ils se font attendre plus longtemps, et surtout ils ne s'opèrent qu'après avoir produit dans la société de funestes secousses[2]. » Encore qu'un peu trop imprégnée de fatalisme mécaniste, toute la loi du déterminisme social est là ; et l'histoire prouve que la catastrophe révolutionnaire n'éclate que là où le déterminisme social n'est pas intervenu.

XV

Il ne faut pas confondre le déterminisme social de Pecqueur, fondé sur le déterminisme économique aperçu et utilisé par les intéressés, avec le rationalisme pur des novateurs qui l'ont précédé ou qui lui sont contemporains. Ne soyons cependant point injustes envers ceux-ci : Lorsque Fourier affirme « que le monde social une fois parvenu à la grande industrie, à l'âge de puberté politique, doit passer à un nouvel état social[3] », il manifeste une prescience de l'évolution économique et sociale qui éclairera singulièrement la route de ceux qui viendront après lui. Certes, Fourier construit le monde dans son cerveau, mais il a aperçu que le monde obéit à des lois de développe-

1. *Idée générale de la Révolution*, pp. 88-89.
2. *Catéchisme des industriels*. 3ᵉ cahier.
3. *Théorie de l'unité universelle*. Argument.

ment, et ce sont ces lois, ou plutôt les moyens de les utiliser socialement, qu'il croit avoir formulées lorsqu'il construit sa théorie de l'attraction passionnelle. Nous avons vu d'autre part qu'en dépit, ou à cause, de sa conception intellectualiste de l'histoire, Saint-Simon fait du développement de l'industrie l'instrument de pacification entre les peuples, d'émancipation et d'égalité pour les producteurs. Pecqueur, qui a proclamé bien haut ce qu'il doit à ces deux maîtres, n'aura qu'à éclairer de science économique et qu'à animer du sentiment profond de démocratie qu'il tenait de Jean-Jacques les idées directrices de Saint-Simon et de Fourier : connaissant mieux qu'eux la fatalité du développement économique dans un sens donné, il utilisera ce développement dans le sens qui doit donner la plus complète satisfaction aux concepts idéologiques qu'il tient de la tradition révolutionnaire française. Il apercevra bien que les instruments mécaniques et l'activité commerciale sont des moyens de liberté, d'égalité, de solidarité personnelle et sociale ; mais il constatera qu'ils ne sont tels qu'à la condition expresse qu'on les veuille tels, sinon ils deviennent des moyens d'oppression, d'exploitation et de lutte aux mains de la minorité qui les possède ou en dirige la mise en œuvre.

Car son optimisme n'a rien du fatalisme mécaniste des adeptes de l'école manchestérienne. « Allons-nous à une féodalité industrielle? » se demande-t-il à un certain moment. Et il répond : « Tout ce qu'on voit peut jusqu'à un certain point justifier ces appréhensions [1] ». Il voit aussi bien que les socialistes et les philanthropes de son temps « que les inégalités de conditions, inhérentes au régime féodal, s'y sont conservées intactes jusqu'à l'ère d'activité industrielle » ; il n'hésite pas à reconnaître que « l'arrière-plan, la masse du peuple a été sacrifiée»; il aperçoit même le phénomène de paupérisation des masses produit par la transformation brusque des moyens de production, le déchaînement d'une «concurrence impitoyable, effrénée, et avec elle la pauvreté, la misère [qui] ont pénétré dans les

1. *Des intérêts du commerce*, t. I, pp. 396-397.

rangs des travailleurs auxquels étaient-échues les mauvaises
chances du hasard ». Il ne croit pas que le décret verbal de
liberté se suffira à lui-même, et il voit bien que le régime capitaliste est fondé sur « une multitude libre de mourir de faim...
mais esclave en fait et non moins opprimée que dans la servitude féodale ». Mais ces maux ne sont pas dus qu'au développement capitaliste, l'inertie sociale née d'un sophisme de liberté a
sa part de responsabilité. Si, « aujourd'hui, il y a une caste de
parias », c'est qu' « aucune prévoyance sociale n'est venue
offrir l'instruction et l'éducation à la foule des petits agriculteurs et des petits industriels, dont l'association et les machines
renversaient la position et ravissaient les moyens d'existence[1]. »

L'éducation et l'instruction, voilà pour Pecqueur, qui en
ceci encore se montre fidèle à l'enseignement de Saint-Simon,
les moyens d'utiliser au profit de la masse les innovations économiques qui se retournent contre elle. Et il poussera si loin
l'influence de l'éducation morale, qu'il ira jusqu'à dire : « Tout
se réduisait à une question de moralité : les uns en ont fait
une question purement économique, les autres une question à
peu près gouvernementale », et à affirmer que « ce qui doit pré-
céder, ce n'est point la combinaison matérielle et économique,
c'est la fraternité, ce sont des hommes nouveaux coulés au
moule du christianisme [2] ». Pecqueur entend par là que les
hommes ne sont pas émancipés par la force des choses, mais
qu'il leur faut vouloir l'émancipation et savoir lui faire les
sacrifices qu'elle peut exiger d'eux. Cependant, il n'entre pas dans
sa pensée de nier que la force des choses, que le mouvement
économique suscite dans les individus la volonté d'émancipation et la moralité nécessaire pour l'entreprendre. Nous avons
vu que, sous ce rapport, son déterminisme économique ne laisse
rien à désirer. La volonté et la moralité sont pour lui des produits du développement économique. « Presque toujours, nous
dit-il, et surtout aux époques du *laissez faire industriel et
commercial*, un mécanisme supérieur, une invention mécanique

1. *Des améliorations matérielles*, pp. 111-112.
2. *Des intérêts du commerce*, t. I, pp. 445-446.

quelconque, devient une source de monopole de *fait* pour ceux qui l'ont conçu et qui l'exploitent; mais dans la vie d'une nation ces privilèges sont passagers; et en réalité l'intérêt général y met bon ordre : l'humanité, la société européenne, les peuples, disons mieux, la Providence saura bien, par les évolutions politiques et morales qu'elle imprime,..... *socialiser* les bienfaits des machines ». Il invoque, à l'appui de son affirmation, la prédominance désormais acquise de la propriété mobilière sur la propriété foncière. « La *terre*, dit-il, le *sol, cette grande machine par excellence,* n'a-t-elle pas été *concentrée* à l'excès dans la plupart des sociétés primitives, et même au début de toutes nos sociétés modernes européennes»? Et il ajoute : « Cependant, en définitive, elle est devenue le lot d'une population de jour en jour plus nombreuse [1]. » Il sait bien d'autre part, et il l'a dit une cinquantaine de pages plus haut, et nous en avons fait mention, que « chaque jour les capitalistes enveloppent dans leur dépendance les petits propriétaires morceleurs [2] », mais c'est parce que ceux-ci et l'ensemble du corps social n'ont pas encore fait acte de volonté et de moralité pour « socialiser » ce dont quelques-uns s'emparent ou menacent de s'emparer.

Mais le facteur moral n'est rien sans le facteur intellectuel qui l'éclaire et le précise. Le monde n'est pas à ceux qui le possèdent, mais à ceux qui le connaissent. Et si ceux qui le possèdent l'ignorent, il leur échappe. Dans un milieu économique où la division du travail et le perfectionnement du machinisme nécessitent des connaissances étendues de la part de quiconque prétend n'y être pas inférioriser et subordonné, sinon éliminé, l'émancipation intellectuelle est aussi nécessaire à la « foule ouvrière » qu'à la « classe moyenne », car « avec cette seule liberté, elles obtiendront successivement toutes les autres [3] ». Et il montre que l'émancipation intellectuelle est le grand moyen de fraternité humaine. « Déjà, dit-il, les savants, les poètes de

---

1. *Des intérêts du commerce*, p. 451.
2. V. plus haut, p. 242.
3. *Des intérêts du commerce*, t. I, p. 406.

l'Europe se considèrent comme citoyens du monde; leur patrie
est partout où on les laisse libres, et par toutes leurs œuvres ils
invitent les peuples à fraterniser et à se fondre[1]. » Mais
Pecqueur, nous ne le répéterons jamais assez, n'oublie pas
que toutes ces acquisitions morales et intellectuelles, conditions d'émancipation économique des producteurs et de paix
entre les peuples, sont des résultats du progrès industriel. Et
il nous le montre opérant graduellement par la nécessité
l'union de tous les peuples; il reprend à son compte une
prophétie de Fourier sur « l'établissement des unités par toute
la terre, comme unité de langage, de mesures, de signes
typographiques et autres relations[2] », et propose, ou prévoit,
sous la pression de la « nécessité commerciale », « l'unité de
langues, de monnaies, de poids et mesures[3] ».

Pecqueur pousse tout de même un peu loin le déterminisme
social et il exagère également la conception intellectualiste de
l'histoire lorsqu'il prétend que, « si la disparition de l'intérêt a
lieu un jour, » ce sera « uniquement peut-être par l'effet des
sentiments sociaux, des idées et des mœurs ». On entend bien
qu'il veut réagir ici contre l'optimisme mécaniste de l'école
économique orthodoxe, mais il réagit trop. Cependant, et à la
condition de ne pas trop forcer la pensée de Pecqueur, on doit
convenir qu'il exprime une idée féconde lorsqu'il affirme que
« les idées et les sentiments impriment l'impulsion initiale aux
faits de l'ordre économique qui semblent le plus posséder des
propriétés actives, indépendantes de l'influence morale[4] ». Il
est certain que l'invention est un phénomène de l'ordre intellectuel, encore qu'elle ne puisse se produire dans un milieu
d'économie rudimentaire. Pecqueur a cet immense mérite
d'avoir aperçu et précisé la collaboration de l'homme et de la
nature, de l'intelligence et de la « force des choses ». Fondé
sur la nécessité et éclairé par l'idéalisme, il a montré que si

1. *Des intérêts du commerce*, t. II, p. 412.
2. *Théorie de l'unité universelle.* Argument.
3. V. plus haut, p. 202.
4. *Des intérêts du commerce*, t. II, p. 23.

nous allons de la nécessité à la liberté, ce n'est point en un saut révolutionnaire. Dès qu'il y a eu des hommes en société, leur liberté est apparue se dégageant de la nécessité; d'autre part, que demain la liberté la plus absolue soit : elle ne s'exercera que selon les règles et dans les limites de la nécessité. En faisant de la socialisation de l'industrie un phénomène de nécessité des choses et de volonté des hommes, Pecqueur a tracé le schéma philosophique du socialisme, et nulle part dans son œuvre il ne l'a tracé avec plus de précision que dans le passage suivant : « Tout, dans le passé et dans le présent, semble tendre à la socialisation des instruments de travail, c'est-à-dire à dégager le sol et les matières premières de la suzeraineté et de l'inféodation individuelles, en les constituant insensiblement propriété commune, indivise, inaliénable, sociale et collective. On s'achemine vers cet état de choses, lentement, indirectement, par la voie tortueuse et inconnue de la fatalité, par la force des choses; on s'y achemine par la religion, par la politique, par la pratique économique, par les modifications du mécanisme industriel; et l'on aboutira par toutes ces routes à des institutions qui organiseront la *socialisation*; la formuleront et la décrèteront loi sociale, article fondamental de la charte économique future[1]. »

C'est pour avoir fondé la volonté et l'action de la société sur la connaissance et l'utilisation des phénomènes économiques que Pecqueur a droit à toute notre reconnaissance. En se tenant à une égale distance du rationalisme pur et du matérialisme économique, ou plutôt en s'appuyant sur celui-ci pour réaliser les conceptions idéologiques de celui-là, il a véritablement formulé le premier le déterminisme social, qui est déjà la règle pratique du socialisme actuel, et par conséquent ne tardera pas à en devenir la règle théorique.

1. *Des intérêts du commerce*, pp. 12-13.

CHAPITRE VI

DU TRAVAIL ATTRAYANT A LA LUTTE DE CLASSE

I

C'est à Saint-Simon et à son école que le socialisme doit la notion d'une humanité laborieuse passant graduellement du régime de la contrainte à celui de la liberté. Cette notion, Saint-Simon la tient de Condorcet et d'Adam Smith, il la transmettra à ses disciples orthodoxes, hérétiques et révoltés. Ceux-ci, dont le plus illustre est Auguste Comte, la laisseront à Stuart Mill et à Herbert Spencer. Les hérétiques, tel Pecqueur, fonderont l'émancipation du travail sur l'association des producteurs et le développement de la démocratie. Quant aux orthodoxes, dès que Bazard les aura quittés, ils tourneront au mysticisme, donneront le pas aux préoccupations morales et religieuses sur les préoccupations économiques, et finalement disparaîtront.

« On sait quels hommes étaient les esclaves chez les anciens », dit Augustin Thierry, sous l'inspiration sinon sous la dictée de Saint-Simon. « C'étaient, ajoute-t-il, les hommes de métier et de commerce, tous ceux qui professaient l'industrie paisible. » Et, après avoir indiqué que le travail servile est le support économique de la société antique, Augustin Thierry précise avec force que les travailleurs étaient hors du droit. « Etre esclave, dit-il, c'est vivre sous l'arbitraire, au sein d'une société d'hommes qui vivent sous des lois[1]. » Ce n'était pas, en effet, leur consentement, le contrat, qui avait classé les hommes en maîtres et en esclaves. « Dans une société où il entre des hommes qui n'apportent ni capacité, ni mise, dit Saint-Simon, il y a forcément des maîtres et des esclaves, sans quoi les travailleurs ne seraient pas assez dupes pour consentir à un pareil arrangement s'ils pouvaient s'y soustraire. » Voilà qui est formel : ou Saint-Simon veut dire que les travailleurs apportent leur mise et leur capacité, ou la phrase qui suit ne veut rien dire : « On ne peut pas même concevoir une telle société ayant commencé autrement que par la force. » Or, cette phrase et celle qui précède signifient avec la plus absolue clarté que tout travail à l'origine est obtenu du laborieux par la contrainte. De cette pensée s'en dégage une autre absolument conforme aux données des maîtres de la doctrine économique : c'est que dans une société, Saint-Simon dit une coopération, « où tous apportent une capacité et une mise », c'est-à-dire les travailleurs leur force et leur savoir et les capitalistes leur épargne, « il y a véritablement association, et il n'existe d'autre inégalité que celle des capacités et des mises ». Et, à ce moment de sa vie intellectuelle, Saint-Simon considère encore que ces inégalités « sont l'une et l'autre nécessaires, c'est-à-dire inévitables » ; il serait donc « absurde, ridicule et funeste de prétendre [les] faire disparaître ». Ses disciples feront disparaître l'inégalité des mises par la suppression de l'héritage, en se fondant, comme nous avons vu plus haut, sur ce qu'il s'est prononcé avec force contre l'hérédité des fonctions et sur ce qu'il a transformé en fonctions sociales toutes les opérations du travail et de l'échange. Pour lui, il estime que « le plus haut degré d'égalité qui soit désirable » c'est d'attribuer à chacun « un degré d'importance et des bénéfices proportionnels à sa capa-

1. *L'Industrie*, ch. x (Œuvres, t. XVIII, p. 116).

cité et à sa mise ». « Tel est le caractère fondamental des sociétés industrielles » et, ajoute-t-il, « voilà ce que le peuple a gagné en s'organisant par rapport aux chefs des arts et métiers [1]. »

Le raisonnement de Saint-Simon appelle des réflexions que ses disciples ne manqueront pas de faire ; et ces réflexions les porteront à socialiser les « mises » apportées par les descendants des maîtres et jointes aux « capacités » des descendants des esclaves dans le but de prendre part, la part. du lion, au produit. Aussi, selon eux, le travailleur ne sera-t-il libre que lorsque l'hérédité aura été supprimée et que l'instruction l'aura mis à même d'être véritablement l'artisan de sa destinée, puisque, dans le système saint-simonien, « la distribution de l'*éducation spéciale*, au lieu de se faire selon la *naissance*, se fera dans l'avenir selon les *aptitudes* ». Car Bazard ne se fait pas illusion sur les rapports des travailleurs et des employeurs. S'il sait que « plus on remonte dans l'antiquité », plus les classifications entre les hommes « se montrent profondes, précises, inflexibles », et que, « plus on se rapproche des temps modernes, plus on les voit s'étendre et surtout perdre de leur rigueur », il sait aussi que « ces classifications n'en subsistent pas moins [2] ». « L'esclavage, dit-il d'ailleurs, n'était que la forme la plus grossière » de « l'exploitation de l'homme par l'homme [3] ». Cette exploitation est « arrivée à son terme » elle doit « disparaître entièrement de l'ordre social qui se prépare » sur les indications de Saint-Simon et sous l'effort de ses disciples.

Il est certain qu'on ne trouve point chez Fourier une telle notion évolutionniste de la classe ouvrière passant de l'esclavage au servage, et du servage au salariat. Songeons que pour Fourier l'humanité sortie de l'Eden est tombée graduellement dans l'enfer de la civilisation. La double influence du christianisme et de Jean-Jacques touchant l'origine de l'humanité est trop forte en lui pour qu'il aperçoive dans l'histoire

1. *L'Organisateur*, 9e lettre. (Œuvres, t. XX, p. 151.)
2. *Doctrine de Saint-Simon*, 1re année, pp. 195-196.
3. *Id.*, 2e année, 1re séance.

la servitude décroissante des travailleurs. D'autre part son réalisme social est choqué et son sens droit s'offusque de voir proclamer libres et souverains des gens en guenilles qui meurent de faim. Il s'écrie donc : « Hypocrites amis du peuple, voyez le cas qu'il fait de vos chimères de liberté et de souveraineté : Lorsqu'on a récemment communiqué aux esclaves des Antilles anglaises le plan d'affranchissement, quelle impression a-t-il fait sur eux? Leur première idée a été celle-ci : Quand nous serons libres, aurons-nous à dîner autre chose qu'un hareng saur? » Par conséquent, pas de différence entre le travail libre et le travail servile, pour celui qui est destiné à travailler. « Si le peuple esclave est conduit par le fouet, dit Fourier avec sa truculence coutumière, le peuple libre est conduit par la gueule. » Et se tournant vers les libéraux, il leur dit méprisamment : « Vos visions de liberté seront des niaiseries, tant qu'elles ne garantiront pas au peuple la bonne chère et l'insouciance [1]. »

Le ton est donné. Il prévaudra désormais chez tous les novateurs socialistes, Pecqueur excepté, et Marx se mettra à l'unisson, car cette thèse antiévolutionniste, outre qu'elle est un excellent moyen de polémique sociale, s'adapte merveilleusement à la théorie pessimiste du développement capitaliste et fait en conséquence ressortir la nécessité, l'urgence de la transformation révolutionnaire. D'autre part, les novateurs socialistes qui, Marx compris, ont adopté la thèse de Fourier, se sont conformés aux règles les plus étroites de la philosophie sensualiste et de la morale utilitaire; et nous avons vu que cette philosophie et cette morale sont les sources idéologiques où s'est alimenté le socialisme du xixe siècle. Les explications ainsi deviennent faciles et claires : pourquoi les maîtres émanciperaient-ils leurs esclaves, sinon parce que ceux-ci sont des instruments de travail plus coûteux que les travailleurs libres qu'on n'est point tenu de nourrir lorsqu'ils ne produisent pas ! Pierre Leroux n'explique pas autrement l'action que l'Angle-

1. *Fausse industrie.*

terre exerce auprès des puissances pour tarir les sources de
l'esclavage par l'institution du droit de visite. S'adressant à
elle, il lui dit : « Tu peux, hypocrite que tu es, affranchir les
esclaves de tes colonies, et forcer la France à faire sur ton
ordre ce que la France décréta jadis elle-même malgré tes
menaces ; mais affranchis donc ton peuple, affranchis l'Irlande et
tous ces millions d'Anglais, qui n'ont pas un sort plus compré-
hensible que celui des Irlandais ! autrement ta prétendue philanthropie pourrait bien ne signifier autre chose que ceci :
Sous l'empire du capital, tous les hommes étant uniformément
des machines de travail pour les capitalistes, il convient aux
capitalistes anglais qu'il n'y ait plus d'autre forme d'esclavage
dans le monde que le salaire et le prolétariat[1]. » Pierre Leroux
n'oubliait que quelques petites choses, que la passion du
prosélytisme ne lui permettait pas d'apercevoir ou que l'entraî-
nement de la polémique lui faisait négliger : si l'esclavage était
moins profitable que le salariat, l'Angleterre avait intérêt, non
à décider ses voisins à supprimer l'esclavage, mais au contraire à le maintenir ; dans le cas inverse, les capitalistes anglais
eussent peut-être tenté d'abolir l'esclavage chez leurs voisins,
mais ne l'eussent pas aboli chez eux. Et précisément parce
que l'esclavage était réellement d'un meilleur rendement capitaliste que le salariat — tout au moins dans les régions tropi-
cales — l'Angleterre a obéi aux considérations idéologiques,
aux impératifs de la morale, et non aux cris de l'intérêt. Il
n'en subsiste pas moins que l'intérêt se mêlait dans une forte
proportion, l'emportait même peut-être sur les considérations
morales dans les démarches faites par l'Angleterre auprès des
autres peuples à esclaves. Elle ne voulait pas, et cela était
très légitime en somme, être vaincue économiquement par les
nations qui auraient continué à posséder et à recruter des
esclaves.

Cette thèse de l'immutabilité du sort des travailleurs à
travers l'esclavage, le servage et le prolétariat sera encore

---

1. *Revue sociale,* janvier 1846.

aggravée par Colins. Selon lui, en effet, « ce n'est pas le travail qui a été émancipé, mais le capital », et « le travail a été
opprimé de tout ce dont le bourgeois a été soulagé [1] ». Aussi
s'écrie-t-il : « Tant qu'il y aura à choisir entre deux maux nécessaires, entre des nobles ou des bourgeois, le choix définitif ne
sera pas douteux ; l'anarchie bourgeoise fera toujours préférer
le despotisme nobiliaire [2] ». De nos jours, Paul Lafargue, à
qui cette méthode est familière, est allé plus loin, lorsqu'il
nous a affirmé d'une part que la bourgeoisie a fait faillite à ses
promesses de liberté, d'égalité et de fraternité, « mots que par
une grossière raillerie elle met sur les frontons de ses prisons»,
et d'autre part « que ces principes, quoique n'étant pas formulés, écrits nulle part, ont trouvé leur réalisation dans les
tribus sauvages, dans les tribus barbares vivant sous le régime
communiste [3] ». C'est de semblables fantaisies polémiques que
certains adversaires, affectant de les prendre à la lettre, utilisent pour présenter le socialisme comme une aspiration rétro-
grade vers des formes simples que les sociétés humaines ont
heureusement dépassées et ne reverront plus. Et pour retarder
d'au moins un demi-siècle, et même dater du *Contrat social* et
du *Supplément au voyage de Bougainville*, ces fantaisies n'en
sont que plus intolérables aujourd'hui.

II

Fourier est certainement le premier des novateurs socialistes
qui ait appelé l'attention du public sur les inconvénients des
longues stations de travail, sur les déformations et atrophies
physiques et intellectuelles causées par le travail parcellaire, et
sur la déplorable hygiène des ateliers, des usines et des manufactures de son temps. Toutes ces formes et conditions du
« travail répugnant », pour employer son expression, sont des

1. *Science sociale*, t. II, p. 381.
2. *Id.*, p. 383.
3. *Le socialisme et les intellectuels*, conférence faite pour le groupe des
étudiants collectivistes. Sténographie des *Cahiers de la quinzaine*, n° du
5 mai 1900.

résultantes du régime civilisé, de la « politique moderne ».
Nous savons que Fourier se méfie de l'industrie et de ses
forces d'expansion. Aussi, dans l'ordre sociétaire, ne consi-
dérera-t-on l'industrie qu'à titre de « complément de l'agriculture », et y verra-t-on « un moyen de faire diversion aux cal-
mes passionnels qui éclateraient pendant la longue fériation
d'hiver et les pluies équatoriales ». Les fabriques sont considérées par Fourier comme tellement nuisibles à la santé des
producteurs qu'il les voudrait voir, dans l'avenir, « porter les
produits manufacturés à la plus haute perfection, afin que la
plus longue durée de ces objets réduise à peu de temps le travail de fabrication [1] ». C'est aux manufactures qu'il attribue le
phénomène d'insécurité personnelle qu'il note en ces termes :
« Les particuliers, gênés par le progrès du luxe, trouvent partout leur fortune trop modique, même dans la classe qui sura-
bonde de biens ; tandis que la nombreuse caste des salariés
n'a pas même le nécessaire, ou minimum, et se voit d'autant
plus sujette à manquer de travail que l'industrie manufacturière et mécanique fait plus de progrès [2]. » Nous trouvons ici
un premier écho de la théorie de la paupérisation des masses
dans le système industriel, théorie formulée par les publicistes
qui s'étaient faits les interprètes des propriétaires fonciers
dans leurs doléances contre la marche envahissante de la propriété capitaliste. Cet écho sera répété désormais, sauf Pecqueur, par tous les écrivains socialistes du XIXᵉ siècle.

Pour Fourier, nous le savons, il n'est pas de paresseux, et les
primitifs ne répugnent au travail que parce que le travail est
répugnant. Et si les civilisés n'avaient pas des besoins plus nombreux que les primitifs, ils ne se soumettraient pas plus que
ceux-ci à la pénible et répugnante loi du travail. Le problème
consiste donc à rendre le travail attrayant. Au lieu que ses
besoins le poussent au travail comme à une action nécessaire,
une corvée qu'on se hâte d'accomplir et dont on tâche de se

---

1. *Nouveau monde industriel.* Disposition de la phalange d'essai.

2. *Traité de l'association domestique agricole.* Introduction. Résultats de
la politique moderne.

débarrasser sur autrui, il faut faire en sorte que l'homme trouve dans le travail même un attrait, qu'il s'y livre non pour se procurer des subsistances, mais pour se procurer avant tout la joie d'agir sur les choses et de les transformer à son gré. Et la première condition pour que le travail attire au lieu de rebuter, c'est qu'il soit de courte durée. Cela veut-il dire que l'on ne travaillera que deux heures par jour ? Non, mais que l'on ne s'appliquera pas à une tâche plus de deux heures par jour.

Bien loin de réduire la quantité de travail produite par l'homme, l'application fouriériste doit, dans la pensée de son auteur, « vingt-quadrupler le produit [1] ». Car, pour être plus sûrement et plus complètement attrayant, le travail ne sera pas seulement accompli par courtes séances; ces séances alterneront, se succédant dans leur variété, le long de la journée. Ajoutez les rivalités, intrigues, émulations d'individu à individu, de groupe à groupe, et vous aurez le schéma de la conception du travail en régime d'association harmonique.

Les séances de travail doivent être courtes, dit Fourier, afin de produire « l'équilibre sanitaire ». En effet, « la santé est nécessairement lésée si l'homme se livre douze heures à un travail uniforme, tissage, couture, écriture ou autres qui n'exerce pas successivement toutes les parties du corps et de l'esprit... Diverses fabriques de produits chimiques, de verreries et même d'étoffes, sont un véritable assassinat des ouvriers, par le seul fait de continuité de travail. Il serait exempt de danger si on n'y employait que de courtes séances de deux heures, tenues seulement deux ou trois fois par semaine [2] ». Sur ce dernier point, le vœu de Fourier a été exaucé, tout au moins dans l'usine créée par André Godin, son disciple. L'émaillage à chaud des pièces de fonte est une opération insalubre au premier chef, même lorsque, comme à Guise, elle est accompagnée de toutes les précautions hygiéniques prescrites. Or, au Familistère, cette opération n'est pas confiée d'une manière continue aux mêmes ouvriers. Mais déjà

---

1. *Traité de l'association domestique agricole.* 2e partie. Cislégomènes.
2. *Nouveau monde industriel.* Analyse de l'attraction passionnelle.

sont entrevus des procédés de fabrication qui ôteront tout péril aux industries actuellement dangereuses ou pénibles, et par conséquent de ce chef toute raison d'être au travail alterné.

Cette identification du travail avec le plaisir, Fourier la pousse si loin qu'il va jusqu'à s'indigner à l'idée que, dans son système, on pourrait prendre plaisir à des jeux qui ne seraient point productifs d'utilité. Des « savants » à qui l'on dirait « qu'une armée d'Harmonie joue aux cartes dans ses loisirs... jugeraient la récréation louable ». Pourtant, dit Fourier, « elle ne l'est pas. On dédaigne, en Harmonie, les récréations improductives, comme le jeu[1] ». Le travail étant un plaisir, étant comme un plaisir accompagné de danses et de musique, doit donc être limité, dans la journée et dans l'existence, uniquement par les forces physiques, ou par l'aptitude à jouir, de celui qui s'y livre. C'est pourquoi Fourier nous montre des enfants de trois ans gagnant leur vie et des travailleurs qui, en courtes séances alternées, donnent seize heures de leur journée au travail devenu un plaisir. L'attraction passionnelle appliquée à l'industrie élèvera les hommes « à un état qu'on peut nommer perfection extra-humaine », car « il les transforme en demi-dieux, à qui tous les prodiges de vertu et d'industrie deviennent possibles ». Fourier ajoute : « On en vit un bel effet à Liège, il y a quelques années, lorsque les quatre-vingts ouvriers de la mine de *Beaujonc* furent enfermés par les eaux. Leurs compagnons, électrisés par l'amitié, travaillaient avec une ardeur surnaturelle et s'offensaient de l'offre de récompense pécuniaire. Ils firent, pour dégager leurs camarades ensevelis, des prodiges d'industrie dont les relations disaient : *Ce qu'on a fait en quatre jours est incroyable.* Des gens de l'art assuraient que, par salaire, on n'aurait pas obtenu ce travail en vingt jours[2]. » En voulant que ces « prodiges » qui ne se montrent que « par lueurs » dans l'état de civilisation deviennent la norme de la production en régime d'asso-

---

1. *Traité de l'association domestique agricole.* Association composée.
2. *Id.,* Groupes et séries. Accords omnimodes,

ciation composée, Fourier avait oublié plusieurs choses, dont
l'essentielle est que l'industrie n'a pas attendu son bon plaisir
pour prendre le pas sur l'agriculture, et que la nature même
des opérations industrielles est en opposition avec le système
du travail alterné par courtes séances. Une autre chose, non
moins essentielle est que, si l'on peut trouver un vif plaisir
dans le travail, et il est bon de favoriser les vocations afin d'ôter
au travail un de ses caractères extérieurs de contrainte, on ne
doit pas méconnaître qu'il y a une différence fondamentale
entre le travail, qui est l'application et la tension des facultés,
et le plaisir, qui est leur distraction et leur détente.

Proudhon a bien aperçu que les courtes séances n'étaient
possibles que pour le travail non qualifié. Son sens d'ouvrier
qualifié l'a sûrement averti lorsqu'il a dit que « vingt fractions
de journée de manœuvre » ne pouvaient pas « donner l'équivalent de la journée d'un artiste[1] ». On voit, en effet, aux Etats-
Unis, les ouvriers passer indifféremment d'une mine de pétrole
à une exploitation agricole, et de là dans une fabrique de chaus-
sures. Dans ce pays, le machinisme à outrance a produit chez
les ouvriers, dit M. Paul de Rousiers, « une déspécialisation
avancée[2] ». Mais cela n'est pas plus du travail alterné que, dans
certains de nos cantons du Nord-Est, l'alternance saisonnière
des travaux agricoles et du tissage à domicile. C'est d'ailleurs
dans cette alternance saisonnière, très générale encore au
moment où Fourier écrivait, — car le travail à domicile fut une
des formes primitives de la manufacture — qu'il a pris les éléments du travail alterné : il a contracté dans une journée ce
que l'artisan-paysan répartissait par saisons de semailles, d'entretien et de récolte. C'est, répétons-le, la forme primitive de la
manufacture; cette alternance des travaux date de l'époque où
la manufacture occupait à domicile les ouvriers agricoles, dans
les moments de l'année où l'homme, ayant donné son travail à
la terre, confie à la nature le soin de faire le reste. Cette manufacture avait des ouvriers dans toutes les vallées; ses agents

1. *Contradictions économiques*, t. I, p. 133.
2. *La vie américaine*. Ranches, fermes et usines, p. 293.

s'en allaient à travers le pays, portant de la matière première
aux chaumières laborieuses et en remportant de la marchandise; elle était dans une large mesure, par ces agents, un moyen
d'information et de culture générale pour les paysans confinés
dans les infimes et incommunicables communautés agricoles
d'alors. Mais déjà, du temps de Gœthe, ce système d'industrie
patriarcale s'écroulait. « Il n'y avait pas à se dissimuler que les
machines ne devinssent toujours plus nombreuses, et que les
mains laborieuses ne fussent menacées d'être peu à peu réduites à l'inaction[1]. » Aujourd'hui, partout où il subsiste, le travail
à domicile pour le compte des « fabricants » est fauteur de
rémunération au plus bas taux et d'allongement excessif de
la journée de travail.

Que reste-t-il finalement, dans les concepts socialistes actuels,
des propositions de Fourier sur le travail attrayant et alterné?
Cette idée, d'abord, que le travail n'est ni une peine, ni un châtiment, et qu'il peut être accompli dans la joie. Mais cette idée,
dira-t-on, on la trouve chez tous les moralistes. Cela est vrai, à
cette différence que pour les moralistes le travail est un moyen,
tandis que Fourier en fait un but. Eh bien, il y a là une vérité
supérieure, et dont il a eu la prescience, plutôt qu'il ne l'a
découverte. C'est que le travail contient en soi sa récompense,
possède en soi ses motifs d'attraction. Mais ce n'est pas
dans les cavalcades exubérantes et au bruit des fanfares,
ni même dans l'excitation de l'émulation et sous les
aiguillons de l'amour-propre, que l'homme peut s'élever aux
pures et amères joies, amères parce que saines, que le travail
réserve à ceux qui se vouent à lui. La psychologie du haut et
probe moraliste que fut Proudhon l'emporte ici sur le naturalisme un peu gros et superficiel de Fourier. Et c'est Proudhon
qui a raison lorsqu'il nous dit que « le travail, de même que
l'amour dont il est une forme, porte en soi-même son attrait...,
qu'il nous intéresse, nous plaît et nous passionne, par l'émission de vie et d'esprit qu'il exige; et que son plus fort auxiliaire

1. *Wilhelm Meister*. Les années de voyages, ch. iv, p. 480.

est le recueillement[1]. » Le travail, dès qu'il sera libéré des servitudes capitalistes, aura à s'élever à la dignité d'un fait moral.
Cette dignité, il l'a déjà au regard de ceux qui l'aiment. Le
régime capitaliste, avec ses contraintes, fait entre le travail
et le travailleur un mariage forcé. Il appartient à l'association,
au socialisme de libérer les conjoints et de les appeler aux
fortes joies d'un mariage d'amour. En attendant, le salarié
ne livre au travail que la moindre partie de lui-même. Qui ose-
rait lui en faire un crime ?

III

Nous venons de voir Fourier s'élever contre la division manufacturière du travail ; les déformations physiques, les maladies,
la dépression intellectuelle, le dégoût du travail en sont
les caractéristiques, et c'est en effet pour soustraire le producteur à ces fléaux que l'auteur du *Nouveau monde industriel*
a proposé de substituer le travail alterné par courtes séances
à la division du travail qui tient l'homme fixé à la même tâche,
automatisé dans le même geste, douze heures de la journée, six
jours de la semaine, et tous les jours de sa vie active. D'autre
part, la manufacture nécessitant une division intense du
travail, surtout au temps de Fourier où les machines-outils
étaient absolument inconnues, il n'avait trouvé rien de
mieux que de restaurer la prééminence de l'agriculture et de
faire de l'industrie, dans son système, une opération secondaire et subsidiaire, une occupation pour les travailleurs agricoles pendant le chômage de la terre. Vers la même époque,
Hodgskin, nous dit M. Elie Halévy, constatait que l'ouvrier des
champs est « le seul peut-être, qui, à lui tout seul, achève un
produit ». Mais, se refusant à voir dans la division du travail
une cause nécessaire d'infériorisation du producteur, tant au
point de vue intellectuel que physique, Hodgskin ajoutait :
« Est-il moins dégradé que le fabricant d'épingles ? » Pour

1. *Contradictions économiques.* t. I, p. 298.

Hodgskin, ce qui dégrade le travailleur, ce n'est pas le mode de travail, mais l'état de dépendance où il se trouve. Aussi dira-t-il : « La dépendance que l'on dénonce et que l'on déplore, c'est la dépendance de la pauvreté et de l'esclavage, et non la dépendance mutuelle qu'occasionne la division du travail[1]. » Proudhon, qui voit à la fois dans la division « la cause première de la multiplication des richesses et de l'habileté des travailleurs » et « la cause première de la décadence de l'esprit et... de la misère civilisée, » affirme que : « *le travail, en se divisant selon la loi qui lui est propre, et qui est la condition première de sa fécondité, aboutit à la négation de ses fins et se détruit lui-même[2]* ». Selon lui, la classe ouvrière échappe à la division du travail par la machine, autre instrument d'asservissement et de paupérisation. Mais « le travail, après avoir différencié les capacités et préparé leur équilibre par la division des industries, complète... l'armement de l'intelligence par les machines...» La machine est un moyen d'égalité; certes, « l'intelligence diffère et différera toujours d'un individu à l'autre ; » mais la machine, instrument du progrès social, tend à « la rendre à la fois chez tous encore égale, » à établir « l'équilibre des capacités dont nous avons vu le prélude dans la division du travail[3] ».

Fourier, qu'on ne s'y trompe pas, ne proteste que contre la division industrielle du travail, et non contre la division sociale, la spécialisation professionnelle. Sans quoi, comment s'expliquer qu'il pose en principe que « la principale économie doit être *l'économie des bras ?* » Lorsqu'en effet il demande la suppression du commerce, ce n'est pas pour retourner à une confusion impossible entre les agents de la production et ceux de la distribution, ni à une forme d'économie primitive où le producteur consommerait lui-même son produit; mais parce qu'il classe le commerce dans les « fonctions improductives » et qu'il lui reproche d'occuper « des agents superflus qu'on pouvait

1. *Thomas Hodgskin*, ch. II, pp. 107-108.
2. *Contradictions économiques*, t. I, pp. 107-108.
3. *Id.*, pp. 142-143.

épargner¹ », c'est-à-dire rendre à la production. Il est au contraire tellement pour la division du travail, qu'il trouve du
travail pour tous les bras et entend le mettre à la portée même
des plus faibles. Sa protestation contre l'inutilisation des
femmes dans les tâches ménagères, sa formule de l'association
domestique qui doit libérer la femme des servitudes de l'écumoire et du pot, qu'est-ce sinon un appel aux femmes à s'élever
de la production ménagère à la division sociale du travail ?
Pour lui, la nature assigne un rôle aux femmes : c'est d'être
« rivales et non pas sujettes du sexe masculin² ». Et pour les
exciter à prendre leur place dans le champ de la production, il
s'écrie : « N'est-il pas scandaleux de voir des athlètes de trente
ans accroupis devant un bureau, et voiturant avec des bras
velus une tasse de café, comme s'il manquait de femmes et
d'enfants pour vaquer aux vétilleuses fonctions des bureaux et
du ménage³ ! »

Ainsi donc, non seulement Fourier apprécie la valeur de la
division du travail, mais on pourrait sans exagération affirmer
qu'il l'apprécie trop et la pousse trop loin. On sait qu'il fait du
travail un plaisir, un objet d'attrait, à l'égal de la consommation. Il ira donc jusqu'à supposer que, dans le phalanstère, les
pauvres seront aussi heureux de servir les riches, que ceux-ci
de consommer le fruit du travail de ceux-là. « A examiner le
mécanisme sociétaire, dit-il gravement, on reconnaît que toute
la classe pauvre y est affectée au service du riche. Dans les
appartements, les écuries, les jardins, les caves, les cuisi-
nes, etc., le riche ne saurait faire un pas sans voir les pauvres
travaillant avec ardeur à satisfaire quelqu'une de ses fantaisies, faisant passionnément un service qu'il serait obligé de
salarier en civilisation. Il aimera ces classes inférieures par
influence de la domesticité passionnée⁴ ». On le croit sans
peine ; et il faudra que ces « domestiques » aiment bien, non

1. *Théorie des quatre mouvements.* 3ᵉ partie. Confirmation.
2. *Nouveau monde industriel.* Disp. de la phal. d'essai.
3. *Théorie des quatre mouvements.* 2ᵉ partie. Description.
4. *Traité de l'association domestique agricole.* Ass. composée.

le riche, mais le travail, pour se vouer ainsi à satisfaire ses
« fantaisies ». Fourier a dû écrire ce passage en songeant au
capitaliste rêvé, qu'il attendait chaque matin, et qui devait lui
apporter les moyens de transformer le monde en rendant les
humains aux bienfaits de l'attraction passionnelle, méconnue
et violentée depuis qu'ils étaient sortis de l'heureux et innocent
état d'édénisme.

Nous avons vu tout à l'heure Proudhon montrant les machines en train de supprimer la division manufacturière du travail
et la déspécialisation des opérations de travail. Il est bon de
voir à présent Pecqueur prévoir très clairement un mouvement
qui se produit de nos jours, sous nos yeux, et qui s'affirme
d'une manière inverse de celui de la concentration capitaliste.
Le développement social, l'augmentation de la richesse générale s'expriment par le surgissement continu de nouvelles spécialités productives et de nouveaux agents de distribution.
Nous voyons aujourd'hui même la centralisation capitaliste
produire un phénomène de décentralisation économique lorsque, groupant des centaines ou des milliers d'ouvriers dans une
usine, elle suscite quantité de détaillants, débitants, restaura-
teurs, qui substituent leur fonction économique déterminée aux
fonctions ménagères. N'en est-il pas ainsi lorsque le cultivateur
est devenu plus complètement que par le passé un marchand de
son produit, dont autrefois il ne portait que l'excédent sur le
marché? Il a suscité ainsi dans les campagnes un producteur et
un marchand, le boulanger, totalement inconnu au temps où
chaque paysan cuisait lui-même son pain? Eh bien, ce mouvement, Pecqueur l'a aperçu lorsqu'il a dit : « La concurrence individuelle, isolée et chétive, se réfugiera en définitive presque
exclusivement dans le commerce de *petit détail quotidien.* »
En effet, la concurrence se réglemente par les cartels et les
comptoirs, et même disparaît par les trusts. Mais c'est seulement dans les grands organes de production et de circulation
que l'on peut constater ce phénomène. On verra encore fonctionner la concurrence individuelle, ajoute Pecqueur, « dans
une série très nombreuse de professions libérales, d'arts déli-

cats ou ingénieux, qui ont pour but de satisfaire les caprices
mobiles et perpétuellement variables de la mode, de l'opulence
et du raffinement des beaux-arts et du goût. » Ces professions
ne seront jamais socialisées, dit-il, « car cette série de travaux
et de produits ne comportera jamais d'autre mode bien économique que celui de la concurrence ou de la production *individuelle*, de l'inspiration *intime*, de l'exécution privée, et un à
un ». Parce que, ajoute-t-il, « les beaux-arts ni les sciences ne
comportent pas le jeu des machines[1] ». On aperçoit immédiatement que Pecqueur, emporté par son désir de prouver un fait
exact, l'accroissement de la division sociale à mesure des progrès de la civilisation générale, en arrive à méconnaître le
caractère social dans leur origine et dans leur exercice de certaines spécialités professionnelles, telles que la médecine, les
beaux-arts et les sciences, que nous voyons aujourd'hui tendre
à sortir de plus en plus du cercle de la concurrence pour entrer
dans celui des fonctions sociales[2]. Retenons néanmoins ceci de
Pecqueur, qui est essentiel : que « la destinée de l'humanité est
de s'assujettir de moins en moins à l'uniformité, à l'unité roide[3] ».
Nous avons observé plus haut qu'à l'exemple de Fourier il voyait
dans la répartition ethnique des produits du sol un moyen de
communication entre toutes les nations du globe, en même
temps qu' « une grande leçon de division du travail universel
donnée à l'homme par la Providence[4] ».

En somme, de Fourier, qui fait de la division sociale du
travail le grand moyen de l'émancipation des femmes, à
Proudhon, qui voit que par elle « la classification par industries »
s'oppose à « la classification du peuple par castes[5] », tous
les novateurs socialistes ont salué la division croissante du travail comme un phénomène bienfaisant, comme un moyen
d'émanciper les producteurs, c'est-à-dire de les rendre maîtres
de leur produit.

1. *Des intérêts du commerce*, t. I, pp. 86-87.
2. V. *l'Idéalisme social*, p. 128. (Paris, F. Alcan.)
3. *Des intérêts du commerce*, t. I, p. 446.
4. V. plus haut, p. 312.
5. *Idée générale de la Révolution*, p. 257.

IV

Les novateurs socialistes ayant tous ce trait commun de considérer que les institutions économiques doivent prendre le pas sur les institutions politiques ou les remplacer, il va de soi que pour eux la hiérarchie, qui dans l'ordre féodal exprimait des rapports de subordination de l'homme à l'homme, sera dans l'ordre industriel futur un phénomène pur et simple de division du travail. La capacité seule donne droit aux rangs divers de cette hiérarchie, et nous avons vu que l'école saint-simonienne supprime l'héritage, pour plus de certitude que seule la capacité présidera au classement des hommes dans les fonctions industrielles. Les disciples de Saint-Simon sentent si bien que le dogme simpliste de l'égalité ne s'applique pas du tout au régime industriel, qu'ils instituent un enseignement de propagande spécial pour les prolétaires. « Nous avons dû accepter la société telle qu'elle est, expliquent-ils, et faire *séparément l'éducation* d'hommes et de femmes placés par le hasard de la naissance dans des conditions si différentes. L'éducation a pour objet, dans les deux degrés des prolétaires et des bourgeois, de préparer ceux et celles qui les composent à une transformation telle que, d'une part, tout *dédain* disparaisse, et que, de l'autre, toute *défiance* soit effacée, afin que la réunion des bourgeois et des prolétaires qui s'opère successivement dans le degré d'*initiation* soit complète, franche et dégagée de toute arrière-pensée [1]. » Rappelons-nous que Saint-Simon et son école ne considéraient dans les industriels qu'une seule classe, et que pour eux les capitalistes, les patrons n'étaient pas considérés, tout au moins théoriquement, comme des bénéficiaires, des exploiteurs du travail ouvrier, mais comme des chefs de travail, et en cette qualité, nécessaires à la production. Plaçant à la base de leur système l'égalité de point de départ par la suppression de l'héritage et l'enseignement libéralement et également réparti

---

[1] Extrait de l'*Organisateur*. (OEUVRES, t. IV, p. 64.)

entre tous, sauf le défaut d'aptitudes pour parvenir aux degrés
supérieurs de la connaissance, les saint-simoniens ne pouvaient
considérer la hiérarchie des fonctions industrielles que comme
un phénomène normal de division du travail entre individus
ayant inégalement profité d'un enseignement scientifique et
technique également mis à leur disposition. Cette inégalité du
point d'arrivée, ils ne s'en offusquaient point à la manière
des communistes ; bien plutôt ils y voyaient une harmonie providentielle qui permettait de pourvoir à toutes les fonctions de
l'industrie, des plus simples aux plus compliquées, des plus
humbles aux plus élevées.

Aussi distingueront-ils entre le rentier et l'industriel. Pour
eux, le premier sera un capitaliste oisif, et ils nieront son droit
au produit du travail. Enfantin s'indigne de voir « que les fouriéristes veulent que le *travail* produise *revenu* à son propriétaire, indépendamment de toute espèce de *travail* et de talent
de la part dudit propriétaire, par cela seul qu'il est propriétaire ». Car qui dit propriétaire dit « *oisiveté ignorante et
riche* » et aussi « *héritage* ». L'industriel, le banquier, ne peut
pas être dit « capitaliste oisif ». Les fouriéristes commettent
une « grave erreur industrielle », dit Enfantin, en croyant « que
c'est le capital qui mérite le salaire » et en attribuant ce salaire
« à l'homme qu'ils continuent à appeler capitaliste ». Selon la
doctrine saint-simonienne, « la fonction de *distribuer des instruments et ateliers* sera un jour une fonction très largement
rétribuée, non pas à cause du capital, mais à cause du talent
et de la moralité qu'il faudra pour le placer en bonnes mains[1] ».
De son côté, Owen, qui n'est pas seulement un théoricien de
l'association, mais un praticien de l'industrie, un manufacturier, a fort bien senti la nécessité de la hiérarchie des opérations du travail ; il agira donc en conséquence en établissant
des distinctions de rang dans la manufacture de coton de
New-Lanark, où il fera ses premières expériences d'association. « Chacune de ces classes a individuellement un intérêt

---

1. *Correspondance inédite d'Enfantin*. (OEuvres, t. XXXIV, pp. 47-48.)

aussi distinct et aussi personnel que chaque classe dans toute
autre manufacture de la Grande-Bretagne. Les distinctions de
rang existent de la manière la plus parfaite[1]. »

Mais tandis qu'en 1821 Owen en était encore aux « distinctions » et aux « intérêts » correspondant à ces distinctions,
Hodgskin, l'année précédente, avait frayé la voie d'égalité où
le fondateur de New-Lanark ne devait s'engager que plus tard.
Hodgskin disait avec une brutalité un peu simpliste d'utilitaire, que « dans la mesure où les sciences et les arts sont
utiles, ils sont l'objet d'une demande et trouvent, sur le marché, la rémunération qui leur est due ». Certainement, ajoutait-il, « bien des savants, bien des artistes ne trouvent pas
l'emploi de leurs talents ». Cela ne prouve pas qu'ils doivent être secourus, « mais que l'offre, en ces matières, a été
forcée au delà de ce qu'exigeait la demande[2] ». Et si les
services d'hommes aussi éminemment utiles peuvent être soumis à la loi de l'offre et de la demande et par elle ramenés
au niveau des services d'un ouvrier ou d'un laboureur, comment, dira Hodgskin en 1846, se peut-il tolérer « qu'un
ministre, un maréchal, un archevêque, ou un homme qui
surveille d'autres travailleurs, gagne autant ou trois fois autant de livres sterling » qu'un paysan gagne de shillings !
« Nous disons, ajoute-t-il, qu'il faut être aveugle sur ce qui
se passe dans la société, pour ne pas sentir que les *inégalités
de rémunération*, les degrés relatifs d'estimation où sont tenus
les différents genres de travail et conséquemment les différents taux des salaires, sont une des questions brûlantes du
jour[3]. »

Proudhon n'a pas aperçu aussi clairement qu'Hodgskin, que
Pecqueur et que toute l'école saint-simonienne, que l'instruction
largement répandue est précisément un facteur d'équilibration
des diverses fonctions industrielles. Et même en 1865 il écrira
encore que « dans un régime politique hiérarchisé, avec une

1. *Examen impartial*, etc., pp. 33-34.
2. *Thomas Hodgskin*, ch. i, pp. 28-29.
3. *Id.*, ch. iii. pp. 151.

féodalité capitaliste et industrielle, un mercantilisme anarchique, cette instruction, en elle-même désirable, serait en pure
perte, même dangereuse ». Qu'on ne croie pas qu'il y ait là
une ironie, et qu'il craigne seulement pour la société bourgeoise. Non, c'est très sérieusement qu'il déclare qu'à un degré
supérieur l'instruction « deviendrait inharmonique et, par l'en-
combrement des capacités, un grave péril pour la société et
pour le travail même[1] ». Ce que Proudhon entend ici par instruction, c'est sûrement l'instruction classique et littéraire
qui fait des bacheliers aptes seulement aux fonctions administratives de l'État ; car nous avons vu plus haut qu'il était partisan de l'enseignement professionnel le plus étendu[2]. Assurément, ce n'est pas à l'enseignement purement technique qu'il
entend limiter la classe ouvrière, mais il nous faut l'entendre
tout comme nous entendons Fourier ou Pierre Leroux lorsqu'ils
nous disent qu'en régime de servitude économique, les libertés
publiques elles-mêmes et l'égalité théorique devant la loi
tournent au détriment de ceux qui ne possèdent que leurs bras.
De même Proudhon, lorsqu'il exprime sa défiance de l'instruction donnée à tous « dans un régime politique hiérarchisé,
avec une féodalité capitaliste, un mercantilisme anarchique ».
C'est bien ainsi qu'il faut l'entendre, puisqu'il n'hésite pas à
comprendre, mais cette fois dans l'ensemble des mesures
sociales qu'il propose, « un vaste système d'éducation
publique » qui « procure, en élevant toujours leur niveau, l'égalité des fonctions et l'équivalent des aptitudes[3] ». La critique
socialiste vit encore sur ce fonds-là. Que de fois ne l'avons-
nous pas entendu affirmer qu'en ouvrant des écoles, la bourgeoisie n'obéissait à aucun mobile idéologique, mais à son
intérêt de classe, qui est de la pourvoir d'outils humains intelligents ! Et en même temps, la critique socialiste imputait
imperturbablement au régime capitaliste, aux applications du
machinisme dans l'industrie, l'abrutissement systématique des

---

1. *Capacité politique des classes ouvrières*, pp. 285-286.
2. V. plus haut, p. 170.
3. *Contradictions économiques*, t. II. Résumé et conclusion, p. 414.

ouvriers, les patrons n'ayant d'ailleurs plus besoin que de
« servants de machines », des manœuvres...

Combien Pecqueur fut-il plus clairvoyant, et combien moins
il s'exposa au reproche de contradiction en se gardant de l'esprit de système où avaient trébuché les autres novateurs, et
où nous voyons que trébuche encore la critique socialiste courante du moment présent! Il savait que la direction des
organes de production et de circulation devient de plus en plus
une fonction complexe et qui exige de fortes connaissances.
Nous avons vu plus haut comment il fait de la connaissance la
condition même du développement économique, et que, selon
lui, le capital s'échappe de lui-même des mains inaptes à le
diriger en vue de la production. Il va donc de soi que pour lui « la
hiérarchie devient ce qu'elle doit être : une division du travail. »
Mais ici, devançant Proudhon dans un champ que celui-ci explo-
rera plus complètement, Pecqueur ajoute quelque chose, qui est
capital, à la pensée saint-simonienne qu'il vient d'exprimer. Cette
hiérarchie, dit-il, sera « une subordination de fonctions, mais
non de personnes ». Voici, dès 1836, présenté le principe
essentiel sur lequel Proudhon construira ses théories maîtresses
de la fédération et de l'anarchie. Subordonner les fonctions et
non plus les personnes, c'est, comme dit justement Pecqueur,
dégager l'individualité. Désormais, entre les hommes, « la
relation est dans le devoir réciproque devant une fonction à
accomplir[1] ». Voilà la grande acquisition moderne, qui distingue si profondément le régime industriel du droit féodal.
L'homme accepte ou subit des rapports multiples, mais dont
aucun d'eux ne le subordonne tout entier, dont aucun d'eux ne
lui donne autorité absolue. Le contrat économique est à l'origine imposé par la nécessité au faible et au dénué; mais il n'en
est pas moins le moyen de libération sociale, en même temps
que le type sur lequel finalement se modèleront dans la liberté
toutes les conventions sociales de l'avenir. Déjà aujourd'hui,
en dépit de la domination générale de la bourgeoisie, nous

---

1. *Des intérêts du commerce*, t. I, p. 309.

voyons A..., industriel, commander B..., son ouvrier, et C...
son employé, pour tout ce qui concerne leur fonction économique ; B..., l'ouvrier, administrer en qualité de maire les
intérêts communaux de A... et de C...; et ce dernier commander, en sa qualité d'officier de réserve, son patron et l'ouvrier-
maire B... lorsqu'ils accomplissent leur période d'instruction.
Or, au temps de Pecqueur, A..., l'industriel, était à la fois le
patron de l'usine, le maire de la commune et le commandant
de la garde nationale.

V

Comment les novateurs socialistes auraient-ils pu négliger
un phénomène aussi important que le paupérisme, puisqu'en
réalité leur désir d'innovation, de transformation sociale était
suscité par le spectacle de la détresse ouvrière et des ruines qui
étaient à la fois la condition et le résultat du progrès économique et de l'accroissement de la richesse publique ? Il y a eu,
au commencement du siècle dernier, un terrible moment
pour la classe ouvrière. L'impuissance des pouvoirs publics en
face des forces économiques déchaînées par le machinisme
frappait vivement les esprits. Les économistes avaient constaté
eux-mêmes, Adam Smith en tête, que l'accroissement de la
richesse nationale était en réalité l'accroissement de la richesse
des possesseurs du sol et de l'instrument de travail aux dépens
du producteur. Les crises et leur périodicité, les chômages
qu'elles déterminaient, les famines qui s'ensuivaient, attiraient
l'attention de Sismondi, d'Adolphe Blanqui, d'Eugène Buret,
de tant d'autres. La plus grande hardiesse de ces économistes
consistait, pour le premier, à faire appel à l'intervention de
l'Etat pour qu'une limite fût mise à l'abus des forces de l'ouvrier,
et pour le second à recommander timidement la coopération de
production et la participation aux bénéfices. Mais leurs constatations, que les Morogues, les Villeneuve de Bargemont et
tant d'autres publicistes conservateurs et chrétiens appuyaient
de faits et de statistiques, alimentaient la critique des nova-

teurs socialistes. Une seule école manque à ce rendez-vous
qu'ils se donnent tous, de Fourier jusqu'à Proudhon et à Karl
Marx. C'est, on l'a deviné immédiatement, l'école de Saint-
Simon. Il se conçoit en effet sans peine que, fondant sa construction sociale sur l'accord des industriels et des ouvriers, cette
école ne pouvait voir, dans le paupérisme né de la transformation industrielle, qu'un accident destiné à disparaître dans la
réorganisation économique et sociale sur le plan saint-simonien. Quand donc les Bazard, les Transon montreront la misère
de la classe ouvrière et lanceront d'émouvants appels à l'humanité, ce n'est pas le régime économique qu'ils accuseront, mais
les survivances féodales qui ont imprimé leurs caractères au
monde nouveau. Le patron exploite ses ouvriers parce qu'au
lieu de se considérer comme un chef d'industrie et de tenir
son profit pour une rémunération, il se croit un continuateur
des barons oisifs que sustentaient les mille et un droits féodaux
pesant sur les populations asservies.

Fourier, lui, s'en prend directement à la forme capitaliste,
mercantile, revêtue par le monde nouveau. L'école de Saint-
Simon voit dans la conception capitaliste du profit une survivance féodale. Fourier y voit au contraire un oubli absolu des
obligations féodales qui, si elles tenaient le vassal, tenaient
également le suzerain. En régime d'universelle concurrence,
les plus faibles sont nécessairement asservis ou écrasés, et la
liberté économique devient un moyen de supprimer toute liberté
pour ceux qui ne possèdent que leur force de travail. « *La concurrence est inverse* », dit Fourier, c'est-à-dire aboutissant à
un effet opposé à celui que s'en proposent ses partisans, et par
conséquent « tendant à la réduction des salaires, et conduisant
le peuple à l'indigence par les progrès de l'industrie ». Et il
ajoute : « Plus elle s'accroît, plus l'ouvrier est obligé d'accepter
à vil prix un travail trop disputé[1]. » Un tel régime est la négation absolue du droit au travail, du « droit au minimum », que
Fourier, dans son réalisme précis et concret, place bien au-des-

1. *Nouveau monde industriel.* Préface.

sus des droits de l'homme et affirme vingt fois dans son œuvre, notamment dans le passage où il rappelle ce que Jésus-Christ répondit aux pharisiens reprochant à ses disciples de ne point observer le sabbat. « Jésus, dit-il, consacre le droit de prendre son nécessaire où on le trouve, et ce droit implique le devoir d'assurer un minimum au peuple ; tant que ce devoir n'est pas reconnu, il n'existe point de pacte social[1]. »

Fourier n'est pas un sentimental. Quand il parle de la misère des masses ouvrières, il l'indique plutôt d'un trait rapide, nous l'avons vu, et il ne délaye pas de larmes dans son encrier. Aussi sa vue reste nette et il peut observer juste. Devançant les enquêtes et les statistiques que produiront vingt ans plus tard Eugène Buret et Villermé, il ruinera la légende de la santé des travailleurs, qui serait due précisément à ce qu'ils se donnent de l'exercice. Il les montrera tombant du fait de l'industrie mercantilisée « en débilité relative et obligée ». « Elle est obligée, ajoutera-t-il, en ce que le besoin de travailler les force à faire le sacrifice de leur santé dans des fonctions malsaines, des ateliers insalubres, des exercices outrés, qui usent de bonne heure les tempéraments, exposent le peuple aux fièvres et aux épidémies, sans moyen de traitement. Il est donc en débilité *relative et obligée;* et rien n'est plus faux que ces visions d'équilibre qui placent la santé chez le peuple en dédommagement des richesses. Il a les germes de la santé, mais il est forcé à s'en priver lui-même et à se précipiter par misère dans les maladies, courir à la mort pour échapper à la famine[2]. »

La paupérisation, la débilitation physique des travailleurs par le système industriel est désormais un fait acquis, et tous les novateurs socialistes se fonderont sur lui pour indiquer la nécessité impérieuse d'organiser la production et la distribution des richesses. « S'il est bon, dira Considérant, d'organiser la guerre, la magistrature, la poste, l'administration, ne doit-on pas organiser aussi l'industrie, le travail productif qui sont chargés de nourrir l'humanité, de créer tous les moyens de vie et de

1. *Nouveau monde industriel.* Confirmations tirées des Saintes-Ecritures.
2. *Traité de l'association domestique agricole.* Cislégomènes. 2e partie.

bien-être des individus et des nations ? N'est-ce pas le comble
de la folie que de laisser le désordre et l'anarchie dans ces opérations de première importance[1] » ? Buonarotti, de son côté,
met également en présence les maux de l'inorganisation et les
bienfaits de l'organisation lorsqu'il dit : « Ce n'est que dans le système de la communauté que l'usage des machines serait un bienfait pour l'humanité dont elles diminueraient les peines tout en
augmentant l'abondance des choses nécessaires et agréablès ;
tandis qu'aujourd'hui, en supprimant une grande masse de
travail manuel, elles enlèvent le pain à une foule d'hommes
dans l'intérêt de quelques spéculateurs insatiables, dont elles
augmentent le gain[2]. »

Vidal trace de la paupérisation par le machinisme un fort
sombre tableau, ce qui n'a rien de très original. Mais il trace,
et c'est ici la grande nouveauté, les premiers linéaments de la
dialectique capitaliste dont Marx tirera le parti que l'on sait.
Ne présente-t-il pas une première formule de la théorie de l'accumulation capitaliste, lorsqu'il écrit que, « grâce à la mécanique, la production est en raison du capital et non plus en
raison du travail ? » Du même coup, « les machines remplacent
partout les travailleurs et encombrent les marchés de produits[3] ». Cette suppression dès travailleurs d'une part, cette
accumulation croissante de marchandises d'autre part, voilà la
contradiction intime que récèle dans ses flancs le système
capitaliste. Aussi, selon Vidal, qu'arrive-t-il en conséquence
de cette contradiction ? Que « la consommation tend à décroître
à mesure que décroissent les salaires, c'est-à-dire les revenus
de la majorité de la population », et que « les machines enlèvent
au peuple des travailleurs son seul moyen d'existence[4] ».

1. *Destinée sociale*. Et ailleurs : « Il est temps, grandement temps,
dira-t-il, que ceux qui conduisent les nations méditent ce discours pour
arriver aux moyens que les prolétaires ne le traduisent pas un jour en un
autre langage. Le jour où cette traduction pourrait être faite approchera
plus vite que l'on ne semble le craindre, car le sort du prolétaire empire
rapidement, chez toutes les nations civilisées, avec les progrès de l'industrialisme ». (*Théorie du droit de propriété et du droit au travail.*)

2. *Syst. pol. et soc. des Égaux*, p. 18.

3. *Répartition des richesses*, p. 205.

4. *Id.*, p. 206.

Qu'est-ce tout cela, sinon ce que Marx et Engels appelleront d'une manière si expressive la « révolte des forces productives modernes contre le régime moderne de la production, contre un régime de la propriété qui est la condition même d'existence de la bourgeoisie et la condition de sa souveraineté [1] ». Pour Vidal, la paupérisation de la masse ouvrière est un fait indiscutable, et qui s'observe partout où s'installe le régime moderne de la production. « L'Angleterre, la France, la Belgique, dit-il, sont là pour prouver que le prix des salaires baisse, que le paupérisme se développe à mesure que la production s'accroît, à mesure que la richesse augmente. » Voilà bien la thèse pessimiste d'où Marx tirera la nécessité de la catastrophe révolutionnaire. Mais Vidal croit que les choses finiront bien. Certainement, « pour améliorer le sort des travailleurs, il ne suffit pas de surexciter l'industrie », dit-il, un peu naïvement, après avoir poussé au noir le tableau des effets de la surexcitation industrielle. C'est néanmoins de ce mouvement industriel que viendra le salut ; mais pour que vienne le salut, « il faut en même temps appeler l'ouvrier à participer à la richesse créée [2] ». Tout comme Pecqueur, Vidal voit dans la volonté sociale le moyen d'échapper au fatalisme capitalisme.

« Le premier rôle dans l'industrie est aux machines, dit Proudhon, le second à l'homme. » Et finalement, « tout le génie déployé par le travail tourne à l'abrutissement du prolétariat. » Car le développement du machinisme ne paupérise pas seulement le travailleur, selon Proudhon ; il l'abrutit par surcroît. « Qu'on m'accuse, si l'on veut, s'écrie-t-il, de malveillance envers la plus belle invention de notre siècle : rien ne m'empêchera de dire que le principal résultat des chemins de fer, après l'asservissement de la petite industrie, sera de créer une population de travailleurs dégradés, cantonniers, balayeurs, chargeurs, débardeurs, camionneurs, gardiens, portiers, peseurs, graisseurs, nettoyeurs, chauffeurs, pompiers, etc., etc. Quatre mille kilomètres de chemins de fer donneront à la France un supplé-

1. *Manifeste communiste*, t. I, p. 29.
2. *Répartition des richesses*, p. 106.

ment de cinquante mille serfs : ce n'est pas pour ce monde-là, sans doute, que M. Chevalier demande des écoles profession-nelles[1]. ».

Car « c'est un effet de la division du travail, quand elle est appliquée, comme cela se pratique de nos jours, non seulement de rendre l'industrie incomparablement plus productive, mais en même temps d'appauvrir le travailleur dans son corps et dans son âme, de tout ce qu'elle crée de richesse à l'entrepreneur et au capitaliste[2] ». Proudhon ne croit pas à la fatalité de ce phénomène ; il dit « que ce n'est pas l'industrie qu'il faut accuser, mais l'anarchie économique[3] ». Et, tant que la société n'interviendra pas, ce phénomène contradictoire s'observera « d'une manière non seulement transitoire, mais d'une manière fixe et permanente »; car tout ce qui donnera « un surcroît d'activité à la production, à la consommation, etc., augmen-tera le bien-être général et en même temps la misère géné-rale[4] ». Le bien-être général pour une classe, bien entendu la classe qui possède ; et la misère générale pour l'autre. Prou-dhon observe d'ailleurs que le système de production capita-liste ne fera jamais que « creuser l'abîme qui sépare la classe qui commande et qui jouit, de la classe qui obéit et qui souffre[5] ». Marx, un an après, devait donner une singulière force à cette idée lancée par Proudhon, et que celui-ci ne devait mettre en valeur qu'à la fin de sa vie, dans la *Capacité poli-tique des classes ouvrières.*

Louis Blanc ajoutera un trait au tableau pessimiste de la paupérisation causée par le machinisme. Comme les novateurs socialistes qui l'ont précédé, il voit dans le développement du machinisme un instrument d'avilissement du salaire ; il y voit « un procédé industriel au moyen duquel les prolétaires sont forcés de s'exterminer les uns les autres[6] »; et par surcroit non

1. *Contradictions économiques*, t. I, p. 163.
2. *Idée générale de la Révolution*, pp. 44-45.
3. *Id.*, p. 46.
4. Lettre à M. Langlois, 9 juillet 1845. *Correspondance*, t. VI, pp. 48-49.
5. *Contradictions économiques*, t. I, p. 167.
6. *Organisation du travail*, p. 11.

seulement les machines exténuent et abrutissent les travailleurs, mais le régime même auquel elles ont donné naissance
forme obstacle à la libération intellectuelle des travailleurs.
« Nous avons pu, dit-il, vérifier par une expérience personnelle
ce qui résulte de tous les témoignages, et ce que nous avions
lu dans le rapport officiel d'un membre de l'Université,
M. Lorain, dont voici les propres expressions : « Qu'une
« fabrique, une filature, une usine, vienne à s'ouvrir, vous pou-
« vez fermer l'école[1] ». D'ailleurs, à quoi bon, en régime capitaliste, la laisser ouverte ? Cela ne peut que « rendre l'homme du
peuple mécontent de sa situation, dit Louis Blanc, éveiller
dans son âme des mouvements jaloux, lui inspirer une ambition qui, ne pouvant se satisfaire, se change en fureur et ouvre
à son esprit une carrière qu'il ne pourrait parcourir sans s'égarer. » Car tels sont, ajoute-t-il, « les résultats que doit naturellement produire, dans l'ordre social actuel, toute instruction à
peine ébauchée, ou dirigée selon les principes sur lesquels cet
ordre social est fondé[2]. »

Nous voici revenus ici au pessimisme que dans le paragraphe
précédent nous avons vu exprimer par Proudhon et qui est
indirectement influencé par la critique des publicistes conservateurs. « Oh! s'écrie celui-ci, combien le catholicisme s'est
montré plus prudent ! » et « dans quels épouvantables combats
de l'orgueil et de la misère cette manie de l'enseignement universel nous précipite[3] » ! Néanmoins, bien que la science soit
« un poison pour les esclaves », Proudhon s'en remet en fin de
compte à la vertu révolutionnaire du savoir : « Il faut avant
tout que les hommes soient hommes : après, qui vivra
verra[4]. »

L'influence du pessimisme des publicistes conservateurs est
encore plus manifeste chez Colins, et c'est avec leurs arguments qu'il combat l'optimisme mécaniste de l'économie poli-

1. *Organisation du travail*, p. 51.
2. *Id.*, p. 161.
3. *Contradictions économiques*, t. I, p. 124.
4. *Id.*, p. 125.

tique orthodoxe. Par conséquent, non seulement pour lui le
phénomène de paupérisation du producteur est réel, mais
encore constant et intensifié. Le prolétaire moderne est plus
malheureux que le serf du moyen âge, plus malheureux même
que l'esclave antique. Au moyen âge, certes, l'ouvrier n'était
guère libre.. L'organisation économique était « presque aussi
despotique que celle qui existe actuellement », car « LE SORT
DES OUVRIERS A BEAUCOUP EMPIRÉ » ajoute Colins en lettres capitales. La suppression des corporations et de tout l'ancien
régime a donc été une « émancipation illusoire ». Les ouvriers
y ont plus perdu que gagné. En effet « lorsque le pouvoir
nobiliaire existait, il protégeait quelquefois les ouvriers contre
les bourgeois, ne fût-ce que pour éviter une révolution. » Mais,
reprend Colins, « lorsqu'il n'y a plus eu de classe supérieure,
pour mitiger le despotisme de la classe alors moyenne, qui est
ainsi devenu supérieure, les bourgeois, qui au moins nourris-
saient les ouvriers et en avaient l'obligation, leur ont donné
la liberté... de mourir de faim ou de se suicider[1] ». Le producteur, selon Colins, est arrivé de chute en chute jusqu'à la situation extrême de salarié : « l'esclave, d'affranchissement en
affranchissement, est tombé dans l'abîme du prolétariat[2] ».
Mais cette situation extrême par cela même est intenable, et
par conséquent l'émancipation, non plus illusoire mais réelle,
est proche. « La persistance de l'esclavage du prolétariat est
impossible », dit Colins en invoquant la « supériorité numérique.» des prolétaires et leur groupement par grandes masses
dans les usines. Cette affirmation, que « le jour où les prolétaires reconnaîtront et leur supériorité numérique et leur infériorité sociale, approche avec une rapidité progressivement
croissante », est un écho très fidèle des « prophéties plus ou
moins grosses de menaces[3] » des pamphlétaires de l'aristocratie agraire et féodale. Mais Colins ajoute, ce dont se gardaient

1. *Science sociale*, t. II, p. 375.
2. *Id.*, t. III, p. 285.
3. *Manifeste communiste*, t. I, p. 56.

bien ceux-ci, que « les esclaves prolétaires doivent être *réellement* émancipés [1]. »

Pecqueur n'a garde de contester le paupérisme : il est bien trop averti de la réalité des phénomènes économiques pour fermer les yeux à l'évidence. Mais comme il n'est ni polémiste ni prophète, il va un peu plus au fond des choses que les autres écrivains socialistes. Au lieu de s'attarder à construire une théorie pessimiste de la paupérisation, il examine impartialement les faits qui l'entourent. Ainsi, il constatera que, depuis 1833, le chiffre des indigents à Paris, loin de diminuer, est allé augmentant considérablement [2]. Il verra très bien et saura dire que « la concurrence, telle qu'elle se produit en Europe depuis la destruction des institutions du moyen âge, tend de plus en plus à l'avilissement du salaire. » Car il sait très bien « que la misère, le paupérisme des populations salariées serait l'état général vers lequel s'avanceraient irrésistiblement toutes les nations, et principalement celles qui s'adonnent davantage à l'industrie manufacturière, si d'autres causes puissantes n'intervenaient prochainement [3] ». Mais il croit à l'intervention sociale ; par conséquent il ne s'attarde pas à dramatiser le tableau de la misère. Le paupérisme ne s'accroîtrait que si on le laissait se développer. Or Pecqueur est convaincu qu'on ne peut pas le laisser se développer, et que le progrès parallèle des institutions publiques et du mécanisme industriel en empêchera le développement, le remède politique devant intervenir à la mesure du mal économique.

VI

La loi des salaires se déduit du phénomène de la paupérisation. S'il est vrai en effet que le développement industriel ait pour conséquence de réduire sans cesse la valeur économique du non-possédant, du prolétaire, celui-ci ne recevra comme

1. *Science sociale*, t. III, pp. 287-288.
2. *Des améliorations matérielles*, p. 326.
3. *Id.*, pp. 68-69.

salaire que ce qui lui est indispensable pour entretenir sa force
de travail. Et si on n'a pas besoin de sa force de travail, on ne
la lui achètera pas ; on ne lui donnera pas même ce « minimum » que Fourier demande pour tous ; on ne lui donnera
rien, et il disparaîtra, après avoir pesé de toute sa force inem-
ployée sur le salaire du prolétaire occupé. Nous avons vu que
les inemployés, ceux qui n'ont pas de place au banquet de la
vie ne disparaissent pas, et que le lugubre décret de Malthus
n'est pas exécuté. Eugène Buret et Pierre Leroux nous ont
montré l'effroyable capacité de souffrir acquise au cours de
tant de siècles de misère par la dolente humanité. De son côté,
Pecqueur a bien aperçu que le paupérisme n'est pas un
fait nouveau, mais la transformation de la misère rurale en
misère urbaine. Et il remarque que l'Angleterre, pays industriel, a plus que doublé sa consommation moyenne de viande
de 1688 à 1831, tandis que l'Espagne, rétrogradée à l'agriculture et surtout à la paresse, comptait en 1778 plus de 1 500
villes ou villages abandonnés. Certes, l'Angleterre, sous le
point de vue de la richesse, est la reine des nations, mais nous
dit Pecqueur « il faut convenir que c'est la reine des nations
pauvres. » Pour lui, il n'est pas de nation riche. Cependant,
tenant compte « que la dépense annuelle d'un Anglais (et d'un
Français) qui n'était que de 111 francs en 1788 est aujourd'hui
[1838] estimée à 300 francs par terme moyen », il constate que
c'est bien dans le développement de l'industrie et des machines
qu'il faut chercher le remède à la misère des peuples [1]. » De
même que Villermé [2] il a observé que la mendicité disparaissait des localités où s'établissaient les usines et les manufactures. Si le paupérisme ronge le sixième de l'Angleterre indus-
trialisée, Pecqueur sait nous dire qu'au xviiᵉ siècle l'Angleterre
agricole voyait le nombre de ses indigents atteindre le tiers de
la population. Il ne craint pas d'appeler la France à s'indus-
trialiser, parce qu'il a constaté que, de l'autre côté du détroit,
« pauvres et riches, les prolétaires comme l'aristocratie, ont

1. *Des améliorations matérielles*, pp. 135 à 149.
2. *Tableau de l'état physique et moral des ouvriers*, etc., t. I. p. 239.

trouvé dans ces améliorations [matérielles] d'égales garanties d'existence, de santé et de longévité[1]. »

Pecqueur considère le paupérisme comme un résidu social constant. C'est pourquoi il ne confond pas les ouvriers et les pauvres ensemble, bien qu'il n'ignore ni ne cèle que les crises font tomber un trop grand nombre d'ouvriers dans le gouffre du paupérisme. Mais pour lui, la caractéristique de cet état misérable c'est l'oisiveté, héréditaire pour certains, forcée pour d'autres, en faveur de qui l'on doit faire effort afin qu'elle ne devienne pas une habitude. Car, dit-il, « si la population qui, en Angleterre, se partage la taxe des pauvres, dégénère et se corrompt de plus en plus, à mesure que la richesse qui se produit dans cette île augmente, c'est que cette population ne prend plus part (ou qu'une part insignifiante) à la production de cette richesse ; c'est qu'elle a cessé de travailler et qu'elle forme une *aristocratie du paupérisme* qui se permet l'oisiveté aux dépens du superflu de la féodalité industrielle et foncière, tout comme celle-ci aux dépens du nécessaire du peuple entier. et de cette multitude prolétaire[2] ». Pour Pecqueur, cette « canaille », comme l'appellera Marx, « cette pourriture inerte qui forme les couches les plus basses de la société ancienne[3] » qui vivait à Rome de la sportule, au moyen âge de l'aumône des couvents et dans le monde moderne de la taxe des pauvres, ne participant pas au labeur, ne peut avoir nulle action dépressive sur le taux des salaires, et par conséquent contribuer à les maintenir à la stricte limite en deçà de laquelle le producteur n'aurait plus la force de produire[4]. Pecqueur n'a donc pas cru

1. *Des améliorations matérielles*, p. 78.
2. *Id.*, pp. 75-76.
3. *Manifeste communiste*, t. I, pp. 37-38.
4. Afin de remplacer leurs ouvriers en grève ou pour réduire leurs préten tions, les employeurs vont parfois chercher des bras dans cette couche infé- rieure du prolétariat, inadaptée au travail. En 1893, les patrons anglais orga- nisèrent une *Free labour Association* recrutée dans ce personnel pour l'opposer aux ouvriers trade-unionistes. De l'aveu du conseil parlementaire des employeurs : « les *free labourers* sont tout au plus bons comme dockers, et encore faut-il les surveiller très activement. » Pour M. Aitken président du Mining institute of Scotland, pour le colonel Jones, secrétaire de l'Associa- tion des Manufacturiers Gallois des feuilles et plaques de fer blanc, pour un autre employeur, directeur d'une Compagnie de chemin de fer, ces inadap-

à la loi des salaires. Cette *loi d'airain*, que Lassalle avait
héritée de Ricardo, Marx et Engels l'ont acceptée un moment
et formulée en ces termes : « Pour avoir des ouvriers, il n'en
coûte guère plus aujourd'hui que la dépense de ce qu'il leur
faut pour vivre et pour se perpétuer... C'est pourquoi, à mesure
que le travail devient plus rébarbatif, le salaire diminue[1]. ».
Plus tard, Marx a élargi cette formule, et finalement a rejeté
la loi des salaires. Mais ceci est une question que nous aurons
à traiter en détail dans l'ouvrage qui doit suivre celui-ci.
Limitons-nous donc aux novateurs socialistes de la période prémarxiste.

Ceux-ci, à l'exception de Pecqueur, ont tous accepté la thèse
pessimiste de la paupérisation croissante, et par conséquent ils
ont tous cru à la réalité de la loi des salaires. Ont-ils assombri
le présent, afin de faire désirer plus avidement l'avenir qu'ils
offraient? Certes, ce sentiment, nous l'avons observé, agit bien
souvent en eux. Mais je crois avec Vandervelde que la loi des
salaires a eu son moment de réalité. « A l'époque, dit-il, où
Ricardo écrivait ses *Principes d'économie politique* (publiés
en 1817) le blé coûtait seize fois et demi plus cher qu'avant la
guerre contre la France et le blocus continental, tandis que la
révolution industrielle avait plutôt réduit le salaire nominal.
En 1847, au moment où Engels et Marx publient le *Manifeste*,
cette dépression des salaires est arrivée à son comble[2] ». Pour
Considérant, c'est leur nombre qui soumet les travailleurs à
cette dépression. Cette concurrence que se font les possesseurs
de la richesse, dit-il, « se retrouve dans les rangs prolétaires,
elle divise les ouvriers, elle baisse le prix de la journée de travail en augmentant sa longueur ; elle diminue le morceau de

---

tés sont « incapables de fournir des ouvriers de métier », et « c'est un bluff
et une maladresse des patrons qui ont inventé une pareille machine de
guerre », car ces hommes constituent « la pire bande de frippons et de
chenapans » qui se puisse imaginer. L'un des employeurs interrogés par
M. Alfassa, lui répond : « Nous aimons encore mieux les Unionistes avec
leurs défauts ; ils savent du moins faire quelque chose ». (V. *La Crise du
trade-unionisme*, par MM. Paul Mantoux et Maurice Alfassa, Paris, 1903.)

1. *Manifeste communiste*, p. 31.

2. A propos du manifeste du parti communiste. *Revue socialiste*, mars
1898, p. 330.

pain de ces malheureux ». Les machines sont, avec l'accroissement de la population, les causes essentielles de « cette dépréciation du salaire[1]. »

Hodgskin, lui, n'accuse pas uniquement le régime moderne
de la production, et c'est là son originalité. Il reconnait la réalité de la loi des salaires, et il la déduit de la théorie ricar-
dienne de la rente en ces termes : « Les travailleurs reçoivent
seulement, et de tout temps ont seulement reçu ce qui est
nécessaire à leur subsistance. » Donc nulle distinction pour lui
entre les propriétaires féodaux et les capitalistes industriels :
« les propriétaires fonciers reçoivent le surproduit (*surplus
produce*) des terres les plus fertiles, et tout le reste du produit
total du travail, dans ce pays-ci comme dans les autres, va au
capitaliste sous le nom de profit pour l'emploi de son capital[2] ».
Colins, pour qui la propriété foncière est surtout l'ennemie, tire
des conclusions désespérantes de la loi des salaires, lorsqu'il
nie que toute réforme puisse, en régime d'appropriation du sol,
être profitable aux salariés. « Croit-on, dit-il, que si l'impôt
foncier se trouvait subitement aboli, le travailleur-consomma-
teur s'en trouverait soulagé? Nullement : car les baux mon-
teraient d'autant que l'impôt aurait baissé[3] ». Cette théorie des
répercussions tirée de la loi des salaires gouverne encore la
pensée d'une grande quantité de socialistes français, et c'est
sur elle qu'ils se fondent pour proclamer l'inanité des réformes
et affirmer la nécessité d'une révolution transformatrice en
bloc et d'un coup de tous rapports économiques et sociaux. Si
cette théorie était vraie, la classe ouvrière serait allée en s'ap-
pauvrissant, et c'est précisément le mouvement inverse qui
s'est produit. Proudhon poussera si loin la foi superstitieuse à
la loi des répercussions, la loi des salaires et la paupérisation, qu'il s'écriera : « Dieu me garde des prédictions ! mais
malgré toute ma sympathie pour l'amélioration du sort de la
classe ouvrière, il est impossible, je le déclare, que les grèves

1. *Destinée sociale.*
2. *Thomas Hodgskin,* ch. ii. p. 102.
3. *Science sociale,* t. II, p. 129.

suivies d'augmentation de salaire n'aboutissent pas à un ren-
chérissement général. » Cela est pour lui « aussi certain que
deux et deux font quatre. » Les ouvriers, donc, « en exigeant
une augmentation de salaire, ont servi le monopole bien plus
que leur véritable intérêt[1] ». Pour Vidal, enfin, la concentration capitaliste faisant fonctionner à plein la loi des salaires,
il est interdit à « tout individu qui n'est pas capitaliste » de
« prétendre à devenir chef de maison ; il est condamné à rester
salarié toute sa vie, et comme le salaire en général est calculé
en raison des besoins rigoureux, le travailleur ne peut jamais
s'affranchir du salariat[2] ». Il est certain que si la législation
ouvrière et l'organisation syndicale ont réussi à anéantir la loi
des salaires, le régime de production mécanique oppose un
obstacle inévitable à l'émancipation de la classe ouvrière par
des efforts individuels et isolés.

VII

La tradition française de la lutte de classe se trouve dans les
paroles et les actes de la Révolution, non dans les écrits de
Saint-Simon et de Fourier. Les discours de Saint-Just, celui du
24 avril 1793 sur la constitution à donner à la France, son rapport du 26 février 1794 sur la nécessité de détenir les personnes reconnues ennemies de la Révolution, voilà, entre mille,
les interprétations, les illustrations d'un état de fait : le premier avènement de la démocratie en France. Quand Saint-Just
déclare que « la monarchie française a péri parce que la classe
riche a dégoûté l'autre du travail » ; quand il s'écrie : « Les malheureux sont les puissances de la terre ; ils ont le droit de parler
en maîtres aux gouvernements qui les négligent[3] » ; quand,
par ses réquisitions, il fait contribuer les seuls riches aux frais
de la guerre, il ne fait pas de socialisme, certes ; mais il pro-

---

1. *Contradictions économiques*, t. I, p. 120.
2. *Répartition des richesses*, p. 172.
3. *OEuvres politiques de Saint-Just*. Discours et rapports recueillis et mis
en ordre par Hippolyte Buffenoir, t. I, pp. 74 et 187.

clame la lutte de classe, et il se mêle à cette lutte en prenant parti pour la classe pauvre, pour la classe laborieuse. Babeuf, qui trouva dans les vaincus du 9 thermidor des adeptes pour son communisme et des conjurés pour sa tentative de révolution égalitaire, indique en ces termes l'origine des classes et la nécessité de leurs conflits : « Il est des époques où l'effet des meurtrières règles sociales sont : que l'universalité des richesses de tous se trouve engloutie sous la main de quelques-uns. La paix, naturelle quand tous sont heureux, se trouble nécessairement alors. La masse ne pouvant plus exister, trouvant tout hors de sa possession, ne rencontrant que des cœurs impitoyables dans la caste qui a tout accaparé, ses efforts déterminent l'époque de ces grandes révolutions, fixent ces périodes mémorables, prédites dans les livres du temps, où un bouleversement général dans le système des propriétés est inévitable, où la révolte des pauvres contre les riches est d'une nécessité que rien ne peut vaincre [1] ». Dans un autre numéro du *Tribun du peuple,* il précise davantage : « Une révolution politique comme la Révolution française, dit-il, est une guerre déclarée entre les patriciens et les plébéiens, entre les riches et les pauvres [2] ». Et dans l'exposé de sa doctrine, trouvé dans ses papiers, écrit que Babeuf n'a pas rédigé lui-même mais qu'il avoue devant les juges de Vendôme comme étant, dit-il, « l'analyse des principes que j'avais proclamés », la lutte de classe est de nouveau affirmée : « La révolution n'est pas finie, dit ce document, parce que les riches absorbent tous les biens et commandent exclusivement, tandis que les pauvres travaillent en véritables esclaves, languissent dans la misère et ne sont rien dans l'Etat [3] ». Blanqui, initié à la doctrine de Babeuf par Buonarotti, sera pleinement dans cette tradition de la lutte de classe, encore que toute sa vie il ait réprouvé l'expression elle-même et que ses amis et disciples aient combattu, dans l'Internationale, Karl Marx et son école qui fondaient toute

1. *Histoire de Gracchus Babeuf*, t. II, pp. 30-31.
2. *Id.*, t. I, p. 175.
3. *Id.*, t. II, pp. 32-33.

leur action sur la lutte de classe. A défaut du mot, en effet, n'exprimait-il pas la chose lorsque, dès 1832, au juge lui demandant sa profession, il répondait : prolétaire, et qu'il commençait ainsi sa plaidoirie : « Je suis accusé d'avoir dit à trente millions de Français, prolétaires comme moi, qu'ils avaient le droit de vivre... Ceci est la guerre entre les riches et les pauvres ; les riches l'ont ainsi voulu, car ils sont les agresseurs[1]. »

Saint-Simon et ses disciples n'ont pas ignoré la lutte des classes[2] ; et s'ils ont refusé de l'employer comme moyen de réalisation, nous savons, à présent que nous les avons étudiés d'un peu près, que cela tient à leur doctrine même. Ils espéraient fusionner, hiérarchiser les producteurs, les égaliser dès le point de départ par la suppression de l'héritage et leur donner égale liberté de moyens par l'instruction répartie entre tous. Quant à la classe oisive des nobles, des propriétaires fonciers, elle s'effacerait d'elle-même devant le développement de puissance économique de la classe des producteurs unifiée et collaborant fraternellement au triomphe de l'industrie. Aussi Saint-Simon est-il fort choqué des phénomènes de lutte de classe qui se produisent en Angleterre. D'ailleurs, il s'en prend nettement aux chefs d'industrie. C'est leur faute si les ouvriers brisent les machines. « Les manufacturiers comptent sur la force armée pour les contenir » et « ils ne s'occupent point assez de donner pour frein à leurs passions violentes la connaissance de leurs véritables intérêts. » Donc, « tant que les manufacturiers feront bande à part avec les ouvriers, tant qu'ils ne tiendront pas en politique un langage qui pourra être entendu par eux », les radicaux pousseront les ouvriers à l'in-

---

1. *Procès des Quinze.* (Société des Amis du Peuple) 1832.

2. Saint-Simon ignorait si peu la lutte des classes que, s'adressant « aux propriétaires de la seconde classe », il la constatait, dès 1802, en ces termes : « En comparaison des non-propriétaires, vous êtes très peu nombreux : Comment se fait-il donc qu'ils se soumettent à vous obéir? C'est par la raison que la supériorité de vos lumières vous donne sur eux le moyen de faire une combinaison de vos forces, qui vous procure ordinairement l'avantage dans la lutte qui, par la nature des choses, existe nécessairement toujours entre eux et vous. » (*Lettres d'un habitant de Genève*, 2ᵉ lettre).

surrection, et on sera « obligé de les massacrer » comme il est
arrivé à Manchester[1]. Saint-Simon est tellement désireux de
prouver les avantages de son système sur celui de la lutte des
classes systématisée, qu'il ne craint pas de se contredire. Nous
l'avons vu affirmer en effet dans la *Lettre d'un habitant de
Genève*, que l'ouvrier anglais est le plus libre, le plus instruit
et le mieux nourri du monde entier[2] ; il n'en affirmera pas
moins sa préférence sociale pour les prolétaires français, parce
qu'ils « manifestent en général de l'attachement et de la bien-
veillance pour les industriels opulents », tandis que les prolétaires anglais sont « animés de sentiments qui les poussent à
profiter des premières circonstances qui peuvent se présenter
pour commencer la guerre des pauvres contre les riches. » Et
comme Saint-Simon voit la solution du problème social dans
la collaboration du prolétaire et de « l'industriel opulent », il
affirme que, « pour la classe des prolétaires l'éducation est
infiniment plus essentielle que l'instruction », et proclame « que
l'éducation de la classe prolétaire en France est bonne ; qu'elle
est meilleure que celle reçue par la classe semblable chez les
autres nations européennes[3]. »

En conséquence, les disciples de Saint-Simon se consacreront
à l'éducation sociale des prolétaires. Car, dit Transon en 1831,
dans un discours, « l'organisation religieuse du travail industriel peut seule prévenir ou faire cesser la guerre qui déjà
gronde entre les bourgeois et les prolétaires, entre les maîtres
et les ouvriers, entre ceux qui possèdent et ceux qui ne possèdent pas. » Puis, reprenant pour son compte le programme
de propagande révolutionnaire que la démocratie voulait réaliser par les armes, et au moyen duquel elle ébranlait à coups
violents le trône encore tout récent de Louis-Philippe, il affirme

1. *Catéchisme des industriels.* 2ᵉ cahier.

2. V. plus haut, p. 114. — Dans son *Mémoire sur la science de
l'homme.* Saint-Simon affirme de nouveau que « les Anglais... méritent... la première place parmi les modernes... parce qu'ils sont ceux chez
lesquels le peuple est le mieux logé, le mieux vêtu, le mieux nourri et le plus
instruit. » (OEuvres t. XL, pp, 151-152.)

3. *Organisation sociale.* Note du second fragment. (OEuvres, t. XXXIX,
p. 124.)

que « l'alliance sincère de ces deux classes aujourd'hui profondément ennemies peut seule donner à la France la puissance
morale qui lui est nécessaire pour accomplir à l'égard des
nations sa mission providentielle ; et sa mission, nous l'avons
déjà proclamé et nous ne cesserons de l'annoncer au monde,
sa mission, c'est de s'unir d'amour et d'intérêt à l'Angleterre
pour régénérer l'Espagne, délivrer l'Italie, affranchir l'Allemagne, rétablir la Pologne, et faire tourner visage à la Russie
vers l'Orient. Donc, nous prêcherons la paix ! mais ne craignez
pas de nous voir jamais incliner notre bannière devant celle où
est écrite la maxime profondément irréligieuse de la *paix à
tout prix,* et du *chacun chez soi, chacun son droit*[1] ». Deux
ans auparavant, Bazard affirmait l'histoire en main, non seulement que la classe « *la plus nombreuse* a constamment, par
la nature des travaux *pacifiques* auxquels elle était livrée, amé-
lioré sa position relative dans la société », mais encore que
« cette amélioration, soumise au principe général des relations
sociales du passé, ne s'est opérée que par l'admission nécessaire des hommes les plus avancés de la classe exploitée dans
les rangs des privilégiés formant la classe des maîtres. » Il
s'agit donc d'organiser cette accession « des hommes les plus
avancés » et de les incorporer sinon dans la classe des maîtres,
dans la catégorie des chefs de la pacifique armée industrielle.
C'est ainsi que « l'espèce humaine brisera enfin toutes ces
chaînes dont l'antagonisme l'a surchargée », et que « l'homme
affranchi, et complètement séparé des animaux, s'organisera
pour la paix, après avoir subi, mais repoussé l'éducation de la
guerre[2] ». Certainement, « la condition respective où se trouvaient dans le passé les maîtres et les esclaves, les patriciens
et les plébéiens, les seigneurs et les serfs... se continue à un
très haut degré dans les relations des propriétaires et des travailleurs », mais c'est par la paix sociale et l'organisation de
la hiérarchie industrielle que se résoudront ces conflits et disparaîtra cette division des hommes « en deux classes, les

1. *Notice historique.* Enfantin. (OEuvres, t. V, pp. 43-45).
2, *Doctrine de Saint-Simon.* Exposition, 1829, pp. 94-95.

exploitants et les exploités[1] ». Sans adhérer davantage que
Bazard à la lutte de classe, Enfantin porte ses regards sur l'Angleterre, où il en constate l'existence aiguë, et l'influence sur la
politique, en ces termes singulièrement expressifs : « Le paupérisme est un fait anglais comme la richesse excessive des lords
et des évêques est un fait anglais, et ce sont ces deux faits qui
sont la cause de tout le mouvement social qui s'opère en Angleterre depuis notre grande révolution française : la loi des
céréales est la grande occasion où ces deux faits se trouvent le
mieux en présence, mais ils y sont toujours, même dans des
circonstances où ils n'apparaissent pas si évidemment, et
l'avantage de la discussion actuelle, c'est qu'elle substitue à
une vieille classification politique qui n'a plus de sens, celle des
whigs et des *torys*, une chose plus claire et plus nette : les
pauvres et les *riches*. Or, c'est là tout le problème social[2]. »

VIII

Pecqueur, dès 1836, aperçoit « le renouvellement de la lutte
du *prolétariat* contre les plébéiens parvenus au bien-être et à la
puissance politique, et l'avènement turbulent d'une démocratie
mineure et prématurée[3] ». Cette lutte, Pecqueur n'en conteste d'ailleurs pas la fatalité historique, pas plus qu'il ne
blâme les ouvriers de l'engager « contre leurs maîtres » par
« leurs coalitions, leurs chômages volontaires. » Mais invoquant le « fait moral de l'émancipation des esclaves », il dit
que ce n'est pas par la force de ceux-ci que l'esclavage a pris
fin. De même, ajoute-t-il, l'amélioration du salaire « est toujours le résultat combiné de la volonté morale, du progrès des
sentiments sociaux des grands et des petits ou des prétentions
des classes inférieures. » Il ne suffit pas que les prolétaires
aient la force ; il faut encore d'une part qu'ils soient con-

1. *Doctrine de Saint-Simon*, 6e séance, pp. 114-115.
2. *Correspondance inédite*. CCCXXX° lettre. A Arlès, du 16 février 1842.
(Œuvres, t. XXXIV, pp. 113-114.)
3. *Des intérêts du commerce*, t. I, p. 282.

scients et d'autre part que la classe capitaliste soit « pénétrée
du sentiment.de la validité ou de la légitimité » de leurs prétentions[1]. — Ce n'est pas le peuple qui prendra la Bastille, dit
Hoche à de Launey ; c'est votre mauvaise conscience qui la
livrera[2]. Démocrate, Pecqueur croit à la démocratie, et il sait
que la démocratie est l'expression politique du prolétariat.
« Elle seule, dit-il, a puissance d'avenir par ses désirs et par
ses besoins, mais nullement par ses lumières et sa capacité ;
elle pousse au progrès, mais elle ne saurait le réaliser[3] ». En
conséquence, il appelle les *classes moyennes* au gouvernement
de la démocratie. Pourtant, il accorde une existence autonome
à la classe des prolétaires ; mais seulement pour la défense des
intérêts corporatifs économiques. Il considère les sociétés de
secours mutuels « comme l'ébauche encore fort imparfaite de
la solidarité qui se formera plus tard entre les ouvriers d'une
même profession » et il prévoit que les organisations ouvrières
noueront des liens de localité à localité. Cette solidarité,
« dépassant les frontières » sera la « nouvelle et la seule *franc-
maçonnerie* du travail. »

A quoi sera employée cette force immense du prolétariat
européen ? Vraiment, chez Pecqueur, les moyens dépassent le
but, et l'on sent que sa pensée a été prise de peur en face de
l'immense force ouvrière groupée dans un accord unique. Cette
force incomparable, universelle et qui par sa seule existence
constitue une révolution, Pecqueur y voit « une sorte d'*assurance mutuelle générale extraordinaire*, comme en cas de
force majeure, d'un grand événement politique ou physique,
qui enveloppe dans ses désastres une branche entière du travail ». Il y voit encore une agence internationale, sous les
auspices des gouvernements, par laquelle « chacun saura où
sont les besoins et les offres en marchandises et en travailleurs » et « la cote des prix, la *mercuriale* de tous les points

1. *Des intérêts du commerce*, t. II, pp. 126 à 130.
2. Romain Rolland, *Le 14 juillet*. Acte 3, p. 166. (Edition des CAHIERS DE
LA QUINZAINE.)
3. *Des intérêts du commerce*, t. II, p. 262.

sera publiée et sera expédiée aux divers centres [1] ». Si Pecqueur
n'avait un projet d'association intégrale de tous les producteurs
et de suppression graduelle du salariat, son trade-unionisme universel serait périlleusement puéril. Coaliser ainsi, en effet, toutes
les forces ouvrières en face de la puissance égoïste et brutale du
capitalisme, ce serait amasser les matériaux de la catastrophe.
Mais quand on observe que Pecqueur compte sur l'intervention
des pouvoirs publics mis au service du prolétariat par la démocratie, qu'il fait de l'éducation de la classe ouvrière la condition
préalable de son émancipation économique, et enfin que cette
organisation ouvrière internationale doit dans sa pensée « fonctionner sous les auspices et le contrôle direct d'un pouvoir
social responsable », on est forcé de convenir que si Pecqueur
a aperçu la lutte des classes et s'il a voulu y mettre fin par des
moyens pacifiques, il n'a point tant que cela agi hors du réel,
puisqu'en somme c'est dans le sens indiqué par lui que se
sont déroulés jusqu'à ce jour les destins de la classe ouvrière
anglaise, qui fut organisée la première et demeure encore celle
qui en Europe est le mieux organisée.

Nous avons vu plus haut Flora Tristan rapportant d'Angleterre une très vivante notion de déterminisme économique.
Cette notion contient nécessairement celle de lutte de classe.
Flora Tristan, dans l'ouvrage que j'ai déjà cité, ne fera pas
défaut à la logique intime de son déterminisme économique,
et elle dira aux prolétaires que si, en 1789, « les bourgeois
étaient la *tête,* ils avaient pour *bras* le peuple ». Et elle ajoutera : « Quant à vous, prolétaires, vous n'avez personne pour
vous aider. Il faut donc que vous soyez à la fois la tête et le
bras. » Puisqu'à la classe noble a succédé la classe bourgeoise,
« déjà beaucoup plus nombreuse et plus utile », il est de toute
justice de « constituer la classe ouvrière » puisqu'elle est « la
partie vivace de la nation ». Qu'elle le fasse et « elle sera
forte ; alors, elle pourra réclamer auprès de MM. les bourgeois
et son DROIT AU TRAVAIL et L'ORGANISATION DU TRAVAIL ; et se faire

1. *Des intérêts du commerce,* t. II, pp. 184 à 186.

écouter ». Comment les travailleurs devront-ils s'y prendre pour se faire écouter ? A la manière des Irlandais, qui ont pensionné richement O'Connel pour les représenter, non seulement au Parlement, mais devant l'univers entier, et être leur champion contre l'oppresseur britannique. « Ouvriers, s'écrie Flora Tristan, songez bien à ceci : la première chose dont vous ayez à vous occuper, c'est de vous faire représenter devant la nation[1]». C'est bien à la manière anglaise que Flora Tristan entend organiser les travailleurs. Le représentant qu'elle les convie à envoyer siéger à la Chambre ne sera pas le représentant d'une doctrine politique et sociale, mais uniquement le mandataire des ouvriers : « Le mandataire de l'*Union* n'aura [donc] à s'occuper ni de questions politiques, ni de questions religieuses », car dans l'Union ouvrière elle-même, dit Flora Tristan, nous « faisons abstraction des opinions religieuses et politiques de chacun[2] ». C'est pour elle l'unique moyen de pouvoir grouper des travailleurs de culture et de mœurs différentes, car elle est internationaliste et elle déclare que « l'UNION OUVRIÈRE, procédant au nom de l'UNITÉ UNIVERSELLE, ne doit faire *aucune distinction* entre les nationaux et les ouvriers et ouvrières appartenant à n'importe quelle nation de la terre ». En conséquence, « l'UNION OUVRIÈRE devra établir dans les principales villes d'Angleterre, d'Allemagne, d'Italie, en un mot dans toutes les capitales de l'Europe, des comités de correspondance[3] ».Flora Tristan organisait l'immense force ouvrière, non pour réaliser un plan social préconçu, mais pour « faire reconnaître la *légitimité de la propriété des bras* », c'est-à-dire le droit au travail, et pour « examiner la possibilité d'*organiser le travail* dans l'état social actuel[4] ». Il est certain que l'Internationale, dans son programme inaugural, se gardait bien, elle aussi, de s'annexer à une des écoles qui prétendaient à la direction des esprits.

François Vidal aperçoit si nettement que la classe en pos-

1. *L'Union ouvrière*, pp. 27-28.
2. *Id.*, pp. 29-30.
3. *Id.*, p. 74.
4. *Id.*, p. 108.

session de la richesse est de ce fait en possession du pouvoir, qu'après avoir déclaré qu' « à une époque où les divers intérêts sont opposés les uns aux autres et se font une guerre acharnée, l'autorité doit... intervenir pour empêcher que les faibles ne soient écrasés par les forts », il s'écrie : « Qui défendra les intérêts des ouvriers ? — Le pouvoir, dira-t-on. Oubliez-vous donc que le pouvoir est placé sous la dépendance immédiate des maîtres qui peuvent le renverser à leur gré, qu'il est même composé de maîtres. » Dans ces conditions, « nos lois devraient donner des subrogés tuteurs à nos mineurs politiques, des curateurs spéciaux ; car souvent il y a opposition manifeste entre les intérêts du tuteur et ceux des pupilles[1] » ! Ces subrogés tuteurs, ce sont les représentants d'une démocratie autoritaire[2], car Vidal, ayant aperçu la faillite de la liberté verbale, les crimes sociaux que sous ce nom permet l'abstention de la loi, proclame bien haut qu'il faut travailler d'urgence à « réhabiliter l'idée de pouvoir[3]. »

Pour Colins, qui écrit ces lignes en 1843, « cette lutte entre ceux qui ont et ceux qui n'ont pas n'a même pas encore commencé, quoiqu'elle soit bien près d'éclater. Jusqu'à présent, ajoute-t-il, il y a eu exclusivement lutte entre deux espèces de forts prétendant à l'exploitation des faibles, inertes, abrutis, et pour ainsi dire indifférents sur l'espèce qui les exploitera... Les premiers sont les *nobles*, les seconds sont les *bourgeois*. Jusqu'à présent, encore une fois, les esclaves n'ont jamais agi que comme instruments. C'est seulement à partir d'un avenir prochain qu'ils entreront dans la lice, et peut-être sommes-nous les premiers esclaves qui osons élever la voix[4] ». Seule la force fera céder les bourgeois devant les prolétaires, comme elle a fait céder les nobles devant les bourgeois. Car, affirme Colins, « jamais il ne s'agira de droit, de justice, en réalité, qu'à l'époque où il aura été *socialement* reconnu que la force, qui jus-

1. *Répartition des richesses*, pp. 42-43.
2. *Id.*, pp. 178-179.
3. *Id.*, p. 40.
4. *Science sociale*, t. II, p. 346.

qu'à présent a seule régné sur le monde, est enfin devenue
incapable de servir de base à l'existence de l'ordre[1] ». Ou les
hommes écouteront la voix de la raison, et Colins est persuadé
qu'ils l'écouteront, et se rallieront à sa doctrine, ou la force
décidera seule entre le prolétariat et la bourgeoisie. C'est un
leit-motiv, cette menace sous condition qu'on retrouve sous la
plume de tous les novateurs socialistes. Au fond, ils expriment
tous, comme nous l'avons dit plus haut, une grande vérité.
Une société qui se désintéresserait des conflits économiques
qui la déchirent et font coexister les progrès de toute sorte
avec la plus extrême misère, serait une société condamnée à
disparaître dans un très court délai.

IX

Proudhon, qui a eu une vue très nette de la lutte de classe,
a fort varié quant à l'efficacité de ce moyen pour émanciper les
travailleurs. Nous avons observé à mainte reprise, au cours de ce
travail[2], qu'il considère les institutions politiques et juridiques
comme les instruments de domination de la classe possédante
sur la classe des prolétaires. L'État lui-même est né de cette
nécessité de défendre les propriétaires, et au besoin étendre leur
pouvoir économique. « Pour conduire cette guerre offensive et
défensive contre le prolétariat, dit-il, une force publique était
indispensable : le pouvoir exécutif est sorti des nécessités de
la législation civile, de l'administration et de la justice[3] ».
Naturellement, Proudhon, fidèle à sa méthode dialectique, —
laquelle, ici, justifie plus que partout ailleurs le reproche formulé par Karl Marx, — fait surgir de l'État capitaliste, ou
plutôt bourgeois, l'émancipation des prolétaires. « La concurrence, dit-il faisant parler le destin, a engendré le monopole :
c'est pourquoi j'ai constitué l'Etat... L'Etat est devenu pour le
prolétaire une servitude nouvelle, et j'ai dit : Que d'une nation

---

1. *Science sociale*, t. II, p. 247.
2. V. notamment pp. 173 et suiv.
3. *Contradictions économiques*, t. I. p. 314.

à l'autre, les travailleurs se tendent la main[1] ». Passons sur
le vice organique de cette dialectique immobiliste, et qui conséquemment n'en est pas une ; passons sur ce fait que l'Etat
ne contient pas, pour Proudhon, la libération des travailleurs,
puisque ceux-ci veulent se libérer par-dessus les frontières
afin de lui échapper. Et retenons que l'appel à l'union des
« travailleurs de tous les pays », après avoir été lancé en 1836
par Pecqueur ; répété en 1843 par Flora Tristan, fut repris avec
une force nouvelle en 1846 par Proudhon, avant de trouver en
Marx et Engels son expression définitive et de produire, par la
création de l'Internationale et la formation des partis socialistes
nationaux, ses conséquences et ses résultats.

De l'idée de classe, alors que Marx en faisait à la fois une
arme et un drapeau, Proudhon ne fit d'abord qu'un épouvantail
à petits bourgeois pour les décider à accepter sa solution, car il
ne se résigna que très tard à ne pas les convertir. Ainsi, trois
ans après la publication du *Manifeste communiste,* qui
passa d'ailleurs presque inaperçue, voici ce qu'il écrivait
à un de ses disciples : « Pour moi, je vais commencer une
évolution nouvelle. Les hommes ne se mènent pas comme les
philosophes spéculatifs, par le seul et pur amour du beau et du
juste, mais par les intérêts. Le moment est venu de montrer à
la bourgeoisie ce qu'il y a pour elle d'avantageux dans les idées
socialistes. *Le socialisme, au point de vue des intérêts bourgeois,* voilà ce qu'il faut faire en ce moment. Nous coupons
ainsi la bourgeoisie en deux ; nous ne laisserons au gouvernement, pour soutien, que les rentiers de l'Etat, les usuriers et
quelques gros propriétaires. La moitié des banquiers seront
pour nous[2]. » Qu'est-ce que Proudhon entendait par les usuriers ? Sont-ce ces spéculateurs contre les agiotages scandaleux
desquels son disciple Georges Duchêne écrira l'*Empire industriel* et la *Spéculation devant les tribunaux ?* Quelques gros
propriétaires seulement ? Les autres feront donc abnégation
« de leurs intérêts bourgeois » ? Ou bien, Proudhon entend-il

1. *Contradictions économiques,* t. II, p. 84.
2. Lettre à Alfred Darimon, du 14 février 1853. *Correspondance,* t. III, p. 97.

satisfaire ces intérêts, même pour la plupart des « gros propriétaires »? Oui, puisqu'il veut « montrer à la bourgeoisie ce qu'il
y a pour elle d'avantageux dans les idées socialistes ». La
bourgeoisie ne vit-elle donc pas de profit? Proudhon la croit-il
donc capable de se contenter désormais du produit de son
propre travail? Autant de questions auxquelles il ne se met
pas en peine de répondre.

Dix ans après, il a transformé son hégélianisme en darwinisme.
C'est d'ailleurs toujours la même chose : la lutte, l'opposition
de deux principes, de deux catégories, de deux phénomènes, et
leur combinaison en un troisième. Dès lors il oppose l'adaptation,
l'éducation, à l'hérédité ; il oppose le monde nouveau, né des
forces économiques nouvelles, au monde ancien, né du monopole propriétaire : et il prend position sur le terrain de la
lutte de classe que désormais il ne quittera plus : « Que ce soit
par une bataille ou par une constitution consentie, dira-t-il,
peu importe : il faut que le régime du travail, du crédit et du
commerce change, que le salaire et la valeur, ce qu'il y a de
plus libre au monde, arrivent à se policer... La force et le droit
avec elle, sont aux bras, au travail, aux masses : or, ni les bras,
ni le travail, ni les masses n'ont leur compte... La démocratie
industrielle brisera, au nom du droit de la force, synonyme du
droit du travail..., la suzeraineté de l'argent » afin de constituer « le droit économique ». Et, ajoute-t-il, « ce sera justice :
la force, une fois de plus, aura fait droit [1] ». Désormais Proudhon ne quittera plus cette position. Même, sans abandonner
les thèses économiques qui constituent d'ailleurs son moindre
titre à notre reconnaissance, nous le voyons à partir de ce
moment donner le pas aux problèmes politiques généraux,
s'appliquer surtout à constituer le statut juridique des sociétés
prochaines, appeler le prolétariat à l'organisation de classe pour
un but connu : l'égalité et la liberté, par des moyens que l'instinct de classe saura bien découvrir. Puisqu'elle est du passé,
la lutte de classe est aussi de l'avenir, jusqu'à ce que le droit

1. *Guerre et paix*, t. I. pp. 301-302.

ait remplacé la force. Il dira donc, avec une sûreté d'expression que Marx ne dépasse pas, que « la lutte des classes entre elles, l'antagonisme de leurs intérêts, la manière dont les intérêts se coalisent, déterminent le régime politique, conséquemment le choix du gouvernement, ses innombrables variétés et ses variations plus innombrables encore[1] ». Proudhon s'était décidé à relire « le libelle du docteur Marx ». Ou peut-être, et ceci est plus plausible, Marx l'avait-il incité à se relire et à suivre sa propre pensée dans ses conséquences logiques, c'est-à-dire nécessaires.

Le dernier ouvrage de Proudhon est tout entier consacré à la lutte de classe, ou plus exactement à l'organisation des travailleurs en parti de classe. « Lorsque, dit-il, entre la monarchie de droit divin et la masse ouvrière, rustique et urbaine, il existait des classes intermédiaires, un clergé, une noblesse, une bourgeoisie ou tiers état, la multitude ne pouvait figurer sur la scène politique ; elle ne s'appartenait pas. Tout homme du peuple, selon sa profession, relevait d'un patron, d'un seigneur, d'un évêque ou abbé, ou du fisc. La Révolution de 89 a brisé ce lien : le peuple alors s'est trouvé abandonné à lui-même ; il a formé la classe des salariés, des prolétaires ; par opposition à celle des propriétaires et capitalistes. En 1848, le socialisme s'emparant de cette multitude inorganique, lui a donné la première ébauche ; il en a fait un corps à part, lui a soufflé une pensée, une âme, lui a créé des droits, suggéré des idées de toutes sortes : droit au travail, abolition du salariat, reconstitution de la propriété, association, extinction du paupérisme, etc. En deux mots, la plèbe, qui jusqu'en 1840 n'était rien, qu'on distinguait à peine de la bourgeoisie, bien que depuis 89 elle en fût séparée de droit et de fait, est devenue tout à coup, par sa déshérence même et par son opposition à la classe des possesseurs du sol et des exploiteurs de l'industrie, *quelque chose* : comme la bourgeoisie de 89, elle aspire à devenir TOUT[2] ». Cette organisation de classe, Proudhon ne fait pas que l'affirmer.

1. *Du principe fédératif*, pp. 46-47.
2. *De la capacité politique des classes ouvrières.* p. 11.

C'est sous sa dictée pour ainsi dire que Tolain rédige, en avril
1864, le manifeste des Soixante, qui oppose la politique ouvrière
à la démocratie traditionnelle : « Peu s'en fallut, dit Proudhon,
que le manifeste des Soixante, qui, par sa pensée et ses conclusions, tendait à désorganiser l'opposition, ne fût traité de ma-
chination policière, contre-révolutionnaire [1] ». Surgie des
conférences de Saint-Martin's Hall à quelques mois de là,
l'Internationale fut l'œuvre des disciples ouvriers de Proudhon
autant que l'expression même de sa pensée, qui prima celle de
Marx jusqu'à la scission de 1869. Il ne fut plus possible alors de
voir dans ce mouvement ouvrier une manœuvre contre la démocratie classique, sinon pour la contraindre à devenir sociale ou
à s'effacer devant le socialisme.

1. *De la capacité politique des classes ouvrières*, p. 44.

CHAPITRE VII

ASSOCIATION ET SOCIALISATION

I

Le communisme est un système d'association fort simple, et qui résout en les supprimant les problèmes relatifs à la liberté individuelle et à la rémunération exacte de l'effort, et même ceux qui concernent la distribution des tâches ou division du travail. Pour rendre le communisme plus réalisable, en effet, Babeuf n'avait rien trouvé de mieux que de simplifier à l'excès l'organisation sociale, et les fonctions productives, et les objets de production. Cabet, lui, n'entendit du moins rien abandonner des progrès accomplis dans l'ordre de la production au profit de la classe possédante; il les socialisa donc et se fia à la fraternité qui devait faire de tout être humain un membre de la famille commune. « La fraternité contient tout, dit-il, pour l'Institut comme pour l'atelier... Tirez-en toutes les conséquences, et vous arriverez à toutes les solutions possibles. » Par fraternité, un membre de l'Institut prend sa part des tâches répugnantes et grossières; par fraternité également, il se soumet à l'autorité commune qui s'exerce sur toutes les branches de l'activité et même de la pensée. Cabet est tellement persuadé de

la puissance mystique de la fraternité qu'il s'écrie, à la grande
et légitime fureur de Proudhon :

« Si l'on nous demande :

« Quelle est votre *science?* La *Fraternité*, répondrons-nous.

« Quelle est votre *principe?* La *Fraternité*.

« Quelle est votre *doctrine?* La *Fraternité*.

« Quelle est votre *théorie?* La *Fraternité*.

« Quelle est votre *système?* La *Fraternité* [1]. »

L'association, chez Fourier repose sur des fondements moins
abstraits. C'est pour augmenter le produit qu'on s'associe, dit-il ;
l'intérêt préside donc seul à l'association. Après avoir proclamé
l'association « base de toute économie [2] », il s'autorise de précédents « disséminés dans tout le mécanisme social, depuis les
puissantes compagnies comme celle des Indes, jusqu'aux pauvres sociétés de villageois réunis pour quelque industrie spéciale. » Et s'arrêtant à ces dernières, que dans sa jeunesse il a
vues fonctionner sous ses yeux; il trace sur le modèle qu'elles
lui présentent ses premiers plans d'association. « On voit chez
les montagnards du Jura, dit-il, cette combinaison dans la fabrique des fromages nommés Gruyère : vingt ou trente ménages
apportent chaque matin leur laitage au fruitier ou fabricant ; et,
au bout de la saison, chacun d'eux est payé en fromage, dont
il reçoit une quantité proportionnée à ses versements de lait,
constatés par notes journalières (les onches) [3] ». Il est bon de
remarquer ici, par manière de parenthèse, que le Jura est une
région pastorale, et que la propriété communale des pâturages
s'y est maintenue de temps immémorial, précisément à cause de
l'impossibilité d'affecter ces étendues de montagne à la production agricole. C'est l'infériorité économique du moyen de production qui le soustrait ici à l'appropriation individuelle. Néanmoins, il crée par contagion des habitudes d'association dans
la partie urbaine de la population, et c'est dans le Jura que se

---

1. *Voyage en Icarie*, p. 567.

2. *Traité de l'association domestique agricole*. Avant-propos ; — et *Théorie
des quatre mouvements*. 3ᵉ partie. Confirmation.

3. *Traité de l'association domestique agricole*. Avant-propos.

trouvent aujourd'hui pour la France les coopératives de production et de consommation les plus prospères.

Fourier croit tellement à la vertu de l'association, il a si bien
aperçu que, seule « la corporation travaille pour un avenir
séculaire, avec unité d'action [1] » qu'il entend placer sous le régime de l'association tous les actes, toutes les fonctions, toutes
les satisfactions de l'individu. Dans la persuasion où il est que
la liberté de l'homme s'accroît à la mesure de ses rapports de
coopération et d'opposition — et ceux-ci sont un mode de la
coopération — avec ses semblables, il fait de tout geste humain
une manifestation harmonieuse du rythme non seulement
humain, mais encore universel. C'est là le secret de son hostilité
envers la famille. Cette société réduite est un obstacle à l'association domestique; il faut donc en élargir l'économie et faire
du «travail de ménage» une opération « productive » en assem-
blant « des familles inégales en fortune et en tout sens, pour
assurer la variété des travaux et la coopération de chacune à
divers détails » et en associant « les dites masses »..... « Quant
au capital dans les 7 branches de fournitures qui sont: 1° terre,
2° bestiaux, 3° denrées, 4° édifices, 5° mobilier de culture,
6° mobilier de fabrique, 7° mobilier de ménage [2] », Fourier est
tellement persuadé de la valeur morale, au point de vue utilitaire, de « *l'esprit de propriété sociétaire* ou composée, » que
« le pauvre en Harmonie, ne possédât-il qu'une parcelle d'action, » sera de ce fait « intéressé à tout l'ensemble du mobilier
et du territoire. » Tandis qu'aujourd'hui les paysans souvent
« se réjouissent de voir les eaux ravager le patrimoine d'un
riche voisin, dont la propriété est simple, dépourvue de liens
avec la masse des habitants à qui elle n'inspire aucun intérêt [3] ».
Par conséquent, plus les formes et modes d'association seront
multipliés, enchevêtrés, engrenés ou même opposés, surtout
opposés, et plus nombreux seront les objets d'utilité générale
auxquels l'individu s'intéressera. Cette vue de génie est féconde

1. *Fausse industrie.*
2. *Théorie de l'unité universelle.* ch. I, art. 1.
3. *Traité de l'association domestique agricole.* Assoc. comp.

en pensées et en actions. Elle seule suffirait à immortaliser
Fourier, non pour l'avoir formulée le premier, car il n'a pas été
le premier, mais pour s'y être attaché systématiquement et
l'avoir imposée définitivement à l'esprit humain comme une
vérité sociologique essentielle.

Car, il ne faut pas s'y tromper : l'horreur que Fourier manifeste
pour le commerce, la répugnance qu'il éprouve à voir l'industrie prendre le pas sur l'agriculture ne tiennent pas au désir
qu'il aurait de parquer les hommes par groupe de 1500 à 1800
dans les cosmos réduits qui seraient les phalanstères. N'oublions
pas d'ailleurs que si le phalanstère est le centre d'association
locale, il est une partie de l'association universelle. Fourier subordonne l'industrie, parce qu'il la voit, dans le déchaînement
de la première période, produire plus de mal que de bien, notamment au détriment des ouvriers. Il attaque avec violence le
commerce parce qu'il y voit, non sans raison, « un exercice continuel du mensonge et de l'astuce. » Mais il sait que l'échange
est « l'âme du mécanisme social [1] ». Il veut donc que l'association humaine mette la main sur l'échange, afin que le commerce ne subordonne plus la production.

Le saint-simonisme qui établit une relation de cause à effet
entre le progrès social et « le progrès non interrompu de l'association, » associe d'une manière si étroite les individus hié-
rarchisés, qu'il impose à ses adhérents un costume symbolique
que nul ne peut revêtir sans l'aide d'autrui. Mais là où Fourier
avait entrevu l'unité universelle dans l'infinie variété des individus et des groupes engrenés à la fois par leurs attractions et
par leurs répulsions, les disciples de Saint-Simon l'entrevoient
comme une organisation unitaire à la fois religieuse, scientifique et industrielle. Les nations se sont groupées en Europe
« sous l'empire d'une même *croyance*, d'une même discipline,
d'un même enseignement spirituel. » Bazard ayant observé cela
continuera, au profit du nouveau christianisme industriel de
Saint-Simon, l'œuvre catholique et féodale : « Cette réunion,

1. *Théorie des quatre mouvements*. 2⁰ partie. Epilogue.

dira-t-il, est le dernier terme réalisé de la tendance de l'humanité vers l'*asssociation universelle,* qui se présente comme
l'état définitif dans lequel l'espèce humaine représentée par les
peuples les plus avancés en civilisation doit entrer aujour-
d'hui [1]. »

Le trait commun du communisme, du fouriérisme et du saint-
simonisme est de donner l'individu tout entier à l'association,
par contrainte ou de bonne volonté, par agglomération ou par
engrenage. Sans perdre aucun des caractères éthiques qui constituent le socialiste par définition ; sans se désintéresser, bien
au contraire, du problème politique et en se rattachant plus formellement et plus profondément aux destins de la démocratie
au moins que les fouriéristes et les saint-simoniens, les novateurs de la seconde période, Pecqueur, Vidal et Proudhon,
n'ont plus donné à l'homme les liens et les bienfaits de
l'association qu'en matière économique. Ils ont ainsi travaillé
à réduire le phénomène socialiste à la catégorie économique.
Certes ils ont une conception philosophique et morale,
parfois religieuse, adéquate à leur conception économique ; certes, la politique est pour eux un moyen de réaliser l'association
des producteurs et d'assurer leurs droits de consommateurs.
Mais ils n'incorporent plus tous les individus dans un système
social organisé de toutes pièces par la raison en vue de satisfaire non seulement aux nécessités de la production et aux
besoins de la consommation, mais encore aux besoins affectifs
et moraux les plus intimes.

II

Pecqueur le premier limite l'association au domaine économique, tout en faisant de l'Etat l'instrument actif de l'association des hommes et de la socialisation des choses. Il est également le premier qui, au lieu d'opposer l'économie politique et
le socialisme, tienne compte, et le plus grand compte, des prin-

1. *Doctrine de Saint-Simon.* Exposition. 1re leçon, 2e année. (1829-1830).

cipes économiques, soit pour les utiliser, soit pour ne point les
contredire. Il ne s'interdit pas le rêve communiste; il perçoit
l'idéale société où « le capital serait socialisé, l'intérêt anéanti...
en main-morte dans la personne collective abstraite... n'attendant rien du capital, ni du talent personnel [1] ». Il aspire au
règne de la fraternité, où « le talent, le mérite, ne sont comp-
tés que devant Dieu, car on admet le dévouement pour base de
l'association [2] ». Il déclare que « cette combinaison a son idéal,
son origine, et ses prémisses informes dans la république chrétienne de la primitive église [3] ». Et il ajoute : « Si nous ne con-
sultons que *ce qui doit être*, selon notre idéal de perfection et
notre foi, abstraction faite de *ce qui est*, c'est-à-dire des circonstances humaines, du temps et des passions... nous le déclare-
rions le plus conforme à la justice distributive fondée sur le
principe de la fraternité et du devoir devant Dieu [4]. » Mais pour
réaliser cet idéal, si Pecqueur ne se refuse pas l'emploi des
moyens politiques et moraux, il n'associe les individus que
dans le domaine économique, ne fait des moyens politiques que
les propulseurs de l'association économique, et des moyens moraux que les propulseurs des sentiments les plus élevés de notre
nature sans qu'aucune contrainte pèse sur nous pour nous
décider à être fraternels et dévoués.

Pecqueur est persuadé que « l'intervention du capital dans
les *dividendes* est une porte par où s'échapperont encore,
comme d'une nouvelle boîte de Pandore, tous les maux, toutes
les inégalités de richesse, d'indépendance et de liberté ». C'est
pour cela qu'il « ne peut s'empêcher d'ambitionner davantage,
et de remonter jusqu'aux témérités de l'utopie pour trancher
enfin le nœud gordien de l'association. » Mais ce n'est ni à la
politique, ni à la morale qu'il demandera directement ses solutions : c'est à l'association économique qu'il s'adressera. Certainement l'association économique sera soutenue par les ins-

---

1. *Des intérêts du commerce*, t. II, p. 159.
2. *Id.*, t. I. p. 430.
3. *Id.*, p. 431.
4. *Id.*, p. 435.

titutions politiques et éclairée par les impératifs de la morale ;
mais, encore une fois, c'est elle qui constitue la pièce essentielle, fondamentale, de la construction sociale nouvelle. Dans
ces conditions, Pecqueur doit se préoccuper de rendre aptes à
l'association ceux que, par elle, il veut émanciper. Aussi
ajoute-t-il que « c'est surtout d'eux-mêmes que les prolétaires
doivent attendre leur affranchissement réel ». Non par la lutte
de classe, nous avons vu qu'il s'attache à l'éviter, — mais par
l'organisation de classe. Mais il avertit les « sociétaires ouvriers»
que « s'il ne se fait pas des efforts et des sacrifices signalés dans
leurs rangs, s'ils ne s'ingénient point, ils retomberont dans la
glèbe féodale, industrielle et agricole [1] ».

Il constituera donc l'association des producteurs; mais d'une
part la nécessité de se tenir dans les limites du possible, et
d'autre part le souci de rendre chaque travailleur responsable
devant sa conscience et devant ses associés, décideront Pecqueur
à fonder l'association sur les principes qu'il tient de Fourier
en même temps que sur le type fourni par les sociétés industrielles. Il combinera donc l'individualisme économique et l'association, car il connaît la force de l'esprit de propriété et il veut
transférer ce sentiment de la chose individuelle à la chose corporative. Dans l'ordre agricole, il sera pour la mobilisation
du sol, non pour exproprier le paysan au profit d'entreprises
agricoles à base capitaliste, mais pour permettre un « mode
d'exploitation par sociétés à petites actions et la culture en
grand ». Ces moyens en effet « ne retirent nullement la propriété à ceux qui réunissent leurs terres en société, qui sont
actionnaires et qui dirigent ou contrôlent la direction de l'exploitation commune ». Car, ajoute Pecqueur, « les propriétés, pour
être réunies quant à l'exploitation, n'en sont pas moins divisi-
bles quant à la possession et à la disposition par le titre et par
le caractère négociable du coupon d'action [2] ». Il est convaincu
à bon escient que « l'état actuel de l'éducation du *genre humain*,
les habitude tenaces, les préjugés, les idées fausses, les mœurs

1. *Des intérêts du commerce*, t. II, p. 158.
2. *Id.*, pp. 69-70.

grossières de la multitude, les sentiments de famille toujours
aveugles et farouches », sont autant d'obstacles à une réorganisation sociale d'ensemble. C'est pourquoi il emprunte au
programme de Fourier, en l'adaptant au milieu capitaliste, une
forme primaire, pourrait-on dire, d'association économique
« où la mise de chacun », qu'il s'agisse de capital, de travail,
ou de talent, « est représentée par un *coupon d'action*, négociable et transmissible comme un coupon de rente [1] ». Pour que
tout le monde devienne socialiste, Pecqueur ne trouve rien de
mieux que de rendre tout le monde capitaliste; et de fait, ce
moyen parait bien encore aujourd'hui le plus sûr.

Mais les travailleurs ne possèdent rien; qu'associeront-ils?
Les organes capitalistes du crédit, observe Pecqueur, comman-
ditent « *ceux qui ont* ou même ceux qui, parmi les prolétaires,
dépassent la foule en aptitude et en savoir-faire ». Ce mode
privé de crédit condamne la classe ouvrière « à jamais à l'exploitation des entrepreneurs et des intermédiaires parasites ».
D'où « la continuation des crises, des trop pleins, des écrase-
ments, des faillites et des banqueroutes périodiques. De là toujours une concurrence aveugle ». La nationalisation du crédit
pourrait peut-être pour un moment incorporer à l'association
la masse ouvrière; mais elle laisserait subsister l'antagonisme
entre les associations de même nature, et par conséquent le
jeu de la concurrence aveugle amènerait les mêmes maux qu'auparavant. Il ne suffit donc pas qu'au moyen de « l'institution
nationale de crédit » proposée par Pecqueur, l'Etat organise « la
commandite des raisons sociales *collectives*, mais nullement ou
presque point de *raisons individuelles*, » si ces « raisons collectives » doivent continuer la lutte à laquelle se livrent les
« raisons individuelles ». C'est pourquoi il ajoute que cette
commandite sera subordonnée à « la *mutualité* obligatoire des
commandités dans leurs échanges, ou leur abonnement réciproque à leurs produits respectifs ». De plus, et sachant
comme les intermédiaires, en régime capitaliste, se substituent

---

1. *Des intérêts du commerce*, t. I, pp. 433 à 436.

facilement aux producteurs, entrepreneurs et ouvriers, Pecqueur demande « l'intervention de *droit* de l'institution
nationale, comme intermédiaire officieux de ces échanges, et
comme mécanisme de cette mutualité [1] ». N'oublions pas que
l'Etat auquel Pecqueur fait appel pour remplir ces fonctions
est l'expression politique et administrative de la démocratie [2].

Pecqueur voit tellement dans l'association le moyen d'émanciper intégralement les individus qu'on sent qu'il fait un très
grand effort sur lui-même pour la limiter au domaine économique. Mais, dans ce domaine, nous venons de voir qu'il fait un
effort non moins grand pour que l'association se substitue partout à l'individualisme. Proudhon limitera lui aussi l'association au domaine économique ; mais, à l'inverse de Pecqueur,
il exhortera les travailleurs à ne s'associer que dans les cas de
nécessité extrême et pour les grandes opérations industrielles
qui font de cette nécessité une vertu. Car « l'association, en
elle-même ne résout point le problème révolutionnaire ». Les
travailleurs ont cru bon de s'associer pour lutter contre le capitalisme, mais « ce n'est point dans leurs petits intérêts de société que gît l'importance de leur œuvre ». Aussi en reviendra-
t-on de la manie d'associer tout le monde et « plus tard, le
mensonge politique, l'anarchie mercantile et la féodalité vain-
cues, les compagnies de travailleurs, abandonnant l'article de
Paris et les *bilboquets*, devront se reporter sur les grands
départements de l'industrie, qui sont leur naturel apanage [3] ».
Proudhon a observé que « l'association est un lien qui répugne
à la liberté » et il dit : « Ce n'est jamais que malgré lui, et

1. *Des intérêts du commerce*, t. I, pp. 488-489.

2. Voici en quels termes Pecqueur expose la filiation de ses idées morales,
politiques et sociales : « Si l'on nous demandait de qui nous procédons,
quelle est notre origine ou notre filiation intellectuelle, nous répondrions :
Jésus-Christ, Rousseau, toute la Révolution française, Saint-Simon, Fourier :
— Jésus-Christ et toutes les Bibles pour la formule fondamentale de la
morale, pour la face *spirituelle* du problème économique ; — le saint-simonisme
(le saint-simonisme primitif dont nous avons fait partie en 1830 et 1831),
pour la face *sociale, gouvernementale* et *historique*; — Fourier pour la face
matérielle de l'association et de la solidarité ; — Rousseau et la Révolution
française pour le côté *politique* et l'esprit d'égalité et de liberté. » (*Théorie
nouvelle d'économie sociale et politique*. Introd., p. IV.)

3. *Idée générale de la Révolution*, p. 100.

parce qu'il ne peut pas faire autrement, que l'homme s'associe[1] ». L'association doit donc être un contrat libre, résiliable
à volonté ; un groupe limité, dont on peut toujours dire que
les membres, « n'étant associés que pour eux-mêmes, sont associés contre tout le monde[2] ». On conçoit qu'envisageant ainsi
l'association, Proudhon estime que « le degré de solidarité
entre les travailleurs doit être en raison du rapport économique
qui les unit, de telle sorte que là où ce rapport cesse d'être
appréciable ou demeure insignifiant, on n'en tienne aucun
compte ; là où il prédomine et subjugue les volontés, on y
fasse droit[3] ». L'idéal de la production pour Proudhon, qui n'a
pas cru sérieusement à la concentration industrielle, c'est la
production artisane en atelier et en boutique. C'est pourquoi il
raisonne comme si cette forme productive était destinée perpétuellement à constituer le type moyen et général de la production. Dans ces milieux de production réduits, le patron est si
peu un capitaliste et tellement un chef ou plutôt un compagnon
de travail pour ses ouvriers, et ceux-ci ont tellement de faci-
lités pour devenir eux-mêmes patrons à leur gré, que Proudhon
ne songe pas plus à y abolir le patronat qu'à y introduire l'association. Mais il se refuse d'assimiler le capitaliste au maître
bottier, car celui-là prend « un homme pour marteau, un autre
en guise de pelle », et il emploie « celui-ci comme crochet,
celui-là comme levier ». Puisque le capitaliste ne peut pas
exploiter tout seul une mine ou faire le service d'un chemin de
fer ; puisqu'il ne peut pas seul « faire marcher une manufacture, monter un navire, jouer *Athalie*, construire le Panthéon
ou la colonne de Juillet, » l'association « à peine d'immoralité,
de tyrannie et de vol » parait à Proudhon, « être tout à fait de
nécessité et de droit[4] ». Car un chemin de fer, une usine, une
manufacture, un navire, etc., sont aux ouvriers qu'ils occupent
ce que la ruche est aux abeilles : « c'est tout à la fois leur ins-

1. *Idée générale de la Révolution*, p. 83.
2. *Capacité politique des classes ouvrières*, p. 131.
3. *Idée générale de la Révolution*, pp. 228-229.
4. *Id.*, pp. 230-231.

trument et leur domicile, leur patrie, leur territoire et leur propriété [1] ».

Le monde économique n'apparaît donc pas à Proudhon sous l'aspect d'une association universelle. Il voit d'un côté « les paysans maîtres enfin du sol qu'ils cultivent » ; « d'autre part ce sont ces myriades de petits fabricants, artisans, marchands, volontaires du commerce et de l'industrie, travaillant isolément ou par petits groupes ; » enfin, et il faut bien que Proudhon abandonne cela à l'association, « apparaissent les compagnies ouvrières, véritables armées de la Révolution ». Par cette expression, Proudhon reconnaît qu'en somme la révolution sociale n'eût jamais été nécessaire si la formation des grands moyens de production par la division du travail et le machinisme n'avait favorisé le système capitaliste contre lequel doit se faire la révolution. Et comme, le capitalisme abattu, on ne pourra tout de même supprimer les inventions qui l'ont suscité, elles seront mises en valeur par les associations « où le travailleur, comme le soldat dans le bataillon, manœuvre avec la précision de ses machines ; où des milliers de volontés intelligentes et fières, se fondent en une volonté supérieure, comme les bras qu'elles animent engendrent par leur concert une force collective, plus grande que leur multitude même [2] ». Est-il besoin d'ajouter que, faisant reposer sa pensée sociale sur l'individualisme le plus complet et, par voie de conséquence, sa pensée économique sur le comptabilisme le plus strict, Proudhon réprouve les doctrines de fraternité que les communistes prétendent placer à la base de l'association ? Non, car nous nous rappelons ses anathèmes contre la fraternité, et comme il réclame que chacun ait d'abord son dû, et que la fraternité ne vienne que par surcroît [3]. Fonder l'association sur autre chose que le doit et l'avoir, c'est « détruire l'harmonie en imposant à tous, au lieu de la justice, au lieu de la responsabilité individuelle, la solidarité ». Cette association, « ce n'est plus au point

1. *Idée générale de la Révolution*, p. 227.
2. *Id.*, p. 232.
3. V. plus haut, pp. 135 à 137.

de vue du droit et comme élément scientifique qu'elle peut se
soutenir ; c'est comme sentiment, comme précepte mystique et
d'institution divine [1] ». Pour que la justice, donc, et la responsabilité soient, dans les associations industrielles, rendues nécessaires par la nature des choses, il faut que « la solidarité du
contrat » ne s'étende « jamais au delà du strict nécessaire », de
manière que dans l'association l'individu engage le moins
possible de sa personnalité, et que, hors de ce qu'il a engagé
d'elle, il demeure insolidaire. De plus, il faut que dans
l'association la rémunération soit mesurée à l'effort et non
réglée sur le sentiment de fraternité. Proudhon constate
avec joie que « plusieurs associations ouvrières de Paris, qui
d'abord avaient voulu, par excès de dévouement, enchérir sur
l'usage, et s'étaient constituées d'après le principe de l'égalité
des salaires, ont été forcées d'y renoncer ». « Partout aujour-
d'hui les associés sont à leurs *pièces*, ajoute-t-il ; en sorte que
là où la mise sociale consiste surtout en travail, chacun étant
rémunéré, en salaire et en bénéfice, au prorata de son produit,
l'association ouvrière n'est pas autre chose que la contre-partie de la commandite. C'est une commandite où la mise de
fonds, au lieu de consister en argent, est faite en travail, ce
qui est la négation de la fraternité même [2] ». Il est certain que
c'est sur ce type, beaucoup plus que sur le type fraternitaire et
communiste, que se fondera le statut économique du plus prochain avenir. Mais il est non moins certain, et Proudhon n'a pas
hésité pour sa part à le reconnaître, que l'enseignement scientifique et technique largement répandu sera un puissant moyen
pour produire l'égalité économique par l'équivalence des services et des fonctions.

Buchez n'a pas à proprement parler formulé un système
social, et il s'en est tenu à l'association pure et simple. Comme le
fait remarquer son disciple, A. Ott, « tandis que les autres disciples de Saint-Simon prétendaient réorganiser la société d'en
haut en établissant une vaste communauté hiérarchique, Bu-

---

1. *Idée générale de la Révolution*, p. 96.
2. *Id.*, p. 87.

chez, qui avait toujours repoussé le communisme et considéré
l'échange comme la seule forme de distribution des richesses
compatible avec la liberté, Buchez pensa que la réforme sociale
pouvait s'opérer au sein de la société même d'une manière
toute pacifique, et sans léser les intérêts des possesseurs existants. Il crut que c'était aux classes déshéritées elles-mêmes à
en prendre l'initiative et qu'il ne dépendait que d'elles de préparer aux générations à venir une existence meilleure. Comme
moyen, il proposa l'association ouvrière. Buchez enseigna cette
idée dès 1830, dans des cours publics ; il la développa dans
l'*Européen* de 1831-32, et bientôt après plusieurs associations
furent fondées sous ses auspices[1] ». Ce sont là les titres qui
classent Buchez parmi les créateurs du système coopératif et
qui permettent de le considérer comme l'un des précurseurs
de l'organisation des travailleurs en classe distincte, sinon en
parti de classe.

III

Les embryons d'association saint-simonienne ont disparu,
en 1832, avant d'avoir même manifesté leur existence ; et leur
disparition a été bien moins le résultat de la persécution exercée
alors contre les saint-simoniens que de la vocation exclusivement religieuse de ceux-ci à Ménilmontant, sous la direction du
père Enfantin. Pour ce qui est de l'Icarie de Cabet, que tant de
combats ont désolée et tant de scissions déchirée, je crois
bien que son existence aussi chétive que tourmentée a pris
fin ces dernières années. Sous l'inspiration des œuvres de Fourier, et indépendamment de l'essai malheureux que Considérant
s'en fut tenter au Texas, il s'était créé dans l'Amérique du Nord,
entre 1842 et 1849, une trentaine de sociétés ou phalanstères
dont trois comptant de quatre cents à cinq cents membres, et le
plus grand nombre de vingt à deux cents membres. Parmi ces
trente sociétés, dix-neuf durèrent moins d'une année, huit mou-

1. *Traité de politique et de science sociale*. Notice sur Buchez, t. I,
p. CXXXIX.

rurent entre un an et trois ans, et une seule a atteint l'extraordinaire longévité de douze ans. Celle-ci fut, nous dit André
Godin, « le type des expériences fouriéristes[1]. » Bien que
très habilement dirigée par des hommes de haute valeur, tels
-que Brisbane et H. Greeley, la North America Phalange disparut
en 1855 à la suite de « dissentions intestines pour motifs religieux ». Les dissentiments religieux qui avaient causé la perte
de cette colonie fouriériste nous sont une marque que ces institutions se soutenaient par la force d'un sentiment religieux
unanime. Dès que l'unanimité religieuse cessait, l'association
se dissolvait. Nous voyons en effet que l'association fouriériste
qui a vécu le plus longtemps, après North America Phalange,
est la colonie de Brook Farm ; cette association existait d'ailleurs avant que Brisbane et Horace Greeley eussent propagé la
doctrine de Fourier aux États-Unis. Elle avait été fondée pour
« réaliser une véritable société d'après l'idée du Christ ». En
1843, elle se transforma sur les plans de Fourier ; ce fut en même
temps le centre d'élaboration du swedenborgisme en Amérique. Sa fin est pour le moins curieuse : elle a péri dans
un incendie, les sociétaires n'ayant pas songé à assurer leurs
immeubles. En revanche Godin nous apprend que « la plus
grande fraternité régnait parmi les membres » et que « le
dévouement, l'harmonie prévalaient partout. »

En somme et lorsqu'on voit aux Etats-Unis, et seulement dans
ce pays, une quantité aussi grande de communautés, ou plutôt
d'essais de communautés, une réflexion s'impose à l'esprit. Les
associations icariennes et fouriéristes ont disparu, tandis que
les associations des Shakers, des frères Moraves, des Mormons,
d'autres encore, durent toujours et dureront tant que le lien
religieux qui les unit subsistera. Traçant le tableau de la prospérité actuelle des colonies mormonnes et de leurs institutions
économiques, M. de Norvins nous montre que celles-ci consis-
tent en un système généralisé de coopératives de production.
Chacune de ces colonies « devient autonome industriellement

---

1. *Le fouriérisme aux Etats-Unis.* Extrait des papiers posthumes de
J.-B. A. Godin. *Revue socialiste* de mai 1889, pp. 602 à 615.

et commercialement, mais le lien religieux maintient entre elles la fraternité, ciment puissant de tout l'édifice ». Le système social des Mormons est en effet une théocratie pure. Mais on peut dire cependant avec M. de Norvins, « que, dès l'origine, à côté de ce que l'on pourrait appeler l'architecture théocratique de la secte, empruntant, pour les mélanger, des éléments au bouddhisme, au christianisme, au gnosticisme et à l'islamisme, les Mormons firent entrer dans leur évangile une architecture sociale inspirée par les communismes de la première moitié du XIXᵉ siècle [1] ». Ces groupements sociaux n'ont dû évidemment leur homogénéité, leur durée et leur développement qu'à la force du lien religieux. Les facteurs idéologiques manifestent ici toute leur puissance et prouvent que les hommes ne se laissent pas uniquement guider par les intérêts matériels selon la vue qu'ils en ont communément. Ils nous prouvent aussi que cette vue peut être modifiée sous leur influence et non sous l'influence d'une perception plus nette de l'intérêt bien entendu. Ce que l'intérêt ne peut obtenir, à savoir le groupement coopératif qui enrichit chacun des coopérants, les facteurs idéologiques, le sentiment religieux, l'esprit de fraternité l'obtiennent sans peine. Et c'est à se demander si, dans la pensée de sectaires comme les Mormons, l'association économique qui leur est si fructueuse n'est pas considérée par eux uniquement comme un moyen de pratiquer à leur gré et en plus complète indépendance la religion de leur choix, plutôt que comme un but économique et social en soi. Remarquons que les associations fouriéristes pures, c'est-à-dire celles qui prétendaient reposer sur l'intérêt bien entendu, sur le jeu harmonisé des passions, sont précisément celles qui ont le moins duré. Remarquons enfin que les communautés icariennes, animées par l'esprit de fraternité qui est à la base de la doctrine de Cabet, ont duré vaille que vaille, si peu prospères qu'elles fussent et tant réduit que fût le nombre de leurs membres, un bon demi-siècle.

1. La résurrection des Mormons. *Revue* du 15 octobre 1903, pp. 230 à 242.

Examinant les causes de dissolution des phalanstères américains, et on pourrait en dire autant des essais tentés au Brésil et en Belgique, Godin en indique deux qui sont absolument contradictoires, bien qu'elles soient vraies, et d'une vérité historique et d'une profonde et générale vérité psychologique. Les uns, dit-il, ont échoué en suite du découragement amené par les difficultés et les conditions de vie inférieure des périodes de début ; les autres, ou pour être plus juste, l'autre et unique, Wisconsin Phalange, qui avait réussi, mourut de sa prospérité. « La propriété commune augmentait de valeur, dit Godin, les choses étaient prospères ; c'était aux yeux des habiles le moment de vendre leur part. » Et lorsque les « habiles » furent partis, les autres ne surent pas faire marcher l'affaire. Wisconsin Phalange avait duré six ans.

La seule institution fouriériste qui ait duré est précisément celle où les principes de Fourier n'ont été appliqués que dans leur aspect extérieur. Je veux parler du Familistère de Guise. Mais l'usine remise par André Godin à ses ouvriers et employés était en pleine prospérité, ils n'ont donc pas couru le risque d'être rebutés par les difficultés du début ; d'autre part, éclairé par une quantité d'expériences malheureuses, dont la première en date fut l'échec du phalanstère de Condé-sur-Vesgre, en 1832, sous les yeux de Fourier lui-même, Godin créa des degrés d'accession à la pleine possession des droits d'associé et enserra les citoyens de sa république économique dans le réseau d'un règlement savamment combiné; enfin, pour plus de sûreté, les statuts interdirent aux assemblées générales des associés d'apporter aucune modification essentielle à l'association [1]. La prospérité de l'entreprise, donc, a retenu autour de l'association ceux qui ne pouvaient céder leur titre sur le marché des valeurs, mais seulement à des membres de l'association. D'autre part, dans la pensée de Fourier, le phalanstère devait être une association domestique et agricole dans laquelle les opérations d'industrie proprement

---

1. Godin. *Mutualité sociale et association du capital et du travail.* Statuts de la société du Familistère de Guise, art. 138 et 139, pp. 147-148.

dites seraient subsidiaires. Or, au Familistère de Guise, c'est l'opération industrielle qui est à la base, c'est la fabrication des objets de fonte : notamment les poêles et fourneaux qui sont de l'invention de Godin, ont fait sa fortune et permis à ce grand homme de bien d'associer ses collaborateurs salariés à son entreprise et finalement de les libérer du salariat. L'agriculture n'est représentée au Familistère que par le jardinet que chaque associé cultive à sa guise, et sans nulle association, sérielle ou autre, avec ses voisins. Quant à l'association domestique, chaque ménagère ayant entendu s'en tenir à son pot et à son écumoire, elle n'est représentée que par une coopérative de consommation installée dans le Familistère. En sorte que, du phalanstère de Fourier, le Familistère de Godin reproduit surtout la disposition architecturale. Il s'entend bien que je ne songe pas un instant à reprocher au Familistère de n'avoir pas suivi servilement la pensée de Fourier. Je constate qu'il doit sa prospérité à ce qu'il est le résultat d'une fort savante et fort pratique évolution de la participation en coopérative pure et à ce qu'il s'est plié aux conditions générales du milieu social. Cette constatation est, à mon sens, le témoignage d'admiration le plus complet pour le génie de Godin. Ce mot n'est pas trop fort, car en agissant ainsi Godin a dépouillé la pensée de Fourier de ses enveloppes extérieures, de ses développements parasites, pour en retrouver et appliquer l'essentiel, c'est-à-dire l'émancipation économique des travailleurs, par la collaboration temporaire du capital, du travail et du talent, et l'attribution définitive du capital au travail et au talent étroitement associés.

IV

Le Familistère de Guise, qui est aujourd'hui une coopérative de production, la part du capital ayant été amortie récemment, ne réalise pas le cosmos réduit que Fourier avait rêvé, cela est incontestable. Mais nous savons aujourd'hui qu'on ne peut créer de ces petits univers isolés et autonomes qu'à la condi-

tion de réduire les besoins des associés à leur plus stricte
expression. Les « clairières », même embellies de littérature, ne
réalisent pas un beau rêve ; car le rêve naît des loisirs, et ils
ont peu de loisir, les colons qui de leurs efforts réduits ont tout
un monde à créer dans un espace de quelques hectares. Ils ont
peu de loisir, les pauvres camarades qui, le rêve d'anarchie au
front, s'en vont avec quelques outils rudimentaires défricher
un coin de la pampa sud-américaine, ou combiner l'agriculture
et la cordonnerie dans une masure de l'Ile de France dont le
toit effondré permet de contempler les étoiles l'été, mais aussi
s'effondre chaque jour davantage sous les rafales et les pluies
de l'automne.

Est-ce à dire que le socialisme condamne les coopératives de
production, nées de la pensée et de l'effort des Owen, des
Fourier, des Saint-Simon, et de tous les novateurs socialistes
de la première moitié du xixᵉ siècle ? Non, mais une chose est
une colonie autonome, qui prétend être une société à elle seule
et s'imposer par l'exemple à l'univers entier : Phalanstère,
Icarie, Milieu libre, etc. ; et autre chose est une association
ouvrière de production qui, selon la pensée des socialistes
économistes, des Pecqueur et des Proudhon, doit réunir des
travailleurs non pour mener une vie morale, religieuse, sociale
et économique commune, mais pour produire en commun [1].
Certes, ces groupements purement économiques obéissent à
une loi morale ; certes, ils entendent utiliser les moyens politiques pour leur développement et, étant eux-mêmes des républiques ouvrières, servir par leur développement le progrès
politique et lui donner une solide base matérielle ; certes, enfin,

---

1. En 1842, Proudhon jugeait en ces termes les essais de colonies socialistes : « On dit que les fouriéristes songent à quitter la France pour aller
au nouveau monde fonder un phalanstère. Quand une maison menace
ruine, les rats en délogent ; c'est que des rats sont des rats ; les hommes
font mieux, ils la rebâtissent... Restez en France, fouriéristes, si le progrès
de l'humanité est la seule chose qui vous touche ; il y a plus à faire ici
qu'au nouveau monde ; sinon, partez, vous n'êtes que des menteurs et des
hypocrites. » (*Deuxième mémoire sur la Propriété*, p. 145.) — Sauf les
injures, Proudhon pourrait encore aujourd'hui adresser les mêmes objurgations à ceux qui se réclament de lui et tentent néanmoins de fonder un
peu partout des « clairières » et des « milieux libres. »

ils espèrent que l'association des hommes et la socialisation des choses organiseront un milieu social absolument différent du milieu actuel ; mais ils sont par-dessus tout des groupements économiques, comme tels voués à la production, soumis à la règle du droit et de l'avoir. Ceux qui dédaignent cette vocation et méprisent cette règle ne tardent pas à se dissoudre.

Mais si le socialisme ne condamne pas les coopératives de production, il lui est interdit d'avoir sur leur possibilité et sur leur efficacité les illusions des théoriciens qui en parlèrent d'une manière abstraite et des praticiens de génie, tels Owen et Godin, dont l'effort surhumain et un concours de circonstances heureuses expliquent seuls le succès à New-Lanark et à Guise. Il est cependant une coopérative de production due à l'effort des groupes socialistes, des syndicats ouvriers et des coopératives de consommation, qui est en pleine prospérité : la Verrerie ouvrière d'Albi. Mais les ouvriers fondateurs, dans l'exaltation d'un lendemain de grève, soutenus moralement par un vaste courant de solidarité ouvrière, ont consenti des sacrifices longs et pénibles avec un véritable héroïsme, ou si l'on veut avec une ferveur toute religieuse pour l'idée dont ils étaient les représentants. Cependant, là encore le capital est intervenu généreusement. Les cent mille francs remis aux fondateurs par M. Rochefort de la part de Mme Dembourg ont constitué le premier et indispensable apport, dont les autres souscriptions n'ont constitué que l'appoint. Là aussi, il faut le répéter, un facteur idéologique puissant, exprimé par le généreux talent et la grande âme de Jaurès, a suscité les adhésions et les sacrifices. Tout cela, cependant, se fût heurté aux conditions économiques générales du milieu actuel, si les coopératives de consommation, pour elles-mêmes et pour leurs adhérents, n'avaient constitué à la Verrerie ouvrière le noyau solide et permanent, sans cesse accru, d'une clientèle.

Car l'écueil de la coopérative de production autonome, c'est d'être lancée dans le vaste champ de la concurrence, où elle est à la merci des coalitions capitalistes, et où elle ne peut résister qu'en intensifiant une lutte à laquelle son but est précisément de mettre fin, puisqu'elle poursuit la solidarité de tous les groupes de production. M. Ch. Gide propose de subordonner les groupes de production aux sociétés de consommation, ainsi que cela existe en Angleterre, où la Wholesale, ou magasin coopératif central, possède des manufactures, des terres et des moulins. « Ce sera surtout par leurs propres moyens, dit-il, par la création de fabriques leur appartenant, que les sociétés de consommation devront aborder la production [1]. » Tel n'a pas été l'avis du dernier congrès des coopératives socialistes, tenu à Sotteville-lès-Rouen en septembre 1903, et où les coopérateurs ont été engagés par un ordre du jour « à créer partout où ils le pourront des sociétés de production sous forme de services fédéraux ou interfédéraux sous la gestion des organisations ouvrières ». Mais on remarquera que, tout comme M. Ch. Gide, les coopérateurs socialistes veulent que les sociétés de production soient soustraites à la loi capitaliste de la concurrence, puisqu'ils subordonnent leur création à la constitution préalable d'un marché dont elles auront, peut-on dire, le monopole. Comme il ne s'agit ici que d'étudier l'influence des novateurs socialistes sur les théories et les pratiques du socialisme contemporain, je ne puis entrer dans l'examen approfondi du système coopératif, de ses chances de succès et des moyens de le lui assurer. Je me borne donc à observer que, jusqu'à présent, les sociétés ouvrières de production n'ont généralement pu vivre qu'en se soustrayant le plus possible aux lois de la concurrence capitaliste.

Nous remarquons en effet que sur 108 associations adhérentes au congrès de 1900, il n'y en avait pas moins de 51 appartenant aux professions du bâtiment. Pourquoi? Parce que le décret de 1888 exonère les coopératives ouvrières du cautionnement dans les entreprises de travaux pour le compte de l'État, des départements et des communes ; que de plus, il leur donne la préférence, à soumission égale, sur les entreprises dirigées par des patrons ; et qu'enfin, alors que celles-ci

---

1. *De la coopération*, p. 104.

ne sont payées qu'après l'achèvement et la réception des travaux, les associations ouvrières reçoivent toutes les quinzaines des accomptes équivalant au salaire moyen des ouvriers occupés à l'entreprise en cours. Nous ne parlerons que pour mémoire des subventions du ministère du Commerce aux associations ouvrières de production, ces subventions ne s'élevant pas à un chiffre assez élevé pour donner une sérieuse impulsion au mouvement coopératif.

C'est surtout, on le sait, aux coopératives de consommation que le socialisme, particulièrement en Belgique, s'est attaché. En outre des avantages matériels que dans ce pays elles ont procurés à leurs adhérents, elles sont un puissant moyen de pénétration et de propagande dans les milieux ruraux où les socialistes, en y portant leur puissance de consommation, ont amené un peu de bien-être en délivrant les producteurs agricoles des intermédiaires onéreux. Ils y ont amené aussi un peu de justice, en obligeant les producteurs agricoles à assurer à leurs ouvriers des conditions de travail plus douces et des salaires plus relevés, sous peine de perdre la clientèle des coopératives socialistes. A mesure que grandit le mouvement coopérateur, les grandes figures de Fourier, de Robert Owen, et de Buchez se précisent mieux dans la pensée de ceux qui travaillent à libérer le producteur. Il se fait, grâce à ces glorieux ancêtres, le même rapprochement entre le socialisme et la coopération que, grâce à Pecqueur, Proudhon et Karl Marx, entre le socialisme et la science économique. Si bien que le congrès international des associations ouvrières de production tenu en 1900 a pu déclarer unanimement, au cours de ses résolutions, « que l'histoire de la coopération se lie intimement à celle du socialisme, et que ses attaches philosophiques se rapportent à toutes les théories, plans ou systèmes ayant en vue l'organisation du travail, dans le bonheur de l'humanité ».

V

La participation aux bénéfices n'est pas spécifiquement socialiste. Cependant, si l'on définit le socialisme une organisation économique fondée sur l'association des producteurs se répartissant le produit intégral de leur travail, il faut bien reconnaître que, pour n'avoir pas encore acquis ni mérité son droit de cité dans les programmes officiels du socialisme, la participation aux bénéfices n'en est pas moins un des moyens de préparer l'association intégrale des producteurs. Saint-Simon, qui posa les principes dont Bazard tira les conséquences socialistes, vit le premier dans la participation aux bénéfices un moyen d'écarter le péril social qu'il apercevait dans l'antagonisme des classes. Aussi dit-il aux propriétaires qu'il était évidemment de leur intérêt de mettre dans leur parti les non-propriétaires « qui, par des découvertes capitales, constatent la supériorité de leur intelligence [1] ». Hanté pas son obsession théocratique, Enfantin reprocha à l'Église de ne pas prêcher l'association comme elle avait, prétendait-il, prêché l'affranchissement des esclaves. Et pour lui, naturellement, car l'association de tous les « industriels » au sens saint-simonien du mot ne pouvait avoir d'autre point de départ que la participation aux bénéfices, il s'agissait de « conseiller aux maîtres » une condition analogue à l'affranchissement : « Cette condition, ajoutait-il, à ce que je crois, c'est d'ASSOCIER l'ouvrier au maître [2]. » Pour Fourier, il va de soi que son système, exigeant la triple collaboration du capital, du talent et du travail, est tout au moins originairement un système de participation aux bénéfices. Nous avons vu que l'association du Familistère de Guise a en effet commencé par être une participation. Il est intéressant de noter au passage que Fourier oppose, tout comme Saint-Simon, la collaboration à la lutte des classes qu'il veut écarter. « Moyennant ces gradations d'intérêts sociétaires, dit-il, l'inférieur est inté-

1. *Lettres d'un habitant de Genève*, 2ᵒ lettre.
2. Correspondance inédite d'Enfantin. (ŒUVRES, t. XXXIV, pp. 233-234.)

ressé au bien-être du supérieur... on n'a plus rien à redouter de la
pleine liberté du peuple qui, dans son état actuel de misère et
de jalousie, n'userait de son indépendance que pour spolier et
égorger ses supérieurs [1]. »

Saint-Simon avait montré que le métayage, et, en Angleterre,
le fermage revêtaient les caractères de la participation aux
bénéfices [2]; Pecqueur fit les mêmes constatations et montra que
ces principes présidaient à « la répartition du bénéfice entre les
équipages des bâtiments baleiniers et les armateurs anglais [3] ».
Pour lui, la participation aux bénéfices était le moyen tout
indiqué pour entreprendre d'associer intégralement les producteurs. Par ce moyen, on parvenait « à rendre moins dispropor-
tionnée la part du travail et de l'habileté dans les bénéfices de
la production [4] ». Il proposait donc que la rétribution du travailleur se composât de trois parts : « 1° salaire fixe quotidien ;
2° part éventuelle, proportionnée aux frais de production ultérieurement et progressivement épargnés; 3° part également
éventuelle dans le bénéfice net de l'entreprise [5]. » Pour ce qui
est de l'attribution aux travailleurs de la prime sur l'épargne
des frais de production, on sait que certains entrepreneurs ont
comblé les vœux de Pecqueur au delà de son espérance, et
qu'ils ont fait servir cette prime à intensifier la concurrence
entre les travailleurs. Mais l'intention de Pecqueur, est-il besoin
de le dire ? était au contraire de restituer aux travailleurs les
avantages produits par les innovations industrielles et qui se
tournaient tout d'abord contre eux en les éliminant du champ
de travail ou en rendant inutile leur valeur professionnelle.
Mais le moyen d'amener les capitalistes à faire aux travailleurs
une part sur le profit ? « Rien de plus facile que d'harmoniser
les capitalistes entre eux, dit Pecqueur ; mais l'harmonisation
des capitalistes et des non-capitalistes, des ouvriers : c'est là

1. *Traité de l'association domestique agricole*. Prolégomènes. 1re partie.
2. *L'Industrie*. 2e partie. Moyens, etc. (Œuvres, t. XIX, pp. 103-104).
3. *Des intérêts du commerce*, t. II, p. 154.
4. *Des améliorations matérielles*, p. 55.
5. *Des intérêts du commerce*, t. II, pp. 146-147.

une chose délicate qui va échoir à l'avenir[1] ». Il croit cependant
y parvenir en faisant appel à tous les sentiments humains qui
sont au cœur des capitalistes, y compris la peur : « N'est-il pas
équitable et religieux, dit-il, n'est-il pas prudent, n'y a-t-il pas
bon calcul de la part des producteurs et des capitalistes dans
toutes les sphères du travail, à intéresser directement les
ouvriers de leur établissement à sa propriété[2]? » Il faudra bien
arriver à établir « comme base de répartition des bénéfices,
une certaine proportion plus équitable entre le travail, le capital et le talent, et peut-être plus que cela, la disparition de
l'élément *capital*. Cette amélioration, ajoute Pecqueur, est
possible : Il est de l'intérêt pressant des chefs de l'industrie
d'en prendre l'initiative » s'ils veulent conserver « la prépondérance salutaire qu'ils devraient se plaire à exercer », car « elle
peut se faire hors de leur sphère d'influence[3] ». Qu'ils n'oublient pas que, par la propagation des moyens et des forces à
la vapeur, « tous ces ouvriers disséminés reçoivent comme un
rendez-vous dans les grands ateliers[4] ». En régime de morcellement des ateliers « l'ouvrier ne peut pas recourir à la plainte;
car le chef de l'établissement est souverain, comme propriétaire
unique ». En régime de concentration des masses ouvrières
dans les grands ateliers modernes, dit Pecqueur, « l'ouvrier
s'inspirera de dignité et de fermeté dans cette réunion nombreuse, tandis que le dénuement, l'isolement, et l'ignorance
traditionnelle où il est plongé ne lui apportent que des impres-
sions de faiblesse et de timidité[5] ». C'est parfaitement dit, et
Pecqueur aperçoit très nettement les conditions réelles qui
imposeront aux capitalistes de reconnaitre les travailleurs
comme partie contractante et participante dans l'entreprise de
la production et dans la répartition des produits. En somme,
c'est à ces conditions et au développement de la démocratie, à

---

1. *Des intérêts du commerce*, t. II, p. 104.
2. *Des améliorations matérielles*, pp. 294-295.
3. *Id.*, p. 297.
4. *Des intérêts du commerce*, t. I, p. 272.
5. *Id.*, p. 311.

« la protection sous forme publique de toute tyrannie individuelle [1] », bien plus qu'aux sentiments bons ou mauvais des
capitalistes, que jusqu'à présent les travailleurs ont dû les améliorations obtenues.

Pecqueur faisait un rêve qui heureusement ne s'est pas réalisé, quand, se laissant entraîner par son amour de la paix
sociale par la collaboration des classes, il allait jusqu'à louer
le paternalisme patronal qui, si bien intentionné soit-il, et par-
tiellement bienfaisant, n'est qu'une survivance féodale au
milieu du monde économique et social moderne. On croit rêver
soi-même quand on trouve sous sa plume l'apologie du système paternel en usage dans les filatures de coton de Lowel,
aux Etats-Unis, où les 5.000 jeunes filles qui y étaient occupées
dèvaient se plier à un règlement, ceci se passait en 1833, portant « obligation... de pratiquer la tempérance et la vertu, et
les devoirs d'une sociabilité avancée ». Et ajoutant que « la
fermeture des maisons qui se louent aux ouvriers de la Compagnie est fixée tout particulièrement à dix heures », Pecqueur
trouve ce système « frappant » comme « spécimen vivant de
l'économie intérieure des établissements industriels à venir [2] ».
On ne reconnaît plus, à ces traits, le républicain, le démocrate,
qui eut pour objet constant l'introduction de la république et
de la démocratie dans le domaine de la production.

Pour en revenir à la participation proprement dite, notons
que le nombre des industriels qui y ont admis leurs ouvriers
demeure encore aujourd'hui infinitésimal. Il tendrait même,
nous dit M. Ch. Gide, « à diminuer par tout pays, plutôt qu'à
augmenter [3]. »

Proudhon, qui le croirait ! fut en cette matière mieux inspiré
que le démocrate et interventionniste Pecqueur. Tandis, en
effet, que celui-ci se fiait aux seules forces morales spontanées
des capitalistes, et à une reconnaissance d'ailleurs hypothétique
de leur intérêt bien entendu, celui-là, tout antiétatiste qu'il

1. *Des intérêts du commerce*, t. I, p. 272.
2. *Id.*, t. II, pp. 150-152.
3. *Rapport de la section d'économie sociale*, etc., p. 95.

fût, voyait dans la participation aux bénéfices imposée par la
loi le moyen de faire passer certaines entreprises du régime
d'exploitation capitaliste pure au régime d'association des producteurs. Proudhon n'avait pas toujours pensé ainsi, d'ailleurs.
En 1847, il avait démontré à l'économiste Blanqui, auteur d'un
« projet de participation de l'ouvrier et de mise en commandite,
au profit du travailleur collectif, de toutes les industries,… que
ce projet compromettait la fortune publique sans améliorer
d'une manière appréciable le sort des travailleurs ». Il avait
déclaré que « décréter par une loi l'admission de tous les
ouvriers au partage des bénéfices, ce serait prononcer la dissolution de la société [1] ».

Neuf ans après ces déclarations, nous le voyons, lui qui avait
si violemment combattu la formule fouriériste d'association
du capital, du talent et du travail, la reprendre à son compte
dans une lettre à Villiaumé et tracer en ces termes le procès de
l'évolution d'une grande entreprise en association pure : « Je
suppose, dit-il, qu'en 1840, lorsque fut faite la concession du
chemin de fer du Nord, le gouvernement, se jugeant au-dessous
de l'entreprise, ait voulu tout à la fois offrir un bénéfice aux
capitaux privés et y faire participer le travail… La société aurait
existé, non seulement entre les actionnaires fournissant le
capital social, mais *entre les actionnaires et les ouvriers*. »
Les bénéfices de l'exploitation auraient été partagés entre les
deux catégories, et les ouvriers auraient été représentés dans
le conseil d'administration et dans la direction du travail. « A
l'expiration de la concession, la Compagnie, déchargée du service des intérêts et dividendes » serait devenue « exclusivement
ouvrière ». Proudhon fait la nation « propriétaire du chemin,
des bâtiments et de tout le matériel et accessoires », et la société
est tenue de représenter le tout « en bon état à l'expiration de
chaque bail ».

Nous voyons ici la participation aux bénéfices devenue, par
la loi, le véhicule de l'association pure, c'est-à-dire entre pro-

---

1. *Contradictions économiques*, t. I, p. 165.

ducteurs seulement. Nous voyons, de plus, l'exemple choisi par Proudhon y prête d'ailleurs à merveille, l'association se combiner de socialisation, et la collectivité demeurer propriétaire du capital immobilier concédé à l'association ouvrière qui le prend à bail et le met en œuvre. Mais ce n'est pas tout. Faisant de l'Etat, non plus seulement un gardien, un garant des contrats économiques privés, mais une partie contractante éminente représentant la collectivité, Proudhon l'introduit dans la direction même de l'entreprise lorsqu'il stipule que « l'Etat fait partie de droit du conseil de surveillance et du conseil d'administration [1] ».

Cette stipulation révolutionnaire de Proudhon a été reprise, il y a peu de temps, sous forme de proposition législative, par un sénateur conservateur du royaume de Belgique. Le socialisme sera certainement amené, dans un avenir prochain, à comprendre la participation des ouvriers et de l'Etat aux bénéfices de l'industrie dans l'ensemble des moyens propres à réaliser progressivement la socialisation des instruments de production. Déjà la participation des travailleurs a été proclamée nécessaire par Jaurès en ces termes : « Les socialistes, certes, ne sont pas les ennemis des machines, mais ils ne veulent pas qu'elles servent à exploiter les salariés. Le bénéfice des super-productions ne doit pas aller à l'égoïsme capitaliste, il faut le répartir équitablement entre le capital et le travail, en attendant le jour où il ira tout entier au travail seul [2]. » Les conseils du travail, institués par les décrets de Millerand, ont introduit le parlementarisme ouvrier dans le gouvernement de l'indus-

1. *Correspondance*, lettre du 24 janvier 1856. T. VII. pp. 17 à 19. — L'idée première de cette introduction de l'Etat dans la gestion et la surveillance des entreprises capitalistes appartient à Fourier qui, examinant « le mode commercial mixte » qui doit être établi dans la période de garantisme, dit que par ce mode « le gouvernement se trouve, dans chaque pays, ligué avec l'agriculture, pour garantir les producteurs des fourberies et rapines du commerce libre, et entrer en partage des énormes bénéfices qui passent aujourd'hui entre les mains des intermédiaires improductifs nommés marchands, banquiers, etc. » (*Traité de l'association domestique agricole*. Association composée.)

2. Discours aux gévistes d'Armentières et d'Houplines. *Petite République* du 24 octobre 1903.

trie, jusque là laissé à l'arbitraire des employeurs. Par l'établissement des commandites ouvrières, par les contrats collectifs de travail passés entre les syndicats professionnels et les
employeurs, le pouvoir économique de ceux-ci serait ramené à
la mesure de leur action industrielle réelle, c'est-à-dire de leur
collaboration à l'œuvre, de plus en plus sociale, de la production.

VI

Les novateurs socialistes n'ont pas inventé l'assurance
mutuelle, qui se pratiquait déjà à Rome et qui se généralisa au
moyen âge dans toutes les villes maritimes et commerçantes ;
mais ils ont compris qu'elle était un puissant moyen d'association, et ils l'ont tous incorporée à leurs systèmes respectifs.
C'est par l'assurance que ceux d'entre eux, tels Fourier et surtout Proudhon, qui conservent aux groupes et aux individus
producteurs la plus grande autonomie économique, régula-
risent la concurrence et en neutralisent les effets nuisibles.
Pour Fourier, « en bonne politique, le commerce doit être
solidaire et assureur de lui-même »: Actuellement, dit-il, par
le mécanisme du commerce, « toutes les classes essentielles,
le propriétaire, le cultivateur, le manufacturier, et même le
gouvernement, se trouvent maîtrisés par une classe accessoire, par le négociant, qui devrait être leur inférieur, leur agent
commissionné, amovible et responsable[1] ». Il veut donc que les
agents de la circulation, au lieu de se subordonner les producteurs et les consommateurs, s'assurent mutuellement contre le
risque et que le corps social soit assuré contre l'agiotage. Le
garantisme, qui est, dans la doctrine de Fourier, le régime
social intermédiaire entre la civilisation et l'harmonie, repose sur
un vaste système d'assurances mutuelles. C'est par l'assurance,
Fourier l'a fort bien vu, que sont atténués et même peuvent
disparaître les caractères immoraux du rapport entre le service

---

1. *Théorie des quatre mouvements.* 3ᵉ partie. Confirmations.

et sa rémunération sous la loi de l'échange pur et simple. Il a observé, et répété vingt fois, dans son œuvre, que le médecin se réjouit de l'épidémie qui décime la population, et qu'inversement le cultivateur s'arrache les cheveux devant sa récolte trop abondante. L'assurance introduit l'équilibre dans le rapport du service et de la rémunération, en socialisant l'un et l'autre : « En Harmonie, dit Fourier, un groupe de médecins n'est rétribué qu'en raison de la santé collective, et non pas selon le traitement des individus. Ainsi, plus il y a de malades, moins les médecins gagnent. Leur tâche étant de maintenir la phalange en bonne santé, et de prévenir plutôt que de traiter le mal, leur dividende ou portion sociétaire du produit général sera d'autant plus fort que l'année aura fourni moins de malades [1]. »

Cabet a bien compris le caractère intime et l'aboutissement final de l'assurance. Il sait qu'au profit des particuliers, exercée « par spéculation intéressée », elle fortifie la puissance capitaliste, et que, fonctionnant sur le principe de la mutualité, elle mène droit à la socialisation. « Créez, dit-il, des assurances contre les faillites, contre le chômage, contre la misère, etc. ; supposez que le gouvernement ou la société soit l'assureur, et vous arriverez à la communauté [2]. » Pour Proudhon, il va de soi qu'il préfère l'assurance mutuelle à celle de l'Etat. « Lorsque l'esprit d'initiative, dit-il dans le *Manuel du spéculateur à la Bourse*, et le sentiment de collectivité qui sommeillent en France aura pris son essor, l'assurance deviendra un contrat entre les citoyens, une association dont les bénéfices profiteront à tous les assurés et non à quelques capitalistes. » Cependant, à l'absence totale d'assurances ou au système d'assurance capitaliste, il préférerait encore l'assurance par l'Etat : « Il y a quelques années, dit-il, un système complet d'assurances mutuelles fut organisé par M. PERRON, chef de division au ministère d'Etat, et présenté au public sous la protection du Gouvernement. Grande fut la rumeur parmi les compagnies.

1. *Traité de l'association domestique agricole*, Ass. comp.
2. *Voyage en Icarie.* Supplément : *De la Communauté*, p. 568.

Je ne sais ce qui arriva, si le Gouvernement retira sa protection, si l'administration nouvelle manqua d'habileté, ou si ce
fut un effet de l'intrigue des compagnies rivales, toujours est-il
que le nouveau système fut abandonné, les opérations liqui-
dées, et qu'il n'en est plus question [1]. » Sous l'influence de la
pensée marxiste, le socialisme laissa de côté pendant de
longues années l'étude et la pratique de l'assurance et de la
mutualité. Un mouvement inverse se produit depuis quelque
temps, et en faveur de l'assurance coopérative et en faveur de
l'inscription dans les programmes socialistes de l'assurance
par l'Etat et par la commune. Pour ce qui est de la mutualité
dans sa forme primaire, de grandes coopératives socialistes
telles que le *Vooruit* de Gand la pratiquent avec succès depuis
longtemps. Sur ce point encore, les vieux utopistes ont donc
cause gagnée.

VII

. « L'Etat est le banquier des pauvres [2] », dit Louis Blanc,
posant ainsi avec netteté le principe de la socialisation du
crédit. Pour Saint-Simon et ses disciples, qui se fondent sur la
mobilisation de la propriété et sur l'industrie, le crédit est le
mécanisme supérieur et la banque la fonction éminente du
nouvel ordre social. Donc, et nécessairement, ce mécanisme
doit échapper aux mains des particuliers, devenir une fonction
publique. « Tout acte, dit Bazard, qui devra avoir pour résultat
de centraliser les banques générales, de spécialiser les banques
particulières, et de les lier hiérarchiquement les unes aux
autres, aura nécessairement pour résultat une meilleure entente
des moyens de *production* et des besoins de *consommation*,
ce qui suppose à la fois une plus exacte *classification* des travailleurs et une distribution plus éclairée des instruments
d'industrie, une plus juste *appréciation* des œuvres, et une

1. *De la capacité politique*, etc., p. 79.
2. *Organisation du travail*. Introd., p. XIX.

récompense plus équitable du travail[1]. » Saint-Simon a poussé
à la mobilisation précisément afin de pouvoir procéder à une
distribution plus éclairée des instruments d'industrie. « La
mobilisation des propriétés territoriales, a-t-il dit, est le seul
moyen à la disposition de la nation de procurer à l'industrie
les capitaux dont elle a besoin[2]. » Et c'est seulement lorsque
par la mobilisation les producteurs réels se seront rendus
maîtres des capitaux, des moyens de production, qu'il sera
possible de donner une récompense plus équitable du travail.
Pecqueur dira bien ensuite que « l'existence des banques est
l'indice de l'imperfection du crédit », attendu que « moins la
confiance existe dans le commerce, plus cette institution est
nécessaire[3] ». Il a en effet raison d'affirmer que « plus les associations seront fortes et agglomérantes, plus leurs services et le
crédit qu'elles méritent seront connus de tous; plus, par conséquent, leurs promesses respectives feront office de numéraire,
et plus encore la circulation pourra se passer des escomptes et
des lettres de change. » Mais, ajoute-t-il aussitôt, « même
dans l'hypothèse de la vulgarisation presque exclusive du mode
des sociétés par actions dans les sphères diverses de l'industrie, et de la socialisation des instruments de travail, il y aura
toujours lieu à l'intermédiaire d'une banque ou d'une institution analogue qui, dans chaque localité, ... soit chargée de
faire passer et fructifier les capitaux disponibles dans les mains
de ceux qui peuvent les faire valoir[4] ». Il est évident qu'à
moins d'établir la communauté absolue, le mécanisme du
crédit ne peut disparaître de la société.

Pecqueur le socialise donc et en même temps que Vidal,
qui fait de cette proposition une des pièces maîtresses de
son système de socialisation industrielle[5], il met en avant
cette idée que les caisses d'épargne doivent créditer les asso-

1. *Doctrine de Saint-Simon*. 1re Année, p. 131.
2. *L'Industrie*. 2e partie. Moyens, etc (OEuvres, t. XIX, p. 105.)
3. *Des intérêts du commerce*, t. I, p. 203.
4. *Id.*, p. 219.
5. *Des caisses d'épargne*, Paris, 1835.

ciations ouvrières. « Si, dit Pecqueur, un jour le pouvoir
social, dans les nations européennes, s'immisce directement
dans les intérêts matériels du grand nombre, et organise un
vaste ensemble d'associations et de solidarités parmi les classes
inférieures, c'est par là qu'il prendra position et qu'il pourra
se mettre au cœur de la production, du travail et des intérêts
de la multitude [1]. » Vidal, comme Pecqueur, a subi la forte
empreinte saint-simonienne bien qu'il appartînt à l'école
sociétaire. Son système de crédit reflète en effet la double
pensée saint-simonienne et fouriériste. Il est saint-simonien
par la haute importance qu'il attache au crédit comme moyen
de socialisation. Le crédit ne socialise pas seulement dans
l'espace, mais dans la durée, attendu, dit-il, que « par la
monétisation, par la capitalisation des valeurs déjà créées, le
crédit devient le lien de solidarité effective qui réunit les générations présentes aux générations passées et aux générations
futures [2] ». Il est fouriériste par sa proposition d'établir « des
magasins publics, où seraient reçues en dépôt les denrées et
les marchandises [3] ». Fourier, en effet, proposait en ces termes
de combiner ensemble le warrant agricole, le syndicat de production et la coopérative de consommation : « Ce pauvre
possède un petit champ et une petite vigne, disait-il ; mais
comment peut-il avoir un bon grenier, une bonne cave, de
bonnes futailles, des instruments et agencements suffisants ? Il
trouve le tout au comptoir communal : il peut y déposer,
moyennant une provision convenue, son pain et son vin, et
recevoir une avance des deux tiers de la valeur présumée.
C'est tout ce que désire le paysan, toujours forcé de vendre à
vil prix au moment de la récolte. Il ne craindrait plus de payer
l'intérêt d'une avance ; il le paie toujours à 12 p. 100 aux
usuriers ; il bénira le comptoir qui lui avancera à 6 p. 100 l'an,
taux de commerce, en lui épargnant les frais de manutention ;

1. *Des intérêts du commerce*, t. II, p. 165.
2. *Organisation du crédit personnel et réel, mobilier et immobilier*
(Paris 1851), p. 23.
3. *Id.*, pp. 51-52.

car un petit cultivateur se trouvera payé au comptoir pour faire
sans fourniture l'ouvrage qu'il aurait fait gratuitement chez
lui, avec frais de fournitures... Sa récolte faite et consignée, il
travaille à journée pour le comptoir, et il se trouve payé tout
en soignant son blé et son vin qui gagnent en valeur... Une
foule de petits ménages... ne peuvent en aucun temps manquer
d'occupation... Ils ont beaucoup de temps de reste par épargne
de manutention et même de cuisine ; car ils obtiennent, lorsqu'ils ont consigné des denrées, un crédit quelconque à la
cuisine communale. Le comptoir s'approvisionne de tous les
objets de consommation assurée : étoffes communes, denrées
de première nécessité et drogues d'emploi habituel. En les
tirant des soucis, il peut les donner à petit bénéfice aux consi-
gnataires, leur en exhiber les comptes d'achat et de frais... Si le
comptoir est bien organisé, il doit, en moins de trois ans,
métamorphoser tout le système agricole en demi-associa-
tion[1] ».

Vidal sait que « le crédit anime et vivifie tout », mais que
« le grand créateur c'est le travail[2] ». Aussi, il est persuadé que
les travailleurs organisés représenteraient une telle puissance
de production et de consommation qu'un immense crédit leur
serait offert. « Il y a, dit-il, dans la seule ville de Paris, cent
mille citoyens riches ou pauvres qui votent aux élections pour
la même liste, qui sont pour l'émancipation du travail. Si tous
ces consommateurs... prenaient la résolution d'acheter leurs
vêtements chez les tailleurs associés, croyez-vous que les ouvriers tailleurs ne disposeraient pas bientôt d'un immense crédit ?... Tous les manufacturiers, tous les entrepreneurs de drap
viendraient à l'envi offrir des marchandises, à six mois, à un
an de terme et à un rabais extraordinaire... Le capital irait au-
devant du travail et lui fournirait les moyens de s'affranchir ;
les capitalistes viendraient eux-mêmes commanditer les travailleurs[3]. » Si peu conforme que serait une telle attitude aux

1. *Traité de l'association domestique agricole*. Extroduction.
2. *Organisation du crédit*, etc., p. 23.
3. *Id.*, pp. 315-316.

sentiments de classe que certains socialistes attribuent aux
capitalistes, l'affirmation de Vidal est profondément vraie, et elle
reçoit chaque jour sous nos yeux d'éclatantes confirmations.
Quantité de coopératives parisiennes ont dû leur création à la
commandite de capitalistes qui ont vu en elles un placement
sûr de leurs capitaux. Le capitaliste, en effet, n'a pas de sentiments de classe mais des sentiments capitalistes. Et la loi du
capital est de se renouveler par le profit et, faute de celui-ci,
par l'intérêt limité, qui en est la forme atténuée et décroissante.

Il n'est rien resté, on le sait, dans la pensée socialiste actuelle, de la pensée proudhonienne du crédit gratuit. Nous n'aurons donc pas à en parler ici.

VIII

Nous avons vu au cours de ce travail ce que les partisans du
droit au travail, du droit au minimum, attendaient de l'État [1].
Il nous reste, avant de conclure, à rechercher dans quelle
mesure les novateurs qui demandaient l'organisation du travail,
c'est-à-dire le règne de l'association, entendaient utiliser la
puissance de l'État. De même qu'aux capitalistes, Louis Blanc,
lui, ne demande à l'État que l'impulsion nécessaire à la mise
en mouvement et en œuvre des associations. Aux capitalistes,
il n'offre que l'intérêt du capital qu'ils engageront dans l'association ouvrière [2]. Pour l'État, il doit « être le régulateur de
l'industrie », mais non « en exercer le monopole »; il doit
« fonder des ateliers sociaux, fournir aux travailleurs des instruments de travail, rédiger des statuts industriels ayant forme
et puissance de loi », mais non « se faire spéculateur, entrepreneur d'industrie [3] ». Et faisant entre l'État et la société une
distinction d'autant plus subtile qu'il agrandit extrêmement la
fonction et la puissance de l'État, encore qu'il en prévoie et
annonce la disparition, Louis Blanc ajoute: « Le saint-simo-

1. V. plus haut, pp. 148 à 161.
2. *Organisation du travail*, p. 114 et p. 116.
3. *Id.*, pp. 106-107.

.nisme disait : « L'État propriétaire » ; c'était l'absorption de
l'individu. Mais nous disons, nous : « la société propriétaire ».
Différence énorme et sur laquelle nous ne saurions trop vivement insister[1] ». Cependant Louis Blanc n'insiste pas par une
démonstration qui serait ici on ne plus nécessaire. Il se borne
à nous dire que « les membres de l'atelier social » sont « mis à
l'abri de toute espèce d'arbitraire par les statuts qui régissent
l'atelier ». Selon lui, il ne peut y avoir d'oppression puisque la
hiérarchie tant industrielle que politique repose sur l'élection.
Les communistes purs de l'école de Babeuf et de Cabet, nous
l'avons vu surabondamment, ne s'embarrassaient pas de tels
scrupules. Ce dernier, ayant observé que la mode, cette chose
capricieuse et fugitive, n'abdiquerait peut-être pas ses droits
en Icarie, résout bravement la question en ces termes : « La
République, voulant que chaque chose se fasse le plus rapidement possible, chaque chapeau, par exemple, est combiné de
manière à se partager régulièrement en un grand nombre de
pièces, qui toutes se fabriquent en masses énormes à la mécanique, en sorte que chaque ouvrière n'a plus qu'à coudre et attacher ces pièces, et peut achever un chapeau en quelques minu-
tes. L'habitude qu'a chaque ouvrière de faire toujours la même
chose double encore la rapidité du travail en y joignant la perfection. Les plus élégantes parures de tête naissent par milliers
chaque matin entre les mains de leurs jolies créatrices, comme
les fleurs aux rayons du soleil et au souffle du zéphyr[2]. » Conçu
ainsi, et prenant comme idéal de production élégante la maison
de confection, le socialisme apparaît comme le plus insupportable rêve de médiocrité et de laideur que l'humanité ait fait.
Il faut bien que j'en parle, puisque ce rêve hante encore le cerveau de nombreux socialistes.

Colins, nous le savons, ne donne à l'Etat que la propriété du
sol, et pour l'exploitation de la propriété industrielle il maintient le salariat. « Du moment, dit-il, où le sol peut entrer à
la propriété collective, le salaire est toujours et nécessaire-

1. *Organisation du travail*, pp. 154-155.
2. *Voyage en Icarie*, p. 137.

ment au plus haut possible et l'intérêt du capital au plus bas
possible. Car, alors, les capitalistes se font concurrence pour
offrir aux travailleurs, soit du capital à l'intérêt le plus bas
possible, soit du travail au prix le plus haut possible [1] ». Colins
n'apercevait pas ce qu'aperçoivent très bien aujourd'hui les
ouvriers australiens. Ceux-ci, nous l'avons vu dans un chapitre
précédent, sont indifférents au mouvement georgiste, parce
qu'ils savent que les capitalistes évincés de la propriété du sol
n'en exerceront que plus âprement leur fonction sur la propriété industrielle, qu'ils développeront sans pour cela faire
aux ouvriers une part plus grande que la force de ceux-ci leur
permettra d'exiger [2]. Buchez, qui dans toute son œuvre et dans
tous ses actes s'est attaché à ne demander l'émancipation des
producteurs qu'à l'association libre, reconnaît pourtant que
les commandites de l'Etat ou du capital ne sont pas suffisantes
en matière agricole. En effet, c'est ici la terre qui est le principal, l'essentiel moyen de travail. Aussi Buchez déclare-t-il que
« parmi les mesures à prendre pour opérer sans secousse la
transformation du système actuel de la possession du sol, au
point de vue des futures associations agricoles, la première c'est
de travailler à reconstituer les terres communales [3]. »

Proudhon lui-même, et c'est par ce trait que j'achèverai ce
travail, admet au moins, sans parler des chemins de fer, une
forme de propriété commune. Il est vrai qu'elle est d'ordre
municipal : « Supposons, dit-il, que la Ville de Paris, reprenant
en sous-œuvre le projet abandonné des cités ouvrières, ouvre la
campagne contre la cherté des logements ; achète, aux prix les
plus bas, les maisons en vente ; traite, pour leur réparation et
entretien, avec des compagnies d'ouvriers en bâtiment ; puis
loue ces maisons d'après les lois de la concurrence et de l'égal
échange. Dans un temps donné, la Ville de Paris sera propriétaire de la majorité des maisons qui la composent, elle aura
pour locataires tous ses citoyens [4]. » La Ville de Paris a été

1. *Science sociale*, t. V, p. 324.
2. V. plus haut, p. 231.
3. *Traité de politique et de science sociale*, t. I, p. 353.
4. *Idée générale de la Révolution*, p. 202.

devancée, dans cette pratique socialiste, par les grandes villes anglaises où sans avouer le mot on pratique la chose, et jusqu'à présent la proposition de Proudhon n'est en France autre chose qu'un article du programme municipal socialiste. Mais d'avoir été incorporée à ce programme, voilà l'essentiel.

Ainsi se complète le bilan de l'apport considérable fait à la pensée socialiste d'aujourd'hui par les novateurs français oubliés depuis cinquante ans. Leurs systèmes ont passé, et ce fut justice. Mais ces systèmes leur furent des instruments de travail par lesquels se sont dégagées et précisées des formes nouvelles en harmonie avec l'aspiration générale à plus de bien-être, et surtout d'une justice plus exacte dans la distribution des produits du travail. Là fut la vertu bienfaisante de ces systèmes, et leur grande utilité. Ne regrettons pas qu'ils n'aient pas été appliqués dans leur intégralité. Avec le concours du temps, la nécessité des choses dans son éclectisme supérieur a conservé et précisé les créations utiles des novateurs français du xixe siècle. La pensée socialiste d'aujourd'hui s'exprime par un autre vocabulaire, mais elle est riche de leurs pensées et grosse de leurs œuvres. Hier c'étaient les coopératives qui surgissaient et nous rappelaient Fourier. Aujourd'hui surgissent les syndicats ouvriers fédérés, qui nous rappellent Proudhon. Nous pouvons oublier que le premier tenta de modifier l'axe du globe et les climatures, et que le second voulut organiser le crédit gratuit dans une société dont le statut propriétaire ne serait pas radicalement transformé. Mais nous eussions continué d'être injustes en oubliant plus longtemps que tous nos gestes actuels sont le prolongement de leur action. Leur rendre justice, ce n'est pas seulement nous conformer à l'équité historique ; c'est encore nous enrichir d'une tradition et nous glorifier d'illustres origines.

ÉVREUX, IMPRIMERIE DE CHARLES HÉRISSEY

FÉLIX ALCAN, Editeur

ANCIENNE LIBRAIRIE GERMER. BAILLIÈRE ET Cie

PHILOSOPHIE — HISTOIRE

CATALOGUE

DES

Livres de Fonds

On peut se procurer tous les ouvrages qui se trouvent dans ce Catalogue par l'intermédiaire des libraires de France et de l'Étranger.

On peut également les recevoir franco par la poste, sans augmentation des prix désignés, en joignant à la demande des TIMBRES-POSTE FRANÇAIS ou un MANDAT sur Paris.

108, BOULEVARD SAINT-GERMAIN, 108
Au coin de la rue Hautefeuille
PARIS. 6e

JANVIER. 1904

Les titres précédés d'un *astérisque* sont recommandés par le Ministère de l'Instruction publique pour les Bibliothèques des élèves et des professeurs et pour les distributions de prix des lycées et collèges.

BIBLIOTHÈQUE DE PHILOSOPHIE CONTEMPORAINE
Volumes in-12, brochés, à 2 fr. 50.
Cartonnés toile, 3 francs. — En demi-reliure, plats papier, 4 francs.

La *psychologie*, avec ses auxiliaires indispensables, l'*anatomie* et la *physiologie du système nerveux*, la *pathologie mentale*, la psychologie des *races inférieures et des animaux*, les recherches *expérimentales des laboratoires*; — la *logique*; — les *théories générales fondées sur les découvertes scientifiques*; — l'*esthétique*; — les *hypothèses métaphysiques*; — la *criminologie et la sociologie*; — l'*histoire des principales théories philosophiques*; tels sont les principaux sujets traités dans cette Bibliothèque.

ALAUX, professeur à la Faculté des lettres d'Alger. **Philosophie de V. Cousin.**
ALLIER (R.). ***La Philosophie d'Ernest Renan.** 2e édit. 1903.
ARRÉAT (L.). *** La Morale dans le drame, l'épopée et le roman.** 2e édition.
— ***Mémoire et imagination** (Peintres, Musiciens, Poètes, Orateurs). 1895.
— **Les Croyances de demain.** 1898.
— **Dix ans de philosophie.** 1900.
— **Le Sentiment religieux en France.** 1903.
BALLET (G.), professeur agrégé à la Faculté de médecine de Paris. **Le Langage intérieur et les diverses formes de l'aphasie.** 2e édit.
BEAUSSIRE, de l'Institut. *** Antécédents de l'hégél. dans la philos. française.**
BERGSON (H.), de l'Institut, professeur au Collège de France. ***Le Rire.** Essai sur la signification du comique. 3e édition. 1904.
BERSOT (Ernest), de l'Institut. *** Libre philosophie.**
BERTAULD. **De la Philosophie sociale.**
BINET (A.), directeur du lab. de psych. physiol. de la Sorbonne. **La Psychologie du raisonnement,** expériences par l'hypnotisme. 3e édit.
BOS (C.). ***Psychologie de la croyance.** 1902.
BOUGLÉ, prof. à l'Univ. de Toulouse. **Les Sciences sociales en Allemagne.** 2e éd. 1902.
BOUCHER (M.). **L'hyperespace, le temps, la matière et l'énergie.** 1903.
BOURDEAU (J.). **Les Maîtres de la pensée contemporaine.** 1904.
BOUTROUX, de l'Institut. *** De la contingence des lois de la nature.** 4e éd. 1902.
BRUNSCHVICG, professeur au lycée Henri IV, docteur ès lettres. ***Introduction à la vie de l'esprit.** 1900.
CARUS (P.). *** Le Problème de la conscience du moi,** trad. par M. A. MONOD.
CONTA (B.). ***Les Fondements de la métaphysique,** trad. du roumain par D. TESCANU.
COQUEREL FILS (Ath.). **Transformations historiques du christianisme.**
COSTE (Ad.). ***Les Conditions sociales du bonheur et de la force.** 3e édit.
— Dieu et l'âme. 2e édit. précédée d'une préface par R. Worms. 1903.
CRESSON (A.), docteur ès lettres. **La Morale de Kant.** (Couronné par l'Institut.)
DAURIAC (L.), professeur honoraire à l'Université de Montpellier. **La Psychologie dans l'Opéra français** (Auber, Rossini, Meyerbeer). 1897.
DANVILLE (Gaston). **Psychologie de l'amour.** 3e édit. 1903.
DUGAS, docteur ès lettres. *** Le Psittacisme et la pensée symbolique.** 1896.
— **La Timidité.** 3e éd. 1903.
— Psychologie du rire. 1902.
DUNAN, docteur ès lettres. **La théorie psychologique de l'Espace.** 1895.
DUPRAT (G.-L.), docteur ès lettres. **Les Causes sociales de la Folie.** 1900.
— Le Mensonge, *Etude psychologique.* 1903.
DURAND (de Gros). **Questions de philosophie morale et sociale.** 1902.
DURKHEIM (Émile), chargé du cours de pédagogie à la Sorbonne. *** Les règles de la méthode sociologique.** 3e édit. 1904.
D'EICHTHAL (Eug.). **Les Problèmes sociaux et le Socialisme.** 1899.
ENCAUSSE (Papus). **L'occultisme et le spiritualisme.** 2e édit. 1903.

Suite de la *Bibliothèque de philosophie contemporaine*, format in-12, à 2 fr. 50 le vol.

ESPINAS (A.), prof. à la Sorbonne. * La Philosophie expérimentale en Italie.

FAIVRE (E.). De la Variabilité des espèces.

FÉRÉ (Ch.). Sensation et Mouvement. Étude de psycho-mécanique, avec flg. 2ᵉ éd.
— Dégénérescence et Criminalité, avec figures. 3ᵉ édit.

FERRI (E.). *Les Criminels dans l'Art et la Littérature. 2ᵉ édit. 1902.

FIERENS-GEVAERT. Essai sur l'Art contemporain. 2ᵉ éd. 1903. (Cour. par l'Ac. fr.).
— La Tristesse contemporaine, essai sur les grands courants moraux et intellectuels du XIXᵉ siècle. 4ᵉ édit. 1904. (Couronné par l'Institut.)
— * Psychologie d'une ville. *Essai sur Bruges.* 2ᵉ édit. 1902.
— Nouveaux essais sur l'Art contemporain. 1903.

FLEURY (Maurice de). L'Ame du criminel. 1898.

FONSEGRIVE, professeur au lycée Buffon. La Causalité efficiente. 1893.

FOURNIÈRE (E.). Essai sur l'individualisme. 1901.

FRANCK (Ad.), de l'Institut. * Philosophie du droit pénal. 5ᵉ édit.
— Des Rapports de la Religion et de l'État. 2ᵉ édit.
— La Philosophie mystique en France au XVIIIᵉ siècle.

GAUCKLER. Le Beau et son histoire.

GOBLOT (E.), professeur à l'Université de Caen. Justice et liberté. 1902.

GRASSET (J.), professeur à la Faculté de médecine de Montpellier. Les limites de la biologie. 2ᵉ édit. 1903.

GREEF (de). Les Lois sociologiques. 3ᵉ édit.

GUYAU. * La Genèse de l'idée de temps. 2ᵉ édit.

HARTMANN (E. de). La Religion de l'avenir. 5ᵉ édit.
— Le Darwinisme, ce qu'il y a de vrai et de faux dans cette doctrine. 6ᵉ édit.

HERCKENRATH. (C.-R.-C.) Problèmes d'Esthétique et de Morale. 1897.

HERBERT SPENCER. * Classification des sciences. 6ᵉ édit.
— L'Individu contre l'État. 5ᵉ édit.

HERVÉ BLONDEL. Les Approximations de la vérité. 1900.

JAELL (Mᵐᵉ). *La Musique et la psycho-physiologie. 1895.

JAMES (W.). La théorie de l'émotion, préf. de G. Dumas, chargé de cours à la Sorbonne. Traduit de l'anglais. 1902.

JANET (Paul), de l'Institut. * La Philosophie de Lamennais.

LACHELIER, de l'Institut. Du fondement de l'induction, suivi de psychologie et métaphysique. 4ᵉ édit. 1902.

LAISANT (C.). L'Éducation fondée sur la science. Préface de A. Naquet. 1904.

LAMPÉRIÈRE (Mᵐᵉ a.). * Rôle social de la femme, son éducation. 1898.

LANDRY (A.), agrégé de philos., docteur ès lettres. La responsabilité pénale. 1902.

LANESSAN (J.-L. de). La Morale des philosophes chinois. 1896.

LANGE, professeur à l'Université de Copenhague. *Les Émotions, étude psycho-physiologique, traduit par G. Dumas. 2ᵉ édit. 1902.

LAPIE, maître de conf. à l'Univ. de Bordeaux. La Justice par l'État. 1899.

LAUGEL (Auguste). L'Optique et les Arts.

LE BON (Dʳ Gustave). * Lois psychol. de l'évolution des peuples. 6ᵉ édit.
— * Psychologie des foules. 8ᵉ édit.

LÉCHALAS. * Etude sur l'espace et le temps. 1895.

LE DANTEC, chargé du cours d'Embryologie générale à la Sorbonne. Le Déterminisme biologique et la Personnalité consciente. 2ᵉ édit.
— * L'Individualité et l'Erreur individualiste. 1898.
— Lamarckiens et Darwiniens. 2ᵉ édit. 1904.

LEFÈVRE (G.), prof. à l'Univ. de Lille. Obligation morale et idéalisme. 1895.

LEVALLOIS (Jules). Déisme et Christianisme.

LIARD, de l'Institut, vice-recteur de l'Académie de Paris. * Les Logiciens anglais contemporains. 4ᵉ édit.
— Des définitions géométriques et des définitions empiriques. 3ᵉ édit.

LICHTENBERGER (Henri), professeur à l'Université de Nancy. *La philosophie de Nietzsche. 8ᵉ édit. 1904.
— * Friedrich Nietzsche. Aphorismes et fragments choisis. 2ᵉ édit. 1902.

F. ALCAN. — 4 —

LOMBROSO. L'Anthropologie criminelle et ses récents progrès. 4ᵉ édit. 1901.
— Nouvelles recherches d'anthropologie criminelle et de psychiatrie. 1892.
— Les Applications de l'anthropologie criminelle. 1892.
LUBBOCK (Sir John). * Le Bonheur de vivre. 2 volumes. 5ᵉ édit.
— * L'Emploi de la vie. 3ᵉ éd. 1901.
LYON (Georges), recteur de l'Académie de Lille. * La Philosophie de Hobbes.
MARGUERY (E.). L'Œuvre d'art et l'évolution. 1899.
MARIANO. La Philosophie contemporaine en Italie.
MARION. professeur à la Sorbonne. * J. Locke, sa vie, son œuvre. 2ᵉ édit.
MAUXION, professeur à l'Université de Poitiers. * L'éducation par l'instruction et les *Théories pédagogiques de Herbart*. 1900.
MILHAUD (G.), professeur à l'Université de Montpellier. * Le Rationnel. 1898.
— * Essai sur les conditions et les limites de la Certitude logique. 2ᵉ édit. 1898.
MOSSO. * La Peur. Étude psycho-physiologique (avec figures). 2ᵉ édit.
— * La Fatigue intellectuelle et physique, trad. Langlois. 3ᵉ édit.
MURISIER (E.), professeur à la Faculté des lettres de Neuchâtel (Suisse). Les Maladies du sentiment religieux. 2ᵉ édit. 1903.
NAVILLE (E.), doyen de la Faculté des lettres et sciences sociales de l'Université de Genève. Nouvelle classification des sciences. 2ᵉ édit. 1901.
NORDAU (Max). * Paradoxes psychologiques, trad. Dietrich. 5ᵉ édit. 1904.
— Paradoxes sociologiques, trad. Dietrich. 4ᵉ édit. 1904.
— * Psycho-physiologie du Génie et du Talent, trad. Dietrich. 3ᵉ édit. 1902.
NOVICOW (J.). L'Avenir de la Race blanche. 2ᵉ édit. 1903.
OSSIP-LOURIÉ, lauréat de l'Institut. Pensées de Tolstoï. 2ᵉ édit. 1902.
— * Nouvelles Pensées de Tolstoï. 1903.
— * La Philosophie de Tolstoï. 2ᵉ édit. 1903.
— * La Philosophie sociale dans le théâtre d'Ibsen. 1900.
— Le Bonheur et l'Intelligence. 1904.
PALANTE (G.), agrégé de l'Université. Précis de sociologie. 2ᵉ édit. 1903.
PAULHAN (Fr.). Les Phénomènes affectifs et les lois de leur apparition. 2ᵉ éd. 1901.
— * Joseph de Maistre et sa philosophie. 1893.
— * Psychologie de l'invention. 1900.
— * Analystes et esprits synthétiques. 1903.
PHILIPPE (J.). L'Image mentale, avec fig. 1903.
PILLON (F.). * La Philosophie de Ch. Secrétan. 1898.
PILO (Mario). * La psychologie du Beau et de l'Art, trad. Aug. Dietrich.
PIOGER (Dʳ Julien). Le Monde physique, essai de conception expérimentale. 1893.
QUEYRAT, prof. de l'Univ. * L'Imagination et ses variétés chez l'enfant. 2ᵉ édit.
— * L'Abstraction, son rôle dans l'éducation intellectuelle. 1894.
— * Les Caractères et l'éducation morale. 2ᵉ éd. 1901.
— * La logique chez l'enfant et sa culture. 1902.
REGNAUD (P.), professeur à l'Université de Lyon. Logique évolutionniste. *L'Entendement dans ses rapports avec le langage*. 1897.
— Comment naissent les mythes. 1897.
RÉMUSAT (Charles de), de l'Académie française. * Philosophie religieuse.
RENARD (Georges), professeur au Conservatoire des arts et métiers. Le régime socialiste, *son organisation politique et économique*. 4ᵉ édit. 1903.
RIBOT (Th.), de l'Institut, professeur honoraire au Collège de France, directeur de la *Revue philosophique*. La Philosophie de Schopenhauer. 9ᵉ édition.
— * Les Maladies de la mémoire. 16ᵉ édit.
— * Les Maladies de la volonté. 18ᵉ édit.
— * Les Maladies de la personnalité. 9ᵉ édit.
— * La Psychologie de l'attention. 5ᵉ édit.
RICHARD (G.), chargé du cours de sociologie à l'Université de Bordeaux. * Socialisme et Science sociale. 2ᵉ édit.
RICHET (Ch.). Essai de psychologie générale. 5ᵉ édit. 1903.
ROBERTY (E. de). L'Inconnaissable, sa métaphysique, sa psychologie.
— L'Agnosticisme. Essai sur quelques théories pessim. de la connaissance. 2ᵉ édit.

Suite de la *Bibliothèque de philosophie contemporaine,* format in-12 à 2 fr. 50 le vol.

ROBERTY (E. de). **La Recherche de l'Unité.** 1893.
— **Auguste Comte et Herbert Spencer.** 2ᵉ édit.
— *Le Bien et le Mal.* 1896.
— **Le Psychisme social.** 1897.
— **Les Fondements de l'Ethique.** 1898.
— **Constitution de l'Éthique.** 1901.
ROISEL. **De la Substance.**
— **L'Idée spiritualiste.** 2ᵉ éd. 1901.
ROUSSEL-DESPIERRES. L'Idéal esthétique. *Esquisse d'une philosophie de la beauté.* 1904.
SAISSET (Émile), de l'Institut. * **L'Ame et la Vie.**
SCHOPENHAUER. *Le Fondement de la morale, trad. par M. A. Burdeau. 7ᵉ édit.
— *Le Libre arbitre, trad. par M. Salomon Reinach, de l'Institut. 8ᵉ éd.
— **Pensées et Fragments,** avec intr. par M. J. Bourdeau. 17ᵉ édit.
SELDEN (Camille). **La Musique en Allemagne,** étude sur Mendelssohn.
SOLLIER (Dʳ P.). Les Phénomènes d'autoscopie, avec fig. 1903.
STUART MILL. *Auguste Comte et la Philosophie positive. 6ᵉ édit.
— * **L'Utilitarisme.** 3ᵉ édit.
— **Correspondance inédite avec Gustave d'Eichthal** (1828-1842) — (1864-1871), avant-propos et trad. par Eug. d'Eichthal. 1898.
SULLY PRUDHOMME, de l'Académie française, et Ch. RICHET, professeur à l'Université de Paris. **Le problème des causes finales.** 1902.
SWIFT. L'Éternel conflit. 1904.
TANON (L.). * **L'Évolution du droit et la Conscience sociale.** 1900.
TARDE, de l'Institut, prof. au Coll. de France. **La Criminalité comparée.** 5ᵉ édit. 1902.
— * **Les Transformations du Droit.** 2ᵉ édit. 1899.
— *Les Lois sociales. 2ᵉ édit. 1898.
THAMIN (R.), recteur de l'Académie de Rennes. * **Éducation et Positivisme.** 2ᵉ édit. (Couronné par l'Institut.)
THOMAS (P. Félix), docteur ès lettres. * **La suggestion,** son rôle dans l'éducation intellectuelle. 2ᵉ édit. 1898.
— *Morale et éducation, 1899.
TISSIÉ. * **Les Rêves,** avec préface du professeur Azam. 2ᵉ éd. 1898.
VIANNA DE LIMA. **L'Homme selon le transformisme.**
WECHNIAKOFF. **Savants, penseurs et artistes,** publié par Raphael Petrucci.
WUNDT. **Hypnotisme et Suggestion.** Étude critique, traduit par M. Keller 2ᵉ édit. 1902.
ZELLER. **Christian Baur et l'École de Tubingue,** traduit par M. Ritter.
ZIEGLER. **La Question sociale est une Question morale,** trad. Palante. 3ᵉ édit.

BIBLIOTHÈQUE DE PHILOSOPHIE CONTEMPORAINE
Volumes in-8.
Br. à 3 fr. 75, 5 fr., 7 fr. 50, 10 fr., 12 fr. 50 et 15 fr.; Cart. angl., 1 fr. en plus par vol.; Demi-rel. en plus 2 fr. par vol.

ADAM (Ch.), recteur de l'Académie de Nancy. * **La Philosophie en France** (première moitié du XIXᵉ siècle). 7 fr. 50
AGASSIZ.* **De l'Espèce et des Classifications.** 5 fr.
ALENGRY (Franck), docteur ès lettres, inspecteur d'académie. *Essai historique et critique sur la Sociologie chez Aug. Comte. 1900. 10 fr.
ARNOLD (Matthew). La Crise religieuse. 7 fr. 50
ARRÉAT. *Psychologie du peintre. 5 fr.
AUBRY (Dʳ P.). La Contagion du meurtre. 1896. 3ᵉ édit. 5 fr.
BAIN (Alex.). La Logique inductive et déductive. Trad. Compayré. 2 vol. 3ᵉ éd. 20 fr.
— * **Les Sens et l'Intelligence.** 1 vol. Trad. Cazelles. 3ᵉ édit. 10 fr.
BALDWIN (Mark), professeur à l'Université de Princeton (États-Unis). Le Développement mental chez l'enfant et dans la race. Trad. Nourry. 1897. 7 fr. 50
BARTHÉLEMY SAINT-HILAIRE, de l'Institut. La Philosophie dans ses rapports avec les sciences et la religion. 5 fr.

BARZELOTTI, prof. à l'Univ. de Rome. *La Philosophie de H. Taine. 1900. 7 fr. 50
BERGSON (H.), de l'Institut, professeur au Collège de France. * Matière et mémoire, essai sur les relations du corps à l'esprit. 2ᵉ édit. 1900. 5 fr.
— Essai sur les données immédiates de la conscience. 4ᵉ édit. 1901. 3 fr. 75
BERTRAND, prof. à l'Université de Lyon. * L'Enseignement intégral. 1898. 5 fr.
— Les Études dans la démocratie. 1900. 5 fr.
BOIRAC (Émile), recteur de l'Acad. de Dijon. * L'Idée du Phénomène. 5 fr.
BOUGLÉ, professeur à l'Université de Toulouse. *Les Idées égalitaires. 1899. 3 fr. 75
BOURDEAU (L.). Le Problème de la mort. 3ᵉ édition. 1900. 5 fr.
— Le Problème de la vie. 1 vol. in-8. 1901. 7 fr. 50
BOURDON, professeur à l'Université de Rennes. *L'Expression des émotions et des tendances dans le langage. 7 fr. 50
BOUTROUX (Em.), de l'Institut. Études d'histoire de la philos. 2ᵉ éd. 1901. 7 fr. 50
BRAY (L.). Du beau. 1902. 5 fr.
BROCHARD (V.), de l'Institut. De l'Erreur. 1 vol. 2ᵉ édit. 1897. 5 fr.
BRUNSCHWICG (E.), prof. au lycée Henri IV, docteur ès lettres. * Spinoza. 3 fr. 75
— La Modalité du jugement. 5 fr.
CARRAU (Ludovic), professeur à la Sorbonne. La Philosophie religieuse en Angleterre, depuis Locke jusqu'à nos jours. 5 fr.
CHABOT (Ch.), prof. à l'Univ. de Lyon. *Nature et Moralité. 1897. 5 fr.
CLAY (R.). * L'Alternative, *Contribution à la Psychologie*. 2ᵉ édit. 10 fr.
COLLINS (Howard). *La Philosophie de Herbart Spencer, avec préface de M. Herbert Spencer, traduit par H. de Varigny. 4ᵉ édit. 1904. 10 fr.
COMTE (Aug.). La Sociologie, résumé par E. Rigolage. 1897. 7 fr. 50
CONTA (B.). Théorie de l'ondulation universelle. 1894. 3 fr. 75
COSTE. Les principes d'une Sociologie objective. 1899. 3 fr. 75
— L'Expérience des peuples et les prévisions qu'elle autorise. 1900. 10 fr.
CRÉPIEUX-JAMIN. L'Écriture et le Caractère. 4ᵉ édit. 1897. 7 fr. 50
CRESSON, prof. au lycée de Lyon, docteur ès lettres. La Morale de la raison théorique. 1903. 5 fr.
DAURIAC (L.), professeur honoraire à l'Université de Montpellier. L'esprit musical. 1904. 5 fr
DE LA GRASSERIE (R.), lauréat de l'Institut. Psychologie des religions. 1899. 5 fr.
DEWAULE, docteur ès lettres. *Condillac et la Psychol. anglaise contemp. 5 fr.
DUMAS (G.), chargé de cours à la Sorbonne. *La Tristesse et la Joie. 1900. (Couronné par l'Institut.) 7 fr. 50
DUPRAT (G. L.), docteur ès lettres. L'Instabilité mentale. 1899. 5 fr.
DUPROIX (P.), professeur à l'Université de Genève. * Kant et Fichte et le problème de l'éducation. 2ᵉ édit. 1897. (Ouvrage couronné par l'Académie française.) 5 fr.
DURAND (de Gros). Aperçus de taxinomie générale. 1898. 5 fr.
— Nouvelles recherches sur l'esthétique et la morale. 1 vol. in-8. 1899. 5 fr.
— Variétés philosophiques. 2ᵉ édit. revue et augmentée. 1900. 5 fr.
DURKHEIM, chargé du cours de pédagogie à la Sorbonne. * De la division du travail social. 2ᵉ édit. 1901. 7 fr. 50
— Le Suicide, *étude sociologique*. 1897. 7 fr. 50
— * L'Année sociologique. Collaborateurs : MM. Simmel, Bouglé, Mauss, Fauconnet, Hubert, Lapie, Em. Lévy, G. Richard, A. Milhaud, Simiand, Muffang et Parodi. — 1ʳᵉ année, 1896-1897. — 2ᵉ année, 1897-1898. — 3ᵉ année, 1898-1899. — 4ᵉ année, 1899-1900. — 5ᵉ année, 1900-1901. Chaque volume, 10 fr. — 6ᵉ année, 1901-1902. 12 fr. 50
EGGER (V.), prof. adjoint à la Faculté des lettres de Paris. La parole intérieure. *Essai de psychologie descriptive*. 2ᵉ édit. 1904. 5 fr.
ESPINAS (A.), professeur à la Sorbonne. *La Philosophie sociale du XVIIIᵉ siècle et la Révolution française. 1898. 7 fr. 50
FERRERO (G.). Les Lois psychologiques du symbolisme. 1895. 5 fr.
FERRI (Louis). La Psychologie de l'association, depuis Hobbes. 7 fr. 50

Suite de la *Bibliothèque de philosophie contemporaine*, format in-8.

FLINT, prof. à l'Univ. d'Edimbourg. * La Philos. de l'histoire en Allemagne. 7 fr. 50
FONSEGRIVE, professeur au lycée Buffon. * Essai sur le libre arbitre. (Couronné par l'Institut.) 2e édit. 1895. 10 fr.
FOUILLÉE (Alf.), de l'Institut. * La Liberté et le Déterminisme. 5e édit. 7 fr. 50
— Critique des systèmes de morale contemporains. 4e édit. 7 fr. 50
— * La Morale, l'Art, la Religion, d'après GUYAU. 4e édit. augm. 3 fr. 75
— L'Avenir de la Métaphysique fondée sur l'expérience. 2e édit. 5 fr.
— * L'Évolutionnisme des idées-forces. 3e édit. 7 fr. 50
— * La Psychologie des idées-forces. 2 vol. 2e édit. 15 fr.
— * Tempérament et caractère. 3e édit. 7 fr. 50
— Le Mouvement positiviste et la conception sociol. du monde. 2e édit. 7 fr. 50
— Le Mouvement idéaliste et la réaction contre la science posit. 2e édit. 7 fr. 50
— * Psychologie du peuple français. 3e édit. 7 fr. 50
— * La France au point de vue moral. 2e édit. 7 fr. 50
— Esquisse psychologique des peuples européens. 2e édit. 1903. 10 fr.
— Nietzsche et l'immoralisme. 2e édit. 1903. 5 fr.
FRANCK (A.), de l'Institut. Philosophie du droit civil. 5 fr.
FULLIQUET. Essai sur l'Obligation morale. 1898. 7 fr. 50
GAROFALO, agrégé de l'Université de Naples. La Criminologie. 4e édit. 7 fr. 50
— La Superstition socialiste. 1895. 5 fr.
GÉRARD-VARET, prof. à l'Univ. de Dijon. L'Ignorance et l'Irréflexion. 1899. 5 fr.
GLEY (Dr E.), professeur agrégé à la Faculté de médecine de Paris. Etudes de psychologie physiologique et pathologique, avec fig. 1903. 5 fr.
GOBLOT (E.), Prof. à l'Université de Caen. * Classification des sciences. 1898. 5 fr.
GODFERNAUX (A.), docteur ès lettres. * Le Sentiment et la pensée. 1894. 5 fr.
GORY (G.), docteur ès lettres. L'Immanence de la raison dans la connaissance sensible. 1896. 5 fr.
GREEF (de), prof. à la nouvelle Université libre de Bruxelles. Le Transformisme social. Essai sur le progrès et le regrès des sociétés. 2e éd. 1901. 7 fr. 50
GROOS (K.), prof. à l'Université de Bâle. * Les jeux des animaux. 1902. 7 fr. 50
GURNEY, MYERS et PODMORE. Les Hallucinations télépathiques, traduit et abrégé des « Phantasms of The Living » par L. MARILLIER, préf. de Ch. RICHET. 3e éd. 7 fr. 50
GUYAU (M.). * La Morale anglaise contemporaine. 6e édit. 7 fr. 50
— Les Problèmes de l'esthétique contemporaine. 6e édit. 5 fr.
— Esquisse d'une morale sans obligation ni sanction. 5e édit. 5 fr.
— L'Irréligion de l'avenir, étude de sociologie. 7e édit. 7 fr. 50
— * L'Art au point de vue sociologique. 5e édit. 7 fr. 50
— * Education et Hérédité, étude sociologique. 5e édit. 5 fr.
HALÉVY (Élie), docteur ès lettres, professeur à l'École des sciences politiques. * La Formation du radicalisme philosophique, 1901-1903 : T. I. La jeunesse de Bentham, 7 fr. 50. — T. II. L'Evolution de la Doctrine utilitaire (1789-1815) 7 fr. 50. — T. III. Le Radicalisme philosophique.
HANNEQUIN, prof. à l'Univ. de Lyon. L'hypothèse des atomes. 2e édit. 1899. 7 fr. 50
HARTENBERG (Dr Paul). Les Timides et la Timidité. 1901. 5 fr.
HERBERT SPENCER. * Les premiers Principes. Traduc. Cazelles. 9e éd. 10 fr.
— * Principes de biologie. Traduct. Cazelles. 4e édit. 2 vol. 20 fr.
— * Principes de psychologie. Trad. par MM. Ribot et Espinas. 2 vol. 20 fr.
— * Principes de sociologie. 4 vol., traduits par MM. Cazelles et Gerschel : Tome I. 10 fr. — Tome II. 7 fr. 50. — Tome III. 15 fr. — Tome IV. 3 fr. 75
— * Essais sur le progrès. Trad. A. Burdeau. 5e édit. 7 fr. 50
— Essais de politique. Trad. A. Burdeau. 4e édit. 7 fr. 50
— Essais scientifiques. Trad. A. Burdeau. 3e édit. 7 fr. 50
— * De l'Education physique, intellectuelle et morale. 10e édit. (Voy. p. 3, 20, 21 et 32.) 5 fr.
HIRTH (G.). * Physiologie de l'Art. Trad. et introd. de L. Arréat. 5 fr.
HOFFDING, prof. à l'Univ. de Copenhague. Esquisse d'une psychologie fondée sur l'expérience. Trad. L. Poitevin. Préf. de Pierre Janet. 2e éd. 1903. 7 fr. 50
IZOULET (J.), prof. au Coll. de France. * La Cité moderne. (nlle éd. sous presse).

Suite de la *Bibliothèque de philosophie contemporaine*, format in-8.

JANET (Paul), de l'Institut. * **Les Causes finales.** 4ᵉ édit. 10 fr.

— * **Victor Cousin et son œuvre.** 3ᵉ édition. 7 fr. 50

— * **Œuvres philosophiques de Leibniz.** 2ᵉ édit. 2 vol. 1900. 20 fr.

JANET (Pierre), professeur au Collège de France. * **L'Automatisme psychologique,** essai sur les formes inférieures de l'activité mentale. 4ᵉ édit. 7 fr. 50

JAURÈS (J.), docteur ès lettres. De la réalité du monde sensible. 2ᵉ éd. 1902. 7 fr. 50

KARPPE (S.), docteur ès lettres. Essais de critique et d'histoire de philosophie. 1902. 3 fr. 75

LALANDE (A.), docteur ès lettres, prof. au lycée Michelet. *La Dissolution opposée à l'évolution, dans les sciences physiques et morales. 1 vol. in-8. 1899. 7 fr. 50

LANG (A.). *Mythes, Cultes et Religion. Traduit par MM. Marillier et Dirr, introduction de Léon Marillier. 1896. 10 fr.

LAPIE (P.), maît. de conf. à l'Univ. de Bordeaux. Logique de la volonté 1902. 7 fr. 50

LAVELEYE (de). *De la Propriété et de ses formes primitives. 5ᵉ édit. 10 fr.

— * Le Gouvernement dans la démocratie. 2 vol. 3ᵉ édit. 1896. 15 fr.

LE BON (Dʳ Gustave). *Psychologie du socialisme. 3ᵉ éd. refondue. 1902. 7 fr. 50

LECHALAS (G.). Études esthétiques. 1902. 5 fr.

LECHARTIER (G.). David Hume, moraliste et sociologue. 1900. 5 fr.

LECLÈRE (A.), docteur ès lettres. Essai critique sur le droit d'affirmer. 1901. 5 fr.

LE DANTEC (F.), chargé de cours à la Sorbonne. L'unité dans l'être vivant. 1902. 7 fr. 50

— Les Limites du connaissable, la vie et les phénomènes naturels. 1903. 3 fr. 75

LÉON (Xavier). *La philosophie de Fichte, ses rapports avec la conscience contemporaine, Préface de E. Boutroux, de l'Institut. 1902. (Couronné par l'Institut.) 10 fr.

LÉVY-BRUHL (L.), chargé de cours à la Sorbonne. *La Philosophie de Jacobi. 1894. 5 fr.

— *Lettres inédites de J.-S. Mill à Auguste Comte, publiées avec les réponses de Comte et une introduction. 1899. 10 fr.

— * La Philosophie d'Auguste Comte. 1900. 7 fr. 50

— La Morale et la Science des mœurs. 1903. 5 fr.

LIARD, de l'Institut, vice-recteur de l'Acad. de Paris. *Descartes, 2ᵉ éd. 1903. 5 fr.

— * La Science positive et la Métaphysique, 4ᵉ édit. 7 fr. 50

LICHTENBERGER (H.), professeur à l'Université de Nancy. Richard Wagner, poète et penseur. 3ᵉ édit. 1902. (Couronné par l'Académie française.) 10 fr.

LOMBROSO. * L'Homme criminel (criminel-né, fou-moral, épileptique), précédé d'une préface de M. le docteur Letourneau. 3ᵉ éd. 2 vol. et atlas. 1895. 36 fr.

LOMBROSO ET FERRERO. La Femme criminelle et la prostituée. 15 fr.

LOMBROSO et LASCHI. Le Crime politique et les Révolutions. 2 vol. 15 fr.

LUBAC, prof. au lycée de Constantine. Esquisse d'un système de psychologie rationnelle. Préface de H. Bergson. 1904. 3 fr. 75

LYON (Georges), recteur de l'Académie de Lille. * L'Idéalisme en Angleterre au XVIIIᵉ siècle. 7 fr. 50

MALAPERT (P.), docteur ès lettres, prof. au lycée Louis-le-Grand. *Les Éléments du caractère et leurs lois de combinaison. 1897. 5 fr.

MARION (H.), prof. à la Sorbonne. * De la Solidarité morale. 6ᵉ édit. 1897. 5 fr.

MARTIN (Fr.), docteur ès lettres, prof. au lycée Saint-Louis. * La Perception extérieure et la Science positive, essai de philosophie des sciences. 1894. 5 fr

MAX MULLER, prof. à l'Université d'Oxford. * Nouvelles études de mythologie, trad. de l'anglais par L. Job, docteur ès lettres. 1898. 12 fr. 50

MAXWELL (J.), docteur en médecine, avocat général près la Cour d'appel de Bordeaux. Les Phénomènes psychiques. Recherches, Observations, Méthodes. Préface de Ch. Richet. 1903. 5 fr.

NAVILLE (E.), correspond. de l'Institut. La Physique moderne. 2ᵉ édit. 5 fr.

— * La Logique de l'hypothèse. 2ᵉ édit. 5 fr.

— * La Définition de la philosophie. 1894. 5 fr

— Le libre Arbitre. 2ᵉ édit. 1898. 5 fr.

— Les Philosophies négatives. 1899. 5 fr.

NORDAU (Max). *Dégénérescence, trad. de Aug. Dietrich. 6ᵉ éd. 1903. 2 vol. Tome I. 7 fr. 50. Tome II. 10 fr.

— Les Mensonges conventionnels de notre civilisation. 6ᵉ édit. 1902. 5 fr.

— *Vus du dehors. Essais de critique sur quelques auteurs français contemporains. 1903. 5 fr.

Suite de la *Bibliothèque de philosophie contemporaine*, format in-8.

NOVICOW. **Les Luttes entre Sociétés humaines.** 3ᵉ édit.   10 fr.
— * **Les Gaspillages des sociétés modernes.** 2ᵉ édit. 1899.   5 fr.
OLDENBERG, professeur à l'Université de Kiel. * **Le Bouddha,** *sa Vie, sa Doctrine,*
   sa Communauté, trad. par P. FOUCHER, maître de conférences à l'École des
   Hautes Études. Préf. de Sylvain Lévi, prof. au Collège de France. 2ᵉ éd. 1903. 7 fr. 50
— **La religion du Véda.** Traduit par V. HENRY, prof. à la Sorbonne. 1903.   10 fr.
OSSIP-LOURIÉ. **La philosophie russe contemporaine.** 1902.   5 fr.
OUVRÉ (H.), professeur à l'Université de Bordeaux. * **Les Formes littéraires de la**
   pensée grecque. 1900. (Ouvrage couronné par l'Académie française et par l'As-
   sociation pour l'enseignement des études grecques.)   10 fr.
PAULHAN, corr. de l'Institut. **L'Activité mentale et les Éléments de l'esprit.** 10 fr.
— **Les Types intellectuels : esprits logiques et esprits faux.** 1896.   7 fr. 50
— * **Les Caractères.** 2ᵉ édit.   5 fr.
PAYOT (J.), Recteur de l'Académie de Chambéry. **De la Croyance.** 1896.   5 fr.
— * **L'Éducation de la volonté.** 17ᵉ édit. 1903.   5 fr.
PÉRÈS (Jean), professeur au lycée de Toulouse. **L'Art et le Réel.** 1898. 3 fr. 75
PÉREZ (Bernard). **Les Trois premières années de l'enfant.** 5ᵉ édit.   5 fr.
— **L'Éducation morale dès le berceau.** 4ᵉ édit. 1901.   5 fr.
— * **L'Éducation intellectuelle dès le berceau.** 2ᵉ éd. 1901.   5 fr.
PIAT (C.). **La Personne humaine.** 1898. (Couronné par l'Institut).   7 fr. 50
— * **Destinée de l'homme.** 1898.   5 fr.
PICAVET (E.), maître de conférences à l'École des hautes études. * **Les Idéologues,**
   essai sur l'histoire des idées, des théories scientifiques, philosophiques, religieuses,
   etc., en France, depuis 1789. (Ouvr. couronné par l'Académie française.)   10 fr.
PIDERIT. **La Mimique et la Physiognomonie.** Trad. par M. Girot.   5 fr.
PILLON (F.). * **L'Année philosophique,** 12 années : 1890, 1891, 1892, 1893 (épuisée),
   1894, 1895, 1896, 1897, 1898, 1899, 1900, 1901 et 1902. 12 vol. Ch. vol. séparém. 5 fr.
PIOGER (J.). **La Vie et la Pensée,** essai de conception expérimentale. 1894.   5 fr.
— **La Vie sociale, la Morale et le Progrès.** 1894.   5 fr.
PREYER, prof. à l'Université de Berlin. **Éléments de physiologie.**   5 fr.
— * **L'Ame de l'enfant.** Développement psychique des premières années.   10 fr.
PROAL, conseiller à la Cour de Paris. * **Le Crime et la Peine.** 3ᵉ édit. Couronné
   par l'Institut.   10 fr.
— * **La Criminalité politique.** 1895.   5 fr.
— **Le Crime et le Suicide passionnels.** 1900. (Couronné par l'Ac. française.) 10 fr.
RAUH, maître de conférences à l'École normale. * **De la méthode dans la psycho-**
   logie des sentiments. 1899. (Couronné par l'Institut.)   5 fr.
— **L'Expérience morale.** 1903.   3 fr. 75
RÉCÉJAC, doct. ès lett. **Les Fondements de la Connaissance mystique.** 1897. 5 fr.
RENARD (G.), professeur au Conservatoire des arts et métiers. * **La Méthode scien-**
   tifique de l'histoire littéraire. 1900.   10 fr.
RENOUVIER (Ch.) de l'Institut. * **Les Dilemmes de la métaphysique pure.** 1900. 5 fr.
— * **Histoire et solution des problèmes métaphysiques.** 1901.   7 fr. 50
— **Le personnalisme,** suivi d'une étude sur la perception externe et la force. 1903. 10 fr.
RIBERY, prof. au lycée de Tourcoing, docteur ès lettres. **Essai de classification**
   naturelle des caractères. 1903.   3 fr. 75
RIBOT (Th.), de l'Institut. * **L'Hérédité psychologique.** 5ᵉ édit.   7 fr. 50
— * **La Psychologie anglaise contemporaine.** 3ᵉ édit.   7 fr. 50
— * **La Psychologie allemande contemporaine.** 4ᵉ édit.   7 fr. 50
— **La Psychologie des sentiments.** 3ᵉ édit. 1899.   7 fr. 50
— **L'Evolution des idées générales.** 1897.   5 fr.
— * **Essai sur l'Imagination créatrice.** 1900.   5 fr.
RICARDOU (A.), docteur ès lettres, professeur au lycée Charlemagne. * **De l'Idéal.**
   (Couronné par l'Institut.)   5 fr.
RICHARD (G.), chargé du cours de sociologie à l'Univ. de Bordeaux. **L'idée d'évo-**
   lution dans la nature et dans l'histoire. 1903. (Couronné par l'Institut.) 7 fr. 50
ROBERTY (E. de). **L'Ancienne et la Nouvelle philosophie.**   7 fr. 50
— * **La Philosophie du siècle** (positivisme, criticisme, évolutionnisme).   5 fr.

Suite de la *Bibliothèque de philosophie contemporaine*, format in-8.

ROBERTY (E. de). Nouveau Programme de sociologie. *Introduction à l'étude des sciences du monde surorganique.* 1904. 5 fr.

ROMANES.- * L'Évolution mentale chez l'homme. 7 fr. 50

SABATIER (A.), doyen de la Faculté des sciences de Montpellier. — Philosophie de l'effort. *Essais philosophiques d'un naturaliste.* 1903. 7 fr. 50

SAIGEY (É.). *Les Sciences au XVIIIᵉ siècle. La Physique de Voltaire. 5 fr.

SAINT-PAUL (Dʳ G.). Le Langage intérieur et les paraphasies. (*La fonction endophasique*). 1904. 5 fr.

SANZ Y ESCARTIN. L'Individu et la Réforme sociale, trad. Dietrich. 7 fr. 50

SCHOPENHAUER. Aphor. sur la sagesse dans la vie. Trad. Cantacuzène. 7ᵉ éd. 5 fr.

— *De la Quadruple racine du principe de la raison suffisante, suivi d'une *Histoire de la doctrine de l'Idéal et du Réel.* Trad. par M. Cantacuzène. 5 fr.

—* Le Monde comme volonté et comme représentation. Traduit par M. A. Burdeau. 3ᵉ éd. 3 vol. Chacun séparément. 7 fr. 50

SÉAILLES (G.), prof. à la Sorbonne. Essai sur le génie dans l'art. 2ᵉ édit. 5 fr.

SERGI, prof. à l'Univ. de Rome. La Psychologie physiologique. 7 fr. 50

SIGHELE (Scipio). La Foule criminelle. 2ᵉ édit. 1901. 5 fr.

SOLLIER. Le Problème de la mémoire. 1900. 3 fr. 75

— Psychologie de l'idiot et de l'imbécile, avec 12 pl. hors texte. 2ᵉ éd. 1902. 5 fr.

SOURIAU (Paul), prof. à l'Univ. de Nancy. L'Esthétique du mouvement. 5 fr.

— * La Suggestion dans l'art. 5 fr.

STEIN (L.), professeur à l'Université de Berne. *La Question sociale au point de vue philosophique. 1900. 10 fr.

STUART MILL. * Mes Mémoires. Histoire de ma vie et de mes idées. 3ᵉ éd. 5 fr.

— * Système de Logique déductive et inductive. 4ᵉ édit. 2 vol. 20 fr.

— * Essais sur la Religion. 2ᵉ édit. 5 fr.

— Lettres inédites à Aug. Comte et réponses d'Aug. Comte, 1899. 10 fr.

SULLY (James). Le Pessimisme. Trad. Bertrand. 2ᵉ édit. 7 fr. 50

— * Études sur l'Enfance. Trad. A. Monod, préface de G. Compayré. 1898. 10 fr.

TARDE (G.), de l'Institut, prof. au Coll. de France. *La Logique sociale. 3ᵉ éd. 1898. 7 fr. 50

— *Les Lois de l'imitation. 3ᵉ édit. 1900. 7 fr. 50

— L'Opposition universelle. *Essai d'une théorie des contraires.* 1897. 7 fr. 50

— *L'Opinion et la Foule. 1901. 5 fr.

— *Psychologie économique. 1902. 2 vol. in-8. 15 fr.

TARDIEU (E.). L'Ennui. *Étude psychologique.* 1903. 5 fr.

THOMAS (P.-F.), docteur ès lettres. La Philosophie de Pierre Leroux. 1904. 5 fr.

— *L'Éducation des sentiments. (Couronné par l'Institut.) 3ᵉ édit. 1904. 5 fr.

THOUVEREZ (Émile), professeur à l'Université de Toulouse. Le Réalisme métaphysique. 1894. (Couronné par l'Institut.) 5 fr.

VACHEROT (Et.), de l'Institut. * Essais de philosophie critique. 7 fr. 50

— La Religion. 7 fr. 50

WEBER (L.). Vers le positivisme absolu par l'idéalisme. 1903. 7 fr. 50

Derniers volumes publiés

COLLECTION HISTORIQUE DES GRANDS PHILOSOPHES

PHILOSOPHIE ANCIENNE

ARISTOTE (Œuvres d'), traduction de J. Barthélemy-Saint-Hilaire, de l'Institut.
— * **Rhétorique**. 2 vol. in-8. 16 fr.
— * **Politique**. 1 vol. in-8... 10 fr.
— **Métaphysique**. 3 vol. in-8. 30 fr.
— **De la Logique d'Aristote**, par M. Barthélemy-Saint-Hilaire. 2 vol. in-8............ 10 fr.
— **Table alphabétique des matières de la traduction générale d'Aristote**, par M. Barthélemy-Saint-Hilaire, 2 forts vol. in-8. 1892......... 30 fr.
— **L'Esthétique d'Aristote**, par M. Bénard. 1 vol. in-8. 1889. 5 fr.
— **La Poétique d'Aristote**, par Hatzfeld (A.), prof. hon. au Lycée Louis-le-Grand et M. Dufour, prof. à l'Univ. de Lille. 1 vol. in-8 1900.................. 6 fr.
SOCRATE. * **La Philosophie de Socrate**, p. A. Fouillée. 2 v. in-8 16 fr.
— **Le Procès de Socrate**, par G. Sorel. 1 vol. in-8..... 3 fr. 50
PLATON. * **Platon, sa philosophie, sa vie et de ses œuvres**, par Ch. Bénard. 1 vol. in-8. 1893. 10 fr.
— **La Théorie platonicienne des Sciences**, par Élie Halévy. In-8 1895.................. 5 fr.
— **Œuvres**, traduction Victor Cousin revue par J. Barthélemy-Saint-Hilaire : Socrate et Platon ou le Platonisme — Eutyphron — Apologie de Socrate — Criton —

Phédon. 1 vol. in-8. 1896. 7 fr. 50
ÉPICURE. * **La Morale d'Épicure et ses rapports avec les doctrines contemporaines**, par M. Guyau. 1 volume in-8. 5e édit...... 7 fr. 50
BÉNARD. **La Philosophie ancienne, ses systèmes.** *La Philosophie et la Sagesse orientales.*— *La Philosophie grecque avant Socrate. Socrate et les socratiques.* — *Les sophistes grecs.* 1 v. in-8... 9 fr.
FAVRE (Mme Jules), née Velten. **La Morale de Socrate**. In-18. 3 fr. 50
— **La Morale d'Aristote**. In-18. 3 fr. 50
OGEREAU. **Système philosophique des stoïciens**. In-8..... 5 fr.
RODIER (G.). * **La Physique de Straton de Lampsaque**. In-8. 3 fr.
TANNERY (Paul). **Pour la science hellène** (de Thalès à Empédocle), 1 v. in-8. 1887...... 7 fr. 50
MILHAUD (G.). * **Les origines de la science grecque.** 1 vol. in-8. 1893.................. 5 fr.
— * **Les philosophes géomètres de la Grèce**, Platon et ses prédécesseurs. 1 vol. in-8. 1900. (Couronné par l'Institut.)...... 6 fr.
FABRE (J.). **La Pensée antique.** *De Moïse à Marc-Aurèle.* In-8. 5 fr.
— **La Pensée chrétienne.** *Des Évangiles à l'Imitation.* In-8 (sous presse)
LAFONTAINE (A.). — **Le Plaisir**, d'après Platon et Aristote. In-8. 6 fr.

PHILOSOPHIE MODERNE

* DESCARTES, par L. Liard. 1 vol. in-8.................. 5 fr.
— **Essai sur l'Esthétique de Descartes**, par E. Krantz. 1 vol. in-8. 2e éd. 1897........... 6 fr.
LEIBNIZ. * **Œuvres philosophiques**, pub. p. P. Janet. 2e é. 2 v. in-8. 20 fr.
— * **La logique de Leibniz**, par L. Couturat. 1 vol. in-8.. 12 fr.
— **Opuscules et fragments inédits de Leibniz**, par L. Couturat. 1 vol. in-8.......... 25 fr.
SPINOZA. **Benedicti de Spinoza opera**, quotquot reperta sunt, recognoverunt J. Van Vloten et J.-P.-N. Land. 2 forts vol. in-8 sur papier de Hollande........... 45 fr.
Le même en 3 volumes élégamment reliés............ 18 fr.
SPINOZA. **Inventaire des livres**

formant sa bibliothèque, publié d'après un document inédit avec des notes biographiques et bibliographiques et une introduction par A.-J. Servaas van Rooijen. 1 v. in-4 sur papier de Hollande...... 15 fr.
— **La Doctrine de Spinoza**, exposée à la lumière des faits scientifiques, par E. Ferrière. 1 vol. in-12. 3 fr. 50
FIGARD (L.), docteur ès lettres. **Un Médecin philosophe au XVIe siècle.** *La Psychologie de Jean Fernel* 1 v. in-8. 1903. 7 fr. 50
GEULINCX (Arnoldi). **Opera philosophica** recognovit J.-P.-N. Land, 3 volumes, sur papier de Hollande, gr. in-8. Chaque vol... 17 fr. 75
GASSENDI. **La Philosophie de Gassendi**, par P.-F. Thomas. In-8 1889.............. 6 fr.

LOCKE. *Sa vie et ses œuvres, par MARION. In-18. 3e éd... 2 fr. 50
MALEBRANCHE. * La Philosophie de Malebranche, par OLLÉ-LA-PRUNE, de l'Institut. 2 v. in-8. 16 fr.
PASCAL. Études sur le scepticisme de Pascal, par DROZ. 1 vol. in-8............. 6 fr.
VOLTAIRE. Les Sciences au XVIIIe siècle. Voltaire physicien, par Em. SAIGEY. 1 vol. in-8. 5 fr.
FRANCK (Ad.), de l'Institut. La Philosophie mystique en France au XVIIIe siècle. In-18. 2 fr. 50

DAMIRON. Mémoires pour servir à l'histoire de la philosophie au XVIIIe siècle. 3 vol. in-8. 15 fr.
J.-J. ROUSSEAU* Du Contrat social, édition comprenant avec le texte définitif les versions primitives de l'ouvrage d'après les manuscrits de Genève et de Neuchâtel, avec introduction par EDMOND DREYFUS-BRISAC. 1 fort volume grand-in-8. 12 fr.
ERASME. Stultitiæ laus des. Erasmi Rot. declamatio. Publié et annoté par J.-B. KAN, avec les figures de HOLBEIN. 1 v. in-8. 6 fr. 75

PHILOSOPHIE ANGLAISE

DUGALD STEWART. *Éléments de la philosophie de l'esprit humain. 3 vol. in-12... 9 fr.
BACON. Étude sur François Bacon, par J. BARTHÉLEMY-SAINT HILAIRE. In-18....... 2 fr. 50
— * Philosophie de François Bacon, par CH. ADAM. (Couronné par l'Institut). In-8.... 7 fr. 50
BERKELEY. Œuvres choisies Essai d'une nouvelle théorie de la vision. Dialogues d'Hylas et de Philonoüs. Trad. de l'angl. par MM. BEAULAVON (G.) et PARODI (D.). In-8. 1895. 5 fr.

PHILOSOPHIE ALLEMANDE

KANT. La Critique de la raison pratique, traduction nouvelle avec introduction et notes, par M. PICAVET. 2e édit. 1 vol. in-8.. 6 fr.
— Éclaircissements sur la Critique de la raison pure, trad. TISSOT. 1 vol. in-8...... 6 fr.
— Doctrine de la vertu, traduction BARNI. 1 vol. in-8....... 8 fr.
— *Mélanges de logique, traduction TISSOT. 1 v. in-8.... 6 fr.
— * Prolégomènes à toute métaphysique future qui se présentera comme science, traduction TISSOT. 1 vol. in-8....... 6 fr.
— * Anthropologie, suivie de divers fragments relatifs aux rapports lu physique et du moral de l'homme, et du commerce des esprits d'un monde à l'autre, traduction TISSOT. 1 vol. in-8...... 6 fr.
— *Essai critique sur l'Esthétique de Kant, par V. BASCH. 1 vol. in-8. 1896........ 10 fr.
— Sa morale, par CRESSON. 1 vol. in-12............. 2 fr. 50
— L'Idée ou critique du Kantisme, par C. PIAT, Dr ès lettres. 2e édit. 1 vol. in-8....... 6 fr.
KANT et FICHTE et le problème de l'éducation, par PAUL DUPROIX. 1 vol. in-8. 1897....... 5 fr.

SCHELLING. Bruno ou du principe divin. 1 vol. in-8....... 3 fr. 50
HEGEL. *Logique. 2 vol. in-8. 14 fr.
— * Philosophie de la nature. 3 vol. in-8............. 25 fr.
— * Philosophie de l'esprit. 2 vol in-8............. 18 fr.
— *Philosophie de la religion. 2 vol. in-8............ 20 fr.
— La Poétique, trad. par M. Ch. BÉNARD. Extraits de Schiller, Gœthe, Jean-Paul, etc., 2 v. in-8. 12 fr.
— Esthétique. 2 vol. in-8, trad. BÉNARD................ 16 fr.
— Antécédents de l'hégélianisme dans la philosophie française, par E. BEAUSSIRE. 1 vol. in-18......... 2 fr. 50
— Introduction à la philosophie de Hegel, par VÉRA. 1 vol. in-8. 2e édit .... 6 fr. 50
— *La logique de Hegel, par EUG. NOEL. In-8. 1897....... 3 fr.
HERBART. * Principales œuvres pédagogiques, trad. A. PINLOCHE, In-8. 1894........... 7 fr. 50
La métaphysique de Herbart et la critique de Kant, par M. MAUXION. 1 vol. in-8... 7 fr. 50
MAUXION (M.). L'éducation par l'instruction et les théories péda-

gogiques de Herbart. 1 vol. in-12. 1901................. 2 fr. 50
RICHTER (Jean-Paul-Fr.). **Poétique ou Introduction à l'Esthétique.** 2 vol. in-8. 1862...... 15 fr.
SCHILLER. **Son esthétique,** par Fr. Montargis. In-8..... 4 fr.

SCHILLER. **Sa Poétique,** par V. Basch. 1 vol. in-8. 1902... 4 fr.
Essai sur le mysticisme spéculatif en Allemagne au XIV° siècle, par Delacroix (H.), Maître de conf. à l'Univ. de Montpellier. 1 vol. in-8, 1900.. 5 fr.

PHILOSOPHIE ANGLAISE CONTEMPORAINE
(Voir *Bibliothèque de philosophie contemporaine*, pages 2 à 10.)

Arnold (Matt.). — Bain (Alex.). — Carrau (Lud.). — Clay (R.). — Collins (H.). — Carus. — Ferri (L.). — Flint. — Guyau. — Gurney, Myers et Podmore. — Halévy (E.). — Herbert Spencer. — Huxley. — James (William). — Liard. — Lang. — Lubbock (Sir John). — Lyon (Georges). — Marion. — Maudsley. — Stuart Mill (John). — Ribot. — Romanes. — Sully (James).

PHILOSOPHIE ALLEMANDE CONTEMPORAINE
(Voir *Bibliothèque de philosophie contemporaine*, pages 2 à 10.)

Bouglé. — Groos. — Hartmann (E. de). — Léon (Xavier). — Lévy-Bruhl. — Mauxion. — Nordau (Max). — Nietzsche. — Oldenberg. — Piderit. — Preyer. — Ribot. — Schmidt (O.). — Schopenhauer. — Selden (C.). — Wundt. — Zeller. — Ziegler.

PHILOSOPHIE ITALIENNE CONTEMPORAINE
(Voir *Bibliothèque de philosophie contemporaine*, pages 2 à 10.)

Barzelotti. — Espinas. — Ferrero. — Ferri (Enrico). — Ferri (L.). — Garofalo. — Lombroso. — Lombroso et Ferrero. — Lombroso et Laschi. — Mosso. — Pilo (Mario). — Sergi. — Sighele.

LES GRANDS PHILOSOPHES
Publié sous la direction de M. C. PIAT
Agrégé de philosophie, docteur ès lettres, professeur à l'École des Carmes.

Chaque étude forme un volume in-8° carré de 300 pages environ, du prix de **5 francs.**

VOLUMES PUBLIÉS :
*Kant, par M. Ruyssen, professeur au lycée de Bordeaux. 1 vol. in-8. (Couronné par l'Institut.) 5 fr.
*Socrate, par l'abbé C. Piat. 1 vol. in-8. 5 fr.
*Avicenne, par le baron Carra de Vaux. 1 vol. in-8. 5 fr.
*Saint Augustin, par l'abbé Jules Martin. 1 vol. in-8. 5 fr.
*Malebranche, par Henri Joly. 1 vol. in-8. 5 fr.
*Pascal, par A. Hatzfeld. 1 vol. in-8. 5 fr.
*Saint Anselme, par Domet de Vorges. 1 vol. in-8. 5 fr.
Spinoza, par P.-L. Couchoud, agrégé de l'Université. 1 vol. in-8. 5 fr.
Aristote, par l'abbé C. Piat. 1 vol. in-8. 5 fr.
Gazali, par le baron Carra de Vaux. 1 vol. in-8. 5 fr.

SOUS PRESSE OU EN PRÉPARATION :
Descartes, par le baron Denys Cochin, député de Paris.
Saint Thomas d'Aquin, par Mgr Mercier et M. de Wulf.
Saint Bonaventure, par Mgr Dadolle, recteur des Facultés libres de Lyon.
Maine de Biran, par M. Marius Couailhac, docteur ès lettres.
Rosmini, par M. Bazaillas, professeur au lycée Condorcet.
Duns Scot, par le R. P. D. Fleming, définiteur général de l'ordre des Franciscains.
Maïmonide, par M. Karppe, docteur ès lettres.
Chrysippe, par M. Thouverez, prof. à l'Université de Toulouse.
Montaigne, par M. Strowski, prof. à l'Université de Bordeaux.
Schopenhauer, par M. Ruyssen.

BIBLIOTHÈQUE GÉNÉRALE
des
SCIENCES SOCIALES

SECRÉTAIRE DE LA RÉDACTION : DICK MAY, Secrétaire général de l'École des Hautes Études sociales.

VOLUMES PUBLIÉS :

L'Individualisation de la peine, par R. SALEILLES, professeur à la Faculté de droit de l'Université de Paris. 1 vol. in-8, cart.   6 fr

L'Idéalisme social, par Eugène FOURNIÈRE. 1 vol. in-8, cart.   6 fr.

* **Ouvriers du temps passé** (xv° et xvi° siècles), par H. HAUSER, professeur à l'Université de Dijon. 1 vol. in-8, cart.   6 fr.

* **Les Transformations du pouvoir**, par G. TARDE, de l'Institut, professeur au Collège de France. 1 vol. in-8, cart.   6 fr.

Morale sociale. Leçons professées au Collège libre des Sciences sociales, par MM. G. BELOT, MARCEL BERNÈS, BRUNSCHVICG, F. BUISSON, DARLU, DAURIAC, DELBET, CH. GIDE, M. KOVALEVSKY, MALAPERT, le R. P. MAUMUS, DE ROBERTY, G. SOREL, le PASTEUR WAGNER. Préface de M. EMILE BOUTROUX, de l'Institut. 1 vol. in-8, cart.   6 fr.

Les Enquêtes, pratique et théorie, par P. DU MAROUSSEM. (Ouvrage couronné par l'Institut.) 1 vol. in-8, cart.   6 fr.

* **Questions de Morale**, leçons professées à l'École de morale, par MM BELOT, BERNÈS, F. BUISSON, A. CROISET, DARLU, DELBOS, FOURNIÈRE, MALAPERT, MOCH, PARODI, G. SOREL. 1 vol. in-8, cart.   6 fr.

Le développement du Catholicisme social depuis l'encyclique *Rerum novarum*, par Max TURMANN. 1 vol. in-8, cart.   6 fr.

* **Le Socialisme sans doctrines**. *La Question ouvrière et la Question agraire en Australie et en Nouvelle-Zélande*, par Albert MÉTIN, agrégé de l'Université, professeur à l'École Coloniale. 1 vol. in-8, cart.   6 fr.

* **Assistance sociale**. *Pauvres et mendiants*, par PAUL STRAUSS, sénateur. 1 vol. in-8, cart.   6 fr.

* **L'Éducation morale dans l'Université**. *(Enseignement secondaire.)* Conférences et discussions, sous la présid. de M. A. CROISET, doyen de la Faculté des let. de Paris. *(École des hautes Études soc.*, 1900-1901). In-8, cart.   6 fr.

* **La Méthode historique appliquée aux Sciences sociales**, par Charles SEIGNOBOS, maître de conf. à l'Université de Paris. 1 vol. in-8, cart. 6 fr.

L'Hygiène sociale, par E. DUCLAUX, de l'Institut, directeur de l'institut Pasteur. 1 vol. in-8, cart.   6 fr.

Le Contrat de travail. *Le rôle des syndicats professionnels*, par P. BUREAU, prof. à la Faculté libre de droit de Paris. 1 vol. in-8, cart.   6 fr.

* **Essai d'une philosophie de la solidarité**. Conférences et discussions sous la présidence de MM. Léon BOURGEOIS, député, ancien président du Conseil des ministres, et A. CROISET, de l'Institut, doyen de la Faculté des lettres de Paris. *(École des Hautes Études sociales*, 1901-1902.) 1 vol. in-8, cart. 6 fr.

* **L'exode rural et le retour aux champs**, par E. VANDERVELDE, professeur à l'Université nouvelle de Bruxelles. 1 vol. in-8, cart.   6 fr.

L'Éducation de la démocratie. Leçons professées à l'École des Hautes Études sociales, par MM. E. LAVISSE, A. CROISET, Ch. SEIGNOBOS, P. MALAPERT, G. LANSON, J. HADAMARD. 1 vol. in-8, cart.   6 fr.

La Lutte pour l'existence et l'évolution des sociétés, par J.-L. DE LANNESSAN, député, prof. agr. à la Fac. de mé t. de Paris. 1 vol in-8, cart. 6 fr.

La Concurrence sociale, par le MÊME. 1 vol. in-8, cart.   6 fr.

L'Individualisme anarchique, Max Stirner, par V. BASCH, professeur à l'Université de Rennes. 1 vol. in-8, cart.   6 fr.

La démocratie devant la science, par C. BOUGLÉ, prof. de philosophie sociale à l'Université de Toulouse. 1 vol. in-8, cart.   6 fr.

Chaque volume in-8 carré de 300 pages environ, cartonné à l'anglaise, 6 fr.

MINISTRES ET HOMMES D'ÉTAT

HENRI WELSCHINGER. — ***Bismarck**. 1 vol. in-16. 1900. . . . . .   2 fr. 50
H. LÉONARDON. — ***Prim**. 1 vol. in-18. 1901. . . . .   2 fr. 50
M. COURCELLE. — ***Disraëli**. 1 vol. in-16. 1901. . . . .   2 fr. 50
M. COURANT. — Okoubo. 1 vol. in-16, avec un portrait. 1904 . .   2 fr. 50

SOUS PRESSE OU EN PRÉPARATION :

Gladstone, par F. DE PRESSENSÉ. — Léon XIII, par Anatole LEROY-BEAULIEU. — Alexandre II, par Alfred RAMBAUD. — Metternich, par Ch. SCHEFER. — Lincoln, par A. VIALLATE. — Mac Kinley, par A. VIALLATE. — Cavour, par A. FARGES.

BIBLIOTHÈQUE
D'HISTOIRE CONTEMPORAINE

Volumes in-12 brochés à 3 fr. 50. — Volumes in-8 brochés de divers prix

EUROPE

DEBIDOUR, inspecteur général de l'Instruction publique. * Histoire diplomatique de l'Europe, de 1815 à 1878. 2 vol. in-8. (Ouvrage couronné par l'Institut.) 18 fr.

SYBEL (H. de). * Histoire de l'Europe pendant la Révolution française, traduit de l'allemand par M¹¹ᵉ DOSQUET. Ouvrage complet en 6 vol. in-8. 42 fr.

FRANCE

AULARD, professeur à la Sorbonne. * Le Culte de la Raison et le Culte de l'Être suprême, étude historique (1793-1794). 1 vol. in-12. 3 fr. 50

— * Études et leçons sur la Révolution française. 3 vol. in-12. Chacun. 3 fr. 50

DESPOIS (Eug.). * Le Vandalisme révolutionnaire. Fondations littéraires, scientifiques et artistiques de la Convention. 4ᵉ éd. 1 vol. in-12. 3 fr. 50

DEBIDOUR, inspecteur général de l'instruction publique. * Histoire des rapports de l'Église et de l'État en France (1789-1870). 1 fort vol. in-8. 1898. (Couronné par l'Institut.) 12 fr.

ISAMBERT (G.). * La vie à Paris pendant une année de la Révolution (1791-1792). 1 vol. in-12. 1896. 3 fr 50

MARCELLIN PELLET, ancien député. Variétés révolutionnaires. 3 vol. in-12, précédés d'une préface de A. RANC. Chaque vol. séparém. 3 fr. 50

BONDOIS (P.), agrégé de l'Université. * Napoléon et la société de son temps (1793-1821). 1 vol. in-8. 7 fr.

CARNOT (H.), sénateur. * La Révolution française, résumé historique. 1 volume in-12. Nouvelle édit. 3 fr. 50

ROCHAU (M. de). Histoire de la Restauration, traduit de l'allemand. 1 vol. in-12. 3 fr. 50

WEILL (G.), docteur ès lettres, agrégé de l'Université. Histoire du parti républicain en France, de 1814 à 1870. 1 vol. in-8. 1900. (Récompensé par l'Institut.) 10 fr.

BLANC (Louis). * Histoire de Dix ans (1830-1840). 5 vol. in-8. 25 fr.

GAFFAREL (P.), professeur à l'Université d'Aix. * Les Colonies françaises. 1 vol. in-8. 6ᵉ édition revue et augmentée. 5 fr.

LAUGEL (A.). * La France politique et sociale. 1 vol. in-8. 5 fr.

SPULLER (E.), ancien ministre de l'Instruction publique. * Figures disparues, portraits contemp., littér. et politiq. 3 vol. in-12. Chacun. 3 fr. 50

— Hommes et choses de la Révolution. 1 vol. in-12. 1896. 3 fr. 50

TAXILE DELORD. * Histoire du second Empire (1848-1870). 6 v. in-8. 42 fr.

POULLET. La Campagne de l'Est (1870-1871). In-8 avec cartes. 7 fr.

VALLAUX (C.). * Les campagnes des armées françaises (1792-1815). 1 vol. in-12, avec 17 cartes dans le texte. 3 fr. 50

ZEVORT (E.), recteur de l'Académie de Caen. Histoire de la troisième République:

    Tome I. * La présidence de M. Thiers. 1 vol. in-8. 2ᵉ édit. 7 fr.

    Tome II. * La présidence du Maréchal. 1 vol. in-8. 2ᵉ édit. 7 fr.

    Tome III. La présidence de Jules Grévy. 1 vol. in-8. 2ᵉ édit. 7 fr.

    Tome IV. La présidence de Sadi Carnot. 1 vol. in-8. 7 fr.

WAHL, inspect. général honoraire de l'Instruction aux colonies, et A. BERNARD, professeur à la Sorbonne. * L'Algérie. 1 vol. in-8. 4ᵉ édit. refondue, 1903. (Ouvrage couronné par l'Institut.) 5 fr.

LANESSAN (J.-L. de). * L'Indo-Chine française. Étude économique, politique et administrative (Ouvrage couronné par la Société de géographie commerciale de Paris. 1 vol. in-8, avec 5 cartes en couleurs hors texte. 15 fr.

PIOLET (J.-B.). La France hors de France, notre émigration, sa nécessité 1 vol. in-8. 1900 10 fr.

LAPIE (P.), chargé de cours à l'Université de Bordeaux. * Les Civilisations tunisiennes (Musulmans, Israélites, Européens). 1 vol. in-12. 1898. (Couronné par l'Académie française.) 3 fr 50

WEILL (Georges), agrégé de l'Université, docteur ès lettres. L'École saint-simonienne, son histoire, son influence jusqu'à nos jours. 1 vol. in-12. 1896. 3 fr. 50

ANGLETERRE

LAUGEL (Aug.). * **Lord Palmerston et lord Russell.** 1 vol. in-12. 3 fr. 50
SIR CORNEWAL LEWIS. * **Histoire gouvernementale de l'Angleterre,**
depuis 1770 jusqu'à 1830. Traduit de l'anglais. 1 vol. in-8. 7 fr.
REYNALD (H.), doyen de la Faculté des lettres d'Aix. * **Histoire de l'Angleterre**, depuis la reine Anne jusqu'à nos jours. 1 vol. in-12. 2ᵉ éd. 3 fr. 50
MÉTIN (Albert), Prof. à l'Ecole Coloniale. * **Le Socialisme en Angleterre.**
1 vol. in-12. 2ᵉ éd. 3 fr. 50

ALLEMAGNE

VÉRON (Eug.). * **Histoire de la Prusse**, depuis la mort de Frédéric II,
continuée jusqu'à nos jours, par P. BONDOIS, professeur au lycée Buffon.
1 vol. in-12. 6ᵉ édit. 3 fr. 50
— * **Histoire de l'Allemagne**, depuis la bataille de Sadowa jusqu'à nos jours.
1 vol. in-12. 3ᵉ éd., mise au courant des événements par P. BONDOIS. 3 fr. 50
ANDLER (Ch.), Prof. à la Sorbonne. *Les origines du socialisme d'État
en Allemagne. 1 vol. in-8. 1897. 7 fr.
GUILLAND (A.), professeur d'histoire à l'Ecole polytechnique suisse.* L'Allemagne nouvelle et ses historiens (NIEBUHR, RANKE, MOMMSEN, SYBEL,
TREITSCHKE.) 1 vol. in-8. 1899. 5 fr.
MILHAUD (G.), professeur à l'Université de Genève. La Démocratie socialiste allemande. 1 vol. in-8. 1903. 10 fr.
MATTER (P.), doct.en droit, substitut au tribunal de la Seine. La Prusse et la
révolution de 1848. 1 vol. in-12. 1903. 3 fr. 50

AUTRICHE-HONGRIE

ASSELINE (L.). * **Histoire de l'Autriche**, depuis la mort de Marie-Thérèse
jusqu'à nos jours. 1 vol. in-12. 3ᵉ édit. 3 fr. 50
BOURLIER (J.). * **Les Tchèques et la Bohème contemporaine.** 1 vol.
in-12. 1897. 3 fr. 50
AUERBACH, professeur à Nancy. *Les races et les nationalités en Au-
triche-Hongrie. In-8. 1898. 5 fr.
SAYOUS (Ed.), professeur à la Faculté des lettres de Besançon. Histoire des
Hongrois et de leur littérature politique, de 1790 à 1815. 1 vol. in-12. 3 fr. 50
RECOULY (R.), agrégé de l'Univ. Le pays magyar. 1903. 1 v. in-12. 3 fr. 50

ITALIE

SORIN (Élie). * **Histoire de l'Italie**, depuis 1815 jusqu'à la mort de Victor-
Emmanuel. 1 vol. in-12. 1888. 3 fr. 50
GAFFAREL (P.), professeur à l'Université d'Aix. * **Bonaparte et les Républiques italiennes** (1796-1799). 1895. 1 vol. in-8. 5 fr.
BOLTON KING (M. A.). *Histoire de l'unité italienne. Histoire politique
de l'Italie, de 1814 à 1871, traduit de l'anglais, par M. MACQUART.
introduction de M. Yves GUYOT. 1900. 2 vol. in-8. 15 fr.

ESPAGNE

REYNALD (H.). * **Histoire de l'Espagne**, depuis la mort de Charles III
jusqu'à nos jours. 1 vol. in-12. 3 fr. 50

ROUMANIE

DAMÉ (Fr.). * **Histoire de la Roumanie contemporaine**, depuis l'avènement
des princes indigènes jusqu'à nos jours. 1 vol. in-8. 1900. 7 fr.

RUSSIE

CRÉHANGE (M.), agrégé de l'Université. *Histoire contemporaine de la
Russie (1801-1894). 1 vol. in-12. 2ᵉ édit. 1895. 3 fr. 50

SUISSE

DAENDLIKER. *Histoire du peuple suisse. Trad. de l'allem. par Mᵐᵉ Jules
FAVRE et précédé d'une Introduction de Jules FAVRE. 1 vol. in-8. 5 fr.

SUÈDE

SCHEFER (C.). * **Bernadotte roi** (1810-1818-1844). 1 vol. in-8. 1899. 5 fr.

GRÈCE, TURQUIE, ÉGYPTE,

BÉRARD (V.), docteur ès lettres. * **La Turquie et l'Hellénisme contemporain.** (Ouvrage cour. par l'Acad. française.) 1 v. in-12. 5ᵉ éd. 3 fr. 50
RODOCANACHI (E.). *Bonaparte et les îles Ioniennes, épisode des conquêtes de la République et du premier Empire (1797-1816). 1 volume
in-8. 1899. 5 fr.
MÉTIN (Albert), professeur à l'École coloniale. La Transformation de
l'Egypte. 1 vol. in-12. 1903. 3 fr. 50

CHINE

CORDIER (H.), professeur à l'École des langues orientales. *Histoire des relations de la Chine avec les puissances occidentales (1860-1900), avec cartes. T. I. — 1861-1875. T. II. — 1876-1887. T. III. — 1888-1902. 3 vol. in-8, chacun séparément.   10 fr.
COURANT (M.), maître de conférences à l'Université de Lyon. En Chine. *Mœurs et institutions. Hommes et faits.* 1 vol. in-16.   3 fr. 50

AMÉRIQUE

DEBERLE (Alf.). * Histoire de l'Amérique du Sud, 1 vol. in-12. 3ᵉ édit., revue par A. MILHAUD, agrégé de l'Université.   3 fr. 50

BARNI (Jules). * Histoire des idées morales et politiques en France au XVIIIᵉ siècle. 2 vol. in-12. Chaque volume.   3 fr. 50
— * Les Moralistes français au XVIIIᵉ siècle. 1 vol. in-12 faisant suite aux deux précédents.   3 fr. 50
BEAUSSIRE (Émile), de l'Institut. La Guerre étrangère et la Guerre civile. 1 vol. in-12.   3 fr. 50
LOUIS BLANC. Discours politiques (1848-1881). 1 vol. in-8.   7 fr. 50
BONET-MAURY. * Histoire de la liberté de conscience depuis l'édit de Nantes jusqu'à juillet 1870. 1 vol. in-8. 1900.   5 fr.
BOURDEAU (J.). * Le Socialisme allemand et le Nihilisme russe. 1 vol. in-12. 2ᵉ édit. 1894.   3 fr. 50
— * L'évolution du Socialisme. 1901. 1 vol. in-16.   3 fr. 50
D'EICHTHAL (Eug.). Souveraineté du peuple et gouvernement. 1 vol. in-12. 1895.   3 fr. 50
DESCHANEL (E.), sénateur, professeur au Collège de France. *Le Peuple et la Bourgeoisie. 1 vol. in-8. 2ᵉ édit.   5 fr.
DEPASSE (Hector). Transformations sociales. 1894. 1 vol. in-12.   3 fr. 50
— Du Travail et de ses conditions (Chambres et Conseils du travail). 1 vol. in-12. 1895.   3 fr. 50
DRIAULT (E.), prof. agr. au lycée de Versailles. * Les problèmes politiques et sociaux à la fin du XIXᵉ siècle. In-8. 1900.   7 fr.
— *La question d'Orient, préface de G. MONOD, de l'Institut. 1 vol. in-8. 2ᵉ édit. 1900. (Ouvrage couronné par l'Institut.)   7 fr.
DU CASSE. Les Rois frères de Napoléon Iᵉʳ. 1 vol. in-8.   10 fr.
GUÉROULT (G.). * Le Centenaire de 1789, évolution polit., philos., artist. et scient. de l'Europe depuis cent ans. 1 vol. in-12. 1889.   3 fr. 50
HENRARD (P.). Henri IV et la princesse de Condé. 1 vol. in-8.   6 fr.
LAVELEYE (E. de), correspondant de l'Institut. Le Socialisme contemporain. 1 vol. in-12. 10ᵉ édit. augmentée.   3 fr. 50
LICHTENBERGER (A.). * Le Socialisme utopique, étude sur quelques précurseurs du Socialisme. 1 vol. in-12. 1898.   3 fr. 50
— * Le Socialisme et la Révolution française. 1 vol. in-8.   5 fr.
MATTER (P.). La dissolution des assemblées parlementaires, étude de droit public et d'histoire. 1 vol. in-8. 1898.   5 fr.
NOVICOW. La Politique internationale. 1 vol. in-8.   7 fr.
PHILIPPSON. La Contre-révolution religieuse au XVIᵉ s. In-8.   10 fr.
REINACH (Joseph). Pages républicaines. 1 vol. in-12.   3 fr. 50
— *La France et l'Italie devant l'histoire. 1 vol. in-8.   5 fr.
SPULLER (E.).* Éducation de la démocratie. 1 vol. in-12. 1892.   3 fr. 50
— L'Évolution politique et sociale de l'Église. 1 vol. in-12. 1893. 3 fr. 50

PUBLICATIONS HISTORIQUES ILLUSTRÉES

*DE SAINT-LOUIS A TRIPOLI PAR LE LAC TCHAD, par le lieutenant-colonel MONTEIL. 1 beau vol. in-8 colombier, précédé d'une préface de M. DE VOGÜÉ, de l'Académie française, illustrations de RIOU. 1895. *Ouvrage couronné par l'Académie française (Prix Montyon).* broché 20 fr., relié amat.   28 fr.

*HISTOIRE ILLUSTRÉE DU SECOND EMPIRE, par Taxile DELORD. 6 vol. in-8, avec 500 gravures. Chaque vol. broché,   8 fr.

HISTOIRE POPULAIRE DE LA FRANCE, depuis les origines jusqu'en 1815. — 4 vol. in-8, avec 1323 gravures. Chacun,   7 fr. 50

BIBLIOTHÈQUE DE LA FACULTE DES LETTRES
DE L'UNIVERSITÉ DE PARIS

HISTOIRE et LITTÉRATURE ANCIENNES

*De l'authenticité des épigrammes de Simonide, par H. HAUVETTE, maître de conférences à l'Ecole Normale, 1 vol. in-8. 5 fr.

*Les Satires d'Horace, par M. le Prof. A. CARTAULT. 1 vol. in-8. 11 fr.

*De la flexion dans Lucrèce, par M. le Prof. A. CARTAULT, 1 v. in-8. 4 fr.

La main-d'œuvre industrielle dans l'ancienne Grèce, par M. le Prof. GUIRAUD. 1 vol. in-8. 7 fr.

Recherches sur le Discours aux Grecs de Tatien, suivies d'une traduction française du discours, avec notes, par A. PUECH, maître de conférences. 1 vol. in-8. 6 fr.

MOYEN AGE

*Premiers mélanges d'histoire du Moyen Age, par MM. le Prof. A. LUCHAIRE, DUPONT-FERRIER et POUPARDIN. 1 vol. in-8. 3 fr. 50

Deuxièmes mélanges d'histoire du Moyen Age, publiés sous la direct. de M. le Prof. A. LUCHAIRE, par MM. LUCHAIRE, HALPHEN et HUCKEL. 1 vol. in-8. 6 fr.

Troisièmes mélanges d'histoire du Moyen Age, par MM. LUCHAIRE, BEYSSIER, HALPHEN et CORDEY. 1 vol. in-8. 8 fr. 50

*Essai de restitution des plus anciens Mémoriaux de la Chambre des Comptes de Paris, par MM. J. PETIT, GAVRILOVITCH, MAURY et TÉODORU, préface de M. CH.-V. LANGLOIS, chargé de cours. 1 vol. in-8. 9 fr.

Constantin V, empereur des Romains (740-775). Étude d'histoire byzantine, par A. LOMBARD, licencié ès lettres. Préface de M. Ch. DIEHL, maître de conférences. 1 vol. in-8. 6 fr.

Étude sur quelques manuscrits de Rome et de Paris, par M. le Prof. A. LUCHAIRE, membre de l'Institut. 1 vol. in-8. 6 fr.

PHILOLOGIE et LINGUISTIQUE

*Le dialecte alaman de Colmar (Haute-Alsace) en 1870, grammaire et lexique, par M. le Prof. VICTOR HENRY. 1 vol. in-8. 8 fr.

*Études linguistiques sur la Basse-Auvergne, phonétique historique du patois de Vinzelles (Puy-de-Dôme), par ALBERT DAUZAT, préface de M. le Prof. ANT. THOMAS. 1 vol. in-8. 6 fr.

*Antinomies linguistiques, par M. le Prof. VICTOR HENRY, 1 v. in-8. 2 fr.

Mélanges d'étymologie française, par M. le Prof. A. THOMAS. In-8. 7 fr.

PHILOSOPHIE

L'imagination et les mathématiques selon Descartes, par P. BOUTROUX, licencié ès lettres. 1 vol. in-8. 2 fr.

GÉOGRAPHIE

La rivière Vincent-Pinzon. Étude sur la cartographie de la Guyane, par M. le Prof. VIDAL DE LA BLACHE. In-8, avec grav. et planches hors texte. 6 fr.

HISTOIRE CONTEMPORAINE

*Le treize vendémiaire an IV, par HENRY ZIVY. 1 vol. in-8. 4 fr.

TRAVAUX DE L'UNIVERSITÉ DE LILLE

PAUL FABRE. La polyptyque du chanoine Benoît, in-8. 3 fr. 50

MÉDÉRIC DUFOUR. Sur la constitution rythmique et métrique du drame grec. 1re série, 4 fr. ; 2e série, 2 fr. 50 ; 3e série, 2 fr. 50.

A. PINLOCHE. * Principales œuvres de Herbart. 7 fr. 50

A. PENJON. Pensée et réalité, de A. SPIR, trad. de l'allem. in-8. 10 fr.

G. LEFÈVRE. Les variations de Guillaume de Champeaux et la question des Universaux. Etude suivie de documents originaux. 1898. 3 fr.

A. PENJON. L'énigme sociale. 1902. 1 vol. in-8. 2 fr. 50

ANNALES DE L'UNIVERSITÉ DE LYON

Lettres intimes de J.-M. Alberoni adressées au comte J. Rocca, par Emile BOURGEOIS, 1 vol. in-8. 10 fr.

La républ. des Provinces-Unies, France et Pays-Bas espagnols, de 1630 à 1650, par A. WADDINGTON. 2 vol. in-8. 12 fr.

Le Vivarais, essai de géographie régionale, par BURDIN. 1 vol. in-8. 6 fr.

*RECUEIL DES INSTRUCTIONS

DONNÉES AUX AMBASSADEURS ET MINISTRES DE FRANCE

DEPUIS LES TRAITÉS DE WESTPHALIE JUSQU'A LA RÉVOLUTION FRANÇAISE

Publié sous les auspices de la Commission des archives diplomatiques
au Ministère des Affaires étrangères.

Beaux vol. in-8 rais., imprimés sur pap. de Hollande, avec Introduction et notes.

I. — **AUTRICHE,** par M. Albert SOREL, de l'Académie française. *Épuisé.*
II. — **SUÈDE,** par M. A. GEFFROY, de l'Institut............... 20 fr.
III. — **PORTUGAL,** par le vicomte DE CAIX DE SAINT-AYMOUR.... 20 fr.
IV et V. — **POLOGNE,** par M. LOUIS FARGES. 2 vol............. 30 fr.
VI. — **ROME,** par M. G. HANOTAUX, de l'Académie française..... 20 fr.
VII. — **BAVIÈRE, PALATINAT ET DEUX-PONTS,** par M. André LEBON. 25 fr.
VIII et IX. — **RUSSIE,** par M. Alfred RAMBAUD, de l'Institut. 2 vol.
Le 1er vol. 20 fr. Le second vol...................... 25 fr.
X. — **NAPLES ET PARME,** par M. Joseph REINACH............. 20 fr.
XI. — **ESPAGNE** (1649-1750), par MM. MOREL-FATIO et LÉONARDON (t. I). 20 fr.
XII et XII *bis.* — **ESPAGNE** (1750-1789) (t. II et III), par les mêmes.... 40 fr.
XIII. — **DANEMARK,** par M. A. GEFFROY, de l'Institut............ 14 fr.
XIV et XV. — **SAVOIE-MANTOUE,** par M. HORRIC de BEAUCAIRE. 2 vol. 40 fr.
XVI. — **PRUSSE,** par M A. WADDINGTON. 1 vol. (Couronné par l'Institut.) 28 fr.

*INVENTAIRE ANALYTIQUE
DES ARCHIVES DU MINISTÈRE DES AFFAIRES ÉTRANGÈRES

Publié sous les auspices de la Commission des archives diplomatiques

Correspondance politique de MM. de CASTILLON et de MARILLAC, ambassadeurs de France en Angleterre (1537-1542), par M. JEAN KAULEK, avec la collaboration de MM. Louis Farges et Germain Lefèvre-Pontalis. 1 vol. in-8 raisin.............. 15 fr.

Papiers de BARTHÉLEMY, ambassadeur de France en Suisse, de 1792 à 1797 par M. Jean KAULEK. 4 vol. in-8 raisin.
I. Année 1792, 15 fr. — II. Janvier-août 1793, 15 fr. — III. Septembre 1793 à mars 1794, 18 fr. — IV. Avril 1794 à février 1795. 20 fr.

Correspondance politique de ODET DE SELVE, ambassadeur de France en Angleterre (1546-1549), par M. G. LEFÈVRE-PONTALIS. 1 vol. in-8 raisin......... 15 fr.

Correspondance politique de GUILLAUME PELLICIER, ambassadeur de France à Venise (1540-1542), par M. Alexandre TAUSSERAT-RADEL. 1 fort vol. in-8 raisin............... 40 fr.

Correspondance des Beys d'Alger avec la Cour de France (1759-1833), recueillie par Eug. PLANTET, attaché au Ministère des Affaires étrangères. 2 vol. in-8 raisin avec 2 planches en taille-douce hors texte. 30 fr.

Correspondance des Beys de Tunis et des Consuls de France avec la Cour (1577-1830), recueillie par Eug. PLANTET, publiée sous les auspices du Ministère des Affaires étrangères. 3 vol. in-8 raisin. TOME I (1577-1700). *Épuisé.* — TOME II (1700-1770). 20 fr. — TOME III (1770-1830). 20 fr.

Les introducteurs des Ambassadeurs (1589-1900). 1 vol. in-4, avec figures dans le texte et planches hors texte. 20 fr.

*REVUE PHILOSOPHIQUE
DE LA FRANCE ET DE L'ÉTRANGER
Dirigée par Th. RIBOT, Membre de l'Institut, Professeur honoraire au Collège de France.
(29ᵉ année, 1904.)

Paraît tous les mois, par livraisons de 7 feuilles grand in-8, et forme chaque année
deux volumes de 680 pages chacun.

Abonnement : Un an : Paris, **30 fr.** — Départements et Etranger, **33 fr.**
La livraison, **3 fr.**

Les années écoulées, chacune **30** francs, et la livraison, **3** fr.

Tables des matières (1876-1887), in-8...... **3 fr.** — (1888-1895), in-8...... **3 fr.**

Journal de Psychologie Normale et Pathologique
DIRIGÉ PAR LES DOCTEURS
Pierre JANET et **Georges DUMAS**
Professeur au Collège de France. Chargé de cours à la Sorbonne.
(1ʳᵉ année, 1904.)

Paraît tous les deux mois, par livraisons grand in-8 de 6 feuilles environ.

Abonnement : France et Etranger, **14 fr.** — La livraison, **2 fr. 60.**

Le prix d'abonnement est de 12 fr. pour les abonnés de la Revue philosophique.

*REVUE HISTORIQUE
Dirigée par G. MONOD
Membre de l'Institut, Maître de conférences à l'École normale,
Président de la section historique et philologique à l'École des hautes études.
(29ᵉ année, 1904.)

Paraît tous les deux mois, par livraisons grand in-8 de 15 feuilles et forme par an
trois volumes de 500 pages chacun.

Abonnement : Un an : Paris, **30 fr.** — Départements et Etranger, **33 fr.**
La livraison, **6 fr.**

Les années écoulées, chacune **30** fr.; le fascicule, **6** fr. Les fascicules de la 1ʳᵉ année, **9** fr.

TABLES GÉNÉRALES DES MATIÈRES
I. 1876 à 1880. 3 fr. | pour les abonnés, 1 fr. 50 | III. 1886 à 1890. 5 fr.; pour les abonnés, 2 fr. 50
II. 1881 à 1885. 3 fr.; | — 1 fr. 50 | IV. 1891 à 1895. 3 fr.; | — 1 fr. 50
V. 1896 à 1900. 3 fr.; pour les abonnés, 1 fr. 50

ANNALES DES SCIENCES POLITIQUES
REVUE BIMESTRIELLE
Publiée avec la collaboration des professeurs et des anciens élèves
de l'Ecole libre des Sciences politiques
(19ᵉ année, 1904.)

COMITÉ DE RÉDACTION : M. Emile BOUTMY, de l'Institut, directeur de l'Ecole;
M. ALF. DE FOVILLE, de l'Institut, conseiller maître à la Cour des comptes; M. R.
STOURM, ancien inspecteur des finances et administrateur des Contributions indi-
rectes; M. Alexandre RIBOT, de l'Institut, ancien ministre; M. L. RENAULT, de l'In-
stitut, professeur à la Faculté de droit; M. Albert SOREL, de l'Académie fran-
çaise; M. A. VANDAL, de l'Académie française; M. Aug. ARNAUNÉ, Directeur de la
Monnaie; M. Emile BOURGEOIS, maître de conférences à l'Ecole normale supérieure;
Directeurs des groupes de travail, professeurs à l'Ecole.
Rédacteur en chef : M. A. VIALLATE, Prof. à l'Ecole.

Abonnement. — Un an : Paris, **18 fr.**; Départements et Etranger, **19 fr.**
La livraison, **3 fr. 50.**

Les trois premières années (1886-1887-1888), *chacune* **16** *francs; les livraisons,
chacune* **5** *francs; la quatrième* (1889) *et les suivantes, chacune* **18** *francs; les livraisons, chacune* **3** *fr.* 50.

Revue de l'École d'Anthropologie de Paris
(14ᵉ année, 1904.)
Recueil mensuel publié par les professeurs :
MM. CAPITAN (Anthropologie pathologique), Mathias DUVAL (Anthropogénie et Embryo-
logie), Georges HERVÉ (Ethnologie), André LEFÈVRE (Ethnographie et Linguistique),
MANOUVRIER (Anthropologie physiologique), MAHOUDEAU (Anthropologie zoologique),
SCHRADER (Anthropologie géographique), A. DE MORTILLET (Technique ethnogra-
phique), H. THULIÉ, directeur de l'Ecole.

Abonnement : France et Étranger, **10 fr.** — Le numéro, **1 fr.**
TABLE GÉNÉRALE DES MATIÈRES, 1891-1900. . . . **2 fr.**

ANNALES DES SCIENCES PSYCHIQUES
Dirigées par le Dr DARIEX
(14ᵉ année, 1904.)
Paraissent tous les deux mois par numéros de quatre feuilles in-8 carré (64 pages)

Abonnement : France et Etranger, **12 fr.** — Le numéro, **2 fr. 50.**

BIBLIOTHÈQUE SCIENTIFIQUE

INTERNATIONALE

Publiée sous la direction de M. Émile ALGLAVE

LISTE DES OUVRAGES

101 VOLUMES IN-8, CARTONNÉS A L'ANGLAISE, OUVRAGES A 6, 9 ET 12 FR.

24. BLASERNA et HELMHOLTZ. * Le Son et la Musique. 1 vol. in-8, avec figures. 5° édition. 6 fr.
25. ROSENTHAL. * Les Nerfs et les Muscles. 1 vol. in-8, avec 75 figures. 3° édition. Épuisé.
26. BRUCKE et HELMHOLTZ. * Principes scientifiques des beaux-arts. 1 vol. in-8, avec 39 figures. 4° édition. 6 fr.
27. WURTZ. * La Théorie atomique. 1 vol. in-8. 8° édition. 6 fr.
28-29. SECCHI (le père). * Les Étoiles. 2 vol. in-8, avec 63 figures dans le texte et 17 pl. en noir et en couleurs hors texte. 3° édit. 12 fr.
30. JOLY. * L'Homme avant les métaux. 1 v. in-8, avec fig. 4° éd. Épuisé.
31. A. BAIN. * La Science de l'éducation. 1 vol. in-8. 9° édit. 6 fr.
32-33. THURSTON (R.). * Histoire de la machine à vapeur, précédée d'une Introduction par M. Hirsch. 2 vol. in-8, avec 140 figures dans le texte et 16 planches hors texte. 3° édition. 12 fr.
34. HARTMANN (R.). * Les Peuples de l'Afrique. 1 vol. in-8, avec figures. 2° édition. Épuisé.
35. HERBERT SPENCER. * Les Bases de la morale évolutionniste. 1 vol. in-8. 6° édition. 6 fr.
36. HUXLEY. * L'Écrevisse, introduction à l'étude de la zoologie. 1 vol. in-8, avec figures. 2° édition. 6 fr.
37. DE ROBERTY. * De la Sociologie. 1 vol. in-8. 3° édition. 6 fr.
38. ROOD. * Théorie scientifique des couleurs. 1 vol. in-8, avec figures et une planche en couleurs hors texte. 2° édition. 6 fr.
39. DE SAPORTA et MARION. * L'Évolution du règne végétal (les Cryptogames). 1 vol. in-8, avec figures. 6 fr.
40-41. CHARLTON BASTIAN. * Le Cerveau, organe de la pensée chez l'homme et chez les animaux. 2 vol. in-8, avec figures. 2° éd. 12 fr.
42. JAMES SULLY. * Les Illusions des sens et de l'esprit. 1 vol. in-8, avec figures. 3° édit. 6 fr.
43. YOUNG. * Le Soleil. 1 vol. in-8, avec figures. Épuisé.
44. DE CANDOLLE. * L'Origine des plantes cultivées. 4° éd. 1 v in-8. 6 fr.
45-46. SIR JOHN LUBBOCK. * Fourmis, Abeilles et guêpes. 2 vol. in-8, avec 65 figures dans le texte et 13 planches hors texte, dont 5 coloriées. Épuisé.
47. PERRIER (Edm.). La Philosophie zoologique avant Darwin. 1 vol. in-8. 3° édition. 6 fr.
48. STALLO. * La Matière et la Physique moderne. 1 vol. in-8. 3° éd., précédé d'une Introduction par Ch. Friedel. 6 fr.
49. MANTEGAZZA. La Physionomie et l'Expression des sentiments. 1 vol. in-8. 3° édit., avec huit planches hors texte. 6 fr.
50. DE MEYER. * Les Organes de la parole et leur emploi pour la formation des sons du langage. 1 vol. in-8, avec 51 figures, précédé d'une Introd. par M. O. Claveau. 6 fr.
51. DE LANESSAN. * Introduction à l'Étude de la botanique (le Sapin). 1 vol. in-8. 2° édit., avec 143 figures. 6 fr.
52-53. DE SAPORTA et MARION. * L'Évolution du règne végétal (les Phanérogames). 2 vol. in-8, avec 136 figures. 12 fr.
54. TROUESSART. * Les Microbes, les Ferments et les Moisissures. 1 vol. in-8. 2° édit., avec 107 figures. 6 fr.
55. HARTMANN (R.). * Les Singes anthropoïdes, et leur organisation comparée à celle de l'homme. 1 vol. in-8, avec figures. 6 fr.
56. SCHMIDT (O.). * Les Mammifères dans leurs rapports avec leurs ancêtres géologiques. 1 vol. in-8, avec 51 figures. 6 fr.
57. BINET et FÉRÉ. Le Magnétisme animal. 1 vol. in-8. 4° édit. 6 fr.
58-59. ROMANES. * L'Intelligence des animaux. 2 v. in-8. 3° édit. 12 fr.
60. LAGRANGE (F.). Physiol. des exerc. du corps. 1 v. in-8 7° éd. 6 fr.
61. DREYFUS. * Évol. des mondes et des sociétés. 1 v. in-8 3° édit. 6 fr.
62. DAUBRÉE * Les Régions invisibles du globe et des espaces célestes. 1 vol. in-8, avec 85 fig. dans le texte. 2° édit. 6 fr.

63-64. SIR JOHN LUBBOCK. *L'Homme préhistorique. 2 vol. in-8, avec 228 figures dans le texte. 4ᵉ édit. 12 fr.

65. RICHET (CH.). La Chaleur animale. 1 vol. in-8, avec figures. 6 fr.

66. FALSAN (A.). *La Période glaciaire. 1 vol. in-8, avec 105 figures et 2 cartes. *Épuisé.*

67. BEAUNIS (H.). Les Sensations internes. 1 vol. in-8. 6 fr.

68. CARTAILHAC (E.). La France préhistorique, d'après les sépultures et les monuments. 1 vol. in-8, avec 162 figures. 2ᵉ édit. 6 fr.

69. BERTHELOT.*La Révol. chimique, Lavoisier. 1 vol. in-8. 2ᵉ éd. 6 fr.

70. SIR JOHN LUBBOCK. * Les Sens et l'instinct chez les animaux, principalement chez les insectes. 1 vol. in-8, avec 150 figures. 6 fr.

71. STARCKE. *La Famille primitive. 1 vol. in-8. 6 fr.

72. ARLOING. * Les Virus. 1 vol. in-8, avec figures. 6 fr.

73. TOPINARD. * L'Homme dans la Nature. 1 vol. in-8, avec fig. 6 fr.

74. BINET (Alf.). *Les altérations de la personnalité. 1 vol. in-8, avec figures. 2ᵉ édit. 6 fr.

75. DE QUATREFAGES (A.).*Darwin et ses précurseurs français. 1 vol. in-8. 2ᵉ édition refondue. 6 fr.

76. LEFÈVRE (A.). * Les Races et les langues. 1 vol. in-8. 6 fr.

77-78. DE QUATREFAGES (A.).*Les Émules de Darwin. 2 vol. in-8, avec préfaces de MM. E. PERRIER et HAMY. 12 fr.

79. BRUNACHE (P.). *Le Centre de l'Afrique. Autour du Tchad. 1 vol. in-8, avec figures. 6 fr.

80. ANGOT (A.). *Les Aurores polaires. 1 vol. in-8, avec figures. 6 fr.

81. JACCARD. *Le pétrole, le bitume et l'asphalte au point de vue géologique. 1 vol. in-8, avec figures. 6 fr.

82. MEUNIER (Stan.). *La Géologie comparée. 2ᵉ éd. In-8, avec fig. 6 fr.

83. LE DANTEC. *Théorie nouvelle de la vie. 2ᵉ éd. 1 v. in-8, avec fig. 6 fr.

84. DE LANESSAN.* Principes de colonisation. 1 vol. in-8. 6 fr.

85. DEMOOR, MASSART et VANDERVELDE. *L'évolution régressive en biologie et en sociologie. 1 vol. in-8, avec gravures. 6 fr.

86. MORTILLET (G. de). *Formation de la Nation française. 2ᵉ édit. 1 vol. in-8, avec 150 gravures et 18 cartes. 6 fr.

87. ROCHÉ (G.). *La Culture des Mers (piscifacture, pisciculture, ostréiculture). 1 vol. in-8, avec 81 gravures. 6 fr.

88. COSTANTIN (J.). *Les Végétaux et les Milieux cosmiques (adaptation, évolution). 1 vol. in-8, avec 171 gravures. 6 fr.

89. LE DANTEC. L'évolution individuelle et l'hérédité. 1 vol. in-8. 6 fr.

90. GUIGNET et GARNIER. *La Céramique ancienne et moderne. 1 vol., avec grav. 6 fr.

91. GELLÉ (E.-M.). * L'audition et ses organes. 1 v. in-8, avec gr. 6 fr.

92. MEUNIER (St.). *La Géologie expérimentale. 2ᵉ éd. In-8, av. gr. 6 fr.

93. COSTANTIN (J.). *La Nature tropicale. 1 vol. in-8, avec grav. 6 fr.

94. GROSSE (E.). *Les débuts de l'art. Introduction de L. MARILLIER. 1 vol in-8, avec 32 gravures dans le texte et 3 pl. hors texte. 6 fr.

95. GRASSET (J.). Les Maladies de l'orientation et de l'équilibre. 1 vol. in-8, avec gravures. 6 fr.

96. DEMENŸ (G.). *Les bases scientifiques de l'éducation physique. 1 vol. in-8, avec 196 gravures. 6 fr.

97. MALMÉJAC (F.). *L'eau dans l'alimentation. 1 v. in-8, av. grav. 6 fr.

98. MEUNIER (Stan.). *La géologie générale. 1 v. in-8, av. grav. 6 fr.

99. DEMENŸ (G.). Mécanisme et éducation des mouvements. 1 vol. in-8, avec 565 gravures. 9 fr.

100. BOURDEAU (L.). Histoire de l'habillement et de la parure. 1 vol. in-8. 6 fr.

101. MOSSO (A.). L'esprit dispos et le corps robuste. 1 vol. in-8. 6 fr.

RÉCENTES PUBLICATIONS
HISTORIQUES, PHILOSOPHIQUES ET SCIENTIFIQUES
qui ne se trouvent pas dans les collections précédentes.

ALAUX. **Esquisse d'une philosophie de l'être.** In-8.   1 fr.
— **Les Problèmes religieux au XIXe siècle.** 1 vol. in-8.   7 fr. 50
— **Philosophie morale et politique,** in-8. 1893.   7 fr. 50
— **Théorie de l'âme humaine.** 1 vol. in-8. 1895. 10 fr. (Voy. p. 2.)
— **Dieu et le Monde.** *Essai de phil. première.* 1901. 1 vol. in-12. 2 fr. 50
ALTMEYER. **Les Précurs. de la réforme aux Pays-Bas.** 2 v. in-8. 12 fr.
AMIABLE (Louis). **Une loge maçonnique d'avant 1789.** 1 v. in-8. 6 fr.
Annales de sociologie et mouvement sociologique (Première année, 1900-1901), publ. par la Soc. belge de Sociologie. 1 vol. in-8. 1903. 12 fr.
ANSIAUX (M.). **Heures de travail et salaires,** in-8. 1896.   5 fr.
ARNAUNÉ (A.), directeur de la Monnaie. **La monnaie, le crédit et le change,** 2e édition, revue et augmentée. 1 vol. in-8. 1902.   8 fr.
ARRÉAT. **Une Éducation intellectuelle.** 1 vol. in-18.   2 fr. 50
— **Journal d'un philosophe.** 1 vol. in-18. 3 fr. 50 (Voy. p. 2 et 5.)
AZAM. **Hypnotisme et double conscience.** 1 vol. in-8.   9 fr.
BAISSAC (J). **Les Origines de la religion.** 2 vol. in-8.   12 fr.
BALFOUR STEWART et TAIT. **L'Univers invisible.** 1 vol. in-8.   7 fr.
BARTHÉLEMY-SAINT-HILAIRE. (Voy. pages 6 et 11, ARISTOTE.)
— ***Victor Cousin,** sa vie, sa correspondance. 3 vol. in-8. 1895. 30 fr.
BERNATH (de). **Cléopâtre.** *Sa vie, son règne.* 1 vol in-8. 1903.   8 fr.
BERTAULD (P.-A.). **Positivisme et philos. scientif.** In-12. 1899. 3 fr. 50
BERTON (H.), docteur en droit. **L'évolution constitutionnelle du second empire.** Doctrines, textes, histoire. 1 fort vol. in-8. 1900. 12 fr.
BLONDEAU (C.). **L'absolu et sa loi constitutive.** 1 vol. in-8. 1897. 6 fr.
BLUM (E.), agrégé de philosophie. **La Déclaration des Droits de l'homme.** Texte et commentaire. Préface de M. G. COMPAYRÉ, recteur de l'Académie de Lyon. 1 vol. in-8. 1902.   3 fr. 75
BOILLEY (P.). **La Législation internationale du travail.** In-12. 3 fr.
— **Les trois socialismes :** anarchisme, collectivisme, réformisme. 3 fr. 50
— **De la production industrielle.** In-12. 1899.   2 fr. 50
BOURDEAU (Louis). **Théorie des sciences.** 2 vol. in-8.   20 fr.
— **La Conquête du monde animal.** In-8.   5 fr.
— **La Conquête du monde végétal.** In-8. 1893.   5 fr.
— **L'Histoire et les historiens.** 1 vol. in-8.   7 fr. 50
— ***Histoire de l'alimentation.** 1894. 1 vol. in-8. 5 fr. (V. p. 6.)
BOUSREZ (L.). **L'Anjou aux âges de la Pierre et du Bronze.** 1 vol. gr. in-8, avec pl. h. texte. 1897.   3 fr. 50
BOUTROUX (Em.). ***De l'idée de loi naturelle dans la science et la philosophie.** 1 vol. in-8. 1895.   2 fr. 50. (V. p. 2 et 6.)
BRANDON-SALVADOR (Mme). **A travers les moissons.** *Ancien Test. Talmud. Apocryphes. Poètes et moralistes juifs du moyen âge.* In-16. 1903. 4 fr.
BRASSEUR. **La question sociale.** 1 vol. in-8. 1900.   7 fr. 50
BROOKS ADAMS. **Loi de la civilisat. et de la décad.** In-8. 1899. 7 fr. 50
BUCHER (Karl). **Études d'histoire et d'économie polit.** In-8. 1901. 6 fr.
BUNGE (N.-Ch.). **Littérature poli-économique.** 1 vol. in-8. 1898. 7 fr. 50
BUNGE (C.-O.). **Psychologie individuelle et sociale.** In-16. 1904. 3 fr.
CARDON (G.). ***Les Fondateurs de l'Université de Douai.** In-8. 10 fr.
CLAMAGERAN. **La Réaction économique et la démocratie.** In-18. 1 fr. 25
— **La lutte contre le mal.** 1 vol. in-18. 1897.   3 fr. 50
COIGNET (Mme C). **Victor Considérant.** 1 vol. in-8. 1895.   2 fr. 50
COLLIGNON (A.). ***Diderot,** sa vie et sa correspondance. In-12. 1895. 3 fr. 50
COMBARIEU (J.). ***Les rapports de la musique et de la poésie** considérés au point de vue de l'expression. 1 vol. in-8. 1893.   7 fr. 50
CONGRÈS :
Éducation sociale (Congrès de l'), Paris 1900. 1 vol. in-8. 1901.   10 fr.

Psychologie (IVᵉ Congrès international), Paris 1900. 1 vol in-8. 1901. 20 fr.
Sciences sociales (Premier Congrès de l'enseignement des).
 Paris 1900. 1 vol. in-8. 1901. 7 fr. 50
COSTE (Ad.). Hygiène sociale contre le paupérisme. In-8. 6 fr.
— Nouvel exposé d'économie politique et de physiologie sociale.
 In-18. 3 fr. 50 (Voy. p. 2, 6 et 30.)
COUTURAT (Louis). *De l'infini mathématique. In-8. 1896. 12 fr.
DANY (G.), docteur en droit. *Les Idées politiques en Pologne à la
 fin du XVIIIᵉ siècle. La Constit. du 3 mai 1793, in-8, 1901. 6 fr.
DAREL (Th.). La Folie. Ses causes. Sa thérapeutique. 1901, in-12. 4 fr.
— Le peuple-roi. Essai de sociologie universaliste. In-8. 1904. 3 fr. 50
DAURIAC. Croyance et réalité. 1 vol. in-18. 1889. 3 fr. 50
— Le Réalisme de Reid. In-8. 1 fr. (V. p. 2 et 6.)
DAUZAT (A.), docteur en droit. Du Rôle des Chambres en matière
 de traités internationaux. 1 vol. grand in-8. 1899. 5 fr. (V. p. 18.)
DEFOURNY (M.). La sociologie positiviste. Auguste Comte. In-8. 1902. 6 fr.
DERAISMES (Mˡˡᵉ Maria). Œuvres complètes. 4 vol. Chacun. 3 fr. 50
DESCHAMPS. Principes de morale sociale. 1 vol. in-8. 1903. 3 fr. 50.
DESPAUX. Genèse de la matière et de l'énergie. In-8. 1900. 4 fr.
DOLLOT (R.), docteur en droit. Les origines de la neutralité de la
 Belgique (1609-1830). 1 vol. in-8. 1902. 10 fr.
DOUHÉRET. *Idéologie, discours sur la philos. prem. In-18. 1900. 1 fr. 25
DROZ (Numa). Etudes et portraits politiques. 1 vol. in-8. 1895. 7 fr. 50
— Essais économiques. 1 vol. in-8. 1896. 7 fr. 50
— La démocratie fédérative et le socialisme d'État. In-12. 1 fr.
DUBUC (P.). *Essai sur la méthode en métaphysique. 1 vol. in-8. 5 fr.
DUGAS (L.). *L'amitié antique. 1 vol. in-8. 1895. 7 fr. 50 (V. p. 2.)
DUNAN. *Sur les formes à priori de la sensibilité. 1 vol. in-8. 5 fr.
— Zénon d'Élée et le mouvement. In-8. 1 fr. 50 (V. p. 2.)
DUNANT (E.). Les relations diplomatiques de la France et de la
 République helvétique (1798-1803). 1 vol. in-8. 1902. 20 fr.
DU POTET. Traité complet de magnétisme. 5ᵉ éd. 1 vol. in-8. 8 fr.
— Manuel de l'étudiant magnétiseur. 6ᵉ éd., gr. in-18, avec fig. 3 fr. 50
— Le magnétisme opposé à la médecine. 1 vol. in-8. 6 fr.
DUPUY (Paul). Les fondements de la morale. In-8. 1900. 5 fr.
— Méthodes et concepts. 1 vol. in-8. 1903. 5 fr.
*Entre Camarades. Ouvr. publié par la Soc. des anciens élèves de la Fa-
 culté des lettres de l'Univ. de Paris. Histoire, littératures ancienne, fran-
 çaise, étrangère, philologie, philosophie, journalisme. 1901, in-8. 10 fr.
ESPINAS (A.). *Les Origines de la technologie. 1 vol. in-8. 1897. 5 fr.
FEDERICI. Les Lois du progrès. 2 vol. in-8. Chacun. 6 fr.
FERRÈRE (F.). La situation religieuse de l'Afrique romaine depuis
 la fin du IVᵉ siècle jusqu'à l'invasion des Vandales. 1 v. in-8. 1898. 7 fr. 50
FERRIÈRE (Em.). Les Apôtres, essai d'histoire religieuse. 1 vol. in-12. 4 fr. 50
— L'Ame est la fonction du cerveau. 2 volumes in-18. 7 fr.
— Le Paganisme des Hébreux. 1 vol. in-18. 3 fr. 50
— La Matière et l'Énergie. 1 vol. in-18. 4 fr. 50
— L'Ame et la Vie. 1 vol. in-18. 4 fr. 50
— Les Mythes de la Bible. 1 vol. in-18. 1893. 3 fr. 50
— La Cause première d'après les données expérim. In-18. 1896. 3 fr. 50
— Étymologie de 400 prénoms. In-18. 1898. 1 fr. 50 (V. p. 11 et 30).
FLEURY (M. de). Introd. à la méd. de l'Esprit, in-8. 6ᵉ éd. 7 fr. 50 (V. p. 3.)
FLOURNOY. Des phénomènes de synopsie. In-8. 1893. 6 fr.
— Des Indes à la planète Mars. 1 vol. in-8, avec grav. 3ᵉ éd. 1900. 8 fr.
— Nouv. observ. sur un cas de somnambulisme. In-8. 1902. 5 fr.
Fondation universitaire de Belleville (La). Ch. GIDE. Tr. intellect. et
 tr. manuel. — J. BARDOUX. Prem. efforts et prem. année. 1901. In-16. 1 fr. 50
GELEY (V.). Les preuves du transformisme et les enseignements
 de la doctrine évolutionniste. 1 vol. in-8. 1901. 6 fr.

GOBLET D'ALVIELLA. L'Idée de Dieu, d'après l'anthr. et l'histoire. In-8. 6 fr.
— La représentation proportionnelle en Belgique, 1900. 4 fr. 50
GOURD. Le Phénomène. 1 vol. in-8. 7 fr. 50
GREEF (Guillaume de). Introduction à la Sociologie. 2 vol. in-8. 10 fr.
— L'éval. des croyances et des doctr. polit. In-12. 1895. 4 fr. (V. p. 3 et 7.)
GRIMAUX (Ed.). *Lavoisier (1748-1794), d'après sa correspondance et divers documents inédits. 1 vol. gr. in-8, avec gravures. 3° éd. 1898. 45 fr.
GRIVEAU (M.). Les Éléments du beau. In-18. 4 fr. 50
— La Sphère de beauté, 1901. 1 vol. in-8. 10 fr.
GUYAU. Vers d'un philosophe. In-18. 3° édit. 3 fr. 50 (Voy. p. 3, 7 et 11.)
GYEL (Dr E.). L'être subconscient. 1 vol. in-8. 1899. 4 fr.
HALLEUX (J.). Les principes du positivisme contemporain, exposé et critique. (Ouvrage récompensé par l'Institut). 1 vol. in-12. 1895. 3 fr. 50
— L'Évolutionnisme en morale (H. Spencer). In-12. 1901. 3 fr. 50
HARRACA (J.-M.). Contribution à l'étude de l'Hérédité et des principes de la formation des races. 1 vol. in-18. 1898. 2 fr.
HENNEGUY (Félix). Le Sphinx. Poèmes dramatiques. 1 v. in-18. 1899. 3 fr. 50
— Les Aïeux. Poèmes dramatiques. 1 vol. in-18. 1901. 3 fr. 50
HIRTH (G.). La Vue plastique, fonction de l'écorce cérébrale. In-8. Trad. de l'allem. par L. Arréat, avec grav. et 34 pl. 8 fr. (Voy. p. 7.)
— Pourquoi sommes nous distraits ? 1 vol. in-8. 1895. 2 fr.
HOCQUART (E.). L'Art de juger le caractère des hommes sur leur écriture, préface de J. Crépieux-Jamin. Br. in-8. 1898. 1 fr.
HORVATH, KARDOS et ENDRODI. *Histoire de la littérature hongroise, adapté du hongrois par J. Kont. Gr. in-8, avec gr. 1900. Br. 10 fr. Rel. 15 fr.
ICARD Paradoxes ou vérités. 1 vol. in-12. 1895. 3 fr. 50
JOURDY (Général). L'instruction de l'armée française, de 1815 à 1902. 1 vol. in-16. 1903. 3 fr. 50
JOYAU. De l'invention dans les arts et dans les sciences. 1 v. in-8. 5 fr.
— Essai sur la liberté morale. 1 vol. in-18. 3 fr. 50
KARPPE (S.), docteur ès lettres. Les origines et la nature du Zohar, précédé d'une Etude sur l'histoire de la Kabbale. 1901. in-8. 7 fr. 50
KAUFMANN. La cause finale et son importance. In-12. 2 fr. 50
KINGSFORD (A.) et MAITLAND (E.). La Voie parfaite ou le Christ ésotérique, précédé d'une préface d'Edouard Schuré. 1 vol. in-8. 1892. 6 fr.
KOSTYLEFF. L'Esquisse d'une évolution dans l'histoire de la philosophie. 1 vol. in-16. 1903. 2 fr. 50
KUFFERATH (Maurice). Musiciens et philosophes. (Tolstoï, Schopenhauer, Nietzsche, Richard Wagner). 1 vol. in-12. 1899. 3 fr. 50
LAFONTAINE. L'art de magnétiser. 7° édit. 1 vol. in-8. 5 fr.
— Mémoires d'un magnétiseur. 2 vol. gr. in-18. 7 fr.
LANESSAN (de). Le Programme maritime de 1900-1906. In-12. 2° éd. 1903. 3 fr. 50
LAVELEYE (Em. de). De l'avenir des peuples catholiques. In-8. 25 c.
— Essais et Études. Première série (1861-1875). — Deuxième série (1875-1882). — Troisième série (1892-1894). Chaque vol. in-8. 7 fr. 50
LEMAIRE (P.). Le cartésianisme chez les Bénédictins. In-8. 6 fr. 50
LEMAITRE (J.), professeur au Collège de Genève. Audition colorée et Phénomènes connexes observés chez des écoliers. In-12. 1900. 4 fr.
LETAINTURIER (J.). Le socialisme devant le bon sens. In-18. 1 fr. 50
LEVI (Eliphas). Dogme et rituel de la haute magie. 3° édit. 2 vol. in-8, avec 24 figures. 18 fr.
— Histoire de la magie. Nouvelle édit. 1 vol. in-8, avec 90 fig. 12 fr.
— La clef des grands mystères. 1 vol. in-8, avec 22 pl. 12 fr.
— La science des esprits. 1 vol. 7 fr.
LÉVY (Albert). *Psychologie du caractère. In-8. 1896. 5 fr.
LÉVY-SCHNEIDER (L.), docteur ès lettres. Le conventionnel Jeanbon Saint-André (1749-1813). 1901. 2 vol. in-8. 15 fr.
LICHTENBERGER (A.). Le socialisme au XVIIIe siècle. In-8. 1895. 7 fr. 50

MABILLEAU (L.). *Histoire de la philos. atomistique. In-8. 1895. 12 fr.
MAINDRON (Ernest). *L'Académie des sciences (Histoire de l'Académie ; fondation de l'Institut national ; Bonaparte, membre de l'Institut). In-8 cavalier, 53 grav., portraits, plans. 8 pl. hors texte et 2 autographes   12 fr.
MALCOLM MAC COLL. Le Sultan et les grandes puissances. In-8. 5 fr.
MANACÉINE (Marie de). L'anarchie passive et Tolstoï. In-18.   2 fr.
MANDOUL(J.) Un homme d'État italien : Joseph de Maistre. In-8. 8 fr.
MARIÉTAN (J.). Problème de la classification des sciences, d'Aristote à saint Thomas. 1 vol. in-8. 1901.   3 fr.
MARSAUCHE (L.). La Confédération helvétique d'après la Constitution, préface de M. Frédéric Passy. 1 vol. in-18. 1891.   3 fr. 50
MATAGRIN. L'esthétique de Lotze. 1 vol. in-12. 1900.   2 fr.
MATTEUZZI. Les facteurs de l'évolution des peuples. In-8. 1900. 6 fr.
MERCIER (Mgr). Les origines de la psych. contemp. In-12. 1898. 5 fr.
— La Définition philosophique de la vie. Broch. in-8. 1899. 1 fr. 50
MILHAUD (G.). *Le positiv. et le progrès de l'esprit. In-12. 1902. 2 fr. 50
MISMER (Ch.). Principes sociologiques. 1 vol. in-8. 2ᵉ éd. 1897. 5 fr.
MONCALM. Origine de la pensée et de la parole. In-8. 1899.   5 fr.
MONNIER (Marcel). *Le drame chinois. 1 vol. in-16. 1900.   2 fr. 50
MONTIER (Amand). Robert Lindet, grand in-8. 1899.   10 fr.
MORIAUD (P.). La liberté et la conduite humaine In-12. 1897. 3 fr. 50
NEPLUYEFF (N. de). La confrérie ouvrière et ses écoles, in-12. 2 fr.
NODET (V.). Les agnoscies, la cécité psychique. In-8. 1899.   4 fr.
NOVICOW (J.). La Question d'Alsace-Lorraine. In-8. 1 fr. (V. p. 4, 9 et 17.)
— La Fédération de l'Europe. 1 vol. in-18. 2ᵉ édit. 1901.   3 fr. 50
— L'affranchissement de la femme. 1 vol. in-16. 1903.   3 fr.
PARIS (comte de). Les Associations ouvrières en Angleterre (Trades-unions). 1 vol. in-18. 7ᵉ édit. 1 fr. — Édition sur papier fort.   2 fr. 50
PAUL-BONCOUR (J.). Le fédéralisme économique, préf. de M. WALDECK-ROUSSEAU. 1 vol. in-8. 2ᵉ édition. 1901.   6 fr.
PAULHAN (Fr.). Le Nouveau mysticisme. 1 vol. in-18. 1891.   2 fr. 50
PELLETAN (Eugène). *La Naissance d'une ville (Royan). In-18.   2 fr.
— *Jarousseau, le pasteur du désert. 1 vol. in-18.   2 fr.
— *Un Roi philosophe, *Frédéric le Grand.* In-18.   3 fr. 50
— Droits de l'homme. 1 vol. in-12.   3 fr. 50
— Profession de foi du XIXᵉ siècle. In-12.   3 fr. 50 (V. p. 30.)
PEREZ (Bernard). Mes deux chats. In-12, 2ᵉ édition.   1 fr. 50
— Jacotot et sa Méthode d'émancipation intellect. In-18. 3 fr.
— Dictionnaire abrégé de philosophie. 1893. in-12. 1 fr. 50 (V. p. 9.)
PHILBERT (Louis). Le Rire. In-8. (Cour. par l'Académie française.) 7 fr. 50
PHILIPPE (J.) Lucrèce dans la théologie chrétienne. In-8. 2 fr. 50
PIAT (C.). L'Intellect actif. 1 vol. in-8.   4 fr. (V. p. 9, 12, 13.)
— L'Idée ou critique du Kantisme. 2ᵉ édition 1901. 1 vol. in-8. 6 fr.
PICARD (Ch.). Sémites et Aryens (1893). In-18.   1 fr. 50
PICARD (E.). Le Droit pur. 1 v. in-8. 1899.   7 fr. 50
PICAVET (F.). La Mettrie et la crit. allem. 1889. In-8. 1 fr. (V. p. 9.)
PICTET (Raoul). Étude critique du matérialisme et du spiritualisme par la physique expérimentale. 1 vol. gr. in-8. 1896. 10 fr.
PINLOCHE (A.), professeur honoraire de l'Université de Lille. *Pestalozzi et l'éducation populaire moderne. 1 vol. in-12. 1902.   2 fr. 50
POEY. Littré et Auguste Comte. 1 vol. in-18.   3 fr. 50
PORT. La Légende de Cathelineau. In-8.   5 fr.
*Pour et contre l'enseignement philosophique, par MM. VANDEREM (Fernand), RIBOT (Th.), BOUTROUX (E.), MARION (H.), JANET (P.), FOUILLÉE (A.) ; MONOD (G.), LYON (Georges), MARILLIER (L.), CLAMADIEU (abbé), BOURDEAU (J.), LACAZE (G.), TAINE (H.). 1894. In-18.   2 fr.
PRAT (Louis). Le mystère de Platon (Aglaophamos). 1 v. in-8. 1900. 4 fr.
— L'Art et la beauté (Kalliklès). 1 vol. in-8. 1903.   5 fr.
PRÉAUBERT. La vie, mode de mouvement. In-8. 1897.   5 fr.

PRINS (Ad.). **L'organisation de la liberté.** 1 vol. in-8. 1895.   4 fr.
PUJO (Maurice). ***Le règne de la grâce.** 1 vol. in-18.   3 fr. 50
RATAZZI (Mme). **Emilio Castelar.** In-8, avec illustr., portr. 1899. 3 fr. 50
RAYMOND (P.). **L'arrondissement d'Uzès avant l'Histoire.** In-8, 6 fr.
RENOUVIER, de l'Inst. **Uchronie.** *Utopie dans l'Histoire.* 2e é.1901.In-8.7 50
RIBERT (L.). **Essai d'une philosophie nouvelle.** 1 vol. in-8. 1898. 6 fr.
RIBOT (Paul). **Spiritualisme et Matérialisme.** 2e éd. 1 vol. in-8.   6 fr.
ROBERTY (J.-E.) **Auguste Bouvier,** pasteur et théologien protestant.
     1826-1893. 1 fort vol. in-12. 1901.   3 fr. 50
ROISEL. **Chronologie des temps préhistoriques.** In-12. 1900. 1 fr.
ROTT (Éd.). **La représentation diplomatique de la France.auprès
     des cantons suisses confédérés.** T. I (1498-1559). 1 vol. gr. in-8.
     1900,12 fr. — T. II (1559-1610). 1 vol. gr. in-8. 1902.   15 fr.
RUTE (Marie-Letizia de). **Lettres d'une voyageuse.** In-8. 1896. 3 fr.
SANDERVAL (O. de). **De l'Absolu.** La loi de vie. 1 vol. in-8. 2e éd.   5 fr.
— **Kahel.** Le Soudan français. In-8, avec gravures et cartes.   8 fr.
SAUSSURE (L. de). **'Psychol. de la colonisation franç.** In-12. 3 fr. 50
SAYOUS (E.), ***Histoire générale des Hongrois.** 2e éd. revisée. 1 vol.
     grand in-8, avec grav. et pl. hors texte. 1900. Br. 15 fr. Relié.   20 fr.
SCHINZ (W.).**Problème de la tragéd. en Allemagne.**In-8.1903. 1 fr. 25
SECRÉTAN (Ch.). **Études sociales.** 1889. 1 vol. in-18.   3 fr. 50
— **Les Droits de l'humanité.** 1 vol. in-18. 1891.   3 fr. 50
— **La Croyance et la civilisation.** 1 vol. in-18. 2e édit. 1891. 3 fr. 50
— **Mon Utopie.** 1 vol. in-18.   3 fr. 50
— **Le Principe de la morale.** 1 vol. in-8. 2e éd.   7 fr. 50
— **Essais de philosophie et de littérature.** 1 vol. in-12.1896. 3 fr. 50
SECRÉTAN (H.). **La Société et la morale.** 1 vol. in-12. 1897. 3 fr. 50
SKARZYNSKI (L.). ***Le progrès social à la fin du XIXe siècle.** Préface
     de M. Léon Bourgeois. 1901. 1 vol. in-12.   4 fr. 50
SOLOWEITSCHEK (Leonty). **Un prolétariat méconnu,** étude sur la si-
     tuation sociale et économique des ouvriers juifs. 1 vol. in-8.1898. 2 fr.50
SOREL (Albert), de l'Acad. franç. **Traité de Paris de 1815.** In-8. 4 fr. 50
SPIR (A.). **Esquisses de philosophie critique.** 1 vol. in-18.   2 fr. 50
— **Nouvelles esquisses de philosophie critique.** In-8. 1899. 3 fr. 50
STOCQUART (Emile). **Le contrat de travail.** In-12. 1895.   3 fr.
TEMMERMAN, Directeur d'École normale. **Notions de psychologie**
     appliquées à la pédagogie et à la didactique. In-8, avec fig. 1903.   3 fr.
TERQUEM (A.). **Science romaine à l'époque d'Auguste.** In-8. 3 fr.
TISSOT. **Principes de morale.** In-8.   6 fr. (Voy. p. 11.)
VACHEROT. **La Science et la Métaphysique.** 3 vol. in-18.   10 fr. 50
VAN BIERVLIET (J.-J.). **Psychologie humaine.** 1 vol. in-8.   8 fr.
— **La Mémoire.** Br. in-8. 1893.   2 fr.
— **Études de psychologie.** 1 vol. in-8. 1901.   4 fr.
— **Causeries pschologiques.** 1 vol. in-8. 1902.   3 fr.
VIALLATE (A.). **Chamberlain.** In-12, préface de E. Boutmy. .   2 fr. 50
VIALLET (C.-Paul). **Je pense, donc je suis.** In-12. 1896.   2 fr. 50
VIGOUREUX (Ch.). **L'Avenir de l'Europe** au double point de vue de la poli-
     tique de sentiment et de la politique d'intérêt. 1892. 1 vol. in-18. 3 fr. 50
WEIL (Denis). **Droit d'association et Droit de réunion.** In-12. 3 fr. 50
— **Élections législatives,**législation et mœurs. 1 vol.in-18.1895. 3 fr. 50
WUARIN (L.). **Le Contribuable.** 1 vol. in-16.   3 fr. 50
WULF (M. de). **Histoire de la philosophie scolastique dans les Pays-
     Bas et la principauté de Liège jusqu'à la Révol. franç.** In-8. 5 fr.
— **Sur l'esthétique de saint Thomas d'Aquin.** In-8.   1 fr. 50
ZIESING (Th.). **Érasme ou Salignac.** Étude sur la lettre de François
     Rabelais. 1 vol. gr. in-8.   4 fr.
ZOLLA (D.). **Les questions agricoles d'hier et d'aujourd'hui.** 1894,
     1895. 2 vol. in-12. Chacun.   3 fr. 50

Bibliothèque Utile

HISTOIRE. — GÉOGRAPHIE. — SCIENCES PHYSIQUES ET NATURELLES. — ENSEIGNEMENT.
ÉCONOMIE POLITIQUE ET DOMESTIQUE. — ARTS. — DROIT USUEL.

125 élégants volumes in-32, de 192 pages chacun

Le volume broché, **60** centimes; en cartonnage anglais, **1** franc.

TABLE ALPHABÉTIQUE DES AUTEURS

TABLE DES AUTEURS ÉTUDIÉS

L.-Imprimeries réunies, rue Saint-Benoît, 7, Paris, — 12796.

BIBLIOTHÈQUE DE PHILOSOPHIE CONTEMPORAINE
Volumes in-8, brochés, à 5 fr., 7 fr. 50 et 10 fr.

EXTRAIT DU CATALOGUE

146-01. — Coulommiers. Imp. PAUL BRODARD. — 2-04.

www.ingramcontent.com/pod-product-compliance
Lightning Source LLC
Chambersburg PA
CBHW050550270326
41926CB00012B/1997